国家社科基金
GUOJIA SHEKE JIJIN HOUQI ZIZHU XIANGMU
后期资助项目

图尔敏平衡理性主义思想及当代价值研究

A Study on Toulmin's Thought of Balanced Rationalism and Its Contemporary Value

罗玉萍　著

ZHEJIANG UNIVERSITY PRESS
浙江大学出版社
·杭州·

图书在版编目 (CIP) 数据

图尔敏平衡理性主义思想及当代价值研究 / 罗玉萍
著. -- 杭州：浙江大学出版社，2025.1. -- ISBN
978-7-308-25566-0

Ⅰ. B561.6；B089

中国国家版本馆 CIP 数据核字第 20246XW607 号

图尔敏平衡理性主义思想及当代价值研究

罗玉萍　著

责任编辑	周烨楠
责任校对	李瑞雪
封面设计	周　灵
出版发行	浙江大学出版社
	（杭州市天目山路 148 号　邮政编码 310007）
	（网址：http://www.zjupress.com）
排　　版	浙江大千时代文化传媒有限公司
印　　刷	杭州宏雅印刷有限公司
开　　本	710mm×1000mm　1/16
印　　张	18
字　　数	321 千
版 印 次	2025 年 1 月第 1 版　2025 年 1 月第 1 次印刷
书　　号	ISBN 978-7-308-25566-0
定　　价	78.00 元

国家社科基金后期资助项目
出版说明

后期资助项目是国家社科基金设立的一类重要项目,旨在鼓励广大社科研究者潜心治学,支持基础研究多出优秀成果。它是经过严格评审,从接近完成的科研成果中遴选立项的。为扩大后期资助项目的影响,更好地推动学术发展,促进成果转化,全国哲学社会科学工作办公室按照"统一设计、统一标识、统一版式、形成系列"的总体要求,组织出版国家社科基金后期资助项目成果。

全国哲学社会科学工作办公室

前　言

　　大数据时代,新兴信息和通信技术驱动社会深层次变革。数字智能技术成为社会未来发展的驱动力。当我们沉浸于思索数字革命和社会情境之间正在持续的相互作用所带来的各种现实性问题和未来的种种可能性时,一些正在出现的技术变革又成为思考的开始。数字革命使相对普通的物品随时随地互相联系在一起,形成网络。智能化物品不断涌现,将来的网络会连接更多物品,且覆盖面更广。虚拟世界和现实世界在人的生活中冲撞,不断加强的计算能力使用户投身其中的虚拟世界更加逼真和吸引人。普适计算形成了一种在个人电脑之间涉及物与物、物与人的信息处理和网络互联的人际互动环境。它们会通过收集身处此环境中的人们的数据来掌握额外信息,并得到用户更习惯使用的方法的数据。

　　随着物品变得越来越智能,数据越来越共享,人们可以通过数字信息来与周围世界更好地联系,物理和数字世界会有越来越多的互通信息。数字智能化技术链接现实生活世界并塑造了这样一个世界:许多物体都有附加的数字信息,任何人都可以通过观察和点击它们提供的链接获取这些信息。例如,镜像世界是物理和数字方式融合去增强现实环境的另一种形式。镜像世界增强了物理空间的呈现,镜像世界使网络化个体更加了解彼此所处的物理环境,并寻找一个合适的交通工具前往。更进一步说,有丰富数据的地理模型可以提供更多复杂的如气候变迁的地理系统知识。与增强现实和镜像世界不同的是虚拟世界,因为虚拟世界是在线“场所”,其中所有的内容都是生动地模拟出来的,而不是真实世界的添加信息。在这种环境下,信息、传播和行为之间的界限已经变得模糊了。在这个充满机遇与挑战的时代,人类命运与数据、与运算前所未有地联系在一起。

　　立足大数据时代,我们追溯理性主义之源,探究理性主义危机的社会根源,探寻回归平衡理性的路径。21世纪初,图尔敏的著作《回归理性》为我们提供了一个全面反思人类理性的视角。图尔敏是当代著名的科学哲学家和逻辑学家,著述始于20世纪40年代末,历经西方科学哲学发展的逻辑经验主义、批判理性主义、科学历史主义、后现代的相对主义和非理性主义阶段。平衡理性主义思想是图尔敏整个哲学思想的内核,贯穿于他的整个哲学思想中。因此,研究图尔敏的平衡理性主义思想有助于整体上把握理性主义在西方科学哲学发展中的流动网。

古希腊数学理性的发展及科学的数学化奠定了早期科学主义传统。近代精确科学的兴起带来了理性主义的三个梦想,这些梦想表达了新科学家对绝对理性的渴望:一种普遍的方法、一种完美的语言和一个自然的整体系统。莱布尼茨相信一种完美的语言不需要任何解释,尽管这种信念面对着不可克服的障碍。随着理性主义的发展,莱布尼茨的通用数学思想、弗雷格的哲学逻辑化思想和罗素的逻辑原子主义思想等,逐步把理性主义推向绝对化的领域。图尔敏基于对前现代、现代和后现代人文语境的系统考察,指出理性主义的三个梦想是不可能实现的梦想,并从科学思想史的大背景中追溯其形成的原因,探寻理性失去平衡的社会文化背景,并对理性主义的危机进行诊治。

20 世纪 50 年代中期以后,逻辑经验主义的目标和纲领受到了各方面越来越激烈的批判。这些批判直指逻辑经验主义的所有方法论原则。图尔敏以物理学的发现与自然史的发现为例阐述其科学发现观,指出科学发现不是由普遍陈述的命题来表述的,指出物理学发现的方法——图像推理法——是区别于自然史经验积累的方法。图尔敏的科学解释观是基于"自然秩序理想"对经验事实作系统化解释。在科学发展的合理性问题上,图尔敏主张,科学发展的合理性不是体现在某种固定标准的逻辑关系上,而是体现在它们发展变化的方式上。他通过对概念组织的历史变化作进化解释,尝试去解答科学的历史连续性问题和科学理论的选择、评价问题,寻求避免相对主义和克服辩护问题的怀疑主义。他提出演化与创造的图尔敏模式,主张用科学的论证模式来弥补科学方法的局限,以挽救传统的科学理性危机。

理性或合理性属于历史的范畴,只有在历史的视野中把握理性与非理性之间的张力,才能正确地理解科学的理性问题。面对后现代主义和费耶阿本德的无政府主义、非理性主义的挑战,图尔敏对历史主义的非理性主义倾向与极端发展进行了批判。图尔敏主张,后现代没有必要告别理性,只需告别失衡的理性观。他基于后现代视域对科学合理性危机作出诊治,并结合后现代的知识状况,提出回归理性的观点,呼吁使理性回归前现代曾经有过的在"合理性"与"合乎情理性"之间平衡的理性状态。

科学不仅是一种理论活动,更是一种实践活动,所以,只有以人类实践为基础的知识论,才能克服传统的抽象纯理论造成的合理性困境。图尔敏的科学哲学思想关注实践、关注人类社会,体现了当代哲学研究的转向。理性应该在绝对主义与相对主义两个极端之间寻找平衡,保持必要的张力。在大数据时代,本书以图尔敏平衡理性主义思想为切入点,超越"逻辑学"和"科学哲学"范式,实现对图尔敏平衡理性主义思想的整体定位与重构,为解决大数据时代人类理性发展的困境提供策略。本书首次将图尔敏平衡理性主义思想之间的多向互渗作为整体机制嵌置于科学哲学思想演变的网络中。对图尔敏平衡理性主义思想与西方理性主义的发展演变进行动态、客观、全方位的综合考察是一项创新性的尝试。本书将在历史与现实的张力中,关注大数据时代人类理性发展,促进技术与生活世界的耦合,追求技术理性的价值向度。

　　我们生活在数字时代。这是一个跨界运作、飞速变化的时代,技术重构信息并改变了人与人之间的关系。对于社会而言,由数字化所引起的变革将会更为彻底,并将扩展到更为广泛的领域。普适计算、增强现实和虚拟世界都为网络化的个体增强了物理世界的潜能。随着数字世界和物理世界之间的界限越来越模糊,信息技术和网络技术促进人们的活动进一步融合。数字化使作为个体的人在自己的数字空间中留下信息和观点,参与数字世界,拥有技术和智能设备将会提升人们参与虚拟与现实世界的能力。网络化个体的工作永远不会终结——维护与他人的网络关系所带来的满足感和不确定感一直如影随形。

　　技术的不断改善使人们拥有改变世界的能力。人们按照自己选择的方式去生活。智能系统对数据进行加工,并呈现在人们的日常生活中,这成为人们认识世界的一部分。"增强现实的场景提供了这样一个世界:里面能看到的每一样物品都有一个潜在的信息影子,通过标准界面可以查到它的历史和现在的状态。"①随之而来的是,与网络化个体相关联的行为的价值和迫切需求会不断增加。然而,数据化时代经历了太多虚拟的现实,但是其实真正重要的是真实的现实。只有在真实的现实里面去解决问题,才是未来真正有价值的。最后,借用英国作家查尔斯·狄更斯的话:"这是最好的时代,这是最坏的时代;这是智慧的时代,这是愚蠢的时代。"希望我们都能把握住这个时代,让科技与人文双翼齐飞,共同创造人类更加美好的未来。

---

① 〔美〕李·雷尼、巴里·威尔曼:《超越孤独:移动互联时代的生存之道》,杨伯溆、高崇等译,中国传媒大学出版社 2015 年版,第 229 页。

目　录

导　论

一、问题的缘起

21世纪以来,人类社会正面临着一场数字化的革命。一系列新技术集中爆发,互联网与数字技术叠加效应涌现。随着信息通信技术的广泛运用,生产新业态、生活新模式不断涌现,数字技术革命引发人类社会生产生活方式的巨变。智能与数字化越来越融入我们的生活。从社会发展角度看,虚拟世界的生存与发展依赖于现实世界,又反作用于现实世界的发展。一方面,"元宇宙"构建了一个虚拟空间的数字世界,这个数字虚拟世界脱胎于现实世界,与现实世界交互影响;另一方面,互联网和大数据对我们日常生活方式和行为方式产生了重大影响,我们眼前所呈现的是虚拟与现实交织的世界镜像,人类生存在现实世界与数字世界融合的全新文明景观中。

现代社会是科技高速发展的社会。随着移动设备、传感器、智能终端等通信技术和网络技术的高速发展,人类社会的数据种类和规模正在以前所未有的速度增长。大数据是随着数字化技术的运用与发展出现的。大数据概念源于互联网,在目前的情况下多用于描述以互联网为载体的规模巨大的信息流。但是,大数据的概念本身并不局限于人们在互联网上留下的足迹和信息,它更指向一切来源于生产和生活的规模巨大甚至逼近全体样本的信息数据。大数据也被称为"巨量资料",最初指的是所涉及的资料量规模巨大到无法通过目前主流软件工具在合理时间内进行撷取、管理、处理并整理而成为帮助经营者决策的有效资讯。这促成了新的处理技术产生。大数据是一种战略资源。人类的社会生产生活方式正发生深刻的变革,大数据作为一种新的资源,给我们的生活带来深远的影响。

大数据驱动传统产业向数字化和智能化方向转型升级,大数据价值在社会中全方位体现。随着互联网时代的迅速发展,依托于互联网而将自己的行为信息与人际互动信息以互联网智能识别、分析与保存的方式产生了海量数据。网上支付平台、移动支付、共享单车、数字导航……我们生活的足迹已经与数据紧密地联系在一起。数据海量化、社会网络化、需求个性化的趋势日益加剧。人类社会的数据从未如此丰富、复杂,数据已成为互联网最核心的部分。数据影响着人的生存方式,也在改变着我们的交流、生活和思维方式。数字化时代,我们要善于发展和运用充满机遇与挑战的数字世界,驾驭数字世界的强大力量。在这个崭新的时代,大数据已经成为我们现代生活的编码。人类从未如此方便、快捷、丰富与繁荣。在这个新技术时代,我们飘游在虚拟与现实之间,生活是如此方便快捷,然而身心又是如此隔阂、疏离与孤独。如何让数据有温度,关注人本身,越来越凸显其时代价值,在数字化时代如何充分运用新一代信息技术来服务于人并提升技术的人文价值,依然是我们关注的话题。

当今世界,信息技术日新月异。数据化让人与自然、人与人之间更加贴近,又更加疏离,这是一个悖论的开端,其发展也面临一系列挑战。我们正处在不断创造和获取数据的时代,人类活动的信息越来越难以预料和难以控制。我们正处在由数据主宰一切的时代,这是机遇也是挑战。我们必须洞悉大数据的发展趋势,审视人与数据之间的长久博弈。不管是运用数据还是进行数据化管理,数据化都影响到我们每一个人。面对大数据世界,我们何去何从? 这到底是一个怎样的时代? 我们能不能抓住机遇,与时代同频共振? 这也是从历史与现实的张力中分析研究图尔敏平衡理性主义思想这一问题的缘起。

二、图尔敏及其哲学思想谱系

斯蒂芬·爱得斯顿·图尔敏(Stephen Edelston Toulmin,1922 年 3 月 25 日—2009 年 12 月 4 日)是美国当代著名哲学家、教育家,也是 20 世纪最为著名的哲学家之一。他是一位具有"大图景"(big picture)的思想家。华盛顿大学路易(Ronald P. Loui)教授指出,无论人们认为图尔敏是逻辑学家、科学哲学家、修辞学家、受欢迎的作家还是史学家,他都在 20 世纪的重要思想家之列。图尔敏的著述始于 20 世纪 40 年代末,直到 21 世纪初仍有新作出版。在哲学的各个领域,图尔敏都充分展示了其特有的才华和睿智,著述内容涉及科学哲学、物理学、修辞学、逻辑学、宗教学、伦理学、心理哲学、科学和政治交叉研究、历史社会学、进化生物学和医学史学、文化历史学等众多领域。从强调科学哲学要与科技史相结合到提出弱化强理性的论证模式的法律模型,从传统的现代性到后现代主义的哲学,图尔敏一直活跃在哲学的前沿阵地。图尔敏的一个显著特征是:他是历史主义学派的先行人物,试图寻找一种平衡的理性。他的非形式逻辑曾在西方引起哲学界广泛讨论,成为各种应用领域引用的热点。他创造的论证图式,在修辞领域和非形式逻辑领域产生了广泛的影响。图尔敏的哲学论著展现了他对知识探究的无限热情和在各个领域里完美体现着的辩证思维的睿智。由于其作品优雅,对科学和哲学理念的叙述明快,图尔敏被哲学家瓦托夫斯基(Marx Wartofsky)比拟为"音乐中的莫扎特"①。

(一)图尔敏生平及学术历程

1922 年 3 月 25 日,图尔敏出生于英国伦敦。1942 年,他从皇家学院拿到数学和物理学的学士学位。1942—1945 年,他作为年轻的科学军官服务于航空生产部。他首先受雇于马尔文雷达研究和发展局,后来在德国远征军联盟高级指挥部做技术方面的工作。然而图尔敏认为他并不适合此项任务:"在那里,我的笨拙很快使我明白,我永远不会是一个成功的实验者。"②他回到英格兰,于 1943 年获得英国剑桥大学皇家学院文学硕士学位。1948 年,图尔敏在剑桥大学获得哲学博士学位。《理性在伦理学中的位置之考察》是图尔敏的博士毕业论文,他在论文中比较和对照了关于道德和科学论题的人类推理方式。图尔敏对用于支持某种命题和观点的论辩评估的理性规范产生了浓厚兴趣。从那时起,图尔敏的好奇心使他转向了"合理性"主题,他想知道知识是否真的是必然的和持久的。这引起他的一系列追问和思考:存在一个普遍的规范系统吗? 能用这个系统来判断各种领域的各种论辩吗? 或者每种论辩必须按照这种规范加以断定吗? 在随后的著作《论证的使用》中,图尔敏系统地回答了这些追问。

1949 年,他被派到牛津大学做科学哲学的讲师。1954—1955 年,他作为历史和科学哲学的访问教授被派到澳大利亚的墨尔本大学。1955—1959 年,图尔敏教授担任英国利兹大学的哲学系系主任。1953 年出版的《科学哲学导论》是一本简短的关于科学哲学的早期著作。在这本著作中,图尔敏论证了科学中决定科学理论重要性的是解释力,而并非命题的形式系统。图尔敏以科学发现与自然史发现的不同,对把科学归约为命题形式公理系统的哲学倾向质疑,这也标志着其科学哲学研究范式的转换。在这本著作中,图尔敏的历史主义思想初现端倪。美国著名哲学家瓦托夫斯基对此评论指出:"50 年代潮流转变了。新一代哲学家具有自然科学方面而非纯数

---

① Marx W. Wartofsky："Stephen Toulmin：An Intellectual Odyssey"，*Humanities*，Vol. 18，No. 2，1997：43-44.
② https://en. wikipedia. org/wiki/Stephen_Toulmin.

学或符号逻辑的先在经历,以新的风格写科学的较少只是逻辑的,而更多地向历史敞开。这个新颖的科学哲学是对逻辑经验主义的一个挑战。但毋庸置疑的是,这个运动中最有影响力的文献是库恩的《科学革命的结构》。"①然而,20 世纪 50 年代,在逻辑实证主义盛行的时期,人们几乎没有注意到图尔敏对科学哲学去语境、去历史的形式主义的批评——因为他说得太早了。

1958 年,图尔敏出版了《论证的使用》。他认为传统逻辑作为理性的工具是不完善的,将研究视野从物理学和伦理学领域扩展到一般理论程序。这本著作指出了传统哲学在论证方面的不一致性,并从"实质"和"形式"两个方面对推理和论证作出对照。由于哲学家坚定地研究形式逻辑,这本著作在英国受到了冷遇。图尔敏在利兹的同事彼得·亚历山大(Peter Alexander)甚至描述这本著作为"图尔敏反逻辑的书"。著名的哲学家瓦托夫斯基将图尔敏描述成不适合我们学术模式的"怪鸭",把图尔敏几十年来对理性多样性的探索看作"理智上的长期冒险旅行"②。但是,图尔敏自己都会感到奇怪,至今这本书仍然被多次重印并大量销售。尽管图尔敏的论证理论并没有受到当时英美哲学界主流逻辑学家和哲学家的欢迎,但出乎意料的是,这丝毫没有影响图尔敏论证模型在言语交际、哲学、人工智能、法律和医学等广阔领域的渗透。图尔敏关于论证所涉及的"域"的分析,击中了推理和论证的领域依赖性和领域不变性问题,激活了当时哲学界所从事的诸如实质论证和形式论证之间、演绎推理与归纳推理之间的关系问题以及修辞学问题。图尔敏认为,论证必须和它所涉及的具体语境联系起来才能进行有效的评价。论证推理是论辩性和说服性的智力活动,展现在人类具体的实践活动之中,不能用统一的"标准"进行衡量。图尔敏论证推理模式是对于 20 世纪上半叶以形式符号逻辑为理论范式对哲学领域进行统治的反驳。在这种情境中,论证推理模式开始了持续近半个世纪的攻伐,以至于库恩在《科学革命的结构》中提出这样的理念:在科学史中,我们的合理性标准从一个阶段过渡到另一个阶段。随后,这种批判从历史领域扩展到社会学和人类学领域。

1959 年,作为斯坦福和哥伦比亚大学的访问教授,图尔敏来到美国。

---

① Marx W. Wartofsky: "Stephen Toulmin: An Intellectual Odyssey", *Humanities*, Vol. 18, No. 2, 1997:43-44.

② Marx W. Wartofsky: "Stephen Toulmin: An Intellectual Odyssey", *Humanities*, Vol. 18, No. 2, 1997:43.

大约在此期间,图尔敏的著作被介绍到美国。修辞学家发现他的关于合理性的思想与他的修辞考虑相关。他们认为图尔敏的著作对从事修辞和论证研究的学者是有用的,因为他提供了通过修辞论证来列出分析和批判的适当结构模型,而且它是一个分等级的证明系统,它使论证成为中心和统一的构造。论证的运用不仅是哲学家的成功,还是修辞学家的成功。"我遇到来自语言和交流部门的人们,他们告诉我,他们把它作为修辞和论证的课本。因此,研究实际推理仍然是有生命力的;但是作为演讲、英语或者法律学校的分支,这些工作是哲学系之外的事情。"[1]图尔敏与瑞克(Richard Rieke)和贾尼克(Allan Janik)合著的《推理导论》是对其教学实践中关于推理论证思想的总结。此书进一步全面清晰地诠释了"图尔敏模型"中涉及的各种元素,"细致分析了正当理由在不同领域论证中的特点,表明它们在形式性、精确性程度和模态上的差异,这就进一步说明了论证一般结构的领域不变性和评价标准的领域依赖性"[2]。《推理导论》使图尔敏论证模型从法学模式向不同论域的一般论证模式的转向得以真正实现。

1960 年,作为诺菲尔德基金会(Nuffield Foundation)历史思想部主任,图尔敏暂时回到伦敦。1965 年,他再次回到美国,作为布兰迪斯大学历史思想和哲学系教授(1965—1969)任教。这个时期的著作《发现时间》(1965)讲述了地球生命如何被理解为具有历史的故事,追溯了从古代到现在的智力发展路线,通过这种方式,自然概念的基本特征作为常识被接受。这些在时间的长河和历史的框架中对现代科学起源的研究重现在他的第一卷中。1969—1972 年,图尔敏在密歇根大学担任哲学教授。几年后,他接受了加利福尼亚大学人文学科教授的职位,并出版了他的《人类理解》三卷本的第一卷《人类理解:集合的使用和概念的进化》(1972)。在该著作中,图尔敏提出概念的发展是一个进化过程的观点,反驳了库恩在《科学革命的结构》中对概念改变是革命的过程的说明。库恩认为,概念的变化是一个革命性的过程,而不是一个渐进的过程,在这期间,相互排斥、竞争的范式彼此取代。图尔敏还批判了库恩著作中的相对主义元素,理由是相互排斥的范式进行了没有提供具体情境的比较,库恩所说的相对主义"过分强调"领域的多样性,而忽略了"论域不变"或共同性被所有论证或科学范式共享。与库恩的

---

① http://samples. essaypedia. com/papers/toulmin-model-an-approach-in-formal-communication-18498. html.

② Stephen Toulmin with R. Rieke and A. Janik:*An Introduction to Reasoning*, New York:Macmillan Press,1979:46.

革命模型不同,图尔敏提出了一个类似于达尔文进化模式的概念发展模型。

1972—1973 年,图尔敏任加利福尼亚大学圣克鲁斯分校教授。1973 年以后,他担任芝加哥大学社会思想与哲学系教授。1973 年,他与艾伦·贾尼克合著出版了《维特根斯坦的维也纳》。维特根斯坦(Ludwig Josef Johann Wittgenstein)是日常语言学派最有影响力的哲学家之一,他的后期哲学思想对图尔敏论证思想的形成与发展产生了深远的影响。图尔敏宣称涉及人类具体语境的、日常领域的自然语言的论证不用使用实证主义符号的、形式逻辑的标准来进行评价。1975—1978 年,他在由美国议会建立的保护生物医学和行为学研究中人体受试者国家委员会工作。在此期间,图尔敏强调哲学家不仅要满足哲学学生的求知,也要满足人类学、社会学和行为科学等学科学生的追求。1988 年,图尔敏和琼森(Albert R. Jonsen)合著了《论辩术的滥用:道德推理的历史》,通过追溯希腊和罗马古代使用论辩术的历史,并考察他和琼森为保护生物医学和行为学研究中人体受试者国家委员会所做的工作,为伦理学中的案例方法辩护。图尔敏和琼森说明了在中世纪和文艺复兴时期论辩术在实践论辩中的效力。在这本著作中,图尔敏深化并加强了他以前在博士论文中关于道德论证的重要性的论述,并指出在绝对主义和相对主义的理论中,道德论证的重要性被忽略了,曾被用于解决道德领域问题的论辩术被看作"伦理学的个案"。论辩术在现代变得沉默了,人们不再辩论了。图尔敏试图通过论辩术的复兴,在绝对理性和相对理性之间找到一个中间地带。

离开芝加哥大学后,图尔敏到西北大学担任阿瓦隆基金会人文学科的教授,后来到南加利福尼亚大学任职。他在 20 世纪 90 年代的著作《国际大都会:现代性的隐秘议程》(1990)中追溯了 16 世纪人文主义和 17 世纪理性主义的现代性起源,并呼吁两者之间的和解。他呼吁将一个稳定的、自成一体的形式系统的理性主义理想中有价值的东西与体现了对口语、特殊性、地方性和及时性的重新欣赏的人文主义结合起来。《国际大都会:现代性的隐秘议程》对我们所认为的现代性作了激进的修正。图尔敏反对理性以一种"标准"的形式凌驾于其他全部形式之上而成为独断的理性霸权主义。图尔敏追求一种更为开放的论证使用合理性评价系统,他的目标是要使现代性人性化。图尔敏探究现代强调普遍性(哲学家对确定性的探求)的起源,批判现代科学和哲学偏爱抽象的和理论性的问题而忽视实际问题。例如,绝对主义和理论性论证的追求缺乏实用性是现代哲学的主要缺陷之一。同样,图尔敏认识到,科学领域忽略道德,已将它的注意力从生态问题转向原子弹。为了解决这些问题，"图尔敏提倡从四个方面回归人文主义：一是回归口语交际和讨论；二是回归具体的或者发生在日常生活中的实际道德问题的个案（例如反对限制具体使用的理论原则）；三是回归本土，即回归到具体的文化和历史语境中；四是回归适时，即从与时间无关的永恒问题回到那些具有理性重要意义的事情，这取决于我们解决方案的时间性，以及对生活的复杂性和多样性的适当评价"①。

图尔敏还在美国的达特默斯大学、南部卫理公会大学和布林莫尔学院做过访问教授和教师。他也曾是黑斯廷斯中心高级访问学者和古根海姆学者。贯穿图尔敏的整个学术生涯，他首要关心和持续探寻的是关于人类理性事业的合理性问题。图尔敏对把数学逻辑的形式有效性标准普遍化为评价广泛领域实际论证的唯一标准进行批判。这种批判从 20 世纪 50 年代开始，一直持续到新世纪。图尔敏的最后一本著作《回归理性》（2001）对两千年来困扰人类的理性问题进行了探寻。该书从 17 世纪以来理性发展的历史背景以及宗教渊源角度，对以数学逻辑的严格形式为标准的"理性主义之梦"进行分析，并对其进行了无情的批判。在这本著作中，图尔敏探寻绝对理性主义产生的根源并尝试加以诊治。该书"体现了许多学科间的转变：从对 17 世纪的理性主义那里继承下来的对形式严谨的痴迷，到顽固的事实、共同的价值观和相互竞争的利益之间的新平衡"②。图尔敏认为，17 世纪以来，自然哲学家梦想把确定性、必然性、合理性用一个单一的数学形式统一起来，这种绝对的理性主义梦想给人类的理性带来了创伤，这种普遍主义给社会生活领域造成了单一化影响。

图尔敏是一位多产的哲学家，图尔敏的著作跨越半个世纪，直到晚年还有新著问世。从第一本书《理性在伦理学中的位置之考察》到最后一本书《回归理性》，图尔敏始终关注理性、论证和合理性。他的学术风格具有后期维特根斯坦日常分析语言的特色和罗蒂新修辞学风格。图尔敏的学术研究视野开阔，研究题材十分广泛，涉及科学哲学、物理学、认识论、伦理学、逻辑学等众多领域，在哲学的海洋中试图找出他未曾涉足的领域似乎很难。哲学家瓦托夫斯基给予图尔敏一连串桂冠：自然科学家、伦理理论家、临床医学实践哲学家、修辞理论家、概念史学家、认知心理学评论家、科学和政治交叉研究学者、历史社会学家、物理学历史学家、进化生物学和医学史学家、实

---

① 　https://en.wikipedia.org/wiki/Stephen_Toulmin.

② 　David Hitchcock："Obituary：Stephen Edelston Toulmin"，*Argumentation*，2010(24)：399-401.

践理性和修辞哲学家、文化历史学家。① 这些称号和图尔敏的多样性著作，表明图尔敏研究的兴趣和主题在不断地转移和变化。而仔细研究后我们会发现，他所从事的学问范围再现了一个融贯计划的多边应用：坚持科学的理论和方法，借此对构成科学的人类实践和兴趣的多样性进行语境的和历史的理解。因此，图尔敏的每一次探寻，研究的每一个对象，对每一门学科的探讨，他都有与众不同的参量，有把握它的不同方式。正是对其中差异性的宽容，对理性多样性的理解，构成了图尔敏的科学方法。非形式逻辑学家戴维·希契柯克(David Hitchcock)对他有如此评价："斯蒂芬·图尔敏是一个不张扬的和引人入胜的对话者，他的著作呈现了令人难以置信的丰富的历史信息。强调特殊性使他成为一个真正的研究文艺复兴时期的人，他的工作将永存。"②

　　图尔敏在《哲学季刊》《综合》《分析》《科学哲学》《哲学评论》《宗教》《美国历史评论》《当代历史期刊》《符号逻辑》《伦理学》《形而上学评论》《批判探究》《科学、技术和人类价值》等当代知名期刊及文集中发表文章，并对著名哲学家的科学哲学作品进行评论，如汉森(Norwood R. Hanson)《发现的模式》(*Patterns of Discovery*)、卡尔纳普(Rudolf Carnap)《概率的逻辑基础》(*Logical Foundations of Probability*)、柯瓦雷(Alexandre Koyre)《牛顿研究》(*Newtonian Studies*)、外尔(Hermann Weyl)《数学哲学和自然科学》(*Philosophy of Mathematics and Natural Science*)、希尔普(P. A. Schilpp)《阿尔伯特·爱因斯坦：哲学家—科学家》(*Albert Einstein: Philosopher-Scientist*)、迈耶尔等(R. W. Meyer、J. P. Stern)《莱布尼茨和 17 世纪革命》(*Leibnitz and the Seventeenth-Century Revolution*)等。在这些著作中，图尔敏阐述了自己关于哲学诸多领域的思想和理论，产生了很大的影响。研究过或对图尔敏学术有兴趣的人对他有一个总的印象：图尔敏追求理性的多样性和开放性，在穿越人类认知海洋和遥远的理智地域方面长期冒险旅行。图尔敏这种学术风格体现在：一方面不断修正自己的理论，另一方面也敢于批判其他哲学家的思想和观点。他的哲学研究的一个很重要的特点是在批判吸收别人观点的基础上发展自己的思想。正是这些特点，使图尔敏的哲学具有更大的魅力。他本人也一直活跃在科学哲学的前沿地带。

①　Marx W. Wartofsky: "Stephen Toulmin: An Intellectual Odyssey", *Humanities*, Vol. 18, No. 2, 1997:44.

②　David Hitchcock: "Obituary: Stephen Edelston Toulmin", *Argumentation*, (2010)24:399-401.

图尔敏于 2009 年 12 月 4 日病逝于美国洛杉矶,享年 87 岁。维基百科从四个方面介绍了图尔敏的贡献:"第一,在元哲学方面,他同时批判了绝对主义和相对主义,深入地探讨了现代性带来的人文问题;第二,在论证方法方面,他提出了影响广泛的'图尔敏论证模型',开辟了非形式逻辑的研究与应用;第三,在伦理学研究方面,他深入研究了伦理学的推理途径,重振了古老的论辩术;第四,在科学哲学方面,他反对托马斯·库恩的科学革命论范式,主张科学发现模型的进化论。"①

(二)图尔敏哲学思想谱系

从上面的论述可以得知,图尔敏是一个纵观全局的哲学家,他的哲学图景异常丰富,研究领域也相当宽广。因此,以历史主义、合理性与现实为视域来追寻图尔敏平衡理性主义思想的发展演变,这样的研究路径无疑是明智的,因为他"不仅像古典哲学家那样体现着普通的思想联系,而且比传统哲学家更明显、更突出地表现出思想杂交"②。因此,从西方科学哲学的流动网中探寻图尔敏哲学思想谱系,有助于从整体上把握图尔敏平衡理性主义思想的发展演变。

20 世纪 40 年代初期在剑桥皇家学院,图尔敏师从哲学家布雷斯韦特(Richard Bevan Braithwaite,1900—1990),开展道德和科学论题的人类推理方式研究。在牛津大学期间,图尔敏受到赖尔和奥斯汀日常语言哲学的熏染。1946 年,追随着自己的哲学梦想和对日常语言的青睐,图尔敏进入剑桥大学学习日常语言哲学,此时恰逢维特根斯坦在剑桥大学任教的最后几年。维特根斯坦的教学给予图尔敏极大的影响,他也被公认是维特根斯坦的学生。维特根斯坦对意义和语言用法之间的语境联结的研究深深影响了图尔敏。例如,他"在讨论全称命题是否具有存在的含义时,突出表现了维特根斯坦'意义即用法'的思想,认为是否具有存在的含义并不由陈述本身的形式决定,而要根据这个在特定场合提出的陈述形式的实际使用情况"③。他的博士论文体现了"维特根斯坦式"的伦理论证分析。当然,图尔敏也承认受到杜威把对实践逻辑的关注作为日常生活一部分的推理方式的影响。

图尔敏在《回归理性》中简要地回顾了自己哲学思想的两个重要渊源:

---

① https://encyclopedia.thefreedictionary.com/StephenToulmin.
② 舒炜光、邱仁宗主编:《当代西方科学哲学述评》,中国人民大学出版社 2007 年版,第 5 页。
③ Stephen Toulmin:*The Uses of Argument*,Cambridge:Cambridge University Press,1999:115.

历史意识和对理论物理学的兴趣。在他开始研究理论哲学的时候,那时哲学的论证通常是非历史的。当时,活跃在剑桥最有影响的哲学家是维特根斯坦。维特根斯坦和摩尔(C. E. More)也没有给出相信哲学论证的正确性依赖于它们被提出的具体情景的迹象。在此背景下,哲学家和历史学家柯林伍德(Robin George Collingwood)的著作对图尔敏是一种安慰。1949年,图尔敏在牛津大学讲授科学哲学,当时牛津大学哲学系的一些教师已经发展出一种对人类理智进行历史考察的视角,即敏锐洞察人类观念史和理智史的视角,如柯林伍德、汉普希尔(Stuart Hampshire)等哲学家的出色论文被这两个方向所指引。柯林伍德使图尔敏理解了从历史观点审察观念的重要性。戴维·希契柯克认为:"列宁在《唯物主义与经验批判主义》中指出,不惜一切代价的形式主义的先见是使青年知识分子脱离社会问题的方式,在某种程度上,高等教育成为强化现存秩序的偏见手段。这一思想对图尔敏产生了令人惊奇的影响。"①伯林(Isaiah Berlin)关于政治哲学的讲座因其历史深度与哲学广度的融合,对图尔敏历史主义思想的形成与发展产生了深远的影响。

20世纪初,在促进人类事业的发展进步方面,自然科学成绩斐然。然而,此时的理论物理学依旧依附于"自然哲学"的框架,那些致力于解决人的具体需要的应用科学和工程制造的问题被视作是与科学分离的。弗雷格(Friedrich Ludwig Gotttob Frege)和罗素(Bertrand Arthur William Russell)认为导致这种现象的原因在于自然科学缺乏使用精确的、数理化的逻辑语言。在这种观念的支配下,知识理论变成科学分析哲学,即对科学方法的详细阐释。而哲学和人文社会科学所涉及的领域呈现的却是另一番景象:对于争论几千年的老问题依然重复不止、喋喋不休。面对如此情况,实证主义哲学家们认为,要结束蔓延在人文学科中的这种无休止的争论,必须建立一种绝对的、高度公理化的或者数理逻辑化的理想的人工语言来替代人文学科的非科学的语言。这种"理想的人工语言"的目的是使人类的一切知识皈依自然科学或使其数理逻辑化。它的中心理论是"经验证实的意义理论";它的基本原则是"经验证实的原则",这个原则规定:"任何一个命题只有能被经验证实或否证才有意义;反之,如不能被经验证实或否证,即无法用经验证实它是真的还是假的,就没有意义,它们都是一些形而上学的'废话',它们都应该从科

---

① Stephen Toulmin: "Reasoning in Theory and Practice", in David Hitchcock and Bart Verheij (eds): *Arguing on the Toulmin Model: New Essays in Argument Analysis and Evaluation*, Dordrecht: Springer, 2006:25-29.

学哲学中排除出去。"①人工语言分析哲学又称理想语言分析哲学，"主张语言意义确定论，主张建立人工语言以便正确无误地表述、传达经验事实，避免哲学中的'无谓争论'"②。

　　逻辑实证主义把数理逻辑的方法与传统的实证主义、经验主义结合起来，意在取消"形而上学"和建立一种科学的哲学。逻辑实证主义科学方法的崇拜遮蔽了科学的真实本质，这源自它的以下三种观念："（1）认为有一种简单的科学方法可以产生和证实科学知识；（2）认为这种方法最好被孤立地运用，这意味着科学和科学家们一定要游离于社会、政治、意识形态的束缚和影响之外；（3）与上述两点相关联的观念是，科学能取得清晰可见的进步。"③但是，逻辑实证主义的方法针对科学实践的解释是僵死的。当人们面对科学方法的否定性证据时，达成统一的标准方法的梦想破灭。

　　分析语言学派理想主义梦想的破灭推动了波普尔（Karl Popper）为拯救科学方法的"假说—验证"的尝试，促使日常语言分析哲学和维特根斯坦后期语言分析哲学的兴起以及一个新的历史主义学派的兴起与发展。摩尔是日常语言哲学的先驱者。摩尔断言，传统哲学中的"形而上学"问题，如世界的本原及物质与意识的关系等问题，都是因违背常识观点而引起的，所以他主张用常识的观点解释语言的意义。摩尔的这种思想后来被维特根斯坦（后期）所继承和发展，逐渐形成日常语言哲学这个新的流派。维特根斯坦认为，语言并不是静止的逻辑构造的产物，而是人类生活中的一种活动。它不仅包括语词和语句，而且还包括说话时的行为操作等活动；只有把它们与人们具体的生活活动联系起来，才能真正理解它们的意义。"语言是一种工具，语词也是一种工具。应该把语言和语词看作是用途可以变化的工具。工具本身是没有什么意义的，它的意义在于用途。"④语言也是这样，"语言的意义在于它的用途，它必须在使用中才有意义。离开语言的日常使用，孤立、静止地考察语言及其词语的意义，就像离开工具的使用及其使用中的用途去考察工具的意义一样，是不会有结果的"⑤。

①　夏基松：《现代西方哲学》，上海人民出版社 2006 年版，第 132 页。
②　夏基松：《现代西方哲学》，上海人民出版社 2006 年版，第 123 页。
③　〔澳〕约翰·A.舒斯特：《科学史与科学哲学导论》，安维复主译，上海科技教育出版社 2013 年版，第 148 页。
④　Ludwig Wittgenstein: *Philosophical Investigations*, translated by G. E. M. Anscombe, Oxford: Basil Blackwell, 1963:41.
⑤　Ludwig Wittgenstein: *Philosophical Investigations*, translated by G. E. M. Anscombe, Oxford: Basil Blackwell, 1963:41.

维特根斯坦认为,当前哲学中的许多问题,其主要原因在于哲学家们抛开了语词的日常使用,脱离了具体的丰富多样的生活实践方式,孤立地去考察它们固定不变的形式,僵化它们的意义。维特根斯坦认为:"不是每一个看起来像句子的句子都能用来认识事物,不是每一种工艺在生活中都能得到应用。我们之所以会把许多废话列入哲学命题的范围,其原因就在于我们对这类命题的应用考虑得很少。"①他进一步指出,语言并不反映实在,它无任何与实在的对应性。语词和语句的意义是内在于生活方式或语言游戏规则的,它们是不确定的,随语言游戏规则的变化而变化。这些思想不仅被他所开创的日常语言学派所接受和发展,而且与后期海德格尔的语言哲学思想有一定的相似之处,为后来的德里达、利奥塔等后现代主义者所继承和发展,成为当代语言哲学中一种主流性思想,对促进西方科学主义思潮与人本主义思潮的结合有重要意义。

在批判逻辑经验主义的同时,兴起的另一哲学派别是历史主义学派。库恩是这个学派的代表人物。库恩认为,如果审查一个科学研究的既定传统,就会发现这个传统是理论、标准、实验规则和目标的奇特组合。这是他通过使用"范式"这个术语所凝成的洞察力得到的结论。"每门学科在特定时期都有自己的结构独特的不断拓展的研究领域,拥有这个领域独特的理论、假设、技术、目标和评价标准,当然,尽管有些理论工具和技术会在不同的研究领域借用和共享。"②库恩的上述观点在历史学派的另一位成员费耶阿本德的"无政府认识论"中得到进一步的发挥。

图尔敏的科学哲学思想在 1987 年编撰的《不列颠百科全书》"科学哲学"条目中得到充分展示:"科学哲学作为一门学科,首先要阐明科学探索过程中的各种要素:观察程序、论证模式、表述和演算的方法,形而上学假定等等,然后从形式逻辑、实用方法论及形而上学等各个角度估价它们之所以有效的根据。因此,当代科学哲学显然是一门分析和探讨的学科!"③这个定义也恰当地反映了图尔敏科学哲学思想的发展历程,表明了历史学派的一些基本思想和立场:第一,科学哲学面对科学研究过程,而不是面对科学成果或科学的逻辑结构;第二,肯定形而上学在科学哲学中有其地位。同时,

---

① Ludwig Wittgenstein: *Philosophical Investigations*, translated by G. E. M. Anscombe, Oxford: Basil Blackwell, 1963:205.
② 转引自〔澳〕约翰·A. 舒斯特:《科学史与科学哲学导论》,安维复主译,上海科技教育出版社 2013 年版,第 160 页。
③ 转引自舒炜光、邱仁宗主编:《当代西方科学哲学述评》,中国人民大学出版社 2007 年版,第 5 页。

图尔敏的表述中又表现了浓厚的分析哲学色彩,承认当代的科学哲学与分析运动有着本质联系。

从上面的论述中,我们可以看出图尔敏显然不只属于一个科学哲学派别。图尔敏既是一个历史主义者,以历史主义的姿态反对逻辑经验主义的预设主义,提倡从科学史实出发采用历史分析的方法看待科学的发展,驳斥历史学派的相对主义;同时又是一个分析哲学家,继承了维特根斯坦后期哲学的某些思想,批判吸收了维特根斯坦后期语言哲学观点,并把它作为观察方法和分析工具用以解决科学理性主义在发展中遇到的问题,设计出与情景和领域依赖的论证模式,在绝对理性主义与非理性主义之间寻找平衡。

从总的思想渊源上讲,图尔敏是属于维特根斯坦后期语言哲学传统的,这使他在 20 世纪 50 年代初从科学的实际活动、功能上去看科学,成为历史主义观点的最初倡导者之一。图尔敏历史主义思想的萌芽体现在其哲学著作《科学哲学导论》和《预见与理解》中。在《科学哲学导论》中,图尔敏早于库恩首先明确使用了堪称历史学派标志的"范式"概念,对库恩等后来的历史主义学派科学哲学思想产生积极影响。在《预见与理解》中,图尔敏提出了"自然秩序理想"观点。在科学哲学的随后发展中,图尔敏提出和发挥了关于科学是通过更适当的概念(概念的进化)达到更深层次理解的理论的观点。后来由于历史主义学派相对主义的极端发展,图尔敏不断修改、完善并发展自己的观点,基本上站在夏佩尔(Dudley Shapere)等新历史主义学者的一边。

三、研究图尔敏平衡理性主义思想的意义

图尔敏是非形式逻辑的倡导者和历史主义学派的开创者,他在逻辑哲学和科学哲学方面都作出了杰出的贡献。图尔敏哲学思想非常丰富,产生了重要的影响。但是,人们对于图尔敏的整体哲学思想并没有给予足够的关注,国内研究情况更是如此。人们探究的领域主要集中在非形式逻辑及图尔敏论证模式的研究方面。现有的一些关于图尔敏科学哲学思想的研究主要是关于图尔敏自然秩序理想论,没有考察他的哲学思想的其他有机组成部分,忽略了他的哲学发展的整个图景。这些研究没有从整体上揭示图尔敏哲学思想的平衡理性主义思想内核。从某种意义上说,对图尔敏哲学思想整体研究的缺失必然会影响到我们对于其科学合理性的理解。因此,以图尔敏平衡理性主义思想为切入点,超越"逻辑学语境"和"科学哲学范式",实现对图尔敏平衡理性主义思想的整体重构及其定位,凸显了研究图

尔敏平衡理性主义思想的重要意义。

首先,研究图尔敏的平衡理性主义思想,可以使我们对图尔敏的哲学思想产生和发展的历史渊源与当今流变有更全面的了解。通过阅读图尔敏相关哲学思想的论述,我们可以发现图尔敏持有的平衡理性主义思想在其哲学发展的整个历程中占有非常重要的地位。西方现代科学哲学派别作为哲学现象都不是偶然出现的,它们之中的每一个都以揭露其他派别的错误和困难或者吸收有益成分为自己的部分基础。在具体问题上,它们各自有某些局部的合理所得。现实问题被逻辑实证主义以"方法""进步""融贯性"掩盖、隐藏和遮蔽。逻辑实证主义提供简单的、似是而非的关于科学本质的普遍标准的神话来阻止人们提出更深入的问题。它们意在说明科学中的每件事都是对的,无须做更深入的历史或哲学分析。如此这般就形成一道鸿沟:一边是向世人展示科学的公共形象——科学的公认面孔,另一边是社会的和政治的复杂性实际存在于科学的实际活动中。这种分离是科学方法论与具体科学研究之间的脱离。科学哲学的历史主义学派产生于 20 世纪 50 年代末 60 年代初。历史主义学派指出,科学及其发展被现实的社会、历史、经济和政治事实环境所塑造而又反作用于这些环境,应从科学与社会的关系中、从科学发展的历史事实中去总结。

历史主义学派随着逻辑实证主义和批判理性主义的衰落开始流行。图尔敏从历史主义立场出发批判逻辑经验主义,使他成为历史主义观点的最初倡导者之一。他的历史主义哲学观点形成比库恩早,某些观点对库恩有影响。与波普尔的批判比较,历史学派对逻辑经验主义的批判是根本的、全面的。库恩认为:"不仅科学理性的发展是非理性的,就是科学理论的检验和竞争也是非理性的,因为科学理论不是认识,而只是一种信念。"[①]库恩的非理性主义思想被费耶阿本德进一步发展了,后者甚至提出"科学不能排除非理性,而且它比通常所理解的要非理性得多。它既可以用理性的方法,也可以用非理性的方法,其中包括用迷信的方法,因为科学本身与迷信相类似,它只是一种信念"[②]。新历史主义学派继续推动科学哲学向前发展。其中,"以夏佩尔为代表的新历史主义学派的一翼,一般坚持物质世界客观存在的科学实在论观点,坚持科学是理性活动,坚持探讨科学发现和科学进步等问题的必要性和重要性;以劳丹(Larry Laudan)为代表的新历史主义学

---

① 转引自夏基松:《现代西方哲学》,上海人民出版社 2006 年版,第 238 页。
② 转引自夏基松:《现代西方哲学》,上海人民出版社 2006 年版,第 238 页。

派的另一翼,虽然在一定程度上也坚持并论证了科学的合理性,但是却反对科学实在论,否认科学发现是理性的活动"①。夏佩尔的"信息域"理论受到图尔敏"论域"的影响,同时这个理论也得到了西方科学哲学家的高度评价,他们认为新历史主义代表科学哲学研究的一种新方向。

其次,通过在科学发展史视域下研究图尔敏哲学思想,把握图尔敏平衡理性主义思想的内核,探索西方科学哲学发展道路,有助于我们更好地理解图尔敏哲学思想发展的内在脉络。纵观科学合理性的历史性和复杂性,超越于一切时代之上的合理性是不存在的。逻辑经验主义和波普尔证伪主义都是科学哲学中的逻辑主义。"方法并没有真的死亡……波普尔爵士对科学方法神话……全力挽救,他试图把科学方法拯救成一个可信的故事,试图编造一个真正能够解释科学家如何工作和如何获得科学知识的故事。"②继逻辑主义之后出现的历史主义学派用科学史来检验科学哲学,其代表人物有库恩、费耶阿本德等。他们看到,在科学史上,许多科学家在做出重大的科学发现时,他们的行为往往违背逻辑经验主义和波普尔证伪主义所制定的科学合理性原则。按照库恩的观点,科学家们并没有以波普尔所说的方式行事。库恩感兴趣的是诸多科学的独特历史,他认为在科学发展史上没有普遍的方法,只有处在不同历史时期的各门不同科学的范式。普适性的科学方法并不存在,库恩的理论部分地阐释了科学如何不依赖于任何普遍的方法而进行,因此,哲学家要承认非理性是科学的一个内在因素。库恩有关科学变革的研究引发了许多领域的思考,并延伸到更宽泛的历史领域、社会学领域、政治学领域、人类学领域甚至是艺术史领域。库恩的历史主义观点被费耶阿本德进一步发展。费耶阿本德认为,如果如实证主义认为的那样,后继的理论与前驱的理论只存在可推演和意义不变的关系,只会保护甚至僵化前驱的理论,谈不上科学的进步和知识的增长。

图尔敏试图通过历史背景下的科学变化来说明科学的进步,他注意到科学合理性的复杂性和历史性,抛弃超越于一切时代之上的合理性概念。他认为,科学家的某一科学行为是否合理,要根据当时的具体历史处境来判断。他尝试在逻辑经验主义的强理性和库恩、费耶阿本德的非理性之间寻找一种平衡的理性观。因此,在更为宽广的意义上,通过考察图尔敏平衡理性主义思想,可以揭示图尔敏历经维特根斯坦后期语言分析哲学,到历史主

---

① 夏基松:《现代西方哲学》,上海人民出版社 2006 年版,第 243 页。
② 〔澳〕约翰·A. 舒斯特:《科学史与科学哲学导论》,安维复主译,上海科技教育出版社 2013 年版,第 163 页。

义科学哲学与后现代主义时期哲学的发展历程。这也与整个英美科学哲学的具体路径相关联。伴随着科学的发展和哲学的演进,西方科学哲学也在不断地进化发展。科学哲学所经历的过程与自然科学的发展有着相对应的方面,逻辑实证主义的主要科学背景是近代科学,尤其是牛顿物理学再加上数理逻辑。逻辑实证主义统治的崩溃,犹如牛顿物理学统治的倒塌,事实上二者有着某种实质性的联系。批判理性主义和历史主义的主要科学背景是20世纪以来的科学,尤其是相对论的现代物理学或者新的科学史研究。图尔敏批判逻辑实证主义,反对逻辑经验主义的"逻辑中心主义"观点。他以向平衡理性主义的回归代替库恩关于社会心理因素的非理性主义。因此,研究图尔敏的平衡理性主义思想有助于整体上把握现代科学哲学发展的流动网。

再次,通过揭示理性主义两种极端倾向所导致的理性偏颇,探寻图尔敏寻求理性与合乎情理性之间平衡道路的可能性,可以展现图尔敏平衡理性主义思想的多元应用图景。图尔敏强调历史上概念的改变是逐渐演化的(非革命的),是渐进的、精致化的。发生于科学家间的概念改变并非纯粹的智力过程,其实也包含了社会磋商的历程。图尔敏提出的将传统的逻辑论证与修辞论证有机地结合起来的实用论证,为实现逻辑论证与修辞论证的有机结合,走出绝对主义与相对主义的内在困境,更合理地理解科学发展,提供了方法论上的启迪。本书基于对图尔敏平衡理性主义思想的研究,既考察理性主义发展的历史渊源,又注重逻辑的发展与历史演进。

近年来随着非形式逻辑、批判性思维的兴起与发展,以及人工智能、法律等实际应用领域需要,对图尔敏哲学思想的研究出现了一种方兴未艾的局面。图尔敏被广泛接受的标志之一就是《论证的使用》受到广泛的讨论和引用。图尔敏的论证思想在国外,"特别在美国、加拿大等国的言语交际、修辞学、论辩、批判性思维、非形式逻辑、法律和人工智能等领域有持久而广泛的研究"[1]。本书从大数据的时代背景出发,坚持逻辑与历史相统一的方法,揭示图尔敏平衡理性主义思想内核和对理性主义危机的诊治策略,从历史与现实的张力中揭示大数据技术为人类发展带来新的图景,又规约着人类自身发展的现状和解决路径。

最后,在大数据时代研究图尔敏平衡理性主义思想,有利于从历史与现实的张力中认识科学的世界与现实生活的世界之间图景的变换和互渗影

---

[1] 杨宁芳:《图尔敏论证逻辑思想研究》,人民出版社 2012 年版,第 12 页。

响,把握大数据时代人类理性发展的正确导向。贯穿本书的有两条主线:一条是图尔敏的哲学思想的发展与演变;另一条是数学理性主义的起源、极端发展及其在当代的表现。本书以理性主义思想的渊源与演变为逻辑起点,以西方科学哲学的发展作为理解图尔敏平衡理性主义思想的理论背景,以传统理性主义的危机与非理性主义的极端发展为问题缘起,探究图尔敏的平衡理性主义思想图景和他为平衡理性的回归提供的解决策略。在科技与社会实践之间的互动层面,对各种因素的多向互渗进行全方位整合,真实再现图尔敏平衡理性主义思想的动态发展与科技社会之间的复杂样态。研究图尔敏平衡理性主义思想为科学主义与人本主义的融合开辟了道路。图尔敏平衡理性主义的思想实践转向,为诊治传统理性主义对现实生活世界的遗忘和后现代主义在生活世界的迷失、为大数据时代生活世界的回归提供了有益的路径。

关注现实世界,回归现实世界。大数据时代,我们太专注于虚拟世界的交往,现实世界被大大忽略了,我们总是忘记现实世界——那才是人类真正生存的世界。我们生活在现实世界中,我们的很多问题发生在现实世界中,我们解决问题的很多方法也出现在现实世界中。在现实世界中,像亚马逊、阿里巴巴这类公司,即使依靠软件平台运算,从电子数字化的前端平台到非常实际的后端出口,也有商品推销、库存管理和物流系统这些现实流程。这只是大数据时代的一个缩影,在某种程度上,人类只有解决虚拟与现实世界之间复杂的互动关系,才能赢得未来。

第一章　理性主义思想形成和发展的历史考察

　　人类早期认识外部世界的奥秘,有神话、宗教、迷信等不同的方式,而将自然从神性中解放出来,这是科学精神最基本的要素之一。理性批判对科学和哲学的起源与发展有着极其重要的作用。早期的哲学家也称自然科学家,他们试图用自然主义的方式解释自然现象,开创了以哲学追问来理性思考自然的探索活动。哲学作为人类认识的精华,作为社会精英的文化活动,本身是一项理性的事业,但作为一种思想探索,它又是在感性经验的基础上产生和发展起来的,与人类的实践与日常生活有密切关系。在考察图尔敏平衡的理性观与历史主义思想交互作用和运动发展之前,我们首先回顾一下前人在这一问题上深远的理论渊源,这对于我们从历史的角度加深对这个问题本身的理解,以及对我们全面地考察图尔敏科学哲学发展的概况,都是十分必要的。这有利于在历史主义、合理性与现实的语境中整体上把握图尔敏平衡理性主义思想。

第一节　理性主义思想的发轫

　　在人类历史上,早期希腊人开始以多种方式对他们生存的自然进行理性探索。古希腊人在认识自然和人自身的发展过程中,形成了理性的思维传统。发轫于古希腊的理性概念,成为西方思想史中一个核心的因素。在神人同形同性的古希腊神话世界中,拟人化的神以自己的意志任意干预人类事物。由于神的干涉具有无限可能性,因此,世界必然反复无常,没有自身的秩序和规则。这与科学所要研究的独立于人的、人类可以认识与把握的具有内在规律的世界完全不同。为反对迷信和神话,古希腊出现了一些勇敢而理性的自然哲学家,他们尝试使用清晰的、理性的证据和精确的观察来认识他们生活其中的自然界。

一、古希腊天文学与数学理性

了解希腊早期的天文学知识，有助于我们发现人类早期数学理性萌芽，更好地理解后来天文学领域的哥白尼革命究竟对人类有怎样的意义和影响。早在希腊人之前，天文学家就已经观察和记载了许多奇异的天文现象，尤其是中国古代天文学家和古巴比伦天文学家创设了精巧的"星表"天文学。在古希腊，"希腊人以多种方式对行星在做什么加以精确的解释，最终导致了一门技术的、数学的和理论的学科的诞生"[①]。希腊人将这门科学称为天文学，并用数学的方式对行星在做什么以及如何做进行表达。恩格斯指出："数和形的概念不是从其他任何地方，而是从现实世界中得来的。"[②]希腊早期自然哲学家致力于用数学的方式解释行星的运行，进一步推动了自然科学的发展。"如果行星的运行没有这么奇特，那就不会有数理天文学——可能只有'宏大物理世界图景'——因而也不会有希腊天文学，也就没有后来的哥白尼天文学；或者，随之而来的也就没有牛顿物理学和天体力学，因而，也许连 19 世纪理化学科的数学化都不可能出现。"[③]可见，在古希腊文明中，数学与天文学有着密切的联系。

（一）天文学与数学

行星运动是复杂的。这个复杂的问题引起了早期自然哲学家在数学和技术方面的注意，其形式就是早期科学或者天文学，而这种科学是在自然哲学的庇护和启发下发展起来的。古希腊时期，人们开始对太阳、月亮和行星运动的宇宙论作出极其概括的解释——太阳、月亮、行星在做什么？它们为何如此运动？这些行星的问题是什么呢？为了合理地、精确地解决这些问题，早期的数学天文学家运用数学模型模拟对这些客体的复杂运动进行技术性处理。每颗行星都有自己典型的定时的、额外的、不同寻常的运行状况。在这种不变的、缓慢的自西向东的运动之外，需要为这一模型添加更多新的内容。这就需要设计出某些数学模型来演示通常自西向东运行中的逆行——这些模型可以相当准确地预测所观测的行星的位置。这是古希腊天文学领域关键性的原创。

---

① 〔澳〕约翰・A. 舒斯特：《科学史与科学哲学导论》，安维复主译，上海科技教育出版社 2013 年版，第 92 页。

② 〔德〕恩格斯：《反杜林论》，人民出版社 1970 年版，第 42 页。

③ 〔澳〕约翰・A. 舒斯特：《科学史与科学哲学导论》，安维复主译，上海科技教育出版社 2013 年版，第 92 页。

　　早期自然哲学家探索性地运用数学方法解释天文现象。天文学是在毕
达哥拉斯数学理性主义精神和柏拉图"理念论"以及亚里士多德"月上世界"
的自然哲学所特有的宇宙论的启发下发展起来的。"Pythagoras 学派把数
看作是真实物质对象的终极组成部分。数不能离开感觉到的对象而独立存
在。早期 Pythagoras 学派说到一切对象由(整)数组成,或者说数乃宇宙的
要素时,他们所要说的就是字面上的意思,因他们心目中的数就如同我们心
目中的原子一样。"①对于柏拉图而言,自然是建立在数学蓝图之上的。当
时的天文学提出诸如"我们是否能建立一个更加技术性、更加详细的理论模
型并将这一模型置于基本的宇宙论之中,来解释一些诸如逆行现象的细
节"②等问题,柏拉图鼓励他擅长数学的学生开创出一种精细的关于行星运
动的数学理论:这些行星运动可以大体上纳入以本轮和均轮为基本运动的
两球宇宙中。

　　这是古巴比伦人没有做到的,他们所做的只是编制星表。他们对现实
世界的基本描述依然来自神话,他们没有自然哲学的论述或者传统,并以此
提出更深刻的行星运动模式的理论问题。希腊早期自然哲学家打破神话传
说,开始用理性的自然观探索自然本身的奥秘。"所以说数学就是这样一种
东西:她提醒你有无形的灵魂,她赋予她所发现的真理以生命;她唤起心神,
澄净智慧;她给我们的内心思想添辉;她涤尽我们有生以来的蒙昧与无
知。"③正是自然哲学加上巴比伦图表,使柏拉图学园有了产生理论天文学
问题的可能性。接下来的问题就是:"以一种数学的方式、以一种与基本的
和看似合理的两球宇宙具有可以商榷的一致性的方式来解释行星运动。这
也是为什么我认为是希腊人(在自然哲学的庇护下)创造了天文学这门
科学。"④

　　希腊人以多种方式对行星在做什么进行解释,最终促成了一门融合数
学和技术的学科诞生,希腊人将之称为天文学。天文学最初致力于解释行
星的奇特运行。行星的运动问题首先是一个技术问题,这个问题引起的是

---

① 〔美〕M. 克莱因:《古今数学思想》(第 1 册),张理京、张锦炎译,上海科学技术出版社 1979 年版,
第 34 页。
② 〔澳〕约翰·A. 舒斯特:《科学史与科学哲学导论》,安维复主译,上海科技教育出版社 2013 年
版,第 95 页。
③ 〔美〕M. 克莱因:《古今数学思想》(第 1 册),张理京、张锦炎译,上海科学技术出版社 1979 年版,
第 27 页。
④ 〔澳〕约翰·A. 舒斯特:《科学史与科学哲学导论》,安维复主译,上海科技教育出版社 2013 年
版,第 95 页。

复杂的数学和技术的注意,其形式就是早期科学或天文学。它是在柏拉图和亚里士多德的自然哲学所持有的数学理性和逻辑理性的庇护与启发下发展起来的。近代科学进一步延续了古希腊的科学成就与方法:"像希腊人一样,我们假设出一些理论上的实体去解释现象,像希腊科学一样,我们的科学具有关于物质世界的基本的数学结构的深刻意义。"①

天文学史上,亚里士多德提出地心假说,而欧多克斯(Eudoxus,公元前403?—前355?)是地心体系的科学理论的第一个提出者。他是柏拉图的学生之一,提出了第一个关于天文学的理论。他认为地球是万物的中心,太阳、月亮和行星都在同心透明球体中绕地球而运转。这一理论认为,每一颗行星都是在各自的同心圆上绕着地球同时运作,这就是所谓的"同心球体系"。第二个体系是阿波洛尼乌斯(Apollonius,公元前262?—前190?)设计的能较好地解决行星明暗变化问题的均轮、本轮方案。根据这个方案,行星在一个较小的圆周(本轮)上做匀速运动,它的圆心在一个较大的圆周(均轮)上绕地球运转。如果行星的速率在本轮上比在均轮上快,从地球上就会观察到表观的逆行运动。由于逆行只有当行星在本轮内侧时才发生,这时它离地球最近,因此显得最亮。第三个体系是希帕克提出的偏心圆和本轮—均轮体系。在这个体系中,地球不在均轮的圆心上,而与圆心有一定的距离,故称"偏心圆"。

托勒密是古希腊晚期继承了伟大数学传统的古代自然哲学家之一。他是古希腊晚期一位科学探索者。托勒密的体系正是建立在数学方法论的基础上。他以数理模型的方式整理并系统化了以前的天文学成就。托勒密不仅精通天文学,还熟悉几何学、光学以及属于数学科学的占星术。他把宇宙描绘成以地球为中心的八重天球。托勒密用了近 80 个圆周、以数学的严密性来解释天体的表面运动,并且论证完整。后来托勒密的地心说为这种不变的、缓慢的自西向东的运动增添了更多新的内容,设计出了一些数学模型来演示通常的自西向东运动中的逆行——这些模型可以相当准确地预测所观测的行星的位置,体现了数学的精确性。同时,他还观察了不少天文新现象,如月球运行中的二均差等。托勒密的宇宙论体系治西方天文学长达一千四百年之久。正如克莱因所说,"在整个希腊时期没有任何一部著作能象《大汇编》那样对宇宙的看法有如此深远的影响,并且除了 Euclid 的《原

---

① 〔美〕M. W. 瓦托夫斯基:《科学思想的概念基础——科学哲学导论》,范岱年等译,求实出版社1982 年版,第 131 页。

本》以外,没有任何别的著作能获得这样无容置疑的威信"①。由于托勒密天文体系在数学论证上的严密性,在哥白尼之前,没有正确的天文学说足以与之抗衡。托勒密天文学体系运用的数学方法也开启了西方数学理性主义之源。

托勒密利用古巴比伦人的成就,外加古希腊人的数据——这些数据是理论渗透的,建立了一个可以预测行星位置的数学模型。行星模型借助大量的几何工具来作出适当的预测。托勒密为月亮和太阳以及每颗行星都制作了一个模型,这样做是为了精确性以及与数据"适当的一致性"。尽管这些模型不是对实在的表征,而只是调适预测以契合观测数据的计算工具。在科学哲学中,这种方式被称为"工具主义"。和自然哲学家一样,托勒密和其他天文学家都认为天文学模型与物理事实问题没有任何关系,也就是说,像托勒密模型这样的天文学理论完全是"工具性的",这些理论没有任何关于自然的实在论主张。

这种"工具主义"对后来的"纯理性主义"尤其是逻辑经验主义产生了直接影响。"按照工具主义的思想,理论就是一件计算出精确的预测数据的有用的工具,但这种理论本身仅仅是一件工具,它不能描绘自然和自然中的物质、原因和结构的物理事实。"②这种"工具主义"认为天文学与物理事实不相关。物理事实只包含于自然哲学的某个独立的领域里。但是对于这一切,哥白尼却有一个令人惊异的看法。他的观点令同时代的人震惊,甚至是狂妄的、离经叛道的。他不仅提出了地球绕太阳运转的观点,而且还提出了一个更深刻的主张:"有这样一种天文学,在这种天文学中,物理事实和天文观测的精确性是一回事——它们彼此确定。"③在哥白尼学说的信徒看来,哥白尼宇宙是一个优美的建筑物,出自上帝这位建筑师之手。

当然,我们也注意到,后来挑剔托勒密的"愚蠢"或思想狭隘的地球中心说的天文学是多么辉格式。"我们应该赞赏他们的聪明和勇敢,而不是谴责他们的信念不同于我们自 17 世纪以来形成的信念,特别是因为我们的天文学和现代的世界观脱胎于他们的世界观和天文学的成熟及逐步消亡,而不

---

① 〔美〕M. 克莱因:《古今数学思想》(第 1 册),张理京、张锦炎译,上海科学技术出版社 1979 年版,第 182 页。

② 〔澳〕约翰·A. 舒斯特:《科学史与科学哲学导论》,安维复主译,上海科技教育出版社 2013 年版,第 105 页。

③ 〔澳〕约翰·A. 舒斯特:《科学史与科学哲学导论》,安维复主译,上海科技教育出版社 2013 年版,第 108 页。

是一种没有历史渊源和连续性的全新的发展。"①如果我们公正地、历史地
考虑，无论是从他们的角度还是从我们的角度来看，古希腊人是极其智慧
的。"和数的概念一样，形的概念也完全是从外部世界得来的，而不是在头
脑中由纯粹的思维产生出来的。必须先存在具有一定形状的物体，把这些
形状加以比较，然后才能构成形的概念。纯数学的对象是现实世界的空间
形式和数量关系，所以是非常现实的材料。"②他们通过找到一种有关行星
运动的星表的数学理论，努力完善和精心构造一种看起来合理的宇宙论。

　　柏拉图哲学强调的数学和谐之美的元素在哥白尼学说中扮演着重要的
角色。哥白尼将诸多行星模型叠加而成的宇宙所具有的数学之美称为"宇
宙和谐"。这种"和谐"，是哥白尼从希腊音乐和建筑理论的角度出发来思考
而得出的。在希腊的音乐和建筑理论中，简单的数学关系即被称为"和谐"。
哥白尼和他的早期追随者强调的是，他的宇宙所包含的数学关系不但使他
的宇宙是优美的，而且必然是正确的。运用简单的数学关系操纵如此美妙
的物理现象，这种理念延伸到了希腊和罗马的建筑理论之中。数学意义上
的优美可以在优良的建筑中寻找。后来，中世纪和文艺复兴时期的欧洲天
文学家知道天文学和物理事实上不是完全分离的。他们想："我们有亚里士
多德的物理事实，我们也想要天文学的精确性，它们二者之间相互关联。"③

　　托勒密天文学涉及数学知识，这些知识涉及难懂的立体几何学和三角
学——当时没有微积分和计算机知识，即使是专业人士要掌握这些技术也
要花好几年时间。这种数理天文也开创了西方理论天文学的关键原创性问
题，引发了近代科学的革命。因此，数学作为一种方法和工具，对西方的数
理天文物理学产生了深远的影响。然而，数学理性在古代天文学和物理学
中的地位并不相同。由毕达哥拉斯和柏拉图奠基的天文学传统，是用数学
模型解释复杂的自然现象；而与此不同的另一条路径是由亚里士多德和阿
基米德初步建立的物理学传统，它从实际观测到的自然现象中抽出隐藏规
律性的数学关系，用以解释何以如此，说明现象背后的原因。两种传统互相
对立，又彼此补充，并为近代科学中实验—数学方法的产生准备了条件。

---

① 〔澳〕约翰·A.舒斯特：《科学史与科学哲学导论》，安维复主译，上海科技教育出版社 2013 年
　　版，第 96 页。

② 〔德〕恩格斯：《反杜林论》，人民出版社 1970 年版，第 42 页。

③ 〔澳〕约翰·A.舒斯特：《科学史与科学哲学导论》，安维复主译，上海科技教育出版社 2013 年
　　版，第 108 页。

(二)数学理性的萌芽

数学在自然科学之中的"和谐性",古希腊早期的自然哲学家就开始进行解释了。沃尔夫指出:"……还有另一个更早的希腊传统或者说思想派别即毕达哥拉斯派。这种派别把数或量放在无上的地位。近代科学的开创者们满脑子都是毕达哥拉斯主义精神。"①毕达哥拉斯学派认为神秘的数学是超自然的,存在的每个事物都是物质和精神以不同的比例组成的混合物,需从量上把握自然。古希腊人坚持要演绎证明,这的确是了不起的一步。因此,人们把数学成为抽象化科学的源头归结到古希腊人。古希腊人为自然科学提出了精确性的规范。克莱因认为:"如果不知道远溯古希腊各代前辈所建立和发展的概念、方法和结果,我们就不可能理解近五十年来数学的目标,也不可能理解它的成就。"②柏拉图和他的学园,以及在此之前的毕达哥拉斯学说的圣哲们,都对简单的数学关系所运用的一种似乎操控了如此美妙的物理现象的方式留下了特别的印象。柏拉图认为,自然就是建立在数学的蓝图之上的。柏拉图的自然哲学著作《蒂迈欧篇》强调宇宙是神圣地建立在完美图景之上的,具有简单的数学上的和谐性。哥白尼带有新柏拉图主义的痕迹,他希望新柏拉图主义能够帮助他赢得天文学理论之争的胜利。文艺复兴时期的新柏拉图主义将这种实在的数学结果作为正确的信念来信奉。

数学是人类理性的产物,是我们与感性知觉世界之间联系最为有效的纽带。自然科学的进步与数学的发展密切相关,而且就西方的科学理性精神的形成和发展而言,数学也发挥了十分重要的作用。数学方法的形成及科学的数学化奠定了理性主义和早期科学主义的传统。数学理性精神形成与发展对人类认识世界、把握自然规律具有重要作用。随着数学的发展和人类文明的进步,人类逐步从纷繁复杂的现象中把握自然规律,在这一过程中,数学履行着科学的认识功能,提供了研究自然界的有力工具。

古希腊自然哲学家认为自然存在着数学的蓝图,也就是数学和谐存在于自然之中。"在最广泛的意义上说,数学是一种精神,一种理性的精神。正是这种精神,激发、促进、鼓舞和驱使人类的思维得以运用到最完善的程度,亦正是这种精神,试图决定性地影响人类的物质、道德和社会生活;试图

---

① 〔英〕亚·沃尔夫:《十六、十七世纪科学技术和哲学史》上册,周昌忠、苗以顺等译,商务印书馆1997年版,第9页。
② 〔美〕M.克莱因:《古今数学思想》(第1册),张理京、张锦炎译,上海科学技术出版社1979年版,第114页。

回答有关人类自身存在提出的问题;努力去理解和控制自然;尽力去探求和确立已经获得知识的最深刻的和最完美的内涵。"①数学的和谐性体现在人类探索自然奥秘的进程中。托勒密的地心说是用数学构建的模型,哥白尼相信数学的优雅性,认为自己的数学模型必定是正确的。正如恩格斯所言,"数学:辩证的辅助工具和表现方式。——数学的无限出现在现实中"②。科学知识的各个部分是用数学知识逻辑地联系起来的。

柏拉图发展了毕达哥拉斯的数学方法论思想。正如罗素所言,"所谓柏拉图主义的东西倘若加以分析,就可以发现在本质上不过是毕达哥拉斯主义罢了"③。瓦托夫斯基指出,柏拉图在其理念中,"着手根据数学模型来构造宇宙"④。柏拉图在科学方法论上的另一个贡献是古希腊科学方法论的最高成就——公理方法的开端。这一方法对于希腊数学的发展具有极端重要性。克莱因指出:"至少从 Plato 时代起,数学上要求根据一些公认的原理作出演绎证明。"⑤正如笛卡尔所说,"我们充分认识到,古代几何学家们使用了一种可靠的分析方法,他们将这种分析方法延伸到对所有问题的解决上,虽然他们吝惜地向子孙保守着这秘密"⑥。这种猜疑因阿基米德一部丢失的著作的发现而部分得到证实(虽然没有找到关于吝啬的证据),这部著作就是《方法》。在这部著作中,阿基米德表明了他如何使用理论技巧和对不可分者的考虑来发现关于不同平面图形和立体图形之间相等面积和体积的新定理。然后他用严格的几何学方法,特别是所谓的穷尽法中涉及的归谬法来证明这些定理。这种证明表明,相应面积和体积的不等会导致矛盾。

数学是理性的语言,是所有人类发明中最成功的一个。在近代科学革命爆发的自然科学和哲学领域有一条明晰的数学方法路线,哥白尼、开普勒、伽利略、笛卡尔以及牛顿都是用根源于毕达哥拉斯的数的理念和方法来构造自己的宇宙理论的。16 世纪数学的复兴以重要的著作出版为特征,它确实促进了数学的进步。因为重建工作不只靠语言学,还要努力用希腊精神研究数学。作为准确复制古代数学的方法,它失败了,但是,它确实促成

① 〔美〕M. 克莱因:《西方文化中的数学》,张祖贵译,复旦大学出版社 2004 年版,第 9 页。
② 〔德〕恩格斯:《自然辩证法》,人民出版社 1971 年版,第 3 页。
③ 〔美〕罗素:《西方哲学史》上卷,商务印书馆 1976 年版,第 65 页。
④ 〔美〕M. W. 瓦托夫斯基:《科学思想的概念基础——科学哲学导论》,范岱年等译,求实出版社 1982 年版,第 120 页。
⑤ 〔美〕M. 克莱因:《古今数学思想》(第 1 册),张理京、张锦炎译,上海科学技术出版社 1979 年版,第 52 页。
⑥ 〔英〕帕金森主编:《文艺复兴和 17 世纪理性主义》,田平、陈喜贵、韩东晖等译,中国人民大学出版社 2009 年版,第 128 页。

了新数学的产生。这一悖论表明,尽管科学很大一部分是以数学和逻辑为基础的,然而自古希腊时代起,数学在不断突破极限的过程中,也不断发现了自己无法解决的问题。

二、逻辑理性

对于古希腊人而言,也包括中世纪和科学革命时期的思想家,最为重要的是某种真正的自然哲学——一种一般性的自然理论,它能统摄、控制并解释所有具体科学领域的基本观念,并因此表明具体科学皆是彼此联系的,成为一个包罗万象的正确的世界观的一部分。亚里士多德的自然哲学最先引起我们注意的是它"条理清晰",它把事件和现象的日常描述中所隐含的假设和理论整合为一个统一的思想。亚里士多德的自然哲学是各种假设的精心总汇,并对之加以明确化和系统化。"这就是思维由感官知觉或对个体事物的知觉,上升到总的概念或关于一般知识的过程。人类理性有从个别事物抽绎出其形式的能力……这种形式是事物的本质,是实在的。"①

对亚里士多德而言,数学并不是实在的基础,数学只不过是人们观察和研究日常事物之后所得出的抽象概念。对于亚里士多德学派来说,数学在自然哲学中也不重要,因为它并不处理物质和因果关系的关键问题,它仅仅用于给现象建立一个工具性的模型,就如我们在天文学中所看到的那样。亚里士多德认为每个实体都是质料和形式的联合,质料对形式具有纯粹接受性;形式赋予特殊的质料以结构和功能;形式是非物质的,就像计算机的程序,它决定着通过质料而呈现出来的结构和功能;形式就是使物之为物的那种东西。像计算机程序一样,形式决定目的,这个目的就是实体的结构和功能的趋向——"形式的自我实现直到实现终极目的"②。亚里士多德的自然哲学观点是思考物理实在的本质及从事科学研究的权威化和制度化的框架。在真实的世界里,形式不会脱离质料而存在,也不存在无任何形式的质料。

在《前分析篇》中,亚里士多德讨论了三段论。他把三段论定义为"一种论证,其中只要确定了某些事物,其他一些异于它们的事物便可以必然地从它们的确定性中推论出"③。换言之,它涉及逻辑上的有效性,其中结论逻辑

---

① 〔美〕梯利:《西方哲学史》(增补修订版),伍德增补,葛力译,商务印书馆 2004 年版,第 84 页。
② 〔澳〕约翰·A. 舒斯特:《科学史与科学哲学导论》,安维复主译,上海科技教育出版社 2013 年版,第 86 页。
③ 〔美〕加勒特·汤姆森、马歇尔·米斯纳:《亚里士多德》,张晓林译,中华书局 2014 年版,第 20 页。

地由前提推出。亚里士多德的目的是要确定哪些三段论是有效的。为了澄清三段论,使它们成为有效演绎的明晰工具,并且说明它们为什么有效,亚里士多德以中词观念作为基本原则,澄清建立在前提之间的结构关系上的三段论的一般类型。这将成为后来澄清所有有效三段论的不同类型的基本原则,并通过三段论的结构本身"格"来讨论组成三段论的格的不同规则。亚里士多德采用的方法是把三段论中的每一格分别进行组合,并确定哪些演绎是显而易见的——他称之为"完整的"或"理想的"演绎。亚里士多德在逻辑学方面的主要成就,是他第一个用符号来代表论证中的词。这是一个简单而深刻的见识,因为这等于看到了论证的有效性取决于它的逻辑形式而不是它的内容。

亚里士多德的逻辑理论已经具有明显的系统性。在《后分析篇》第一卷,亚里士多德展开了他的证明理论,即运用三段论获取知识。首先,亚里士多德把证明的起点和基本前提区分为三种:公理、定义和假设。公理是没有它推理将无法进行的命题。亚里士多德认为,科学证明必须具备一些条件。他认为,科学解释必须采取被各种前提阐明的结论形式,结论必须逻辑地从前提得出。"这类似于 20 世纪的演绎—法则(deductive-gemological)解释观念。根据这种观念,一个由原因、相关的因果律和初始条件等组成的复合陈述必须包括结果。"①其次,科学的演绎论证的前提还必须具有某些特征。它们必须是"真实的、基本的、直接的、先于结论、比结论更为我们所熟悉的,并且是关于结论的解释性说明"②。根据亚里士多德的观点,如果一个论证的前提没有满足这些条件,我们就不应该称这个三段论是一个科学的证明。再次,亚里士多德对什么才算是科学证明作了进一步限定。他宣称,前提本身必须是必然真理。"证明的知识来自必然的起点——因为我们所知道的不能是别的样子。"③

亚里士多德关于前提必须是必然的主张,排除了科学证明中经验和偶然的要素,把科学限定为必然真理。"很明显,如果一个由之推出命题的三

---

① 〔美〕加勒特·汤姆森、马歇尔·米斯纳:《亚里士多德》,张晓林译,中华书局 2014 年版,第 25—26 页。
② 〔美〕加勒特·汤姆森、马歇尔·米斯纳:《亚里士多德》,张晓林译,中华书局 2014 年版,第 26 页。
③ 〔美〕加勒特·汤姆森、马歇尔·米斯纳:《亚里士多德》,张晓林译,中华书局 2014 年版,第 27 页。

段论是普遍的,那么,这种证明的结论本身必定也是一个终极真理。"①亚里士多德的推理三段论被设想为发现的工具,他试图以某种确定的方式确定这些演绎推论。它们能够促进认识,促进人们的理解。关于演绎推论是以三段论方式进行的论证,有些论证形式提供了解释或原因。对于亚里士多德而言,论证的三段论是一种发现的方法,一种从被认可的前提演绎出新颖结论的手段。事实上,它只是一种以系统的方式表达结果的手段。

今天自然科学被视为对自然系统的经验研究,亚里士多德的所指则更类似于对确定和普遍知识的追求。恰如恩格斯所言,"形式逻辑本身从亚里士多德直到今天都是一个激烈争论的场所。而辩证法直到现在还只被亚里士多德和黑格尔这两个思想家比较精密地研究过。然而恰好辩证法对今天的自然科学来说是最重要的思维形式,因为只有它才能为自然界中所发生的发展过程,为自然界中的普遍联系,为从一个研究领域到另一个研究领域的过渡提供类比,并从而提供说明方法"②。亚里士多德从事科学研究,涉及内容非常广泛,被称为是百科全书式的人物。此外,他对科学研究方法的详尽说明,直到 16 世纪科学革命时,都一直是最可靠的权威文本。

三、实验理性

人类文明伊始便在熟悉的简单日常经验中为生存而斗争。人类最初的实验活动是和探索自然的尝试一起产生的,因此,它和人类的起源一样具有悠久历史。在古代也曾经出现过一些独立于生产活动而进行的具有连续性和系统性的实验和观察活动,如亚里士多德及其学生对动物的解剖研究。更多的科学实验还没有与生产活动相分离,没有成为一种独立的社会实践活动,而是被包含在生产活动之中,是生产活动的一个环节。例如阿基米德在实验的基础上对斜面杠杆滑轮省力规律和浮力原理的研究。

阿基米德是古希腊科学史上一位杰出的数学家和工程学家,是古希腊时期实验理性的代表人物。他开创了实验的传统和实践的方法,这个方法论的特点是用几何方法论证力学问题。"是他的过度劳作而使得他所做的每一件事情都似乎是不费力气、轻而易举地做出来的。因为虽然没有人能够通过自己的努力发现那个证明,但是一旦学会了它,他就相信他本来能够

---

① 〔美〕加勒特·汤姆森、马歇尔·米斯纳:《亚里士多德》,张晓林译,中华书局 2014 年版,第 28 页。

② 〔德〕恩格斯:《自然辩证法》,人民出版社 1971 年版,第 27—28 页。

做出那个证明:他到达那个结论的路径是那样的平坦和快捷。"①阿基米德使用几何原理将理论与技巧有机结合起来,发现了不同平面图形与立体图形之间相等面积和体积的新定理,然后用严格的几何学方法,特别是所谓的"穷尽法"中涉及的归谬法来证明这些定理。这种证明表明,相应面积和体积的不等不会导致矛盾。

阿基米德的实验理性通过数学思维制造了将技艺与技术结合起来的一系列工程器械,对古希腊、古埃及实际生产和生活产生了深远影响。"阿基米得(德)是古代世界的第一位也是最伟大的近代型物理学家。"② 17 世纪,伽利略的第一篇论文《小秤》正是把阿基米德发明的浮力原理与杠杆原理结合起来,用实验和精密计量揭开了王冠之谜,揭示了古希腊时期对实用或工业技艺的科学研究。"针对一个科学问题,首先提出假说,接着用演绎方法推出结论,然后用实验和观察方法加以检验,这就是实验理性的实质。"③

人类思维创造了一个永远变化的宇宙图像。从亚里士多德的思想方法到伽利略的思想方法,后者自觉地和系统地把科学实验和观察的方法运用于自然科学研究。伽利略的贡献是摧毁了直觉的观点,并用科学推理加实验的方法取代它。近代自然科学的实验方法是对经院哲学纯思辨方法的否定。与近代自然科学几乎同时产生的实验研究精神和方法在 15、16 世纪以后以不可阻挡的趋势发展起来。科学实验开始成为一种独立的社会实践活动,这个转变是近代自然科学得以相对独立发展的实践基础。

作为古希腊文化精髓的理性精神,在人类思想史特别是科技文化史的发展中发挥了重要作用。体现在古希腊天文学领域的对近代科学产生深远影响的数学理性、由亚里士多德创立并统治西方上千年的逻辑理性、阿基米德倡导的在近代被进一步发展的实验理性,都对近代科学的产生与发展起到了推进作用。如果说近代科学的发展得益于方法,那么三大理性为科学方法的发展演变和近代理性传统的形成奠定了方法论基础。三大理性精神的分离与融合展现了理性主义在西方科学哲学发展中演变的图景。

---

① 〔英〕帕金森主编:《文艺复兴和17 世纪理性主义》,田平、陈喜贵、韩东晖等译,中国人民大学出版社 2009 年版,第 128 页。
② 〔英〕W. C. 丹皮尔:《科学史:及其与哲学和宗教的关系》,李珩译,商务印书馆 1975 年版,第 86 页。
③ 李建珊:《世界科技文化史教程》,科学出版社 2009 年版,第 45 页。

第二节　近代理性主义的滥觞

理性主义者认为世界由人类理性可及的规律支配。"在最终分析中支配世界的规律与支配人类心灵的规律存在着基本同一性,唯一的理性同时统治着这两个领域。"①正是这种同一性使人有可能理解事件的原因,使人自身成为事件的掌控者。这种对理性创造力的新信仰源自 16 世纪和 17 世纪的经验。哲学新经验主要发生在物理领域。布鲁诺、开普勒和伽利略这些路标式人物的新洞见在弗兰西斯·培根那里找到了哲学表达。17 世纪,笛卡尔、牛顿、莱布尼茨的作品见证了新哲学的最高成果。到了 18 世纪,这种哲学看起来好像已经开始得到实践完全确证,拉普拉斯(Piere-Simon marquis de Laplace)甚至断言,如果有充足的数学知识,加上原始星云中粒子分布的信息,我们就可以预测整个世界的未来。

16 世纪和 17 世纪发生在天文学领域和自然哲学领域的革命挑战了古希腊和欧洲中世纪就确立了的、在当时被认为是相当合理的、基于地球中心的天文学和自然哲学。近代科学追求真理知识,它追求知识时以人类理性为最高权威,在这个意义上它是唯理性主义的。它试图解释精神和物质现象时并不预设超自然的东西,因而是自然主义的。因此,近代科学是同新科学特别是自然科学相联系的。17、18 世纪的科学哲学家,无论是弗兰西斯·培根和洛克等经验主义者还是笛卡尔和莱布尼茨等唯理主义者,都坚持科学知识内容的客观性、确定性与合理性而排斥主体性。至于科学的"内部",该思想领域是某种普遍的科学方法的存在所界定的,这种方法来自近代"理性主义"和"经验主义"的综合平衡。

一、笛卡尔的方法

笛卡尔出生在神学、哲学和科学都经历大变革的时代。作为培根和伽利略的同时代者,以及牛顿的直接先驱,笛卡尔是新科学精神的典型代表。笛卡尔作为近代理性主义的开创者,他把变数的观念引进了数学,创立了解析几何学,为微积分的产生创造了条件。笛卡尔从逻辑的条理性和数学的明晰性出发,促使近代理性向数学理性方向的转向。他的哲学思维中体现出数学的纯理智分析与应用,这使他的哲学观和科学观表现出与培根迥然

---

① 〔美〕汉斯·摩根索:《科学人对抗权力政治》,杨吉平译,上海译文出版社 2017 年版,第 9 页。

不同的发展方向:"培根重视事实而忽略数学,他(笛卡尔)则以数学的逻辑方法作为追求科学的手段;培根用经验的归纳法反对经院哲学的认识方法,笛卡尔则用理性演绎法否定经院哲学的认识方法;培根以批判'四种假相'作为扫除偏见、净化理性的思想武器,笛卡尔则以普遍怀疑的原则,作为他建立新世界观的出发点和基础。"①出于两个方面的原因,笛卡尔获得了卓越的地位:"首先,他专心致力于探寻用于人类探究的所有分支的方法;第二,主要因为这一探寻,他把许多概念和论证引入哲学,从此这些概念和论证成为哲学的基础。"②笛卡尔是以数学家著称的理性主义者,他认为存在数学的真理和逻辑的真理。"存在命题的真理只能先验地认识到,数学虽然只关乎假设的真理却提供其程序的方法。"③笛卡尔想首先获取有关存在事物的某种基本真理的先验知识,然后通过纯粹的推理从这些知识中推演出进一步的真理,并最终通过事实进行验证。

在《谈谈方法》一书中,笛卡尔宣布了其一生的目标:引导理性系统地发现真理和消除错误。笛卡尔认为人类应该可以使用数学的方法——也就是理性——来进行哲学思考,建立我们关于世界的概念。他"在科学史上第一个提出了运用少数几条基本法则来理解所有物理变化的观念"④。笛卡尔认为,物质的一般结构和运动的一般法则可以通过单纯的演绎得到理解,以此揭开宇宙的奥秘。作为数学家,笛卡尔以数学经验为基础,创立了一种实用的研究方法和解决一般难题的方法,即人们通常所说的"假说演绎法"。作为哲学家,笛卡尔的怀疑方法是一种革命性的观念,这一观念有助于近代思想家从中世纪基督教思想的束缚下获得解放,因为"科学目前是戴着面具的,但是一旦揭去面具,它们将展示出所有的魅力。如果能够明白科学是如何联系在一起的话,我们就不难发现,掌握它们并不比记住一串数字更难"⑤。笛卡尔认为,为了达到某种确定性,哲学需要一种新方法。为此,笛卡尔便开始寻找能够揭开宇宙奥秘并展示科学统一的方法。

笛卡尔看到了从方法论和系统性上评估所有关于知识的观点的必要

---

① 冯玉珍:《理性—非理性批判——精神和哲学的历史逻辑考察》,人民出版社 2013 年版,第 120—121 页。

② 〔英〕罗杰·斯克拉顿:《现代哲学简史》,陈四海、王增福译,南京大学出版社 2013 年版,第 27 页。

③ 〔英〕帕金森主编:《文艺复兴和 17 世纪理性主义》,田平、陈喜贵、韩东晖等译,中国人民大学出版社 2009 年版,第 8 页。

④ 〔美〕加勒特·汤姆森:《笛卡尔》,王军译,中华书局 2014 年版,第 1 页。

⑤ 〔美〕加勒特·汤姆森:《笛卡尔》,王军译,中华书局 2014 年版,第 32 页。

性,看到了思考知识如何成为可能的必要性,也看到了协调新科学与旧宗教之间的冲突的必要性。笛卡尔认为,我们需要一种一般方法,从形而上学的第一原理来演绎物理真理,它同时有助于人们增强理性的力量。笛卡尔第一部著作《方法论》的写作动力来自他对确定性的追求。"哲学已经陷入混乱的泥潭,科学正在与宗教斤斤计较,基督教会由于要求互相对立的权威而分崩离析。为了在一片混乱中求得确定性,笛卡尔把目光转向数学。"①他要寻找一种能够与数学模式相媲美的思想体系或思想方法。正如恩格斯指出的那样,"数学中的转折点是笛卡儿的变数。有了变数,运动进入了数学,有了变数,辩证法进入了数学,有了变数,微分和积分也就立刻成为必要的了"②。笛卡尔认为在数学上,心灵能够清楚地、直接地把握真理,因此数学真理既清楚又明确。

知识需要确定性,我们只能坚定不移地相信我们所能够确定的东西。为什么在数学中可以获得确定性呢?笛卡尔的数学理性方法的创新之处在于他发明的符号体系,借由坐标轴发明图形概念,以此看到了几何与代数的统一。这使得笛卡尔能够解答包含两个未知变量的方程式,这是数学方法论上的创新。不证自明的直觉以及一步步的演绎是两个重要方面。直觉是在精神上掌握或看到简单命题的真理性的能力。笛卡尔认为,演绎法与直觉有许多共同之处。直觉把握两个命题之间的关系,理智直觉就是对清楚分明的思想的把握,而演绎致力于把握多种命题之间的关联。演绎基本上是一种非经验主义的方法,笛卡尔用这种方法抓住了新时代的精神,看到了理性的光芒。

在自然哲学中,笛卡尔的方法是从解决问题出发的。他设计这些方法是为了解决问题,这些问题又是以数量的方式提出来的。笛卡尔从上帝永恒不变的本质中推导出两个运动规律:形状、大小和直线运动的持续性的动量守恒规律和相互影响规律。这就是自然哲学需要形而上学基础的原因。然而,这种基础性存在于哪里呢?它最主要存在于其广延性这一论断上。这一论断得到了笛卡尔关于清晰而明确的观念的支持。换言之,当我们在广延的几何属性中掌握物质客体时,我们可以清晰而明确地理解它们。这意味着它们是清晰而明确的观念。笛卡尔通过物质科学概念,将物质世界看作一个连续的、无限的广延的整体。因此,虽然存在大量精神实体,但严

---

① 〔美〕R. C. 斯普罗:《思想的结果》,胡自信译,北京大学出版社2006年版,第63页。
② 〔德〕恩格斯:《自然辩证法》,人民出版社1971年版,第236页。

格地说,"只有一种广延的实体,即作为整体的物质世界。特殊的客体只有通过运动的差别以及物质所处空间的不同来加以识别"①。

笛卡尔认为,最一般的自然法则可以借助理性从最基本的形而上学原则中推导出来,这些原则本身是靠理性建立的。根据笛卡尔的观点,在具有灵魂的人与机器之间、无灵魂的动物与机器之间存在着明显的分界线,即语言和理性。笛卡尔通过审视他自己来揭示什么是理性。"这种沉思是系统性怀疑和揭示理性的方法的语境;对于形而上学和科学形而上学来说,方法是基础。"②他通过渐进的怀疑揭示某种能够正确指导心灵的方法,即深入分析问题最基本的构成要素,直至对人类知识进行系统重构,这种知识建立在由不容置疑的构成要素所组成的稳固基础之上。

二、培根的新工具

近代以降,西方哲学的主调是主客体二分。近代理性精神以弗兰西斯·培根的归纳逻辑导向了经验理性主义方向。笛卡尔以"我思故我在"宣扬主体性的优先地位,康德的"先天综合判断"确定理性的先天知识的源泉、条件和范围,其先验主体完成了对现象世界的建构。笛卡尔批判地吸收了亚里士多德关于"科学是公理化、系统化的"之理想,构建了直观—演绎法。笛卡尔与斯宾诺莎、莱布尼茨并称为欧陆理性主义哲学家。整个 15、16 世纪,理性主义思想越来越独立于基督教,哲学将自己从神学中分离出来,再没有比提出寻求确定人类知识的性质和范围更为有用的探索了。17 世纪迎来了理性时代的曙光,在此期间,剧烈的社会变革使西方文化焕然一新。宗教、政治理论、科学、经济结构都发生了巨大变化,中世纪的文化土崩瓦解了。

近代哲学按照以经验还是理性作为知识的准则或源泉而被划分为经验主义和唯理主义。近代早期的两派都肯定感性知识不绝对确实。经验派的主要代表人物有霍布斯、弗兰西斯·培根、贝克莱、洛克、休谟等。早期经验主义的代表弗兰西斯·培根是一个唯物主义的经验主义者。他宣布哲学的伟大目标是实现人类对自然的统治。近代是人类精神真正理性的时代。培根将他的时代称作理性的大复兴,这种复兴是思维追求科学知识确定性的复兴。人类在摈弃了宗教神学思维的信仰知识后,面对自然、社会和人本

① 〔美〕加勒特·汤姆森:《笛卡尔》,王军译,中华书局 2014 年版,第 92 页。
② 〔英〕奥诺拉·奥尼尔:《理性的建构:康德实践哲学探究》,林晖、吴树博译,复旦大学出版社 2013 年版,第 5 页。

身,究竟如何获得对这些对象或普遍规律的真正知识? 培根认为有四类假象妨碍人们的认识:第一类叫作族类的假象,第二类叫作洞穴假象,第三类叫作市场假象,第四类叫作剧场假象。① 按照培根的理解,族类假象是人性固有的,它揭示了产生错误认识的人类共同的心理原因;洞穴假象是各个人的假象,它揭露了造成错误认识的个人心理原因;市场假象是因人们相互间交往而形成的,它说明了导致偏见的社会和语言的根源;剧场假象是从哲学的各类教条而来的,这表明了导致错误认识的历史文化的根源。

培根提出要剔除认识的四种假象,就要有正确认识的方法和途径,这就是他的实验归纳法。他的归纳法在这种认识中扮演了中心角色。"这就是仔细收集事实并将事实列表,然后仔细上升到更高的概括层次,只非常小心慎重地使用假说,严格地通过使用实验来进行控制。"②虽然有用性是遥远的目标,但是如果不首先寻求自然真理,这一目标就不可能恰当地实现。这种认识论基础在哲学上是正确的,在理性主义占统治地位的古代和近代能够另树一帜,是很有价值的。但是,培根的自然观和认识论有重大的历史局限性。他虽然也承认演绎法的某些作用,但总体上还是忽视了理性演绎法在认识中的积极作用,没有给它应有的地位。培根对亚里士多德的批判往往过了头,致使其归纳逻辑的思想常常陷入自身的矛盾之中。后世普遍认为,这在很大程度上是因为他对数学在推进科学发展方面的潜能不够了解。

归纳是从特殊例证走向普遍结论的证明,培根的《新工具》就是达到这样一些结论的系统方法——画出一些观察表,通过应用某些规则从中得出普遍规律。尽管培根认为这样一些规律并不是完全令人满意的,它们没有告诉我们任何关于实在的根本结构的东西,然而,"它们是我们'认识到的东西',因为其给我们提供了一些操纵自然的规则"③。这就形成了培根关于知识本性的独特观点:认识即创造。"正因为他强调这样一个事实即研究者不应该只是观察自然,也应该干预自然,这就导致他不仅被人们称作是第一个归纳哲学家,也被称作第一个实验科学的哲学家。"④培根的思想一直流传下来。17世纪中期的机械论不仅包含纯粹的机械论哲学家的工作,还包

① 参见〔英〕培根:《新工具》,陈伟功编译,北京出版社2008年版,导读第8页。
② 〔英〕帕金森主编:《文艺复兴和17世纪理性主义》,田平、陈喜贵、韩东晖等译,中国人民大学出版社2009年版第131页。
③ 〔英〕帕金森主编:《文艺复兴和17世纪理性主义》,田平、陈喜贵、韩东晖等译,中国人民大学出版社2009年版,第6页。
④ 〔英〕帕金森主编:《文艺复兴和17世纪理性主义》,田平、陈喜贵、韩东晖等译,中国人民大学出版社2009年版,第6页。

含培根对现代科学的论证,并融入现代主义者关于科学和进步的论证:征服自然是正确的,科学和技术将相互作用,社会将不断进步。

尽管在促进科学发展方面,培根科学方法的优点显而易见,但它也有严重的缺点。人们普遍认为培根没有抓住数学对于哲学的重要性这一极。这启示我们关注另一半哲学的观念——17 世纪的理性主义。大量的 17 世纪理性主义哲学家拥有一致的观点,他们认为:"仅仅通过先验的推理就可以认识实在的本性,即我们能够通过推理而不求助于感官就能够认识;关于实在的真理是必然的真理。"①像培根一样,理性主义者认为他们自己开创了一个新的时代。17 世纪理性主义的产生和人们所称的"现代科学"的兴起是有密切联系的,17 世纪的一些理性主义者在新科学中起了非常重要的作用。他们寻求的基础只能通过先验的推理才能发现,只要不满足理性考察就加以拒斥。对于这个论题,康德给予了有力的论证。

三、康德的理性批判

在康德之前,不论是归纳主义的休谟还是演绎主义的笛卡尔,他们都把知识分为两类——经验知识和逻辑知识。17 世纪和 18 世纪的演绎理性成为休谟、康德批判的牺牲品,道德律令的规范特征也随着演绎方法消失殆尽。经验科学的理性任务是通过展现不同行动与不同后果之间的相互关系来提供人类行为的法则。康德看到了经验主义和演绎主义在理论上的根本缺陷,肯定了在科学认识过程中,主体能动性的必要性和重要性,提出了"先天综合判断"的理论。在认识论领域,席卷 18 世纪欧洲的启蒙运动孕育了所谓分析的认识方法,这是科学方法的核心。与亚里士多德相类似的分析方法把归纳和演绎的要素融为一体,以探求"事实的逻辑"为目的。人们以归纳的和经验的方法收集事实材料,然后再寻找在这些事实中发挥着作用的普遍规律。"理性主义的教条主义及其不愿吸收经验知识到自己先验的数学模式中的态度,让康德很苦恼。但是经验主义更让他苦恼,因为休谟关于因果性的怀疑主义,使得科学知识成为不可能之事。"②理性主义与经验主义的对峙造成怀疑主义的危机,康德对认识论进行了新的综合。

康德反对传统的"两分法",他认为不论是经验知识还是逻辑知识,都不是科学知识,因为科学知识应该是具有普遍性和必然性的新知识。在这两

---

① 〔英〕帕金森主编:《文艺复兴和 17 世纪理性主义》,田平、陈喜贵、韩东晖等译,中国人民大学出版社 2009 年版,第 6 页。

② 〔美〕R. C. 斯普罗:《思想的结果》,胡自信译,北京大学出版社 2006 年版,第 97 页。

类知识之外,还应有属于科学知识的第三类知识。因而他提出"三类判断"的知识。他认为,第一类判断是先天分析判断,即休谟、笛卡尔等人所称的逻辑知识,它们虽然具有逻辑必然性和正确性,但没有新内容;第二类判断是后天综合判断,即休谟、培根等人所称的经验知识,它们来自经验事实的综合或归纳,因而能给人以新知识,但不具有必然正确性;除了上述两类判断外,康德认为,还有一类被前人所忽视的十分重要的判断——先天综合判断。这类判断的内容是综合的,从这个方面说,它与第一个判断不同,而与第二个判断相似;然而它不是后天的、或然的,而是先天的、必然的,从这个方面来说,它又与第二类判断不同,而与第一类判断相似。康德进一步解释,一切真正科学的判断,如几何学判断、数学判断、牛顿力学判断,都属于这一类判断。他认为科学知识的这种普遍性、必然性不是来自经验事实,经验事实中并没有这种普遍必然性,它是人的主体性所赋予的,来自人的内心的先天认识观念(框架):由时空、必然、规律等观念主动地授予经验世界,这是科学知识具有理性不可怀疑的普遍性和绝对正确性的缘由。

康德对唯理论观点的拒绝是深刻而且具体化的。康德的综合把理性主义和经验主义的要素融为一体,即为了克服认识论的某些问题,我们必须假定,知识不仅是必要的,而且是可能的。然后,康德提出了这样的问题:"知识得以产生的必要条件是什么?"或者,"在哪些条件下,知识才是可能的?"康德的批判使用的是"先验的方法"。他同意经验主义者的观点,认为知识始于经验,但是他断言,不是所有的知识都来自经验。在康德看来,先验知识也是存在的。他同意休谟的看法,认为我们不能直接经验到因果性,但是,他不同意因果性仅仅是心灵的习惯性联系的说法,相反他认为,我们的因果性观念来自理性判断,这是心灵的能力在发挥作用。康德认为,知识仅限于经验的范围。感觉多样性是知识的素材。凭借感性知觉,我们只能经验到现象的世界。现象世界是知识的界限。在感知世界的现象时,我们会求助于思维的先验范畴这面镜子。

康德指出,以往知识不足,原因"就在于还没有弄清楚人类理性认识能力的可能性和限度,就妄谈知识的可靠性和确定性,因而出现了对人类知识见解失之偏颇的独断论及由独断论引起的怀疑论"①。康德首先要考察或批判人类理性能力的可能性、限度和范围,展开对纯粹理性的批判,然后确立如何获得正确知识的问题。"如果想要在表象的多样性中确保始终同一

① 冯玉珍:《理性—非理性批判——精神和哲学的历史逻辑考察》,人民出版社2013年版,第149页。

的自我意识的自我同一性,形式上的'我思'就必须贯穿在我的所有表象中。为了不让主体忘记自己而被经验的洪流淹没,主体必须坚持自己的主体性。"①康德认为这种同一性产生于自我意识的理解过程,它绝不是经验所赋予的,而是先验所预定的。"只有这种同一性才允许自我把全部表象归于自己。只有通过统觉的先验同一性,我的表象的多样性才获得了属于作为认知主体的我自己的表象的普遍联系。"②

康德认为,人类的认识能力主要是感性、知性和理性。"认识能力是先天的,感觉器官具有先天的感性形式;知性具有先天的判断形式、逻辑形式和范畴;理性则具有先天的无限观念,是最高认识能力和认识形式。"③康德强调主体性在科学认识过程中的必要作用无疑是正确的,但他却首先把主体性理论先验主义化了。他虽力图调和经验主义与唯理主义的矛盾,但实质上却与唯理主义一起陷入了先验主义的泥潭。其次,康德把主体性理论严格地禁锢在几个先天的认识观念或框架之中。康德之所以既肯定主体的必要性,而又给它以种种束缚或限制,是因为他意识到主体性在认识过程中的必要性,而又看到它有可能给认识带来错误。"康德(的)认识依赖于感性经验或现象体现了他的唯物思想,同时他看到思维或概念在认识中的能动作用……所以他提出了'现象即表象'。"④康德把主体的认识分类为先验的和经验的,自我反思或认识批判首要厘清先验的逻辑。在他看来,对人的主体能动性进行限制,就能保证科学认识的绝对正确性,而不会产生任何错误。因此,康德跟早期的经验主义与唯理主义一样,是主张科学知识不可错的绝对主义者。

四、黑格尔的绝对精神

康德以后,历史学和人类学成为哲学关注的两个焦点。哲学家的注意力转到现象的领域,转向现存世界。在黑格尔看来,世界历史即国家的历史;国家历史的发展不是盲目的,而是一个合理的过程。理性,或大写的理性,是历史上一切变革的原因。黑格尔把理性(reason)和知性(understanding)看作两种完全不同的能力。知性与理性不同,知性仅仅是理性的一种具体能力。知性能够看到事物截然不同的方面。康德认为知性的确受制于有限的事物,因

① 〔德〕于尔根·哈贝马斯:《后形而上学思想》,曹卫东、付德根译,译林出版社2001年版,第147页。
② 〔德〕于尔根·哈贝马斯:《后形而上学思想》,曹卫东、付德根译,译林出版社2001年版,第147页。
③ 冯玉珍:《理性—非理性批判——精神和哲学的历史逻辑考察》,人民出版社2013年版,第150页。
④ 冯玉珍:《理性—非理性批判——精神和哲学的历史逻辑考察》,人民出版社2013年版,第150页。

而不能掌握绝对的知识,黑格尔认为,理性没有这样的限制。实际上,人的理性(reason)是无限的或者绝对的"理性"(Reason)的组成部分。在用"理性"这个单词时,黑格尔的意思是说,它就是"绝对精神"(Absolute Spirit),绝对精神是纯粹的思想或绝对的知识。我们所认识的这个世界总是处在演化或有机变化的过程中,绝对精神能够使自己实现于历史之中。

黑格尔把历史看作绝对精神的具体化或绝对精神的动态发展过程。人的心灵与绝对精神是联系在一起的,因为人的理性能够认识绝对精神。我们思考绝对精神的方式类似于绝对精神展开或表达自身的方式,这种方式就是绝对精神的辩证运动过程。在这个进程中,真理和历史以辩证的方式向更高阶段进化。马克思同意黑格尔的观点,认为历史发展过程本质上是辩证的,但是马克思坚持认为,历史发展的动力不是观念或理性,而是经济。相反的经济观念之间的冲突是社会冲突与变革的原因。

黑格尔的绝对观念的含义具有两重性:一方面指创造世界的上帝;另一方面又指理性,是对人类理智文明的辩证发展。哲学界对黑格尔哲学的批判也呈两面性:一些哲学家认为黑格尔强调辩证运动过程,本质上是一种非理性主义;另一些哲学家则认为黑格尔哲学的精神实质是对总体和肯定的强调,是哲学史上理性主义的极端化。"在这种对立的评价之下,黑格尔哲学又受到了双重批判。一方面,它引起了当代理性主义哲学的强烈不满:逻辑经验主义曾对黑格尔的辩证逻辑进行了辛辣的嘲弄;另一方面,它更引起了当代非理性主义哲学的激烈反对:存在主义以人的个体存在与黑格尔的'绝对精神'针锋相对。"①纵观黑格尔的绝对观念和他编织的理性至上的逻辑体系,它们归根结底还是属于人的自我意识。黑格尔强调绝对精神,否认对主体认识能力进行批判的合法性,目的是要取消作为主体批判的认识论。然而,黑格尔坚持思维与存在的同一性,又使他不可能真正取消人的认识论。黑格尔实际上是将人的生命欲望规定在他构造的逻辑体系的某个必要的环节之上。可见,黑格尔的绝对精神是近代理性主义哲学文化中生命意志论的非理性倾向和特征在德国的反映。德国理性主义文化实质上具有科学主义精神与人文主义精神融合的历史渊源。

---

① 丁立群:《理性主义与非理性主义:黑格尔哲学的内在矛盾》,《求是学刊》1990 年第 6 期。

第三节　技术理性的僭越与批判

在科学方法凯旋的智力氛围中，人们首先做的尝试是将这种新的思维方式延伸到现实世界中，去发现社会互动的自然法则，它被认为是在合理性与普遍性上与物理规律别无二致，人们再也无法侥幸从决定物理世界的理性法则处得到赦免。这样一组规律既统治着自然，也统治着人。人类对科学技术的"崇拜"使科技理性过度扩展，甚至僭越了价值理性。技术理性扩张导致了人性的危机，也导致了人与自然、人与社会的危机。马克思主义技术伦理观超越了纯粹技术理性的批判，主张以人的实践活动理解人的现实世界；法兰克福学派展开了对技术理性的批判；日常语言学派兴起，生活的世界再次走入哲学研究的视野。

一、技术理性的普遍确立与僭越

科技能够给人类带来福祉，这毋庸置疑，但是科学技术的飞速发展并不等于人的全面发展。社会物质的再生产过程控制了社会生活制度。资本主义社会随后的发展，特别是政治学和经济学关系的转换，以及在再生产过程中科学和技术的地位不断提升，在技术力量和我们以理性的方式引导社会发展的有限能力之间，越来越存在着不平衡。"这种不平衡——历史主体还处于无力的状态，还无法成为历史真正的主体——处于历史哲学的没有丝毫削弱的心酸和合法性的背后。人类进步不是仅仅以生产能力的进步作为唯一的衡量标准，同时也是根据自我-决定和启蒙的进步作为衡量标准：可行性和成熟性。"①

资本主义的社会科技和社会生产力以及社会财富获得极大的发展和丰富，但是，正如美国后现代主义哲学家大卫·格里芬（Dawid Griffin）指出的那样，"我们时代严重的全球性问题——从核武器的威胁和有毒化学物质到饥饿、贫穷和环境恶化，到对地球赖以生存的体系的破坏——凡此种种都是几个世纪以前才开始统治世界的西方工业思想体系所产生的直接后果。"②正如马尔库塞所指出的，资本主义"实行物对人的控制；理性的、'摆脱价值

① 〔美〕托马斯·麦卡锡：《哈贝马斯的批判理论》，王江涛译，华东师范大学出版社2010年版，第166—167页。
② 〔美〕大卫·格里芬编：《后现代科学——科学魅力的再现》，马季方译，中央编译出版社1995年版，第154页。

的'技术,是人与生产资料的分离和人对技术的效率和必然的服从——所有这一切都发生在私人企业的框架之内。机器是决定因素,但'无生命的机器是凝固的精神。只有这样它才具有迫使人们进入它的服务范围的力量……'"①

工业文明时代,理性主义所向披靡,技术在工具理性的支配下对自然的征服与改造变本加厉,工具理性僭越了价值理性。科学技术的发展与社会背景和社会形塑相关联。现代科学和技术每天都在冲击着我们的生活,强有力地塑造着我们的未来,是时候该从与技术相关的因素——广泛的社会力量、制度因素和社会环境——来考察科学技术的发展。对自然界或者说对所有的自然科学进行宏大的系统解释,都与社会及其相应的观念高度相关。当我们探究自然哲学在科学革命时期的变革时,我们需要探究科学是如何影响社会的发展的,从而更多地要求人类调整好科学技术与人的发展的关系,在实践中对这两个方面进行融合和协调,并融入丰富多彩的生活世界和现代社会的发展之中。

二、马克思对技术理性的批判与超越

立足于资本主义社会中人的生存困境,马克思对科学技术的资本主义应用进行了现实的、具体的批判。马克思的著述无疑是对现代工具理性的批判的具有影响力的源头。马克思联系人的本质来看待科学技术的本质,积极肯定科学技术是历史性的革命力量,对科学技术是人的本质力量的全面表现这一观点持肯定性评判。马克思同时对资本主义所导致的现代性问题进行批判,其中批判科技对人的异化是马克思对现代性社会进行批判的一个重要方面。在生产力的范畴下,马克思指出科学技术的进步是人类认识发展和能力不断提高的历史的、必然的客观现象;科学技术推动人类社会历史由低级向高级发展。马克思基于生产关系的发展、进步,肯定了科学技术在推进社会发展方面的力量;又立足于人的生存实践,揭示了进入资本主义社会以来科技对人的异化现状。

从最根本上说,马克思有一种对他所处时代的直觉,一种观念,即对一个将前现代与现代社会区分开来的观念。"所有后来的法理社会和礼俗社会、有机整体和机械整体、传统社会和后传统社会的对立,都要归功于马克

---

① 〔美〕赫伯特·马尔库塞:《现代文明与人的困境——马尔库塞文集》,李小兵等译,生活·读书·新知三联书店 1989 年版,第 104 页。

思在《共产党宣言》《资本论》等诸多文本中对该理念的经典阐述。"①马克思的观念后来被马克斯·韦伯(Max Weber)称作"合理化"的,不仅涉及韦伯确认的经济系统和技术系统的变革,而且还涉及从意识形态和宗教解放出来的新形式的个性。马克思认为,个性已在底层社会普遍化。对于马克思来说,实现一个充分的批判观念的困难,不仅来自实证主义科学这一面,而且来自他那个时代哲学的错误主张。马克思认为:"青年黑格尔主义者将那个时代的冲突仅仅看作是哲学与世界批判的对抗,他们没有意识到,哲学自身也属于这个世界,作为这个世界的观念表达和补充。结果是,他们的批判依然是抽象的,至多能够实现'一种纯粹的理论的解放'。"②

另一方面,近代以来,自然科学持续地在实践中证明其反哲学的科学特征。工业文明以机械化、自动化为标志,它使"一切财富都成了工业的财富,成了劳动的财富,而工业是完成了的劳动,正像工厂制度是工业的即劳动的发达的本质,而工业资本是私有财产的完成了的客观形式一样。——我们看到,只有这时私有财产才能完成它对人的统治,并以最普遍的形式成为世界历史性的力量。"③马克思进一步指出,世界历史的不同发展阶段,与其说取决于人们生产或制造什么,毋宁说取决于他们如何生产以及由生产所带来的改变和产生的一系列关系。马克思指出:"生产过程可能扩大的比例不是任意规定的,而是技术上规定的。"④科学技术以机器的外在表现形式参与资本生产,为资本的增殖提供了无限的可能。资本宰制科学技术加剧了资本主义社会的劳动异化。"机器(技术)成了资本的形式"⑤,这是资本推动工具在商品生产过程中发挥关键作用造成的。科技加剧了这种人与人之间的异化关系。现代以来对科技的崇拜,造成了现代工具理性的扩展和对现实生活的异化。

马克思关注社会合理性的等价交换原则。在《资本论》中,马克思把对市场形式偏见的批判延伸到对劳动分工和机械化的批判,指出 1830 年以来的许多发明都只是作为资本对付工人暴动的武器而出现的。对此,他证明了资本主义制度下的技术进步形式总体上符合企业而非社会的需要。直到 20 世纪 70 年代,劳动过程理论才发展了马克思这一观点,并使其得到更

① 〔加〕安德鲁·芬伯格:《在理性与经验之间》,高海青译,金城出版社 2015 年版,第 144 页。
② 〔美〕托马斯·麦卡锡:《哈贝马斯的批判理论》,王江涛译,华东师范大学出版社 2010 年版,第 21 页。
③ 《马克思恩格斯文集》(第 1 卷),人民出版社 2009 年版,第 182 页。
④ 《马克思恩格斯文集》(第 6 卷),人民出版社 2009 年版,第 91 页。
⑤ 《马克思恩格斯文集》(第 8 卷),人民出版社 2009 年版,第 300 页。

新。工业革命创造的工具使商品生产成倍增长。对人类来说,这意味着什
么?"古典主义者把人定义为'智人',他们认为,把人和动物区分开来的,是
人的理智。马克思重新定义了人,认为人'能够制造事物'。"①马克思认为,
人的身份与他的劳动密切相关。工具在商品生产过程中发挥着关键作用,
生产工具的发展决定着人与人之间的关系。人靠他的劳动而生存。人类社
会是由劳动——更确切地说,是由劳动分工创造的。劳动是集体的事业,它
使共存成为人们得以生存的必要条件。劳动的协作性是把世界历史上的人
们联系在一起的纽带。

在马克思生活的工业文明时代,人与科技相对立的状态已日渐明显。
马克思在现实生活世界背景中来考察科学技术,将"现实的人"作为其批判
理论的出发点与落脚点,高度关注人的技术化生存境遇。在工业文明社会,
生产力与科学技术越来越发达,科技变为一种以逐利为目的的生产工具,失
去其应具备的人文价值意蕴。理性主义在工业文明时代不断被强化,在工
具理性的支配下,技术对自然的征服与改造变本加厉,工具理性的僭越迫使
人的创造性力量对人的奴役和束缚越来越严重。在工业文明时代,人与科
技的关系既紧密又疏离:一方面科学技术越来越与人的生活密切相连,另一
方面科技又远离人的存在,而且与人相对立。基于此,马克思对科学技术的
批判以批判资本主义造成的异化劳动为前提。资本主义工业文明的技术特
征是大机器生产,而机器本身就是科学技术的物化形态,因此,在广泛的意
义上,马克思对资本主义工业文明的批判同时就包含了对工业文明时代人
与科技关系的批判。

三、法兰克福学派的批判策略

19 世纪的社会主义者都强调马克思的历史规律思想,却忽略了马克思
的技术批判理论,而把注意力集中于马克思的经济理论。《资本论》发表后
的许多年里,马克思的批判方法一直没有被应用到技术领域。20 世纪 20
年代早期,通过分析现代社会的种种现象,西方马克思主义者开始着手解决
层出不穷的现代性问题。在借鉴马克思的现代性概念的同时,马克斯·韦
伯以未经批判的资本主义假设为前提创建了组织社会学。马克斯·韦伯借
助于合理化的概念,试图抓住一系列整体趋势,这些趋势与科学和技术进步
及其对传统社会制度框架的影响相关。一战后,资本主义不再是放任自由

---

① 〔美〕R. C. 斯普罗:《思想的结果》,胡自信译,北京大学出版社 2006 年版,第112 页。

的资本主义。"干预主义国家增多,进步合理化和机构官僚化,科学和技术不断增长的相互依赖,以及意识的'同一性',这些都是社会构成的部分,分析这种社会构成需要马克思思想的进一步发展。"①卢卡奇是马克思和法兰克福学派之间的桥梁。卢卡奇注意到了科学知识与马克思所批判的市场规律之间的相似性。他认为:"最重要的就是要清楚地认识到,所有的人际关系都不断呈现为自然科学概念系统的抽象要素和自然规律的抽象实体这种客观形式。"②就像面对机器的工人,这种市场社会中的主体只能有效地利用这些规律,而不能改变它们。"人是被结合到某种机械系统中的机械零件。他发现,机械系统是先在的、自足的,它的功能独立于他,并且他不管愿意与否都必须服从它的规律。"③

阿多诺、霍克海默和马尔库塞对技术理性批判的灵感来源于马克思对社会合理性的批判。《启蒙辩证法》和《单向度的人》的旨趣在于对"那个无处不在的技术"所展开的理性批判,那个技术"是以计算和最优化为依据的,它所塑造的不仅是技术设备和社会系统,而且还有个体意识"。④ "尽管大部分的技术研究者并未认识到或并不赏识马克思的贡献,但是,他们的研究无意识地再现了马克思的论证结构。"⑤"工具理性批判"变成了批判理论的主要工作,因为在建立一个真正的人类社会客观可能性的过程中,通过科学和技术,人类掌握了自然,同时置换了解放的潜在主体。"不仅技术的运用是一种控制,而且技术自身(对自然和人类)就是一种控制,这是一种科学的、被计算的控制……它们进入技术机制结构中,技术总是一个历史—社会工程:在其中,技术出于对社会和统治的兴趣,打算对人和事所做的事情进行规划。像这样的统治'意图'是'实质的',并且在这种意义上,是属于技术理性形式的。"⑥

那种伴随着科学和技术进步自身的生产力的制度化增长,已经变成了社会系统合法化的基础。"新技术的能力爆发了,却没有准备进入生命活动

①　〔美〕托马斯·麦卡锡:《哈贝马斯的批判理论》,王江涛译,华东师范大学出版社 2010 年版,第25 页。

②　Georg Lukacs: *History and Class Consciousness*, trans. by R. Livingstone, Cambridge, MA: MIT Press, 1971:89.

③　Georg Lukacs: *History and Class Consciousness*, trans. by R. Livingstone, Cambridge, MA: MIT Press, 1971:89.

④　〔加〕安德鲁·芬伯格:《在理性与经验之间》,高海青译,金城出版社 2015 年版,第 181 页。

⑤　〔加〕安德鲁·芬伯格:《在理性与经验之间》,高海青译,金城出版社 2015 年版,第 184 页。

⑥　Herbert Marcuse: "Industrialization and Capitalism in the Work of Max Weber", in *Negations: Eassy in Critical Theory*, London: Penguin, 1968:223-224.

和行为中的现有形式中。在大多数组织合理性的结果与未经反思的目标、僵化的价值系统、陈旧的意识形态之间,不断扩展的技术控制力量很明显造成了不平衡。"①因此,理性失去了其衡量现存社会组织批判的标准功能;它反而变成合法化的意识形态的基础,变成了实现它的目的的工具。像霍克海默和阿多诺一样,马尔库塞的结论是,人类的解放需要从根本上打破这种"单面"的思维模式。乌尔里希·贝克(Ulrich Beck)认为简单的现代性创造了一种既充满力量又支离破碎的技术,而具象化的碎片之间不加控制的交互作用会带来灾难性的后果。贝克指出,"风险社会"现如今已经逐渐形成,在环境领域中尤其值得关注。"风险社会……发生在自主的现代化这种对其自身的影响和威胁毫不知晓的连续的进程之中。经过日积月累,这个进程带来了使人们质疑工业社会基础并且逐渐破坏这一基础的威胁。"②拉图尔(Latour)提出行动者—网络理论(actor-network theory),认为各种现代合理性形式都隶属于日常实践的连续系统,而非独立的领域。拉图尔不仅要清除掉理论中的超验之物,而且还要清除掉实践中的超验之物。这就是将自身当成所含对象之现实基础的网络本体论的后果。"拉图尔潜在的困难及其阻力是其充当奥卡姆剃刀——能够将数代积累的社会构想和政治构想完全清除掉——的严格的操作主义。"③

福柯、哈贝马斯和罗蒂沿着不同的进路对认识论史进行了系统的梳理。福柯、罗蒂走向了反主体的认识论,哈贝马斯走向了重建主体的认识论。哈贝马斯提出了认识论社会学化的方向,把主体看作社会生活尤其是政治活动中的人——交往活动中的交往主体。然而,哈贝马斯的社会化"主体批判"不再把主体作为纯粹的认识者来分析,而是把主体作为社会交往中获得"理性"的人。哈贝马斯的主体性批判指向的不是认识本身的问题,而是政治学、社会学问题。对于什么是社会性,"在马克思看来,重要的是生产关系或经济本性;在哈贝马斯看来,重要的是交往关系或政治本性。因此,马克思走向革命哲学,哈贝马斯后来走向商谈政治学"④。

哈贝马斯的理论受到韦伯合理化理论的影响。按照韦伯的理解,现代性在本质上是由众多分化的"文化领域"构成的。国家、市场、法律、宗教、科

---

① Jürgen Habermas: "Technical Progress and the Social Life-World", in *Toward a Rational Society*, London: London Press, 1968:60.

② 〔加〕安德鲁·芬伯格:《在理性与经验之间》,高海青译,金城出版社 2015 年版,第 152 页。

③ 〔加〕安德鲁·芬伯格:《在理性与经验之间》,高海青译,金城出版社 2015 年版,第 157 页。

④ 刘大椿、刘永谋:《思想的攻防——另类科学哲学的兴起和演化》,中国人民大学出版社 2010 年版,第 120 页。

学、技术、艺术等一切社会分支都是各自拥有自身逻辑和制度同一性的不同的社会领域。按照哈贝马斯的理解，这些分化系统的扩散是复杂的现代社会的基础。哈贝马斯认为，系统合理化预示着技术专家治国论对交往互动的生活世界的入侵。哈贝马斯将人类的感性活动分为工作或目的的合理性行动以及社会互动或交往行动。虽然这两个部分在社会实践中是相互依赖的，然而在分析上却是有区别的，相互之间不可以还原。"工具行动层面上的合理化意味着生产力的增强以及技术控制的扩展，而社会互动层面的合理化意味着不受控制的交往的扩展。"①社会系统利用生产力的帮助，将它们的控制扩展到外部自然。因此，他们需要技术上可以利用的知识，这种知识包含以真理为主张的经验预设。"只有在依据技术规则的工作和根据有效性规范的互动的区分基础上，我们才能重建作为技术以及相互依赖的制度、文化发展的历史过程的人类发展。"②

　　哈贝马斯声称，科学技术完全建立在一种面向自然界的非社会基础上，对它合适的回应不在于对技术理性的根本打破，而在于将之定位于一个更加全面的合理性理论。哈贝马斯沿着上一代法兰克福学派所开辟的路径对现代科学技术进行了深入的社会批判。他认为技术统治论盛行隐藏着巨大的危险，科技在现代社会发挥着重要的意识形态功能。但和马尔库塞不同，哈贝马斯自信、乐观地认为，通过交往和对话能够对抗现代科学对人的束缚。在批判将人视为可以用实证方法进行研究的科学主义观念的同时，哈贝马斯并没有滑入后现代主义的虚无之中。

　　技术对社会的控制掩盖了人际之间的交往活动方式。在现代性盛行的资本主义社会，技术统治论实质上掩盖了劳动与交往的差异，把一切活动都划归为劳动技术问题，从而阻碍了公众反思社会，即它屈服于技术的控制。科学技术关注点也从自然控制的问题转向社会控制的问题。"技术进步和社会生活世界的关系以及把科学信息转换成实践意识并不是一件私人教养的事情。"③科学产生了社会控制的方法，这就牵涉到最大程度的社会输入的问题，意味着科学与人类社会之间的关系及所有这些技术应该如何为社会存在所吸收，这需要大量严肃的、科学的反思。反过来，为了能够作出这

① 〔美〕托马斯·麦卡锡：《哈贝马斯的批判理论》，王江涛译，华东师范大学出版社2010年版，第29页。
② 〔美〕托马斯·麦卡锡：《哈贝马斯的批判理论》，王江涛译，华东师范大学出版社2010年版，第29页。
③ 〔美〕莱斯利·A.豪：《哈贝马斯》，陈志刚译，中华书局2014年版，第20页。

些政治决策,在很大程度上,社会需要一定的科学文化水平。

在我们这个社会中,技术作为社会控制力不断涌现。然而,对于技术对人类现实生活的僭越和控制,我们并没有作好充分的社会或政治的准备。"简单地允许技术合理性标准变成我们最重要的标准,并不能为人类生存的各个方面提供充分的解决方法。"①技术统治方法的问题包括一个假设,即技术进步的不可避免的驱动不依赖于任何外在的起推动作用的兴趣。"尽管存在这样一个事实,即有大量的问题(这些问题与价值、社会需要和解放相关)不可能通过这个模式得到解决——这些问题恰好是不能用成本—收益或系统—理论的计算来衡量的。"②因此,为科学(技术)和生活世界(实践)的互相交往寻找解释,仍然是现在社会存在的主要问题之一。哈贝马斯认为,正是因为缺乏一个相互理解的平台,我们才倾向于认为在技术知识和开明的决策制定之间需要一种劳动分工。因此,整个社会不受曲解的交往非常重要。在实践计划及其实施问题上,要充分发挥外部公众和科学咨询机构的作用,开展沟通和对话。

第四节　交往理性的兴起

逻辑实证主义和语言分析学派对 20 世纪西方哲学的发展有着举足轻重的影响。然而,逻辑实证主义衰落,是因为它的主要准则,即证实原则,不攻自破。证实原则声称,只有经验能够证实的命题,才是有意义的命题。但是,这个证实原则本身是不可能被经验证实的,因此,这是一个无意义的命题。哲学的价值在于探求语言的意义和功能,这导致逻辑实证主义让位于语言分析。哈贝马斯认为我们置身于不断对话的时代,在这个时代中,交往似乎变得如此简单,至少是更为迅速和普遍。理解和解释是我们日常生活的重要组成部分,而这种理解与解释又建立在交往和行动上。语言分析加深了我们对语言——专业语言和日常语言功能——的理解。路德维希·维特根斯坦的《逻辑哲学论》是这个哲学流派的分水岭。维特根斯坦后期抛弃一种精确语言的假定,开创了日常语言分析哲学;哈贝马斯用交往理性关注生活世界的理性,关注可靠主张的主体间性。

---

① 〔美〕莱斯利·A.豪:《哈贝马斯》,陈志刚译,中华书局 2014 年版,第 21 页。
② 〔美〕莱斯利·A.豪:《哈贝马斯》,陈志刚译,中华书局 2014 年版,第 22 页。

一、后期维特根斯坦的日常语言分析哲学

日常语言学派是 20 世纪 30—40 年代出现于英国剑桥、40—50 年代在英国哲学界占主导地位的语言哲学流派。它的产生是对理想语言观点不满的反应。日常语言哲学派认为,"哲学本身是瞄向对于思想的逻辑澄清的。哲学并非是一个教条的体系,而是一种活动"①。由于哲学曾整个地陷入哲学包罗一切的标准控制之中,在探究理性即哲学探究的原则上没有什么不一致的东西,因为哲学本身不仅包含实践理性,也包含人类的反思与评判判断:"推理的形式更少地依赖于形式的、抽象的和演绎的计算,而更多地倚重主观的考虑。哈贝马斯指出,在这一时期,理性并不限于一系列方法论原则。"②这种转变不但对哲学有一系列的影响,而且对整体理解什么构成知识以及什么是有效的认知方法的不同探究模式也产生了很大的影响。

路德维希·维特根斯坦在著作《逻辑哲学论》中试图通过解释语言统一的逻辑结构来为语言设定界限。这种统一的逻辑结构是语言的普遍结构,是语言的"本质",是隐藏在日常话语表层之下的逻辑形式,这种形式反映出世界的结构。早期维特根斯坦着重从逻辑分析方面研究概念、命题或语词、语句的意义问题。"语言和世界分别是命题和事实的集合——而命题则是基本命题所构成的真值函项,事实则是基本事实所构成的此种或彼种组合形式。""每一基本命题之成真或成假,取决于基本事实。而基本事实之整体则完全规定了世界。"③维特根斯坦分析语词、语句的组合方式即语言的"逻辑形式"或"实在的形式",试图以此来确定语句或命题的一般意义。

我们把维特根斯坦前后期著作对比,以前期著作为背景来理解后期哲学。在后期,维特根斯坦仍然继续研究"什么是一个语句的意义?"这样的问题,但却转变了思想的方向,不再从逻辑形式方面,而是从语言的应用或用途方面来研究语言的意义。"意义在于使用"这个思想是后期维特根斯坦日常语言分析哲学的观点。由于语言的用法是多种多样的,因而它的意义也是多种多样的。维特根斯坦后期哲学思想的重点是坚定的人类中心论,但他仍然对有关意义和有意义的言说的界限感兴趣。他的哲学思想的起点不

---

① 〔美〕王浩:《超越分析哲学:尽显我们所知领域的本相》,徐英瑾译,浙江大学出版社 2010 年版,第 121 页。

② 〔美〕莱斯利·A. 豪:《哈贝马斯》,陈志刚译,中华书局 2014 年版,第 4 页。

③ 〔美〕王浩:《超越分析哲学:尽显我们所知领域的本相》,徐英瑾译,浙江大学出版社 2010 年版,第 126 页。

再是理想逻辑一成不变的抽象,而变成了人类交流可能出错的结果。维特根斯坦对人类心灵的本质以及赋予心灵独特结构的社会行为进行先天反思,从而把人类因素引入进来。他"所'给予'的不是实证主义者的'感觉材料',而是康德哲学人类学的'生活形式'"①,即任何意义和理解理论的主体都是言说的公共实践和所有得以可能的东西。维特根斯坦发展了意义"公共性"论题,"这种社会视角使得维特根斯坦远离了弗雷格对于真理概念的强调,他更愿意把这一强调看作对一个更基本的要求——人类的言说必须符合正确性标准——的反应"②。其结果就是发展了对语言本质的一种新的说明。

语言问题始终是维特根斯坦哲学的核心。维特根斯坦在 1918 年完成《逻辑哲学论》一书之后,经过 10 年的反思,为了建立一种生活形式的具体"语言游戏"的"社会语言学",决心推翻前期哲学,建立一种日常语言哲学。在《哲学研究》中,他试图通过语言批判根治以往的哲学疾病。他明确拒绝了对语言的"先验的"分析,由此也就不可避免地涉及语言的指谓对象。这种转向体现在:"在逻辑主义那里作为先验前提的本体的逻辑形式与语义学假定,在维特根斯坦后期哲学中被新的作为由行为法则构成的语言用法、生活形式和世界(情境)解释统一体的语言游戏的假设所取代,被归结为知识之本质的语言或可描述世界之'逻辑形式'的所有函项也就转换成为各个语言游戏的'规则'。"③这使他由早期的逻辑主义转向经验主义和历史主义,由本质主义转向现象主义,由抽象主义转向描述主义,由结构主义转向语境主义,由真理主义转向实用主义和工具主义,也因此开辟了后现代思潮之先河。

西方科学哲学从逻辑主义(包括波普尔的批判理性主义)转向了历史主义,理解维特根斯坦的哲学思想是把握这种转向的关键。卡尔-奥托·阿佩尔认为"主要的变化……是由于维特根斯坦后期抛弃了一种精确语言的假定。这种语言与可描述的世界拥有共同的逻辑形式,框定了一切语言分析

---

① 〔英〕罗杰·斯克拉顿:《现代哲学简史》,陈四海、王增福译,南京大学出版社 2013 年版,第 280 页。

② 〔英〕罗杰·斯克拉顿:《现代哲学简史》,陈四海、王增福译,南京大学出版社 2013 年版,第 281 页。

③ 曹志平:《理解与科学解释——解释学视野中的科学解释研究》,社会科学文献出版社 2005 年版,第 58 页。

和实在分析的构架"①。在这种前提下,维特根斯坦后期哲学表现出完全不同的"语言"观念:语言没有共同的本质,而应着重于语用分析;日常语言是完善的,建立理想语言是不必要的,这只是哲学的一种幻想。逻辑主义与历史主义的分歧更主要或者首要地表现为它们的哲学前提。它们是对世界、逻辑、哲学等持有不同观点的哲学。而它们在哲学前提上的差别,又本质地表现在维特根斯坦后期哲学与前期哲学的变化中。语言形塑了事实,不同的语言以不同的方式解释世界。不同的语言包含了不同的理论,即关于何物存在和存在之物之间相互作用的理论。维特根斯坦、图尔敏和某些现象学学者,例如梅洛-庞蒂以及萨特,试图寻求独特的"人类"理解的基础,主张以一种不同于我们对自然世界进行感知和理解的方式来理解人类行为。我们通过自己的目的、情感和行动而不是通过预言性理论来理解人类的过去和现在。维特根斯坦的语言哲学思想对促进西方科学主义思潮与人文主义思潮的结合有重大意义。

　　维特根斯坦后期哲学比较完整地建立了日常语言哲学理论体系。在维特根斯坦后期哲学思想的基础上,形成了日常语言哲学或语言学派,即牛津—剑桥的语言分析哲学。语言分析哲学家把后期维特根斯坦的思想同实用主义、现象主义和"解释学"的哲学等结合在一起,形成一种具有折中主义性质的哲学流派,在当前西方哲学思想中占据相当重要的地位。历史主义学派的先行人物图尔敏将科学解释的哲学理解与科学史的现实活动相结合,有效避免了科学解释的"语境"问题、形而上学的合法性问题和主体的意向性行为问题。这些问题曾被视为逻辑实证主义科学解释观的根本缺陷,而对于历史主义理解背后的环境与语境所表现出的历史相对主义以及文化语境中极端非理性主义却被看作是必须予以克服的问题。

二、哈贝马斯的交往理性与交往行为

　　哈贝马斯吸收了维特根斯坦语言分析哲学的成果,提出了交往行为理论。哈贝马斯特别关注与经验主义的认知—工具合理性相对应的交往合理性。哈贝马斯指出,人类的任何言说行为都指涉言语、内容、主体性及主体间性,它们分别涉及可理解性、真实性、真诚性及正确性。"这种交往合理性概念的内涵最终可以还原为论证性话语在不受强制的前提下达成共识这样

---

① 〔德〕卡尔-奥托·阿佩尔:《哲学的改造》,孙周兴、陆兴华译,上海译文出版社 1997 年版,第 30 页。

一种核心经验。其中,不同的参与者克服掉了他们最初的那些纯粹主观的信念,同时,为了共同的合理信念而确立了主观世界的统一性和生活世界的主体间性。"①哈贝马斯认为这个过程基本上是一个理性的过程。合理性"主要不是与知识的拥有相关联,而是更多地与言谈和行动着的主体如何获得和使用知识相关联"②。合理性的明显表现是语言,含蓄表现则是导向目标的行为。论辩使日常交往实践的合理性成为可能,在交往活动中为实践的合理性提供理由,交往的合理性根据论辩理论而得到说明。

分析哲学中关于意义的理论是哈贝马斯交往理论中把语言理解视为行动的出发点。交往理性的哲学范式,是通过主体性向主体间性的转换来理解意识(自我、理性)。"这种理论所依赖的理性概念特别凸现了语言性、主体间性、程序性和开放性等特性,它的核心是处理人与人之间达成相互理解、协调一致关系的可能性条件,其功能只在于从形式上为达成一致的对话、商谈、论证等规定一个可操作的原则。"③交往就是对话,也就是说,通过对话达成共识是解决问题的关键。因此,交往行为实际上是语言行为,语言作为交往行为的媒介,成了促进交往理性的决定性因素。"语言作为一个巨大的互动网络……将每一个单独的主体组织在其中,而且只有在语言之网中他们才能成为主体。"④哈贝马斯认为:"有了主体间性,个体之间才能自由交往,个体才能通过与自我进行自由交流而找到自己的认同,才可以在没有强制的情况下实现社会化。"⑤这体现了行为理论范式发生了转变——从目的行为转向交往行为,也体现了构建现代理性概念策略发生了变化——世界去中心化。

由此,哲学的解释对象从对客观自然界的认识与征服,转向了主观沟通的主体间性;哲学研究的焦点从认知—工具理性,转向了交往理性。"交往理性范式不是单个主体与可以反映和掌握的客观世界中事物的关系,而是主体间的关系,当具有言语和行为能力的主体相互沟通时,它们就具备了主体间性的关系。"⑥在交往过程中,"交往行为者使用自然语言、运用传统文化的解释,建立主体间的关系,同时还与客观世界、共同的社会世界以及各

---

① 〔美〕莱斯利·A.豪:《哈贝马斯》,陈志刚译,中华书局2014年版,第43页。
② 〔美〕莱斯利·A.豪:《哈贝马斯》,陈志刚译,中华书局2014年版,第42页。
③ 傅永军:《法兰克福学派的现代性理论》,社会科学文献出版社2007年版,第262页。
④ J. Habermas: *The Theory of Communicative Action*, vol. 1, Boston: Beacon Press, 1984:437.
⑤ J. Habermas: *The Theory of Communicative Action*, vol. 1, Boston: Beacon Press, 1984:391.
⑥ J. Habermas: *The Theory of Communicative Action*, vol. 1, Boston: Beacon Press, 1984:391-392.

自的主观世界建立起联系"①。在这种观念的指引下,哈贝马斯认为交往理性的概念可以给人类之间的理解提供一种概念图式,以保证人们能够用历史的、具体的理性把握普遍的共识性真理。"交往理性是一种通过语言实现的、具有主体间性的、符合一定社会规范的、在对话中完成的、能在交往者之间达成协调一致与相互理解的程序性的理智能力。"②交往理性将理性概念的内涵从仅仅意指获得真理与实现特定目的的手段扩大为意指主体间的说话和行动的一切能力,这种能力反映在具有理由和根据的行为模式之中,其核心问题是主体间如何能相互理解和达成一致。那么,如何达成交往理性的诉求呢?哈贝马斯借助语言或者话语来回答这一诘问。他认为:"第一,交往者应承认、重视并遵守共同的社会规范(普遍的道德规范、原则);第二,交往者能够选择恰当的语言进行以相互理解为目的的对话。"③可见,哈贝马斯交往理性潜能的实现,通过借助话语与规范找到了可能的条件或者基础。

　　我们可以把哈贝马斯的交往行为理论归结为"理性的话语"理论。理性的话语是通过人与人之间相互要求的讲理和以理论证来协调言语行为的社会条件。在现实世界中,将道德主体即实践主体从与其他人的交往关系中抽取出来是不可想象的。相反,社会互动是通过道德互动的,它至少是一种潜在的对话关系,这种对话关系出现在相互认同却总是基础不稳固的行动者之间。互动作为一种理解社会进化过程的范畴,并不直接地指向不受限制的主体间性,而是指向压制和重新构成的历史,这就是道德生活的辩证法。按照这种视角,"哈贝马斯不是试图去用社会'规范性'路径替代'经验的'路径……他试图阐明经验的社会关系的道德层面,以及道德的经验的(社会)层面"④。哈贝马斯的交往行为理论从分析语言行为进入真理观念,又从分析真理观念进入通过反复的理性讨论达成的共识概念,对共识概念的分析彰显共识概念背后的规范性向度。哈贝马斯对当代语言学和语言哲学的研究,使他意识到了语言符号及其体系在理解人的精神生活、人的社会行动以及人的思想关系等方面的重大意义及其作用。正如哈贝马斯所指出的那样,尽管交往行为的发展面临不同的情境和各种不足,人类社会生活的各种形式都应当通过论辩来支持与发展交往行为。

---

①　J. Habermas: *The Theory of Communicative Action*, vol. 1, Boston: Beacon Press, 1984:392.

②　傅永军:《法兰克福学派的现代性理论》,社会科学文献出版社 2007 年版,第 268 页。

③　傅永军:《法兰克福学派的现代性理论》,社会科学文献出版社 2007 年版,第 268 页。

④　〔美〕托马斯·麦卡锡:《哈贝马斯的批判理论》,王江涛译,华东师范大学出版社 2010 年版,第 47 页。

第二章　图尔敏早期平衡理性主义思想图景

20 世纪 50 年代中期到 60 年代初期,西方科学哲学的发展经历了剧烈的变化。20 世纪 30 年代以来一直居于"正统""标准"地位的逻辑经验主义受到激烈的批判,这些批判深入到了逻辑经验主义的所有方法论原则,特别是关于观察名词和理论名词的严格区别,发现与辩护的严格区别,事实与价值、理论与方法论的严格区别等。逻辑经验主义对西方思想界产生了深远影响,特别是影响了科学哲学后续理论的发展。图尔敏指出:"科学哲学家们现在不再把数理逻辑看作是对科学进行哲学分析的合适的根据,从寻求认识'形式'的超时间的特征……转向科学的'功能'。"①科学哲学开始研究科学的历史具体性。基于科学史的考察,图尔敏先于库恩提出"范式"概念,为历史主义科学哲学思想奠定了基础。

这一时期,欧洲和北美的科学哲学家们讨论的中心议题都与为科学理论和科学论证提供纯形式的表述的意图相关,他们认为数学系统结构的理想模型为自然科学树立了一个目标,自然科学中的论证应当向它看齐。当时的哲学家们相信,原则上应当开发出评估科学的新概念和命题的形式程序(算法)。如何达到这个目的? 无论是关于证实、证伪还是关于意义的普遍性条件,不管是适用于所有自然科学还是适用于某一门自然科学中的所有历史发展阶段的普遍性条件,要想作出一个完全的表达,都是不可能的。从根本上说,严格的形式上的表述是得不到的。进一步来讲,如果哲学想阐明不同时代的科学论证,就必须去寻找不同的分析道路。

在科学哲学中,科学历史主义是作为逻辑实证主义科学观的对立面出现的,这一点也表现在科学解释的问题上。与逻辑实证主义突出科学解释的规范性、逻辑性,排斥人的主体性不同,历史主义的科学解释强调人的主体性。图尔敏是科学哲学历史主义学派的创始人,他在《科学哲学导论》(1953)、《预见与理解》(1961)等著作中提出了历史主义科学哲学的基本观

---

① 李为:《图尔明 20 世纪 50 年代初对逻辑经验主义的批评》,《云南师范大学学报》(哲学社会科学版) 2007 年第 1 期。

点。图尔敏对科学的历史主义解释是建立在批判逻辑实证主义科学哲学思想基础上的。他认为,逻辑实证主义的根本错误是把科学哲学逻辑主义化,使科学哲学与作为其基础的科学史和科学实践相脱离。图尔敏将被逻辑实证主义排除在科学哲学之外的科学发现作为自己科学哲学的突破口,而对科学发现的目标及本质特征的分析,使图尔敏认识到科学解释在科学实践中的基础地位,从而将科学解释作为自己历史主义科学哲学的核心问题。

第一节　图尔敏的科学解释观

科学发现是一种伟大的创造性活动,是一种十分复杂的认识过程。关于科学发现的逻辑问题的争论,有许多观点都与如何解释科学发现直接有关。逻辑实证主义者讨论科学发现问题时,从不关心科学家们在科学发现中所采用的实际方法,而想当然地把科学发现的方法简单地等同于纯粹例证累积的归纳法,从而把伟大的自然法则等同于"凡是乌鸦都是黑的""凡是妇女都是坏的驾驶员"等这一类庸俗不堪的经验归纳命题。再如因果性问题也是这样,逻辑实证主义者常常从逻辑主义的纯思辨出发,无休止地批评、讨论因果性观念,不断撰写有关"因果性及其在现代科学中的地位"这类著作与论文。而实际上,如果翻一翻现代科学理论著作,就会惊奇地发现,专业科学家的著作中很少使用"因果性"这个词,很少或根本不讨论因果性问题。这个世界包含许许多多的对象,这些对象或许不那么具有统一性,并且它们之间的相互作用难以置信地复杂。

19 世纪中叶,假设主义认为科学证明是逻辑的、理性的,而科学发现则可以是非逻辑、非理性的。逻辑实证主义者赖欣巴哈认为科学发现的行为是无法进行逻辑分析的,进而主张把科学发现问题排除在科学哲学研究领域之外。拉卡托斯(Imre Lakatos)认为,"现代方法论,或'发现的逻辑'只是由一些评价现成的已经明确表达出来的理论的(可能甚至不是紧密结合的、更不是机械的)规则组成的"[1]。20 世纪爱因斯坦的相对论、量子理论、宇宙大爆炸等科学成果,推动了科学的发展,也改变了人们眼中物理世界的图像。我们怎样理解世界? 怎样去解释世界? 科学家们更清醒地认识到了科学的浩瀚和自身认识的局限性。物理学家们对世界的解释变得越发严谨。他们以"科学理论"或"科学假说"代替"真理";以"可能的世界图像"代替"客

---

[1]　〔英〕伊·拉卡托斯:《科学研究纲领方法论》,兰征译,上海译文出版社 1986 年版,第 142 页。

观的世界图像",对于那些已经得到无数实践支持的科学理论大胆地质疑；在"测不准原理"的前提下讨论各种可供选择的解释世界的方式；对他人的不同主张更加包容，对于那些尚未得到实践支持的貌似荒谬的理论给予更多的宽容。理论科学的进展和科学界解释科学的方法，使图尔敏开始以更加审慎的眼光看待世界，看待解释世界的方式——逻辑、理性与语言。

图尔敏指出，科学哲学不仅应研究科学发现的问题，而且还应着重研究它。这表明他在这个问题上与逻辑实证主义是根本对立的。图尔敏认为，科学哲学讨论种种问题，科学与哲学在无数点相遇，并且在无数的情形中相关。科学哲学被认为覆盖面很广泛，从形式逻辑的分支到传播福音的世俗主义，其中最关键的是科学发现的问题。"如果我们想知道有关物理理论的种种问题，我们就必须首先弄清楚物理学中的发现问题。"①图尔敏论述了科学理论的主要特征是它的解释性这个重要观点。他以物理学为例，从科学不等于普遍陈述，以及自然史与物理史的发现、物理学发现的图像推理法、科学发现的合理性等方面，阐述其科学发现观，这些观点进一步促进了科学方法论的发展。

一、科学不等于普遍陈述

正如我们所看到的，科学的成功似乎为接受决定论提供了合理的理由。逻辑经验主义者从 20 世纪 30 年代初到 50 年代中期先后发展了几种归纳逻辑和演绎逻辑系统。这一时期，逻辑主义充斥着所有科学哲学问题的讨论。拉卡托斯认为，"图尔敏曾引导了两个方面著名的讨伐，一个是反对演绎逻辑，一个是反对归纳逻辑"②。在这些讨伐中，图尔敏激烈地批评了卡尔纳普、塔尔斯基（Alfred Tarski）、亨普尔（Carl Gustav Hempel）和内格尔（Thomas Nagel）等人的逻辑经验主义者的观点。"哲学家们一直认定科学理论中所使用的语词直接指称经验对象的类，科学的理论命题断言或直接蕴含关于这些经验对象的普遍经验概括。在过去五十年中，科学哲学的整个纲领——无论是实证主义、证伪主义、确证主义还是证实主义——都不加考虑地接受了这种观点的有效性"③。图尔敏认为，这种观点是根本错误

---

① Stephen Toulmin：*The Philosophy of Science：An Introduction*，New York：Harper & Row，1960：9.

② Imre Lakatos：*Mathematics，Science and Epistemology*，Cambridge：Cambridge University Press，1980：234.

③ Stephen Toulmin：*Foresight and Understanding：An Enquiry into the Aims of Science*，London：Hutchinson，1961：57.

的。科学理论使用某些词语,不一定指称某些固定的对象。词语在科学理论中的用途是多方面的,其中最主要的用途是增强科学理论的说明能力。理论词语与经验对象之间并没有一一对应的关系,这是科学理论与归纳概括的一个重要区别。

人类进入 21 世纪以后,物理学家们发现,世界的图像与一百年前相比变得更加复杂,变得远比人类在 20 世纪的时候设想的世界图像复杂。科学理论不直接断言经验世界,也与经验陈述没有直接的逻辑关系。因此科学理论本身不仅没有真假问题,也没有概率高低问题。真理和高概率都不是科学的主要目的。在图尔敏看来,"牛顿力学是真的还是假的?""量子力学的概率是 0.5 还是 0.8?"之类的问题是不恰当的问题。"恰当的问题是:牛顿力学的适用范围是什么;它在什么情况下成立? 量子力学适用的范围是什么,它又在什么情况下成立? 科学理论中所形成的命题绝不会告诉我们它们所适用的经验世界的某些方面的'真'或'假'的事情……这些命题不能靠标准的逻辑分类,如全称命题、特称命题。……科学中理论的'真''假'问题根本不存在。理论词语和陈述要援引辅助的辨认陈述来弄清楚它们的应用范围或领域,然后才能获得间接的经验内容或指称。"①

因此,科学研究的目的和科学理论的功能问题是科学合理性的根本问题。对这个问题的回答不同,科学合理性的形式就会不同。如果科学以真理为目的,那么它的主要功能是预测,科学的合理性就会围绕着科学理论命题与观察命题之间的逻辑联系展开。而科学怎样从预测的真假推导出理论的真假或理论接近真理的程度问题,就是科学合理性的核心问题。科学方法论在于澄清这种逻辑关系,制定相应的规则和方法,科学合理性就在于遵守这些规则和方法。逻辑经验主义和波普尔就是这样来说明科学的合理性问题。图尔敏指出,科学的主要功能是说明而不是预测,科学的主要目的是理解。因此,科学合理性不能由科学理论与观察命题之间的逻辑关系来确定。

图尔敏认为,提高我们说明和理解自然的能力比逻辑一致性更重要。他直接着眼于物理学家运用语言的实践,其工作的方式方法就是维特根斯坦后期哲学和日常语言哲学治疗分析目标与方法的直接实践。图尔敏首先直接关注物理学家的实践,使词汇回到"各家"语言的用法当中去,显示和描

---

① Stephen Toulmin: *Human Understanding*, vol. 1: *the Collective Use and Evolution of Concepts*, Princeton, NJ: Princeton University Press, 1972: 169.

述物理学家究竟是怎样使用自己的语言以恢复到原有的健康状态的。图尔敏注意显示在实际使用的物理语言中所包含的许多不同的部分和方面,这就是抛弃逻辑经验主义所热衷的形式逻辑分析的方法而采用一种非形式的方法来揭示物理语言本身的逻辑。图尔敏认为,科学理论特别是科学理论的原理和定律等有关普遍性的知识根本不是经验材料的概括和归纳,而是久经实践检验、已为人们普遍接受或者已经牢固建立的对一系列经验材料的普遍性解释方式。因而,它并非尝试性的假设,也不是来自经验材料归纳的或然性东西。至于假设,它们也同样是一些对一系列经验现象的解释方式。图尔敏指出,逻辑实证主义之所以坚持上述的错误观点,其根源在于不懂得物理学与自然史的区别,从而把物理学的理论陈述错误地等同于作为经验概括的经验性陈述。这是"逻辑层次"的错误,它表明严格区分物理学与自然史是必要的。

总体来讲,科学理论和定律表述的解释方式不是经验事实,科学的理论具有不同的结构。第一,层级结构是理论科学的一个特点;第二,理论科学的陈述存在分工。比如在物理学中,在定律本身与关于定律可以应用的方式和条件之间存在分工。正是由于认识到科学理论的这两个特点,人们开始认识到科学定律为什么既不是易谬的普遍陈述句,也不是空洞的同义反复或约定。在图尔敏看来,"真"与"假"表述的是经验事实,确有其事是"真",并无此事是"假",它属于自然史范畴。科学理论并不表述经验事实,而是整理经验材料的方式,它们只有 "适用"或"不适用"的问题,而没有"真"与"假"的问题。这属于两类不同性质、不能混淆的逻辑范畴,混淆这两类范畴的使用就会犯逻辑错误。"对不同类型陈述进行逻辑上的评价,需要用不同的术语或概念。这一点在物理学的逻辑讨论中经常被人们忽视,因此,说一个定律普遍地'起作用'或'不起作用'与'真'或'假'混淆起来。"①

物理学不同于自然史,物理学的自然定律也不同于经验概括。当科学家们着手理解和解释某种现象时,他们努力作出这一假定,即用纯粹物理学术语做到这一点将是可能的。然而,我们在面对复杂的物理世界时也不得不承认,物理学家不可能对许多现象提供一种纯粹的物理学解释。物理学充其量只能提供一幅非常不完整的世界图像,并且如"任何事情都是按照物理学定律发生的"这种科学信任度将会被削弱。因为自然定律并不是经验

---

① Stephen Toulmin: *The Philosophy of Science*: *An Introduction*, New York: Harper & Row, 1960:70.

事实的简单积累和分类结果,而是对经验事实的系统化解释的结果。如果把科学定律看成是经验事实的累积,把它说成是类似"兔子都吃草"的一种普遍命题,就需要某个"自然齐一性"这样的形而上学的假设来保证。然而科学定律是对经验事实系统化的解释,如"光的直线传播原理"等是对一系列几何光学现象的系统化解释,"引力定律"是对一系列机械运动现象的系统化解释。也就是说,自然定律本身就是建立在解释一系列经验现象基础上的。它们既不需要用概括性命题也不需要用自然齐一性原则的假设为它们的普遍有效性作保证。图尔敏指出:"物理学在所有情况下都以同一种形式表述它们的引力定律,这并不能证明自然齐一性,进而得出这样的结论,即运用同一个定律去描述所有引力现象不需要作出任何假设。……正是由于它们是依据引力理论所解释的现象,因此我们才称之为引力现象,所以我们的结论实质上是同义反复。"①这就是说自然定律与被解释的经验现象的关系不是概括与被概括的关系,而是解释与被解释的关系。

二、物理学与自然史两类不同科学的发现

图尔敏认为,科学哲学讨论种种问题,其中最关键的是科学发现的问题。科学发现是什么性质的活动?"如果我们要知道什么问题被当作物理理论,我们必须开始于是什么使一些事情在物理学中被'发现'。如果一个物理学家宣布,热是运动的形式,或者光以直线穿行,或者 X 光和光波是各种各样的电磁辐射,这是什么类型的发现? 这一发现又等于什么?"②这些问题最好在一些实际例子的帮助下来回答。我们首先看到,发现是如此基本,显示出具体科学中科学发现的许多特征,提醒我们科学是怎样从我们的日常经验中成长起来的。为了认识什么是物理学发现,图尔敏以"光线直线传播"原理为例说明这个问题。我们必须回过头来考虑在科学发现以前的事情。图尔敏认为,如果我们问什么是科学发现需要依靠的资料,这并不是完全容易的事情,因为我们现在完全习惯太阳光、影子和光照射的作用。但科学发现有三种物质依据,让我们可以追寻它:"首先,我们的日常经验,如这些光和影子的经验;其次,这些经验的结果所发展成的实际的技能和方法;再次,这些规律性在光学中并没有被陈述但是被认为是理所当然的并且

① Stephen Toulmin:*The Philosophy of Science:An Introduction*,New York:Harper & Row,1960:144.
② Stephen Toulmin:*The Philosophy of Science:An Introduction*,New York:Harper & Row,1960:17.

载入我们日常的语言中。"①光的直线传播原理就是以这些经验知识为基础发展起来的。这种发现并没有解释上述经验内容以外的新的经验内容,只是对它们作了新的系统性的表达或解释,把原来零乱的经验解释成为一个系统化或体系化的原理或理论。

把光的直线传播原理的发现与自然史的发现相比较,两类不同科学发现之间的一些重要的不同立即呈现在我们面前,那就是:自然史的发现是经验的发展,用以表述的语言是自然语言,即日常的经验语言;而物理学由于其新的表述方式或新的解释方式,因此不能用自然的语言或经验的语言表述,而只能用理论的语言或解释的方式表述,具有一定的专业性和技术性。图尔敏指出,自然史家的发现与物理学家的发现是两种不同的发现。前一种是发现经验事实,人们承认这个经验事实是被迫的,不可选择的;后者不是发现一个经验事实,而是对一些经验事实加以系统化解释的方法,解释方法不像经验事实那样只有一个,而可以有多种。决定选择哪一种准则的是哪一种讲科学理论的解释在实践中有用或有益。科学理论只是系统解释的一种表达方式,它的适用范围是相对的、有条件的。我们很快就发现,光并不完全按直线传播,而是有衍射、折射和反射。实际上,这并不影响光直线传播的原理。人们可以在任何可能出现光传播的环境讨论光的发现并且寻找一个有用的推理和问题,并在这种情况下讨论光的现象。

图尔敏在讨论了上述两个不同的科学发现之后,进一步探讨了物理学与自然史的区别问题。那么,什么是图尔敏所称的物理学或解释科学呢?什么是他所称的自然史或描述科学呢? 在他的主要著作《科学哲学导论》以及后来的其他著作中,都没有对这两个重要概念的定义。不过通过他的论述可以看出,他所说的自然史或描述科学,是以考察、描述和记录自然界的经验现象为任务的"科学",不具有科学的价值,而只具有历史事实的价值。而物理学或解释科学,是探索、研究物理世界的规律、定律、法则或模型,从而对出现的经验现象作系统、整体解释的科学。这两类科学在以下几个主要方面是不同的。

第一,对象与任务不同。描述科学以具体的经验事物、经验现象为对象,其对象是可直接观察描述的;解释科学或物理学的对象是抽象的、非具体的或非经验的,它是系统地解释现象的工具,即定律、法则或规律。因此,

① Stephen Toulmin: *The Philosophy of Science: An Introduction*, New York: Harper & Row, 1960:18.

描述科学或自然史以描述、记录具体的可观察的经验事物和现象为己任,它具有材料性;而解释科学或物理学以探索、寻求抽象的法则、规律,系统地解释经验现象为己任,它具有理论性。解释科学或物理学要求理论的高度精练和概括性。如果一个理论能以最简练的公式或模型解释最普遍的现象,那它就是一个最好的理论。

描述科学或自然史由于具有描述性或材料性,因而要求真实性,但在工作方法上却具有呆板的特点;解释科学或物理学由于具有理论性或解释性,因而要求较多的灵活性和能动性,它容许主体在现实材料的基础上作出丰富的想象,构造各种模型,以对经验现象作出系统的解释。"自然史学家从一开始就要睁大眼睛看,他随时随地关注着道路上的任何事情;而物理学家则只对某些重大问题作出回答,并在认真设计出必要的仪器装置后才走进实验室。"①"我们必须在少量简单事例的现象中找寻法则,进而把我们的发现作为原理应用于大量的事例。对每一个特定的事例作直接的、立即的观察是无止境的,也是不可能的。"②从这里我们能够看出物理学与自然史具有不同的研究道路。

图尔敏指出,描述科学具有描述性而不具有解释性,是从基本上或根本上说的,并不是说描述科学不具有任何解释性,不过它仅仅对现象或现象的外部联系作一些表面解释。不过,这种解释仍然是现象性的。而集合光学对大量光和影的现象所作的光的直线传播模型性或理论性的解释,就具有高度的精密性、规律性和预见性。正是在这个意义上,图尔敏说:"搞清楚这一点有助于我们理解解释科学(如物理学)与描述科学(如自然史)之间的区别:简要地说,物理学家不是去寻找现象的规则性,而是去研究那些已被认知的规则性的形式。"③"自然史学家找出给定形式的规则性,而物理学家探索给定规则性的形式。"④

第二,语言不同。自然史的发现是经验的发现,是用日常生活中熟悉的经验语言表述的,其语词大多是日常经验的语词,所使用的陈述是日常的习

---

① Stephen Toulmin: *The Philosophy of Science*: *An Introduction*, New York: Harper & Row, 1960:66-67.

② Stephen Toulmin: *The Philosophy of Science*: *An Introduction*, New York: Harper & Row, 1960:46.

③ Stephen Toulmin: *The Philosophy of Science*: *An Introduction*, New York: Harper & Row, 1960:44.

④ Stephen Toulmin: *The Philosophy of Science*: *An Introduction*, New York: Harper & Row, 1960:53.

惯陈述。而物理学由于采用新的表述方式或新的解释方式表述,因此具有一定的专业性或技术性。"自然史学家的'习惯陈述'与日常说话的陈述是相同的。而解释科学或物理学则相反,由于其任务不在于描述日常经验现象,而是通过科学的模型和数学的图像推理,对经验作出系统的解释,因而它使用的语词和陈述常常不是与日常经验相联系的,而是与理论的模型、图像的推理技巧相联系的,是理论和数学的语词以及'理论陈述'。"①

科学家使用特定的科学语言,这种语言不仅包括数学的运算和推导、特有的公式和模型,还包括大量专业性、技术性的名词术语。有的名词术语来自日常语言,表面上与日常语言所使用的名词术语一样,实际上却有不同的意义。试以"光的直线传播"为例。这里的"光线""直线"都与日常语言中的光线、直线不一样,指不占有面积的线,是一种科学抽象。有的名词术语不来自日常语言,而源于建构科学理论的需要,如原子、基本粒子、质量、波函数等。有的科学语言术语在不同的科学理论体系中,其意义也会发生变化,牛顿力学中的质量、能量概念,与相对论中的质量、能量的概念就不完全相同。这些理论科学概念在通俗化的过程中,如果将其转换成日常语言,即赋以日常的意义,就不仅会使门外汉误解,甚至还会陷入神秘主义的泥潭。

第三,发现方法的不同。图尔敏认为形式逻辑可适用于同一层次的推理形式,却不适用于层次间的逻辑跳跃。演绎逻辑也包括现代演绎逻辑,即符号逻辑。图尔敏认为演绎逻辑的本质是重言式的,即 A＝A。人们仅通过它不可能获得新的知识。它的任务只局限于研究已有知识的形式关系。因此它既适用于描述科学,也适用于理论科学,但不能担当起科学发现尤其是物理学发现的任务。"物理学的发现具有逻辑层次的跳跃性,不能仅靠形式逻辑来完成,还需要依靠思维的想象力,因为物理学的发现的核心是模型与数学的图像推理技巧,而数学的图像推理技巧中也包含着演绎逻辑的应用。"②

图尔敏特别反对逻辑实证主义把理论陈述与经验陈述之间的关系归结为演绎逻辑的关系,从而力图把理论陈述化归或还原为经验陈述的主张。他认为这种主张是错误的,理论陈述与经验陈述之间的关系不是同一逻辑层次中的关系,而是一种逻辑跳跃的关系,因此,理论陈述永远不可能靠演

---

① Stephen Toulmin：*The Philosophy of Science：An Introduction*，New York：Harper & Row，1960：51.

② Stephen Toulmin：*The Philosophy of Science：An Introduction*，New York：Harper & Row，1960：55.

绎逻辑完全还原或化归为经验形式。图尔敏指出："我们不能把所有的科学都说成是同等地描述或形而上学地解释的，应该注意考虑某一特定的科学在何等程度上是描述的，在何等程度上是解释的。大多数科学，逻辑地说是自然史与物理学的混合物，如较近于自然史的是农业科学，较近于解释科学的是物理学，而地质学和病理学则具有更多、更复杂的交织性。"①

三、解释科学的发现方法——图像推理法

近现代科学倾向于物理主义，即我们所居住的世界具有科学所描述的性质。心灵不创造世界，但是它的确在一种非常深刻的层次上塑造世界。图尔敏认为由于描述科学和解释科学的性质不同，对它们所采取的研究方法也不同。从历史上看，科学哲学对科学发现的方法问题有三种不同的观念：第一种是以培根、穆勒为代表的归纳主义，认为科学发现的方法是归纳法，即对经验事实进行归纳，但这也带来了休谟对归纳合理性的诘问，即归纳法是否可靠；第二种是以笛卡尔、莱布尼茨为代表的演绎主义，认为科学发现的方法主要是演绎法；第三种方法是以威廉·惠威尔（William Whewell）等为代表的假设主义，强调并片面夸大假设在科学认识中的作用。

新观点伴随新的推理方法。我们不必强迫自己无条件地按物理学家的方式考虑这些现象。"接受一种光学原理并不像由于沙滩上有个脚印而必须承认有一个人来过这里那样具有强迫性，然而，为了一定的物理学目的，我们必须接受它。"②科学理论的具有复杂结构或复杂等级的体系，是有内在逻辑的。这种内在的逻辑联系或关系既不是对单纯经验进行概括的归纳关系，也不是单纯空洞的同义语反复的演绎关系，而是一种物理学所特有的图像—推理关系。"这并不使我们惊奇，我们面对一种物理图像推理的新方法——一种在逻辑学著作中没有认识到的新方法。这是一种由认识光现象的新方式带来的关于光现象图像推理的新方法。"③物理学建立在大量经验材料的基础上，是用图像—推理的技巧建立起来的，是以模型为框架的相互联系、相互依赖的理论体系，是对现象所作的系统性解释。因而，物理学理

① Stephen Toulmin: *The Philosophy of Science: An Introduction*, New York: Harper & Row, 1960:55-56.
② Stephen Toulmin: *The Philosophy of Science: An Introduction*, New York: Harper & Row, 1960:23.
③ Stephen Toulmin: *The Philosophy of Science: An Introduction*, New York: Harper & Row, 1960:25.

论既具有不同的等级性或逻辑层次,又具有内在的逻辑相通性。对这种复杂的具有紧密内在联系的等级结构体系,不能有任何简单化的理解,任何简单化的理解必然会导致错误。逻辑实证主义就是简单化理解物理学理论体系的产物。"有的人对物理学理论的层次性作了错误的理解。他们这样描述:物理学理论在形式上是一个归纳逻辑的金字塔,各种实验观察的直接报告是它的底层,建立于其上的是一层又一层的逐级上升的经验概括。"①

给定墙体和太阳的高度,物理学家能推出墙体影子的长度。人们之所以能接受新的光现象解释以及随之而来的推理技巧,是因为有关光现象的推理技巧和光传播的结论以及几何光学的图像推理被形象地介绍;也就是说,我们能使用这些技巧来说明相关现象。"如果这里使用的新的推理图像——推理技巧——没有被逻辑学家认识到为何如此,可能是因为人们认识几何光学不是通过口语术语,而是通过图像推理,通过勾勒线条。"②

在其他许多分支学科中,几何光学的图解法技巧被更先进的数学技巧所取代,后者是一些比图解法更能处理好复杂问题的技巧。但无论复杂程度如何,它们总起着一种与几何光学的绘图技巧相类似的推理——图像的作用。比如,"动力学中所研究的物体系统运动方程,就是一种类似于几何图解的东西。如果要给出关于某个系统的适当描述,一个学过牛顿力学的物理学家就能写出它的运动方程。这个方程可以看作有关系统运动的数学化'图画',在逻辑上等同于几何光学所作的图解。物理学家使用这些方程就能计算出速度等,一个特定物体在什么时候能升到什么高度,到了什么高度停止上升,就像我们能从几何光学的图解中发现墙体影子在地面的不同长度一样"③。所以,"物理科学的推理技巧具有明显的数学性。因而,数学在物理科学中具有特殊地位"④。但是,有些人由于不懂数学在物理科学中所起的作用而把数学神秘化,认为物理学家面对两个对立的世界——"实在世界"与"数学世界"。对此,图尔敏表示:"为什么我们周围世界的内容能通过另一个看不见的'数学世界'而得到解释呢?这个理论概念的世界既在我

① Stephen Toulmin: *The Philosophy of Science: An Introduction*, New York: Harper & Row, 1960:84.

② Stephen Toulmin: *The Philosophy of Science: An Introduction*, New York: Harper & Row, 1960:26.

③ Stephen Toulmin: *The Philosophy of Science: An Introduction*, New York: Harper & Row, 1960:32-33.

④ Stephen Toulmin: *The Philosophy of Science: An Introduction*, New York: Harper & Row, 1960:32-33.

们进行计算的纸上，又在我们进行实验的实验室里。迄今为止，数学在物理学中占有如此重要的地位，其理由很简单，那就是所有物理学中所需要的精确的复合推理技巧，全部或基本上可能采用数学形式。"①

图尔敏指出推理技巧和模型是科学解释的核心："对于物理学的每一个分支，我们都能询问在它工作中所使用的表述方法和模型。"②图尔敏认为，科学理论的模型往往不具有实物的形象性，而只具有系统的解释性，即理论不是对实物的形象描写，而是对众多现象的系统化解释。模型不具有客观真实性，而只是经验现象的一种解释，是使经验现象系统化、整体化的一种手段或工具。一个科学的模型将发展出许多新的科学模型，建立新的学科，推动科学的发展。

"一个好的模型的优点是它能够提出富有远见的问题，使我们超越于开始研究的现象之外，鼓舞我们系统地提出假设，从而产生出丰富的实验成果。"③"几何光学的模型就是一个比较好的模型。人们在这个模型的基础上相继拓展出物理光学、量子光学的新学科，表现出它不断发展的生命力。而把热现象和引力现象作为热质和引力流体结果的模型，就是一些坏的模型，因为它们不能激励人们去提出一些事实上富有成果的问题。"④可见"一个好的模型往往能在经验现象的基础之上，提出一些富有远见的问题，启发人们的思考，从而产生许多新的实验成果，拓展新的模型，建立起新的学科"⑤。但是，图尔敏称模型"在某种意义上反映实在的本性"，其中"某种意义上"是什么意思，"反映"又是什么意思，他没有作进一步说明。

四、科学解释的合理性

图尔敏认为，科学理论从经验材料获取生命力，但并不是对经验材料的简单概括，而是对它们的一种系统的解释方式。科学理论是科学观察命题的系统化和整体化的解释。"光线图解并不比它所表述的观察现象包含更

---

① Stephen Toulmin: *The Philosophy of Science*: *An Introduction*, New York: Harper & Row, 1960:32-33.
② Stephen Toulmin: *The Philosophy of Science*: *An Introduction*, New York: Harper & Row, 1960:31.
③ Stephen Toulmin: *The Philosophy of Science*: *An Introduction*, New York: Harper & Row, 1960:38.
④ Stephen Toulmin: *The Philosophy of Science*: *An Introduction*, New York: Harper & Row, 1960:39.
⑤ Stephen Toulmin: *The Philosophy of Science*: *An Introduction*, New York: Harper & Row, 1960:32-33.

多的东西,相反,它所表述的内容全部包含于观察陈述的系列之中。不过,这是通过新的逻辑方式进行的,即分散的观察聚集在一起,被整体化于简单的图解中,这就像测量者记录的诸多分散的读数整体化于一张清楚的、有条理的地图中一样。"①因此,"物理学理论是从它所解释的现象中汲取生命的。科学哲学家马赫看到了这一点的重要性,坚持认为只有通过观察和实验结果的证实,新的理论和模型才会被接受。马赫和后来的逻辑实证主义者夸大了这一点,从根本上否定了科学理论与经验材料之间的本质区别,因而得出错误的结论"②。图尔敏指出:"爱因斯坦用倒过来的方式反驳马赫学说,认为物理学理论是人类想象力的'自由创造物'。物理学理论的发现既不是仅仅通过实验材料的演绎论证,也不是通过哲学家们所关注的逻辑学著作经常讨论的归纳论证或其他任何能给出形式规则的论证。与其说物理学理论的发现来自新的概括,不如说它来自考察现象的新方式和新表述模型的应用;对这种新的有用的方式的认识,至少部分是想象力的任务。因此,物理学理论不可能来自抽象,而必然来自自由的创造。经验可能暗含合适的模型和数学概念,但它们绝不可能从经验中归纳出来。"③

图尔敏认为科学理论的解释性是与科学想象力联系在一起的,对分散的经验材料作出系统化、整体化的解释必须以科学的想象力为前提。科学的想象力以及依据想象力所作出的系统化的解释是科学理论一个必不可少的特征。"解释是科学研究的一部分,是科学研究的合情合理的部分,现在及几个世纪以来的情况都是这样。……牛顿、麦克斯韦以及达尔文之所以被人们铭记于心,不是由于他们是伟大的实验观察家,而是由于他们是富有批判精神和富有想象力的新的思想体系的创造者。"④科学发现必须依赖于想象力,但"它不是无知的想象,而可能是一种艺术,运用它需要经过严格的训练。没有什么东西能使科学家立即找到对他们有用的新模型和表述方式,也不存在任何用以发现新理论的形式规则。尽管想象力是无法教会的,但确实存在着许多只有在通过训练的人那里才能发挥作用的想象力。……

① Stephen Toulmin: *The Philosophy of Science: An Introduction*, New York: Harper & Row, 1960:108.
② Stephen Toulmin: *The Philosophy of Science: An Introduction*, New York: Harper & Row, 1960:40.
③ Stephen Toulmin: *The Philosophy of Science: An Introduction*, New York: Harper & Row, 1960:43.
④ Stephen Toulmin: *Foresight and Understanding: An Enquiry into the Aims of Science*, London: Hutchinson, 1961:97.

一旦研究开始,从训练中获得的技能就与想象力一样,在指导科学家的研究中发挥着重要的作用"①。因此,图尔敏认为科学发现是科学认识活动中的重要环节。"科学认识首先要发现问题才有可能研究问题,进而解决问题。"②科学发现是个创造性的过程,在这一过程中既有逻辑因素也有非逻辑因素,既有理性因素也有非理性因素,是逻辑与非逻辑、理性与非理性的统一。图尔敏从上述几个方面阐述其科学解释观,他的这些思想对科学发现方法论的发展具有重要意义。

第二节　自然秩序理想论

科学理论如何以一种不同于逻辑实证主义主张的方式解释自然现象?图尔敏认为,逻辑实证主义者过多地把科学与数学之间的相似性当作是必然的,现在有必要探索它们之间的差别了。《预见与理解》这本书正是为开辟一条替代的分析道路而写的,它的副标题是"科学目的的探究"。图尔敏反对当时流行的、认为科学的目的是单一地预见事实或者解释现象的观点,指出科学的目的是多元的,如预见、解释、分类或者诊断,但其核心是对于自然过程的理解和解释。他认为科学探究发端于不自明的现象,而结束在能表明这些现象和现有的可理解性理念相一致的某个地方。这些定义了图尔敏所讨论的"自然秩序理想"。"自然秩序理想"就是我们据以理解自然过程变化的意义的合理的联系方式,是人们对自然现象进行理解、预见、解释的理论基础。

自然秩序理想是科学家关于自然的基本看法,它提供一幅关于世界的可理解的图画,同时规定什么是需要说明的现象,进而规定科学家的研究方向和研究方法。"自然秩序理想"与后来库恩的"范式"概念类似。事实上图尔敏对其有多种称谓,如"自然统一的理想""解释性范式""模型"等,它们从不同侧面表现了"自然秩序"的意义。图尔敏在《预见与理解》中,从两个方面发展了《科学哲学导论》的思想:一是进一步探讨了科学理论的内在结构问题,提出了"科学秩序理想""科学理论框架"或"范式"的思想;二是动态地探索了科学理论的发展或进化思想。

---

① Stephen Toulmin: *The Philosophy of Science*: *An Introduction*, New York: Harper & Row, 1960:43-44.

② Stephen Toulmin: *Foresight and Understanding*: *An Enquiry into the Aims of Science*, London: Hutchinson, 1961:33-35.

一、科学解释与"自然秩序"理想

科学的目的是说明和理解自然,而不是真理。科学理论的本质特征是解释。例如,休谟在声称对人性法则作出解释时,他的理论建立在牛顿的基础上,然而他敏锐地发现,这位物理学家虽然描述了重力,但对于所主张的知识的基础是因果关系,却没有真正予以解释。图尔敏认为,科学理论的最不可或缺的特征是它的理解性,或解释性,即用科学想象力对分散无序的经验材料作出系统的整体解释。他断言,"自然秩序理想"是这种解释的基础。由于科学理论是在一定范围内对经验材料的系统化解释,因此它的应用范围总是有限制的,超出一定的范围,它就不适用了。在哲学传统中,"哲学家们一直认定科学理论中所使用的词语直接指称经验对象的类,科学的理论命题断言或直接蕴含关于这些经验对象的普遍经验概括。在过去五十年中,科学哲学的整个纲领——无论是实证主义、证伪主义、验证主义(confirmationism)或认可主义(corroborationism)——都不加考虑地接受了这种观点的有效性"①。图尔敏认为这种观点是根本错误的。科学理论使用某些词语,不一定是用它们来指称某些固定的对象,使科学理论成为自然过程或者事物的反映或描写。词语在科学理论中的用途是多方面的,其中最主要的用途是增强科学理论的说明能力。理论词语与经验对象之间没有一一对应的关系,这是科学理论与归纳概括的一个重要区别。图尔敏批判了当时流行的、认为科学的目的是单一预见事实或解释现象的观点。

首先,图尔敏批判把科学目标归结为单纯的解释。尽管科学影响极其显著的快速进步可能有助于解释我们世界的变化方式,这种进步本身却需要一个解释。毕竟,它是一个极其令人惊奇的现象。我们在刚刚过去的几个世纪中对世界的科学理解,较此前的整个人类历史中对世界的科学理解,有了长足的进步。当与人类奋斗的其他领域相比时,科学进步的速度也是显著的。我们承认,诸如文学评论、哲学、历史或社会学等领域能够取得并且业已取得进步。但是,自然科学所取得的这种进步以及进步的速度似乎具有一个与众不同的秩序。我们如此认为的主要理由是,基于它们的研究较之基于其他假设的研究更趋于成功。例如,始于接受日心说的天文学家较之接受地心说的天文学家能够作出更准确的预言,而且对天体如何活动

---

① Stephen Toulmin: *Human Understanding*, vol. 1: *the Collective Use and Evolution of Concepts*, Princeton, NJ: Princeton University Press, 1972:169.

的描述更符合科学的其他分支,诸如重力理论。图尔敏指出,以前许多人都认为科学的目标就是解释,"一个科学的理论、观点、体系或假设,解释的现象越多越好"①,但这是错误的,因为并不是所有科学理论都把提出多种解释作为自己的目标。同时,图尔敏指出,人们过于狭隘地理解"解释"这一概念,从而无法真正认识和把握解释在理论中的结构与作用。

其次,图尔敏批判把科学目标归结为单纯的预见。20世纪五六十年代流行着另一种观点,认为科学活动的目标就是预见。在他们看来,"科学理论的优越性是与它所包含的正确预见性成正比的","一个成功的理论就是指出众多预见的理论"②。图尔敏认为这种观点是错误的,并称坚持这种主张的人为"预见主义者"。他认为,"预见"与"理解"对科学来说确实十分重要,但不能因此说科学的目标就是预见。图尔敏结合科学发展史对这种预见主义作了全面的批判。他批判了预见主义把解释和预见混为一谈。图尔敏反对把理论的科学性与解释性归结为预见,反对把科学性、解释性与预见等同起来。他认为,解释与预见明显不是完全一致的。在他看来,科学的解释与解释性无非是在一定的"自然秩序理想"指导下对经验材料或观察现象的理解或整合。"预见是好的,但我们必须理解我们所预见的对象。"③因此,图尔敏认为科学理论最本质的特征是"理解"或"解释",而不是预见,绝不能把两者混为一谈。

在对"自然秩序理想"及其解释性范式作用的阐述中,图尔敏明确将人的历史性作为科学解释的基本哲学原则。这与逻辑实证主义强调科学解释是一个逻辑过程,完全排除形而上学、价值等人的主体性关联的因素的观点相区别。"对于科学定律,我们不能问它们是不是真的,而只能问它们在什么条件下起作用。"④历史性原则的确立,是西方科学解释观的进步和发展。但伴随着这一观念而来的历史科学观的主体主义和无基础主义倾向,却成为人们在理解科学及科学解释过程中必须关注的问题。并且,"科学解释的历史性和逻辑性、规范性的关系,也是必须思考的、没有得到解决的一个重

① Stephen Toulmin：*Human Understanding*，vol. 1：*the Collective Use and Evolution of Concepts*，Princeton，NJ：Princeton University Press，1972:21.

② Stephen Toulmin：*Human Understanding*，vol. 1：*the Collective Use and Evolution of Concepts*，Princeton，NJ：Princeton University Press，1972:22.

③ Stephen Toulmin：*Human Understanding*，vol. 1：*the Collective Use and Evolution of Concepts*，Princeton，NJ：Princeton University Press，1972:22.

④ Stephen Toulmin：*The Philosophy of Science：An Introduction*，New York：Harper & Row，1960:78.

要问题"①。"科学究竟是不是合理性事业?"这种传统提问方式表征着合理性辩护的权威结构。科学合理性问题的恰当表述应该是:"科学合理性何以可能?"传统提法牺牲了对科学变化的性质等重大问题的研究,但恰恰研究这类问题才是科学,才是我们理解人类理性的最有效方式。

二、科学秩序理想

科学家把自然现象看作某种自然秩序的表现,总是带着事先接受的观点和看法来观察自然,这些观点和看法中最基本的部分叫作"自然秩序的理想"。"科学家的先有预想是受某种关于自然规律和自然秩序的合理观念支配的。他们接受按照这种观念发生的事件,如果某一事件背离了这种常规的方式,那么关于这个事件的原因或说明就出场了。"②例如,牛顿第一定律是一个自然秩序理想,有了这个定律,牛顿可以把整个新的关系和规律性领域展现为一个可理解的自然秩序的一部分。牛顿力学的例子表明:"说明的观念依赖于我们先有的预想模式,这些预想模式又进一步反映我们关于自然秩序的观念。总之,任何动力学理论都明确地或不明确地指向一个标准事例或范例,这个范例表明了物体在事件自然进程中的预计运动方式。"③

图尔敏认为科学理论不可或缺的特征是它的理解性,或解释性,即用科学想象力对分散无序的经验材料作出系统的整体解释。他断言"自然秩序理想"是这种解释的基础,像"'物体在外力作用下运动'就是亚里士多德力学的自然秩序理想,'惯性的自转运动'是哥白尼力学理论的自然秩序理想,'惯性的直线运动'则是牛顿力学的自然秩序理想"④。所有自然秩序理想在科学活动中所起的作用基本相同,各种科学理论通过各自的自然秩序理想来说明自然现象或事件。自然秩序理想不同,相应科学理论的内容就会不同,相应科学活动的研究方法就也不同。科学说明就是要使自然现象同自然秩序理想相配合,使自然现象成为自然秩序理想的表现或事例。所以,在图尔敏看来,科学的目的或任务就是构造尽可能好的、可理解的图画,使

---

① 陈嘉明:《科学解释与人文理解》,上海人民出版社 2010 年版,第 96 页。

② Stephen Toulmin: *Foresight and Understanding: An Enquiry into the Aims of Science*, London: Hutchinson, 1961:46.

③ Stephen Toulmin: *Foresight and Understanding: An Enquiry into the Aims of Science*, London: Hutchinson, 1961:56.

④ Stephen Toulmin: *Foresight and Understanding: An Enquiry into the Aims of Science*, London: Hutchinson, 1961:42-43.

尽可能多的自然现象进入这幅图画,从而使各种自然现象融合贯通、合情合理,使我们能够理解自然。

在图尔敏看来,自然秩序理想作为一个理论的基础或核心,具有以下特征。

第一,自然秩序理想或范式是自明的,但并不为当时所有人所"熟悉"。例如,亚里士多德动力学的理想既是自明的,又是人们所熟悉的,而牛顿动力学的理想就不是这样,它是自明的,但并不为经验所熟悉。相对论的理想更是如此。而"反常"却不是这样。接着图尔敏分析了反常与范式或确定性的关系,指出两者间的关系是相互的。一方面,自明的、确定的理想或范式力求去解释异常或反常现象,争取把它纳入正常的科学理论体系之中,以发展理论;另一方面,反常又常常启发人们作出新的理解和解释,去提出新的理想模式和解释性范式。"自然秩序的理想是合理的、自释的、自然的和自身可以理解的……在那里事件按照它们的本性而发生。"①

第二,自然秩序理想是释他的。图尔敏指出:"自然秩序理想是科学解释的起点,是一切解释的基础。"②也就是说,它是整个科学理论的起点和基础。图尔敏对自然秩序理想与科学理论的其他部分之间的关系也作了进一步的区分,认为有些理论或现象与自然秩序理想有直接关系,可以由自然秩序理想直接作出解释,如牛顿力学的第二定律是由第一定律直接作出解释的。而另一些理论或现象则与自然秩序理想有间接的关系,只能从自然秩序理想得到间接的解释,如对行星摄动及潮汐等异常现象的解释。因此,自然秩序理想或解释范式处于整个理论的核心地位,由它的揭示所引出的其他理论或原理、定律就成为围绕它的整个理论系统的外层,再外面一层则是一些还不稳定的、有待进一步检验的假设。

第三,自然秩序理想或范式是历史的和可变的,它的转变会导致整个科学理论的变化。图尔敏认为,自然秩序理想或范式不是永恒不变的原理或公理,而是历史的、可变的。不同的历史时期有不同的理想或范式,不同时代的人都把他们那个时代提出的理想看作是理所当然的。由于理想或范式在科学理论中处于核心地位,因此它们的变化又常常引起整个科学理论系统的变化。"关于什么是'模型''理想''规则性原则'和'解释范式'的问题,

---

①　Stephen Toulmin: *Foresight and Understanding: An Enquiry into the Aims of Science*, London: Hutchinson, 1961:42.

②　Stephen Toulmin: *Foresight and Understanding: An Enquiry into the Aims of Science*, London: Hutchinson, 1961:42.

科学家的认识有时是不一致的。有关它们的不同见解常常导致意义深远的科学争论,并且有关它们的变化会导致科学理论最重要的转变。"①因此,图尔敏认为,自然秩序理想或范式的变化,给整个科学理论、科学家们的观念带来的改变是巨大的、根本的。过去人们认为是自然的、不言而喻的事情,现在则成为异样的、反常的甚至是不可理解的事情;反之,过去认为是反常的、难以理解的事情,现在却成了自然秩序的完美的例证了。因此,"一个自然秩序的理想代替另一个理想而带来的深远影响是不足为奇的"②。

第四,自然秩序理想的解释范式是相对的,无真假可言。"解释范式和自然秩序理想并非朴素意义上的真或假,而是引导我们的研究有所深入和理论上有所成效的方法。"③"那种超越理论形式的真假问题是不存在的。"④在图尔敏看来,自然秩序理想不过是使分散的经验事实得以系统化,从而使它们得到系统性解释的一种方式,而不是客观事实的真实表述。自然秩序理想或范式由于是预设的、自释的和历史地可变的,因此没有"朴素意义上的"真假可言,它只是在一定的智力环境中系统解释经验事实的手段和方法。因此"接受不同理论和范式的人们没有共同的理论术语以成功地争论他们的问题,他们甚至没有共同的问题。甚至在一个人的眼里是'罕见的''意外的'事情,在另一个人看来却是完全自然的事情"⑤。不过,应该指出,图尔敏的这种范式之间的"不相通"的观念与库恩、费耶阿本德的"不可通约"的理论是有根本区别的。而且,图尔敏是在肯定科学的进化的前提下承认了范式之间的可比性,没有因而根本否定范式与范式之间的联系和继承。因此,他并没有走向相对主义。而库恩和费耶阿本德进一步发挥了图尔敏的这一不可比的思想,从而陷入相对主义,这也是图尔敏后来所批判的。

总之,图尔敏的自然秩序理想在科学理论中的作用主要体现在两个方面:一是它的解释的自标准性或自解释性,它为科学理论的建立提供基础;二是它在理论解释中以范例的方式发挥作用。图尔敏结合评述科学史的实

① Stephen Toulmin: *Foresight and Understanding*: *An Enquiry into the Aims of Science*, London: Hutchinson, 1961:43.

② Stephen Toulmin: *Foresight and Understanding*: *An Enquiry into the Aims of Science*, London: Hutchinson, 1961:57.

③ Stephen Toulmin: *Foresight and Understanding*: *An Enquiry into the Aims of Science*, London: Hutchinson, 1961:57.

④ Stephen Toulmin: *Foresight and Understanding*: *An Enquiry into the Aims of Science*, London: Hutchinson, 1961:84.

⑤ Stephen Toulmin: *Foresight and Understanding*: *An Enquiry into the Aims of Science*, London: Hutchinson, 1961:57.

例,发挥维特根斯坦关于范式的思想,提出了自然秩序理想的概念,明确地把自然秩序理想称作科学的解释范式。

图尔敏提出的科学的自然秩序理想的意义主要表现在以下三个方面。

第一,科学的功能就是建立关于自然的观念系统,这一系统提供相应的解释技术,而在系统中处于核心地位的就是自然秩序理想。科学家的活动就是寻求对自然的解释,科学的发展就是自然秩序理想的改变。为此,图尔敏阐明科学是一种不断发展变化的历史性的智力事业。"科学观念体现了一个活生生的批判传统,它代代相传,并在相传的过程中不断改进。……每一代都把某些智力的变化并入传统之中。从历史角度看,这就是科学中的不断进步。"①

第二,科学具有自然秩序理想的作用,即它作为解释范式的标准性和范例性。这里,自然秩序理想的范例不仅可以隐含于或表达成一个具体的事例,还作为解释规范在科学理论的构成和科学理论的实际应用中具有样本、范例的功用。例如亚里士多德的自然秩序理想可以表达成马拉车,而伽利略的自然秩序理想可以表达成自由落体。自然秩序理想的范例功用的提出,实际上是对科学理论结构的非演绎说明的发展和具体化。自然秩序理想对外以范例方式指引科学家去辨别自然现象,对内以范例方式启发科学家建构科学理论。

第三,图尔敏在这里实际提出了一种与逻辑经验主义不同的科学史观,即一种与历史相关联、以历史演变为依据去看科学史的新观点。"一门科学中的问题之间前后相继的严格关系所反映的不是外部的、永恒的逻辑命令,而是关于每一问题环境当时的历史事实。"②图尔敏认为一个纯粹编年的科学史和一个纯粹形式的科学哲学有同样的缺陷:两者都忽略了把所研究的科学观念放在它们的智力环境中,以显示在那种具体环境中是什么赋予这些观念和研究以自己的特征。图尔敏的这一工作以及稍后库恩的工作在科学史研究和科学史编纂学中引起了巨大反响,大大推动了科学史的类型学研究。

---

① Stephen Toulmin: *Foresight and Understanding*: *An Enquiry into the Aims of Science*, London: Hutchinson, 1961:110.

② Stephen Toulmin: *Human Understanding*, vol. 1: *the Collective Use and Evolution of Concepts*, Princeton, NJ: Princeton University Press, 1972:150.

第三节　理性事业和它们的进化

我们的生活、行为和思想是周围世界的一部分,在我们的周围世界里有某种秩序、等级、规律和规则。如果我们把自己的思维中独有的推论方式、结构和范畴应用到周围世界中去,我们会由此而获得对于"真实的"世界的正确认识吗?图尔敏主张,科学发展的合理性不是体现在它与某种固定标准的逻辑关系上,而是体现在它发展变化的方式上。要说明科学发展的合理性,必须考察科学理论适用的标准,即科学是在什么场合、根据什么条件、通过什么样的程序而发展变化的。虽然不存在超历史的、普遍的、独立的合理性标准,但科学仍是合理的。

人类的思想历史和文化多样性突出表明了需要有公正的理性判断立场,该理性判断立场经历了以下的演化:(1)一开始,它往往表现为抽象的逻辑术语,并声称对所有环境的概念和判断拥有绝对和普遍的理性权威。(2)我们超越了纯数学和形式逻辑,从逻辑经验主义的绝对立场进入不同历史的相关性,除了放弃探寻,以免陷入历史或文化相对主义,我们没有明显的选择。(3)但是绝对主义者和相对主义者的立场都依赖于常见的错误假设,其合理性必须是某一特定逻辑或概念系统的属性;它们的不同之处在于如何找到我们的理性立场,一是在一个理想化的抽象系统中,二是在某些实际但任意选择的系统中。(4)因此,我们必须首先承认合理性是一种属性,不是逻辑或概念系统,而是人类活动或事业的特定概念的临时横截面,具体而言,就是这些事业目前所接受的概念、判断和形式系统的程序受到了批评和改变。(5)我们开始思考概念变化的过程,然而,类似的困境在历史层面上再次出现。现在,我们似乎被迫在假定了一组理性方法的普遍相关性的均变理论和将概念变化视为理性上不可通约的立场之间的一系列根本转换中进行选择。

"进化"这个词最初只在生物学领域使用。达尔文的进化理论说明了物种的起源及其演化。首先,对于生物学来说,为什么存在可识别的有机物种是一个问题,因为对该问题的理解解释了为什么这些物种会像它们这样变化。其次,达尔文主义的中心观点认识到,无论是有机物种的连续性还是其变化的方式,都可以用单一的双重变化和选择性延续来解释。每一代生物都包括更多的个体,以生存并自我复制;每一代都包含具有变体形式或特征的个体,只有其中一些将这些新特征传递给随后的种群。再次,根据达尔文的自然选择论,大多数新型变体在生存竞争中处于劣势,物种的大体稳定性因而得以维持；但偶尔有有利的新奇变体成为有机群体所建立的、使其总体特征产生缓慢的变化。变异和自然选择的共同作用产生了真实的新物种。

达尔文主义被扩展到了知识领域。进化的这种用法是文化意义上的，指人类社会发展中比较原始到比较高级的文明形式的进步。图尔敏认为人类认识是进化的产物，并且人也是认识系统。图尔敏对科学事业或科学活动进行生态分析，从生物学、演化论的观点来看待科学知识的成长与改变。这种智力进化具有生物学意义，或者说，科学中的概念转变过程与有机生物的变化过程有着实质性的相似之处。我们将仅致力于一个更温和的假设，即基于达尔文的"变异和自然选择"产生的人口理论是人类历史解释中更为普遍的形式的一个例证，而且在适当的条件下也适用于其他种类的历史实体和种群。

图尔敏采用历史主义的观点，分析论证了进化认识论在人类思想发展史上的重要作用。通过对概念和科学理论的创新与选择机制的分析，图尔敏剖析了人类思想史上概念和科学理论的进化模式，并尝试用进化模式去解答科学的历史连续性和科学理论的选择与评价问题。图尔敏强调历史上概念的变化是逐渐进化的（非革命的）、精致化的；发生在科学家之间概念的变化并非纯粹是一种智力过程，而是其实也包含了社会磋商的历程。图尔敏认为，主要的范式是在观念的市场竞争成功的结果，获胜者能够证明其解释潜力会比另有观点更为健全。图尔敏强调，在不同的科学中，在科学的不同进化阶段，合理的判断标准本身在经历一个历史的发展变化过程，对"什么是恰当的"的判断应当联系标准本身的历史发展。图尔敏的历史主义观点也体现在他关于概念的选择和评价的"生态学"观点中。在这种观点中，社会和心理等因素也不再作为历史维度直接对理论的产生和发展起作用，而是作为概念选择和评价活动的某种生态维度间接对理论的产生和发展起作用。按照这种生态学观点，图尔敏认为，由于科学概念连同选择、评价标准是不断进化的，在此背景下，概念评价的最终理性根据就应当是生态性质的。

一、概念的进化

"概念如同人类一样，也有其历史；正如人类一样，经不起时间的摧残。"①探寻概念的进化有两个相互联系的目的："第一个是理论上的，另一

---

① Stephen Toulmin：*Human Understanding*，vol. 1：*the Collective Use and Evolution of Concepts*，Princeton，NJ：Princeton University Press，1972：x.

个是哲学上的。理论上的目的是从总体上分析集合概念的使用和它的历史发展,而哲学上的意蕴是希望显示怎样如此。"①尽管概念的合理性标准在人类不同的事业、处境和社会环境中呈现出多样性,我们至少仍然能够在恰当的事例中定义一个公正的合理性标准,以此来抵御相对主义的诱惑和威胁。在《人类理解》一书中,图尔敏阐述了自己的进化合理性模式。他认为,科学合理性指的是科学概念的选择、拒斥和特有过程的合理性,并进一步指出,该过程实质上是一个概念进化过程,正是这种进化属性保障了概念变化过程的合理性。

概念变异的本质是什么?目前的概念变体是如何为学科变化提供素材的?智力学科在何种环境中运作,这些环境的常备需求如何影响概念变体被判断的过程和程序?为了理解概念是什么以及它怎样在我们生活中起作用,我们需要考察概念的进化。和在科学与伦理学中一样,概念历史和文化的多样性使我们面临难以克服的困难。可是,只要我们把"合理性"作为命题或者概念的特殊系统的一个特征,把对概念的哲学分析融入历史和科学的现象联系,那么关于人类概念的进化和发展,就为我们的知识判断提供了一个现实的基础。具体的科学理论以及概念和概念系统是整个历史发展中科学的暂时产品或横截面;科学的统一性和连续性不仅要反映这样的每一横截面内的形式关系,而且还要反映得以继承发展的整个思想内的实质性关系。图尔敏通过对人类理解的系统分析,承认理性是一种属性;它不仅仅是逻辑或概念系统,而是人类活动或事业的一套概念剖面图,通过概念、判断和形式系统,被批判地接受在这些事业中。由此,我们得以了解概念在知识的形成和解释中的作用。

图尔敏认为,达尔文的变异和自然选择的群体理论是一种更普遍的历史解释形式的一个实例。图尔敏认为,同一种解释模式在适当条件下也应当适用于其他类的历史实体,适用于每一科学学科内概念的变化进程。科学中概念的产生和解决都是由科学研究的环境所决定的,因此,科学概念的变化总是有其合理的理由。概念的变化与概念问题一样经历着历史的变化。在一个有关历史发展的科学部门,单凭相关经验题材或者科学的形式结构,并不能充分说明概念的意义;只有在一个更大的框架中考虑该门科学中的一切因素题材、形式推导、说明步骤等等,论证相关题材能够在什么条

---

① Stephen Toulmin: *Human Understanding*, vol. 1: *the Collective Use and Evolution of Concepts*, Princeton, NJ: Princeton University Press, 1972:152.

件下、以多高的精确度成功得到说明,这样才能弄清概念的意义。因此,如果我们用关于那些概念和理论的说明力的元经验来陈述,这些陈述所叙述的概念和理论应用范围、应用条件和应用精度是不充分的。

科学的目的是理解和说明。只要一个理论概念能有效地显示其说明功能,科学家就有充分理由接受和使用这个概念。科学概念本质上是能够流传、交接、学习的东西。在这个过程中,一门学科持续存在下去,超出其最初创立者的生命长度。因此,科学本质上是群体事物,超出一代人的界限。"一门科学学科的知识传承——属于那门学科的所有人员集体学习、分享、应用、批评的共有遗产——组成一组具体的说明步骤;一个人显示出知道如何和何时应用这些步骤,就充分证明他获得了对那门学科的'概念掌握'。"①掌握说明步骤不仅仅是学会使用现有的概念,而且还要学会在适当的条件下批判和修正现有的观念。"没有一个概念或一个集体概念可以穷尽一门学科,它至多表现为一个长期发展部门的一个历史横截面。单个概念或概念族与整个学科的关系类似于单个角色或制度与整个社会的关系。要理解一个完全的'历史实体'——不论是一门学科还是一个社会,我们不仅要考虑是什么样的关系结构把它的理论、制度、其他因素等各种成分联结起来,还要考虑在那个实体内已被接受的修改那些因素的步骤。"②图尔敏指出,如同不合理的恐惧和其他不合理的行为方式一样,当人们在一个科学概念早已失去说明的效力之后仍然坚持它,就是不合理的或非理性的。

在任何特定的文化和时代中,人类的知识事业不会形成无序的连续体。相反,它们或多或少属于独立的、定义明确的学科,各有其自身的相关概念、方法、基本目标等特征。经过长时间的演化,通过较缓慢的方式,这一学科的知识内容可能会发生巨大的变化。然而,每一学科虽然是可变的,但通常显示出一种可识别的连续性,特别是其控制内容变化的选择性因素。相应地,概念发展的进化论解释了两个独立的特征:一方面,我们将学科定义为不同的一致性和连续性;另一方面,它们被转化或替代,要经历深刻的长期变化。这些连续性和变化都涉及相同的双重过程。在任何活动秩序中,智力创新总是进入目前的思想和技巧以供讨论,但只有少数新颖性赢得相关学科的确定地位,并传给下一代工作者。因此,智力创新的持续出现与持续

---

① Stephen Toulmin: *Human Understanding*, vol. 1: *the Collective Use and Evolution of Concepts*, Princeton, NJ: Princeton University Press, 1972:160.

② Stephen Toulmin: *Human Understanding*, vol. 1: *the Collective Use and Evolution of Concepts*, Princeton, NJ: Princeton University Press, 1972:166.

的批判性选择过程相平衡。一些概念性的变体被合并,其他概念被淘汰或被忽视;然而,在适当的情况下,同样的过程既可以解释一个明确的学科的持续稳定,也可以解释它向新的和不同的东西的迅速转变。

这种双重过程可以产生明显的概念变化。我们假设,任何时候都存在拥有足够的自然创造力和好奇心的人来维持智力创新或变体的流动,那么问题就涉及这些新奇事物如何能够证明自己的优势条件,以在相关的思想体系中赢得一席之地。其次,必须存在适当的竞争论坛,其中知识创新能够生存足够长的时间来展示自己的优点或者缺点;但是它们也被足够严谨地批评和淘汰,以保持学科的连贯性。图尔敏认为,波普对科学方法的简要描述,作为猜想和反驳的辩证继承,可以在进化之中立刻被重新解读:它规定了单独的变化和选择得以导致有效的科学变革的生态条件。

智力发展的演化分析再次涉及一套相互依赖的概念,这些概念界定了任一特定历史和文化状况的智力生态。在任何情况下,学科选择过程中挑选出那些新奇的被认可的、竞争最好的,满足当地知识环境的具体要求的概念,将知识学科的历史发展与其他人口流动联系在一起是不再是原始的类比,而是通过创新和选择的一般发展模式。相同的特征并不是绝对的,科学学科在其发展的任何阶段,像有机物种一样,都是进化历史的实体,而不是永恒的存在。历史实体没有绝对不变的特性,却保留了足够的统一性和连续性,以及保持着从一个时代到另一个时代的区分度和可识别性。

科学发展的连续性表现在科学发展过程中出现的所谓"巨变"其实是一系列微小变化累积的结果。巨变不是产生于突然的跳跃,而是一些小修改的积累。每一次小修改都在某个局部的、直接的问题环境中通过选择而保留下来。为了理解科学中的概念变化,我们需要找寻出每一个知识环境局部的、直接的需要,找出不同的概念革新所具有的优点。这些要求很少有简单的,而且总是高度具体的。"因此一门科学中的问题前后相继的严格关系所反映的不是外部的、永恒的逻辑命令,而是关于每一问题环境的当时的历史事实。"①在图尔敏看来,一个科学理论是一个"概念群体"而不是一个命题系统。各个概念之间有密切的联系,但是这种联系不是逻辑上的联系,而是意义上的联系。概念比命题更基本。科学命题是围绕着这些概念来表达的。各个命题通过概念间的意义联系而联结在一起,各个命题之间不一定

---

① Stephen Toulmin: *Human Understanding*, vol. 1: *the Collective Use and Evolution of Concepts*, Princeton, NJ: Princeton University Press, 1972:150.

存在逻辑上的蕴含关系。因此,图尔敏把科学理论看作围绕概念群体形成的一个松散结构,从根本上说明科学变化可以发生在最根本的层次上,也能说明科学变化的连续性。科学变化是连续的,因此也是合理的。

二、科学理论的进化

图尔敏认为,达尔文的"物竞天择,适者生存"原则可适用于科学理论的进化:"科学观念的进化与达尔文的物种进化一样,变化的结果取决于变种的选择性传承。"①图尔敏认为科学理论也是进化的或不断发展的。"我们应该把科学的思考和实践看作观念和技巧的发展体系。这些观念和技巧甚至会调节科学发展的科学目标本身,它们都是在一个变化的智力和社会环境中不断进化的。因此,不论是对科学思想史的研究还是对科学的逻辑与方法的研究,我们都应明确以进化的观点来看待。"②在他看来,科学理论与生物物种一样,是通过逐步积累微小的变异而发展的,这种发展过程始终保持着内在联系性。科学理论的发展变化,是环境要求及科学理论对这种要求作出反应的结果。"科学的观念呈现出一个活生生的批判传统,它们代代相传,并在传播的过程中不断被修正。每一代都把某些智力的变化融入传统之中。从历史的角度看,这是科学中的不断进步。"③因此,科学的发展或进化可以在进化论框架内得到说明。

图尔敏的科学理论结构模型不同于逻辑经验主义。按照逻辑经验主义的理论结构模型,科学的理论语言是一个没有解释的演算。理论语言的意义来自观察语言。图尔敏否认永恒不变的、普遍的评价标准和可能性。在他看来,科学理论是说明和展现自然现象的模型,由自然秩序理想和一套展现技术组成。展现技术包括各种概念、公式、图表、演算规则等。通过展现技术,各种自然现象就可以由自然秩序理想来说明。只要一个科学理论能够有效地说明自然现象,理论中的概念就有了明确的认识意义,而不必借助所谓的观察语言。由于自然现象只有通过展现技术纳入自然秩序理想的模式中才能获得意义,因此,观察语言的意义在一定程度上依赖于理论语言。只要一个科学的知识内容被理解为一个逻辑系统,科学思想的历史仍然可

① Stephen Toulmin: *Foresight and Understanding: An Enquiry into the Aims of Science*, London: Hutchinson, 1961:110.

② Stephen Toulmin: *Foresight and Understanding: An Enquiry into the Aims of Science*, London: Hutchinson, 1961:109.

③ Stephen Toulmin: *Foresight and Understanding: An Enquiry into the Aims of Science*, London: Hutchinson, 1961:111.

以与科学机构及其活动的历史分离,科学思想的历史可以独立书写。科学概念的发展出现了一种自主的自我导向过程,这种过程最容易受到社会政治因素的推动或阻碍。

图尔敏的理论结构模型也不同于波普尔。波普尔虽然不把科学理论看作一个演算,但仍然认为理论与观察陈述之间的逻辑关系至关重要。证伪是指向整个理论的,一个理论预测的失败要求科学家抛弃它的自然秩序理想。在图尔敏看来,这是一个不合理的要求。科学家通常是在自然秩序理想和自然律的基础上对理论的假说部分进行研究和探讨。如有证伪,一般只是指向理论的假说部分,而不是指向理论的原理和自然律部分。波普尔的演绎模型预设了科学理论是由一些有内在联系的陈述组成的演绎体系,否则,证伪就不必指向整个理论和理论的基础部分。而图尔敏把科学理论看成是一个概念群体,是一个围绕基本概念形成的松散结构,这样,经验上的失败就不会造成一个理论从根本上被动摇。

图尔敏把自己的科学发展模型称为"科学进化模型"。受达尔文进化和创新进程的影响,图尔敏希望获得一个"相对地没有相对主义"的进化认识论。同波普尔一样,图尔敏把科学理论的发展看作一种类似于生物进化的过程。这个过程及机制与生物进化相似。因此,科学的发展或进化可以在进化论框架内得到说明。

在科学领域,新概念、新理论、新假说就是科学理论中的变异体。这些变异体出现之后,都要经过一个选择的过程,真正能够留存下来的只是一小部分。科学理论的变异与选择是按照当时科学的"生态环境"要求进行的,这个生态环境就是当时科学研究或科学实践的历史背景。具体地说,图尔敏所说的生态环境有两个方面的内容。一方面是科学研究的社会环境。科学活动不仅依赖于科学期刊等学术读物和研究所、学校、学会等组织机构,还与各种社会需要有着密切的联系。另一方面是自然环境。科学研究的目的是理解和说明自然。科学理论适应环境的任务就是尽可能缩小说明理想与现有说明能力之间的差距。图尔敏把自然界向科学理论提出的问题叫作科学理论的"问题环境"。社会环境构成科学研究的外部环境,问题环境构成科学研究的内部环境。因此,科学研究受内、外两类因素的影响。从内部因素来说,变异往往发生在理论问题最多、最迫切、最重要的区域和阶段。理论说明与自然现象之间差距越大,科学家就越关心、越重视,总是设法提出新的、更好的假说、理论、概念来解释自然现象。

相比之下,外部因素复杂得多。图尔敏强调外部因素对科学发展中变异过程的影响。他指出,科学中的哪些部分在什么时候以什么样的速度发展,基本上是由外部因素决定的。但是与内部环境相比较而言,科学理论的选择过程受外部因素的影响要小得多。当然,科学理论面对着整个社会环境,在评价科学理论的时候,科学家的个人偏见、政府的干涉以及道德、宗教观念等都会影响选择的过程。在图尔敏看来,这些因素对于理论选择的影响是次要的。在选择的过程中,起决定作用的是新理论适应问题环境的程度,而不是社会环境的需求。因此,图尔敏认为科学理论的选择是一个合理的过程,是合理性法庭的审判过程。

一旦有某个新理论、新概念或新假说表现出改进科学说明的希望,就会立即引起科学家的注意并得到科学家共同体的讨论。只有最后能使科学家更好地说明自然的新变体才能够通过科学家的检验与评价。在科学学科中展现任何新概念的既定地位时,我们必须注意实际用于评估每个新概念的智慧优点的选择程序,这些程序本身必须与人的活动有关。在这个程序中,我们将找到科学纪律、智力或社会学的历史,并将思想的内在生活故事与人们的想法的外在生活故事分开。

在图尔敏看来,科学进化是全面的、彻底的。科学学科中的一切层次上的因素都会因为变异——选择机制的变化——而发生变化。科学学科中最根本的层次是学科理想或学科战略。这个层次比较稳定,它的变化往往会引起整个学科的重新定向。图尔敏指出:"这个集体志向可以部分地发生变化,如原子物理学行业的子群体之间各有不同。随着时间的流逝,它在某些实质性方面发生了变化。然而,这个学科志向虽然不是普遍的、不可变的,却是连续发展的。它从汤姆逊、卢瑟福到费曼、玻姆的连续发展是原子物理学根本沿革的关键特征。"①因此,在科学的发展过程中,总有许多相互竞争的理论不断产生和流通。每一时代,总有选择过程不断进行。通过这种选择过程,某些智力变异被接受并结合进有关学科中,作为科学传统的必要组成部分传递给下一代的科学家。学科就是科学发展的连续历史实体,从一个历史断面进到下一个历史断面,而学科中留传下来的实际观念既不在任何点上表现出一种完全的中断,也不显示为一种完全的重复。

图尔敏对科学进步中的理论选择与评价问题的解决,是与他持有的进化理论——一种更普遍的历史解释形式——联系在一起的。图尔敏对科学

---

① Stephen Toulmin: *Human Understanding*, vol. 1: *the Collective Use and Evolution of Concepts*, Princeton, NJ: Princeton University Press, 1972:151.

变化所持的特定的达尔文进化观点,表明他对科学变化的解释问题持有特定的元分析立场:科学变化的实际过程需要用传统、创新和选择这样的范畴来思考。在概括竞争理论优劣时,我们应该去研究事实上引导人们当时在可用的概念创新之间作出选择的那些标准。因此,图尔敏认为,科学哲学应当接受一种有更多生态学特性的科学评价观点。

三、科学进化的合理性

20 世纪 60 年代中期以后,科学知识发展的合理性问题成为西方科学哲学的中心议题之一。这一问题也可看作对人类知识、理论的辩护问题。关于科学合理性的辩护模式有以下四种不同的进路。第一,方法论合理性模式。近代科学的发展引发了对其背后方法论的探讨。方法论与合理性之间有两个信条被许多哲学家信奉。"第一个信条认定,存在一种独一无二的科学方法。它要么是一种确保科学探索必然成功、确保科学发展趋近真理的方法论程序。如拉卡托斯的科学研究纲领方法论,要么体现为一种发现假说、评价理论的机械程序,如归纳方法;第二个信条断言,正是这种科学方法确立了科学活动的合理性和科学探索成果的正确性。"[1]第二,逻辑合理性模式。逻辑经验主义者把科学的合理性归结为科学知识的正确性,又把科学知识的合理性规约为科学知识基础(经过经验确证)的确实性和科学知识(符合逻辑)的逻辑确定性。第三,效用合理性模式。20 世纪 70 年代,随着科学成果的运用推广,实用主义在科学哲学领域中滥觞,在科学哲学家的推波助澜下,效用合理性演变成科学合理性理论中一股强有力的思潮。科学哲学家对其辩护的理由是,科学的成功性和有效性充分证明了科学的合理性。第四,历史主义辩护。拉卡托斯自称他的元研究纲领方法论是评价科学合理性理论的历史方法。为了克服拉卡托斯元方法论遇到的一系列困难,劳丹对其作了一定程度的修正,试图构建一个解决问题的科学进步模式。

关于科学的合理性问题,哲学家们持有不同的观点,并在科学哲学界进行论争。在库恩看来,科学合理性来自科学家作出的有价值的判断。劳丹提出了科学进步的解题模型,试图把科学的合理性解释为科学解决问题的能力。亨普尔认为科学合理性是一种手段或目的的合理性,科学的合理性由科学方法论来保证。萨尔蒙认为科学的合理性取决于科学活动对实现目

---

[1] 王新力:《科学的合理性辩护问题》,《自然辩证法通讯》1989 年第 2 期。

标所起的工具效用。图尔敏指出,在科学合理性的模式问题上,无论是方法论合理性、逻辑合理性,还是效用合理性,其目标都在于"以一种唯一、不变、无与伦比的概念和信念的权威系统为科学提供合理性保障"①。为对科学作出合理性辩护,图尔敏把实践与历史因素引入科学哲学分析,不把科学说明看作一种形式推理而是一种实践活动,通过阐明说明步骤如何产生、继承、发展和变化来表明学科理想的进化是一个客观的、合理的过程。

从前面的论述中我们可以看到,图尔敏的科学进化模型是一种变异与选择的模型。变异大致相当于逻辑经验主义的"发现的范围",而选择则相当于"辩护的范围"。与逻辑经验主义者一样,图尔敏认为科学合理性主要表现为后一个范围的合理性;但与逻辑经验主义者不同的是,图尔敏认为,科学合理性绝不是遵守永久不变的、普遍的逻辑规则。图尔敏试图对人类理解问题和概念在知识的增长和表达中的作用进行系统的分析。他站在科学是可直接辩护的这一立场上,从对科学本身作某种直接分析出发,去解答科学的历史连续性问题和科学理论的选择、评价问题,以追求避免相对主义和克服辩护问题上的怀疑主义。图尔敏指出,自从古希腊哲学迷恋几何公理,哲学关于知识本质的思考被衍生于数学和理论物理的模式支配。这一事实导致两个令人遗憾的后果:一是整个后续哲学都成为柏拉图理论的注脚;二是它诱惑哲学家们关注问题的逻辑形式,而忽略理性的作用和知识的适应性问题。图尔敏认为理性的观念更直接关注理性的作用与适应性问题。人类集合概念和思考的方式属于"知识生态学"。

图尔敏从维特根斯坦后期哲学出发去看科学概念,坚持关于概念的问题与关于命题的问题的区分,坚持关于概念组织的问题和关于命题系统的问题的区分。他认为科学发展的合理性主要表现在选择过程之中。一个概念的变化是否合理取决于它能否更好地适应生态环境的需要。问题环境的要求反映在选择过程中就是科学发展的合理性标准。科学中的概念问题"以几种不同的方式出现,科学发展中没有被解决的问题遗留下来。由于问题的情景有不同的类型,这些问题也就有了不同的层次。有些问题要求把目前的程序应用到新现象上,有些要求改进处理熟知现象的技术;有些要求在单一科学内做学科内的技术归并,而有些则要求对相邻科学的技术做学

---

① Stephen Toulmin: *Human Understanding*, vol. 1: *the Collective Use and Evolution of Concepts*, Princeton, NJ: Princeton University Press, 1972:101.

科间的归并;有些要求解决科学观念与科学外观念之间的冲突"①。因此,
"与其他'群体'成员一样,概念只有不断地证实自己的价值才能维持它在科
学中的地位;邻近概念之间的边界是一个动力学的平衡点,如果它们的说明
力的平衡发生变化,平衡点就会被打破"②。因此科学中的概念问题的产生
和解决都是由科学研究的环境所决定的,科学概念的变化总是有其合理的
理由。

我们怎样去看自然界的某一方面,即我们以什么术语塑造我们的问题,
决定了我们将问什么。图尔敏认为,科学概念不是形式演算中的词项或经
验事物的类的名称。在科学解释实践中,表示一个现象就是演示、用实例展
示,即以一种完全当众的方式显示现象的组成或现象的作用。虽然理论、公
理演算、模型也都与表示的技术联系在一起,但概念更直接地与解释实践相
联系,而公理演算形式系统或理论模型只不过是把概念符号化的工具。"科
学问题从来不是由世界的本性单方面决定的。问题总是产生于相关领域中
我们关于世界的观念同自然不相配。"③科学的任务就是一步步地改进我们
关于自然界的观念,这就要求我们识别问题领域,在那些领域,我们现在可
以做一些事情,缩小我们现有的能力与我们知识理想之间的差距。

图尔敏的科学合理性理论是一种科学知识进化论。他把知识进化与生
物进化相比较,来说明科学的目的、科学的发展、科学客观性、科学合理性等
问题。"在进化论生物学中,一个物种的'生存价值'与它的环境和它的祖先
相联系。'科学优点'问题也将表明是类似的问题,这就需要弄清楚,一个新
的科学观念在哪些方面……比它的先辈或对手'更适应'(环境)。科学不是
仅有一个目的,而是有很多目的,科学的发展经历了许多互不相同的阶段。
因此,企图寻找一个单一的、能达到一切目的的'科学方法'是徒劳的。科学
观念的增长和进化所依赖的不是一种方法,而总是要求有各种各样的研究。
科学作为一个整体,科学活动、科学目的、方法和观念是通过变异与选择而
进化的。"④科学合理性理论的主要内容是说明理论概念是如何合理地变化

---

① Stephen Toulmin: *Human Understanding*, vol. 1: *the Collective Use and Evolution of Concepts*, Princeton, NJ: Princeton University Press, 1972:176.

② Stephen Toulmin: *Human Understanding*, vol. 1: *the Collective Use and Evolution of Concepts*, Princeton, NJ: Princeton University Press, 1972:177.

③ Stephen Toulmin: *Human Understanding*, vol. 1: *the Collective Use and Evolution of Concepts*, Princeton, NJ: Princeton University Press, 1972:150.

④ Stephen Toulmin: *Foresight and Understanding: An Enquiry into the Aims of Science*, London: Hutchinson, 1961:16-17.

或进化的。因此,增加我们说明和理解自然的能力比逻辑一致性更重要。"人不是通过固守僵化的思想、老套的程序或者一成不变的观念来论证他的理性,而是在设法改变那些思想、程序和观念的行为中证明其理性。"①这样的适应能力不是指人们总是要与自己的一些智力上的预先设定相一致来思维和行事。在这里,关键词不是"形式"或"有效性",而是"适应"和"需要"。在图尔敏看来,这种理性使我们选择新概念、否弃旧概念,是概念适应我们经验的新需要。

图尔敏认为,把科学理论看作一个逻辑体系,只有在极少数的情况下才说得通。从起因上说,科学理论的形成往往是一个较长的过程。在科学理论中引入概念,可能是出于不同的目的、任务,因此它们的作用和功能是相互独立的。在图尔敏看来,一个科学理论是一个"概念群体",各个概念之间的联系不是逻辑上的联系,而是意义上的联系,科学命题是围绕着这些概念来表述的。科学随历史发展变化就是科学的本性。同时,由于这种概念组织并不构成严密的系统,因而进化也就不会在科学中引起剧烈的革命。

因此,学科理想的变化同概念和理论的变化一样,也是客观的、合理的。"人们在一定的领域所积累起来的经验导致他们采取一些说明理想。这些理想决定一个科学家从事相应专业所信从的集体志向。这些理想同时维护那门学科本身的一贯性,确立假说和思辨不能超越的范围。"②但是,学科理想虽然是"可变的,却比它们的临时产物——概念和理论——更缓慢、更连续地发生变化。一句话,一门知识学科的存在和统一性,作为一个特定的'历史统一体',反映了它的知识理想和志向的发展施加给它的问题的连续性。"③然而,学科理想是具体的、现实的,是在具体的历史进程中发展和变化的。图尔敏指出,没有一个单一的"说明"理想或合理的辩护模型普遍地适用于一切时代的所有科学。每一门有效的科学都有具体的目的和理想,这些目的和理想决定那门科学的具体方法和结构。

四、对科学进化认识论的回应

进化认识论是当代哲学的重要组成部分,核心内容是作为知识的科学

---

① Stephen Toulmin：*Human Understanding*, vol. 1：*the Collective Use and Evolution of Concepts*, Princeton, NJ：Princeton University Press, 1972：x.

② Stephen Toulmin：*Human Understanding*, vol. 1：*the Collective Use and Evolution of Concepts*, Princeton, NJ：Princeton University Press, 1972：154.

③ Stephen Toulmin：*Human Understanding*, vol. 1：*the Collective Use and Evolution of Concepts*, Princeton, NJ：Princeton University Press, 1972：155.

理论的进化,其观点来源于达尔文的生物进化论。图尔敏对科学进步中的理论选择与评价问题的解决,是与他持有的进化理论联系在一起的。他认为科学哲学应当接受一种有更多生态学特性的科学评价观点。与此相一致,一门自然科学的最终目标与其说是一个充分得到确认或证实的命题系统,不如说是一个充分恰当的概念和解释程序群体,这个群体是历史进化的结果,同时又要继续经受历史的变化。

科学是理性的事业,科学的发展是合乎理性的。科学发展的过程就是中心问题不断转移和不断合并、分化的进化过程。这个过程不是非理性的,而是理性的,因为不论是论域中心问题的改变,还是它的合并和分化,都是恰当的、充满"正当理由"的。科学的发现也是理性的活动,因为它是一个复杂的创造性思维过程,而不是一个逻辑机械推理过程。但因此否认科学发现的合理性则是错误的。图尔敏和科学历史主义后期的库恩、费耶阿本德相比还是有区别的。在《常规科学与革命科学的区别能成立吗?》一文中,他批判库恩科学发展中社会心理信念转变的观点,强调在科学革命的过程中既有科学外部的社会因素,更有科学内部的理性力量。随着新历史主义的发展,图尔敏站在新历史主义者夏佩尔的同一立场上批判库恩的相对主义和费耶阿本德的非理性主义。

作为历史发展的人类活动,任何结构合理的理性选择都有两个面孔。我们可以把它看作一门学科,由一个共同的程序传统和处理理论或实际问题的方法组成;或者我们可以把它看作一个行业,包括有组织的机构、角色和人员,他们的业务是应用或改进这些程序和技术。而这两个面则代表了从不同的方向看历史变迁的两种观点。如果我们以学科术语看待一个理性事业,它的时间发展是思想史上的一个话题。历史学家的任务不是问自然科学的概念是如何产生它们的生活史的。在对自然缺乏足够的经验依据时,历史学家开始完全在推测,后来以某种方式获得了认识的基础而变得有理有据,但最终失去了所有的知识权威,陷入单纯的近似的范畴,甚至迷信。或者,如果我们以专业术语来考虑同一事业,它的时间发展就成为科学组织、机构和程序的历史问题。

在历史学派的科学哲学家中间,弗里德里克·萨普(Frederick Suppe)认为图尔敏的进化认识论立场是比较温和的。"当代科学哲学的认识论不应该拘泥于不变的认识原则,而应当形成与事实、理论密切相关的'变化的认识论'。"①正是这种温和使图尔敏免遭历史学派后期一些立场更激进的人如汉森,特别是库恩和费耶阿本德所受到的激烈批评,尽管图尔敏也有自己的问题。实际上到 20 世纪 60 年代末,历史学派的基本立场已被超越。从这个背景看,图尔敏在 70 年代的工作既体现了他对过去工作的发展和具体化,也体现了他的进一步改进和修正。

当然,图尔敏科学进化认识论也引起了一些哲学家的批评,主要集中在下述两个问题上:一是图尔敏将科学理性等同于逻辑性否弃是否适宜;二是图尔敏直接用进化论类比科学进步是否恰当。以生物进化来类比科学发展可能存在相当大的困难。"概念并不像基因,概念与理论之间的联系根本就不是基因与宏观生物体之间的联系,概念的逻辑联系是完全不同于基因的联系。"②那么,科学理论或科学团体的传承又能完全恰当地类比于通过基因的生物遗传吗?譬如当诉诸进化模型时,生物进化所面向的问题都能一一类比到"科学进化"上吗?生物进化的"天择"机制,在"科学进化"中该如何解释?同样也是纯粹自然的"天择"吗?科学家对理论的判断可能是有意识、有目的的,"天择"却是无意识的。那么,持有某一科学理论的科学团体在竞争中留存下来,真的可以类比毫无意识的"天择"或纯粹偶然的"突变"后的结果吗?科学理论或科学团体彼此竞争的社会环境,可以类比于生物生存竞争的大自然吗?"生物与概念进化之间的类比暗示并产生内在的合理性。为什么会这样?因为我们看到生物进化的模型可以应用于科学史。"③

图尔敏用历史主义的观点来解释和说明科学理论的进化问题。他把科学看成是不断发展的历史进程,在这个进程中,科学变化的实际过程需要用传统、创新和选择这样的范畴来考察。这与进化认识论思想家们的基本观点大致上是一致的,于是"知识进化论或知识达尔文主义就成为广义综合进化论的一个环节或组成部分"④。图尔敏关于进化认识论的观点与波普尔倡导的观点相吻合,即人不可能获得最终确定的知识。人是有缺陷的,在认识能力上也是有缺陷的,这个结论适用于整个科学领域。

---

① 郑祥福:《20 世纪西方科学哲学发展述评》,《国外社会科学》2002 年第 5 期。

② Louis O. Mink: "Comment on Stephen Toulmin's Conceptual Revolutions in Science", in R. Cohen and M Wartosky(eds): *Preceedings of the Boston Colloquium for the Philosophy of Science 1964/1966: In Memory of Norwood Russell Hanson*, Dordrecht: D. Reidel, 1967:94.

③ Frederick Suppe: *The Semantic Conception of Theories and Scientific Realism*, Urbana: University of Illinois Press, 1989:94.

④ 任晓明、王左立:《评波普尔的进化认识论思想》,《科学技术与辩证法》2002 年第 6 期。

第三章　图尔敏对理性主义危机的诊治

　　方法的普遍性,即一种"方法"能保证实现对所有领域和文化知识的解决,在 20 世纪晚期已遭到部分挑战。科学方法的自明性允许被怀疑,对这种流行的普遍方法的怀疑开启了这样的问题:合理性的理解与科学方法的流行理念——普遍、自确证(self-validating)和完全——在最近三十年中日益变得不合情理。生产性的合理性活动所使用的程序具有多样性,取决于我们在所有不同事业的进程中所提出的多重任务,它远不是固定和普遍的,我们的程序必须随我们进行的不同任务而变化。自 17 世纪以来,哲学家瞄准的确定性都采取精确语言的形式,但这些语言的"基础"并非只给我们增加安全,因为它们依赖理性的、非语言的支持。理论的公理要站得稳,就要把根基深扎于前理论经验的地方。为什么理性失去了它的平衡? 基于对前现代、现代和后现代人文语境的系统考察,图尔敏试图找出理性主义危机的根源。

第一节　理性主义的两种极端倾向

　　改变世界的许多科学上的发现与进步,都以数学的发展为先导。科学使用数学作为表达自身的语言,如果没有这种语言,科学就不可能存在。"数学:辩证的辅助工具和表达方式。——数学的无限出现在现实中。"①天文学要求提供一个更连贯的、更准确的数学模式,而正是对这种模式的探索成了新一代哥白尼式人物的动力。数学是一个注重形式的领域,数学方法开创了科学的数学化传统,正是这个领域内的新发现引起了注重内容的自然科学领域内的诸多发现。这导致了一系列显而易见的问题:为什么数学对于理解物质世界如此重要? 为什么数学如此有效? 物质世界为什么要遵守数学?

---

① 〔德〕恩格斯:《自然辩证法》,人民出版社 1971 年版,第 3 页。

一、演绎系统化理想

我们生活的世界和语言之间的一个重要不同是：真实的世界没有矛盾，而人造的语言对这个世界的描述却存在矛盾，我们的思维和与之相伴的人类语言充满了模糊的陈述。数学是我们拥有的最精确的语言，它作为一种方法体现在自然科学中，"所有科学，包括逻辑和数学在内，都是有关时代的函数——所有科学连同它的理想和成就统统都是如此"①。人类认识自然与哲学上的分析都与数学方法的使用紧密联系。毕达哥拉斯的"数学和谐性假说"、柏拉图的"理念论"、笛卡尔的解析法、莱布尼茨的符号体系、希尔伯特（David Hilbert）的逻辑系统和元数学思想、弗雷格与罗素的数理逻辑思想以及维特根斯坦的分析哲学等等，都与数学方法有着密切的联系。"数学分析与自然界本身同样的广阔。"②而且随着数学方法在近代科学时期的发展，传统逻辑即经过古希腊罗马和中世纪发展的演绎逻辑，作为一种演绎法，本身也暴露出严重的缺陷。

（一）数学理性主义的形成与发展

17 世纪初，伽利略在比萨大学任数学教师。其间，他致力于有关物体运动的数学理论研究，也就是我们所说的"经典物理学"或"经典力学"。伽利略把这些研究作为反对亚里士多德学说的突破口。他想用一种数学理论来取代亚里士多德关于物体和运动的日常用语式的、定性的理论。伽利略努力寻找理论科学与数学之间的变量关系，使数学方法成为科学中的方法论。"Galileo 追求描述的决定，是历来关于科学方法论的最深刻最有成效的思想。"③伽利略相信数学是神圣的理智，是自然界中理性事物的源泉。他认为数学知识不但是绝对的真理，而且像《圣经》那样，每句每行都是神圣不可侵犯的。实际上，"数学更优越，因为对圣经有许多不同的意见，而对数学的真理，则不会有不同的意见。"④伽利略讨厌医学而喜欢数学，但他喜欢的不是开普勒所说的新柏拉图主义式和谐的数学，而是工程师或建筑师们在

---

① 〔美〕M. 克莱因：《古今数学思想》（第 1 册），张理京、张锦炎译，上海科学技术出版社 1979 年版，第16 页。

② 〔美〕M. 克莱因：《古今数学思想》（第 2 册），北京大学数学系数学史翻译组译，上海科学技术出版社 1979 年版，第 239 页。

③ 〔美〕M. 克莱因：《古今数学思想》（第 2 册），北京大学数学系数学史翻译组译，上海科学技术出版社 1979 年版，第39 页。

④ 〔美〕M. 克莱因：《古今数学思想》（第 2 册），北京大学数学系数学史翻译组译，上海科学技术出版社 1979 年版，第33 页。

建筑理论、制图和测量中运用的应用数学,即解决问题的数学。在自然科学尤其是作为技术性学科的天文学领域中,伽利略的数学理论能对行星运动作出预测,从而把科学和数学紧密地结合起来。

牛顿的后机械论自然哲学把非物质的"力"重新引入自然哲学,并成功地实现了对它们当中最重要的力(即引力)的数学化。牛顿是构造作为一种理论概念和数学表达式的万有引力的第一人。考察新概念或新理论的起源的一种方式是:即使问题还没有被完全弄清楚,我们也要构想出一个概念来作为这个问题的答案。"牛顿在数学上提出的这个引力概念,是只关于科学上最具真理性的东西的概念——如果真理是指当时能够有效地解决问题、作出预测和解释各种不同的现象的话。"①牛顿的物理学是用天上和地上的数理物理学的统一语言来表述哥白尼学说。牛顿的研究运用了伽利略和开普勒终生奋斗的成果,把伽利略联合开普勒的定律作为特殊的案例加以接受,它们如今包含在万有引力定律这种较为深层的理论之中。"解释哥白尼体系的开普勒的天体定律与解释地球上落体运动的伽利略定律都变成了牛顿物理学的具体应用和推论。"②这样一来,通过数学运算你会发现,伽利略关于落体运动的物理学变成了牛顿的万有引力新物理学的一个特殊案例。

从"牛顿的综合"对伽利略理论和开普勒理论的非常简单的描述中,我们能感受到牛顿理论继往开来的力量。在 18 世纪和 19 世纪,物理学家把牛顿关于超距作用力、运动定律和数学分析模型的理念应用于其他假想的力的研究问题中:电力,磁力,某种化学的排斥力和吸引力。牛顿的数学模型方法的应用范围甚至扩大到麦克斯韦或爱因斯坦之前的 19 世纪的物理学。牛顿理论取得了卓越的成就,尽管它以"万有引力"这个概念的数学化为基础,且这个概念并不是牛顿从自然中得出的,而是他建构的。

"从某种意义上说,数学是逻辑学的延伸,是一种符号逻辑。这是一个要求纯粹形式的证明的领域。在这个领域内,感性知觉的异想天开被彻底克服了或超越了。"③笛卡尔的解析法和莱布尼茨的通用数学思想进一步发展了数学方法,现代数理逻辑学家用数学方法发展了传统逻辑。从逻辑与数学的关系演变发展来看,数学方法在 17 世纪的引入,引起了逻辑学变革,

---

① 〔澳〕约翰·A.舒斯特:《科学史与科学哲学导论》,安维复主译,上海科技教育出版社 2013 年版,第 404 页。

② 〔澳〕约翰·A.舒斯特:《科学史与科学哲学导论》,安维复主译,上海科技教育出版社 2013 年版,第 406 页。

③ 〔美〕R.C.斯普罗:《思想的结果》,胡自信译,北京大学出版社 2006 年版,第63 页。

促成了现代形式逻辑即数理逻辑的产生；而随着数理逻辑的发展，它反过来在 19 世纪末 20 世纪初又成为促进数学变革的方法。逻辑方法和数学方法的相互促进，是建立在逻辑和数学难分难解的相互关系之上的。这里我们以莱布尼茨、弗雷格、罗素为例来看理性主义的确立及发展问题。

1. 莱布尼茨的通用数学思想

莱布尼茨(1646—1716)是德国近代著名的数学家、逻辑学家、哲学家和科学家，罗素称他为"千古绝伦的大智者"。他的主要著作有《人类理智新论》(1704)和《单子论》(1714)。莱布尼茨的理性主义通过他的指导原则得到体现；他所坚持的原则一面是理性主义思想的法则，一面是关于实在的深刻描述。我们仅仅需要遵循这些原则，以便获得关于事物如何的描述——事实上是关于事物一定如何的描述。这种关于世界的描述必须和自然科学相一致。然而，莱布尼茨相信，虽然我们看到科学发现关注的是"现象"而非潜在的实在，但科学可以被纳入形而上学之中。"当世界系统地呈现时，自然科学是关于世界的表征，而作为真实存在的世界则只有从理性主义思想的自明原则出发才能被人所认知。"①

莱布尼茨被公认为数理逻辑的奠基人。他接受了霍布斯"所有推理都是计算"的思想，认为"如果我们能够发现简单要素(词汇)，以及能把各种简单要素连接起来的规则(句法)，那么，我们就能理解人类思想的构成。用这种方法，我们也许有可能像用机器进行演算一样，对人类思想甚至对宇宙做出解释"②。他希望发现一种能够使所有推理都透明清晰的普遍语言。莱布尼茨把该项工作看作是他迈向正在探寻普遍体系的第一步，这种语言将是进行推理的有效工具。"用这种方法，人类思想的符号系统就能成为结束人类争端的逻辑证明的有效工具。"③他相信，所有命题原则上都能用这一普遍形式表述出来。莱布尼茨认识到这种思想只是大量研究计划的开始："首先，它需要说明怎样把语言理想化地描述为正好与所要求的主谓结构相适应。……其次，……人们需要一本定义词典，……以便从所需要的原始概念中构造出语词来。……再次，作为这项总计划的一个必要部分，莱布尼茨试图找到表示逻辑推理的数字方法。……他试图用数字项表示逻辑推

① 〔英〕罗杰·斯克拉顿：《现代哲学简史》，陈四海、王增福译，南京大学出版社 2013 年版，第 68 页。
② 〔美〕加勒特·汤姆森：《莱布尼茨》，李素霞、杨富斌译，中华书局 2014 年版，第 24 页。
③ 〔美〕加勒特·汤姆森：《莱布尼茨》，李素霞、杨富斌译，中华书局 2014 年版，第 27 页。

理……把逻辑推演变成数字计算。"①莱布尼茨试图把这种思想推广到所有命题。

莱布尼茨设想运用一个"普遍的字符系统",它将适合"表达我们所有的思想"。1677年,莱布尼茨写下了他的宏大计划:"我敢说这是人类思想最高的努力;并且,当这一计划完成时,它将使人类的幸福变得简单,因为它将似一个工具提升推理,不逊于望远镜精确我们的视野。"②莱布尼茨认为:"真正的方法将给我们提供可感觉、可认识和具体引导思想的工具,就像几何学所描画的线段和算术规定学习者的运算形式。要是没有这些,我们的思想就没有不迷失方向的途径。"③"要发现和证明'真',对概念的分析是必要的,我们能够使对概念的这种分析成为可感觉和可认识的,并且把这种分析处理为一种机械的思路。"④"根据推理的特征,通过在算术和代数中因而在其他每一个领域中的某种计算方法,'真'将变得适用于推理,只要这种推理遵从演绎的进程。"⑤"如果有不同的观点,两个哲人就像两个计算家,他们之间的讨论将不再是必需的。他们只要拿起笔进行各自的计算就可以了。"⑥

但是,这种"通用数学"只有依赖于自己独特的语言系统才是可能的,它的语言载体是一种"通用语言"。因此,莱布尼茨在构设其"通用数学"的同时,又构设了一种"通用语言"。他说:"当我渴望从事这个研究时,我意外发现了值得注意的思想,即我们能够设计出人类思想的字母表,而且,任何事物都乐意通过这个字母表中的组合以及通过对语词构成的分析而被发现和区别开来。"⑦这里的字母表,实际上就是莱布尼茨构设的"通用语言"。我们通过它给每一个简单的思想设计一个符号,并通过符号的不同组合来解决所有的问题。该通用语言把莱布尼茨指引向人工语言的概念,这种通用

① 〔美〕加勒特·汤姆森:《莱布尼茨》,李素霞、杨富斌译,中华书局2014年版,第27—28页。

② Stephen Toulmin: *Return to Reason*, Cambridge, Mass.: Harvard University Press, 2001:78.

③ I. M. Bochenski: *A History of Formal Logic*, Notre Dame, Indiana: University of Notre Dame Press, 1961:274.

④ I. M. Bochenski: *A History of Formal Logic*, Notre Dame, Indiana: University of Notre Dame Press, 1961:274.

⑤ I. M. Bochenski: *A History of Formal Logic*, Notre Dame, Indiana: University of Notre Dame Press, 1961:274-275.

⑥ I. M. Bochenski: *A History of Formal Logic*, Notre Dame, Indiana: University of Notre Dame Press, 1961: 274-275.

⑦ I. M. Bochenski: *A History of Formal Logic*, Notre Dame, Indiana: University of Notre Dame Press, 1961:274.

的人工语言将避免自然语言的模糊性。而代表思想的符号组合，实际上是"通用数学"中的那种计算。根据符号组合，计算应用于所有的推理，而不是仅仅应用于在较狭窄意义上的纯数学推理。总之，莱布尼茨关于人类思想符号系统的计划促使他提出一些与正式逻辑体系几乎完全相同的理论观点。同时，这一计划也使他获得了作为概念蕴含的真理论及关于实体个体化的理论。

莱布尼茨认为，因其确定性，世界必然是由自足的实体所构成的。这个特性的提出基于两个理由：一是世界的统一性，二是世界的确定性。莱布尼茨虽然认为对实际事物的认识不具有普遍性和必然性，但承认它们的确实性。莱布尼茨在其哲学中第一次提出了"可能世界"的概念，它使莱布尼茨能够明确地阐述关于必然性和偶然性的某些直观。必然真理是在所有可能世界中都为真的真理，必然真理的标志是：它是普遍的且可被有限的理智先天获知。莱布尼茨仿效算术或几何学符号体系的语言的想法，被已经致力于符号逻辑体系的先驱们注意到了，这种符号逻辑始于 19 世纪的布尔（George Boole）和施罗德（Enerst Schröder），后由弗雷格、罗素、怀特海（Alfred North Whitehead）和其他人所发展。

2. 弗雷格的哲学逻辑化思想

弗雷格（1848—1925）是德国著名的逻辑学家、数学家和哲学家，是现代数理逻辑和分析哲学的奠基人。弗雷格在数学基础以及形式化方法中的某些发现奠定了他的逻辑基础。他的哲学思想不仅对罗素产生重大影响，而且对后来的逻辑经验主义、批判理性主义、日常语言分析哲学、后期语言分析哲学等分析哲学思潮都有重大影响。弗雷格的成就首先是向统治古典时代以来的亚里士多德逻辑学发起了挑战，其次是为语言哲学奠定了基础，最后是表明了在逻辑和数学之间的深层连续性。这些成就为现代分析哲学提供了基础，也为维特根斯坦的哲学提供了基础。

逻辑主义的兴起肇始于弗雷格，他和罗素为现代逻辑学奠定了基础，二人都用这些基础去探索数学思想的基本原理。他们（很大程度上是独立的）开发形式逻辑系统的动机类似于莱布尼茨对演算推论器的渴望。弗雷格认为："自然语言并不是逻辑学家兴趣的合适主题，因为它们缺乏逻辑理论所需要的精确性和无歧义性，它们甚至是矛盾的'港口'。"[1]基于以上需求，"逻辑本身规定的任务是描述某种目标特性，如蕴含和一致性。这些特性无

---

① 武宏志、周建武、唐坚：《非形式逻辑导论》(上)，人民出版社 2009 年版，第 2 页。

一例外是语言学结构的特性。但是,由于逻辑并不在自然语言之内处理其事物,因此,逻辑学家所寻找的描述的语言学特性是非自然的或人工语言的语言特性。"①

弗雷格设想,以算术的形式来构建逻辑的理论系统,可以把所有的算术规律还原为逻辑规律。他认为,逻辑是关于逻辑规律的,即逻辑是建立和陈述这些规律对象的科学,而逻辑规律涉及真的问题。弗雷格在数学基础以及形式化方法中的某些发现为他的逻辑奠定了基础。弗雷格相信存在一个数学真理的领域,这个领域独立于我们关于它的认识能力。"作为其思想的结果,数学科学很快就可以被推论出来,不是作为对无时间性的实体领域的探索,也不是作为先天综合知识的首要例证,而是作为对我们倾向于进行融贯论证的逻辑空间的潜心研究。"②弗雷格认为,我们能够计算成为思维对象的所有事物:观念和现实、概念和事物、时间和空间、方法和命题。弗雷格得出结论:"算术独立于事物所有的特殊性质,算术的基础必定属于纯粹逻辑的性质。所有算术的东西应当通过定义转化为逻辑的东西。"③

从这段论述中我们可以看到弗雷格的逻辑主义的根本观点,即他认为算术是逻辑的基础,所有算术命题能够因而应当借助纯粹逻辑手段从定义中演绎出来,而算术借助定义可以转化成逻辑,所以,逻辑与算术之间没有明显的界限,二者综合成一门单独的科学,逻辑和数学同一。很明显,对数学的这种解释会造成许多哲学后果。"不仅是柏拉图主义,甚至整个理性主义传统,都以各种方式建立在数学基础之上,因为数学给出了一个关于'理性真理'直接的可理解的例子,并证明了理性在确定性、完整性和最佳精确性方面对于经验研究的优越性。"④因此,弗雷格在数学基础理论方面是一个逻辑主义者。弗雷格指出:"哲学的任务是打破语词对人类精神的统治,揭示几乎无法避免的出自语言用法的关于概念关系的欺骗,把思想从语言表达方式性质的影响中解放出来。我的概念文字(符号逻辑)能够成为哲学

① John Woods: *The Death of Argument*: *Fallacies in Agent-Based Reasoning*, Dordrecht: Kluwer, 2004:44.
② 〔英〕罗杰·斯克拉顿:《现代哲学简史》,陈四海、王增福译,南京大学出版社 2013 年版,第242页。
③ I. M. Bochenski: *A History of Formal Logic*, Notre Dame, Indiana: University of Notre Dame Press, 1961:290.
④ 〔英〕罗杰·斯克拉顿:《现代哲学简史》,陈四海、王增福译,南京大学出版社,2013 年版,第243页。

家们用以推进这种目的的有效工具。"①他认为哲学研究的出发点不应是如洛克、休谟等所认为的心中的观念，而应是逻辑，因为主观的观念是不稳定的、可变的，而逻辑才是客观的，是一切数学、逻辑和哲学的基础。

弗雷格的语言哲学是他对数学基础探索的继续和延伸。在 1884 年出版的《数学基础》中，弗雷格提出了三条关于数理逻辑的基本原则：(1)明确区分心理的与逻辑的东西、主观的东西与客观的东西；(2)只能在命题的语境下询问语词的意义而不能孤立地询问语词的意义；(3)牢记概念与对象的区分。弗雷格认为语言的核心问题是意义问题。如果语词或语句的意义不明确，就会影响语言的正确理解和交流，带来产生误解的可能性。语词只有在命题中才真正有意义。弗雷格认为，语词的意义归根结底是由语句的语境决定的。不要从孤立的语词中而只能从命题的语境中寻找语词的意义。这一思想对维特根斯坦等人的语言哲学思想有很大的影响。达米特(Michael Dummett)说："这可能是弗雷格做过的最重要的陈述。"②

3.罗素的数学原理

罗素(1872—1970)是 20 世纪英国著名的数学家、哲学家、逻辑学家，也是现代逻辑学的集大成者。他的代表性的著作之一是《数学原理》，主要涉及两个内容：一是提出了数学和逻辑同一的思想；二是系统地综括了前人在数学和符号逻辑方面的成果，并对这些思想作了初步的系统整理。罗素在该著作中将哲学问题转化为逻辑符号，将日常数学和康托尔集合中相当坚实的部分视为被给予物，并努力寻找一个自然的公理系统，以便在其中把被给予的事项推导出来。皮亚诺(Giuseppe Peano)的著作在很大程度上致力于勾勒这样的问题：我们应当如何在符号逻辑的帮助下，把数学定理和数学概念从数学领域的公理和更为基本的概念中推导出来？关于如何更精细地刻画正被使用的逻辑，皮亚诺没有继续研究。和皮亚诺相比，弗雷格花费了很大的力气来从事逻辑方面的精细分析。但在如何推导出数学方面，他的理论进展要慢得多。罗素进一步发展了弗雷格和皮亚诺在数理逻辑方面的工作。后来罗素掌握了皮亚诺工作的要点，《数学原理》的原初计划可以被设想为对弗雷格和皮亚诺工作的一种结合。罗素"发现这套技术实际上是把数学精确性的领域，从数学自身一直拓展到那些过去备受哲学模糊性蹂

---

① Gottlob Frege：*Concept Script*：*A Formal Language of Pure Thought Modelled Upon that of Arithmetic*，Cambridge：Cambridge University Press，1967：12-13.

② Michael Dummett：*Frege Philosophy of Mathematics*，London：Duckworth，1991：38.

躏的领域"①。

罗素发明了一套关于关系的记法,并在怀特海的帮助下制定出"对于下述事项的定义:系列、基数、序数和从算术到逻辑的还原"②。其实罗素这时所做的工作弗雷格都已经做过了,但罗素当时并不知道这一点。罗素认为数学知识可以翻译成逻辑。翻译的单位是陈述语句,表达式能作语境性的翻译;当给定所有数学记号的语境可翻译性,每个由逻辑和数学记号组成的语句就可以翻译成仅由逻辑记号组成的语句。特别是,所有数学原理都因之归约到逻辑原理,至少是归约到无需非逻辑词汇来表述的原理。在《数学原理》中,罗素建立了一套完整的命题演算和谓词演算系统,提出了摹状词理论,发展并给出了一个完全的关系逻辑系统。这些原理进一步丰富和完善了数理逻辑理论,也奠定了罗素在数理逻辑发展史上的地位。罗素进一步将命题与命题函项区别开来,将推理与蕴涵区别开来。罗素认为逻辑不仅仅是关于推理的理论,还是关于推理合法性的理论,即关于蕴涵的理论。他说:"在我们从一个命题有效地推出另一个命题之时,无论我们察觉与否,我们都是根据两命题间成立的一个关系推导的:事实上,理智在推理中是纯粹接受的,就像常识上认为理智对可感对象的知觉是纯粹接受的一样。"③"我们所能了解的每一个命题都必须完全由我们所认识的成分组成。"④以上是罗素对命题进行分析时所遵循的基本原则。然而,物理知识包含的问题要难得多,关于物理基础研究的规划使罗素不得不去研究数学的基本原则。"凭借描述而知道的知识最后可以转化为凭借认识而知道的知识。"⑤哲学就是"对包含着描述的命题进行分析"⑥。"亲知"是经验中最简单也是最具普遍性的方法。"亲知是不必具有本质共同性的主体与客体之间的一种二元关系。"⑦亲知是所有认知关系的先决条件,对亲知进行分析就是对命题进行分析。

罗素从数理逻辑的观点出发,通过把原子命题与原子事实相比较来确

---

① 〔美〕王浩:《超越分析哲学:尽显我们所知领域的本相》,徐英瑾译,浙江大学出版社 2010 年版,第 90 页。

② 〔美〕王浩:《超越分析哲学:尽显我们所知领域的本相》,徐英瑾译,浙江大学出版社 2010 年版,第 90 页。

③ Bertrand Russell: *The Principles of Mathematics*, New York: W. W. Norton & Company, 1996:33.

④ 〔美〕罗素:《哲学问题》,何兆武译,商务印书馆 1999 年版,第 46 页。

⑤ 〔美〕罗素:《哲学问题》,何兆武译,商务印书馆 1999 年版,第 46 页。

⑥ 〔美〕罗素:《哲学问题》,何兆武译,商务印书馆 1999 年版,第 46 页。

⑦ 〔美〕罗素:《逻辑与知识》,苑莉均译,商务印书馆 1996 年版,第 155 页。

定一个原子命题是不是真的。例如"这个天鹅是白色的",如何确认这个原子命题的真假? 如果这个原子命题与经验事实相一致,就是真的;如果不一致就是假的。但是,罗素认为分子命题就并非这样。譬如"火星上或者有生命,或者没有生命",这句话必然是真的,它无需根据事实就可以断定。然而,这种逻辑的必然性是从哪里来的? 早在新实在论早期,罗素的回答是它来自"共相"世界。后来,他把这种"共相"(一般)解释为一种"逻辑符号"或"逻辑结构"。罗素认为这种逻辑法则的必然性是"先天的",具有"先天性"。罗素从此观念出发设计了一种逻辑构造的方法,对逻辑实证主义产生了重要的影响。"我们的逻辑技术所做的一件事就是为我们提供一种方法,来构造具有最小装置的符号命题的一个给定的主体,而在装置方面的每一次缩小都会减少犯错误的危险性。"①罗素的这段话可视作他对形而上学的态度。他认为,我们在形成科学和哲学知识的过程中要尽量不假定形而上学的前提。在 1901 年发现罗素悖论后,罗素的工作被下面一项更具挑战的任务所更新:如何找到正确的逻辑公理即原来的集合论——它们一方面得是自然的,另一方面又不能够蕴含悖论。因此,无论是我们关于数学所知的领域的着手点还是数学与集合之间的连接定义,我们都有完美而牢靠的界说方式。

罗素的主要贡献是在数理逻辑方面。罗素的《数学原理》这部巨著对卡尔纳普和奎因(Williard Van Orman Quine)学术努力的方向所起的影响是决定性的。此书无疑是卡尔纳普"理性重建"计划的模板和精神源泉。在卡尔纳普早期的学术研究中,他试图把动力学公理化,并对物理学"基础"进行更广泛的研究,并将兴趣转向了那些更缺乏确定性且看起来更为"基本"的认识论问题,包括世界的构造、知识的界限、句法学、语义学、模态、物理主义和科学统一性,还有概率论和归纳逻辑。卡尔纳普通过模仿罗素《数学原理》中的构建工作,提出一个对他自己产生重要影响的计划,即从感觉材料中把外部世界构造出来。

(二)理性主义的梦想

数学来自对物质世界的观察。我们可以用数学描述物质世界。"尽管数学是一项纯粹的人类创造,但它为我们开辟了通往自然某些领域的道路,使我们走得比全部预想更远。实际上,和现实距离如此遥远的抽象概念能获得巨大的成就,这本身就不可思议。数学解释也许确系人为,它也许是一

---

① 〔美〕罗素:《逻辑与知识》,苑莉均译,商务印书馆 1996 年版,第 339 页。

个童话,但却是一个合乎道义的童话。即使我们不易解释人类的理性,但它却有力量。"①逻辑是理性的语言,把逻辑学塑造成数学形式的雄心和逻辑学本身一样古老。从逻辑学独立存在开始,即从亚里士多德开始,形式逻辑学家就有双重目的:"一方面,他们认为自己在把正确推理的原则系统化,把论证的法则理论化;而另一方面,他们为自己树立了一个理想,即逻辑是一门形式的、演绎的、最好还是公理的科学。"②一直以来,形式逻辑学家的实践中依然含有这种双重目的。自 17 世纪以来,先是在莱布尼茨笔下,后来在布尔、弗雷格和 20 世纪的符号逻辑学家的著作中,逻辑都倾向于有更强而非更弱的数学性。

对于 17 世纪的理性主义者而言,他们寻求的基础只能通过先验的推理才能发现,而且大家认为存在着逻辑的真理和数学的真理。理性主义所要做的首先是获得有关存在事物的某种基本真理的先验知识,然后通过纯粹推理从这些知识中推演出进一步的真理。理想地来说,系统科学应当认识到每一事物的本质,并且因之能够从这些知识中演绎出能够解释这个世界的数学规律的整体。笛卡尔确立了用数学形式表达物理系统的普遍性这一目标。除了通过自明性的直觉和必然性的演绎,人类没有其他途径来达到确定性知识。这种确定性经过一系列的科学探寻(后来被杜威称为"探寻的必然性"),在 1687 年出版的牛顿《自然哲学的数学原理》里达到了顶点。

1. 理性主义的三个梦想

笛卡尔和莱布尼茨用数学方法发展了传统逻辑;逻辑实证主义者把哲学的任务化归为对知识的逻辑分析,梦想用严格有效的公理系统发展一种普遍的逻辑方法,实现科学的统一。石里克(Friedrich Albert Moritz Schlick)认为数学是一个很好的智力工具。笛卡尔的《论方法》令人信服地阐述了这一观点,以至于后来的一批哲学家忘记了理论必然性与实践确定性之间的区别,并且把数学推理看作到达真理的捷径。从这一观点看,"有一个通道经由牛顿、莱布尼茨和欧拉(Leonhard Euler),到了康德甚至更远"。因此,在一个半世纪中,"知识和自然的哲学——认识论和物理学——都互相保持一致"。③

莱布尼茨研究和吸收了他那一时代的科学、哲学和数学,特别是伽利

① 〔美〕M. 克莱因:《数学:确定性的丧失》,李宏魁译,湖南科学技术出版社 1997 年版,第 362 页。
② 〔英〕斯蒂芬·图尔敏:《论证的使用》,谢小庆、王丽译,北京语言大学出版社 2016 年版,第 151 页。
③ Stephen Toulmin: *Return to Reason*, Cambridge, Mass.: Harvard University Press, 2001:45.

略、笛卡尔、帕斯卡(Blaise Pascal)和波义耳(Robert Boyle)的著作,更为彻底地贯彻和推进了笛卡尔的数学方法论。他倡导在不同科学之间寻找一种新的、简单的和一般的秩序原理。"在莱布尼兹的哲学里,近代科学的唯理论方面找到了最彻底的代表者。成功地运用数学方法来描述自然使莱布尼兹相信,一切科学都可以最终地化为数学。"①在必然真理的领域,莱布尼茨认识到逻辑和数学没有任何本质的区别,因而他寻求一种统一的、清楚的记号的可能性,借由这种记号,任何必然真理都能够通过纯粹的计算或符号的机械操作而被建立起来。为此目的,他提倡一种普遍的符号逻辑或演算,预见了罗素以及 20 世纪逻辑学家们的工作。

莱布尼茨通过基于一些简单观念的符号体系,来消除某种语言的含糊性的困难,以及消除几种语言之间转译的困难。他的"普遍书写符号"(universal character)计划,在 17、18 世纪被广泛地讨论。他的新语言使用的是一种符号象征,他的设想让我们表达思想"就像算术中表达数学或者几何学的分析表达线段一样是确定的和严密的"②。莱布尼茨断定,此语言不仅能使人明白意思,还可以让不同文化的人一起讨论并分享其理解;它也将体现和汇编所有有效的论证模式,因此不同的人可以一起来推理而不需要担心混乱和错误——而且这将使他的语言成为"最好的推理工具"③。这种新的语言能被写和说;它会很难构建,但是十分容易学。它将很容易被每一个人所接受,因为它很有效,令人惊讶地简易,并且它将惊人地适合用于在不同的人之间交流。总结而言,通过对语言进行历史的分析可以看出:"几何学的精确性是一个普遍的方法,是推理中共享的语言,构成莱布尼茨的策略。"④

因此,"精确科学的兴起给理性主义带来了三个梦想,它表达了新科学家所希望'合理性':一个普遍的方法、一种完美的语言和一个自然的整体系统"⑤。例如,莱布尼茨相信,一个完美的语言将不需要解释。美国的柏格曼曾说:"一个理想语言有三个标准:(1)完全;(2)形式的构造;(3)它能解决一切哲学难题。但是,这一信念将面对不可克服的障碍。它是一个神圣的梦想,取决于两个没有根基的理由和不能实现的假设:(1)完美语言能表达

---

① 〔德〕H. 赖欣巴哈:《科学哲学的兴起》,伯尼译,商务印书馆 1983 年版,第 87 页。
② Stephen Toulmin：*Return to Reason*，Cambridge，Mass.：Harvard University Press，2001：70.
③ Stephen Toulmin：*Return to Reason*，Cambridge，Mass.：Harvard University Press，2001：70.
④ Stephen Toulmin：*Return to Reason*，Cambridge，Mass.：Harvard University Press，2001：75.
⑤ Stephen Toulmin：*Return to Reason*，Cambridge，Mass.：Harvard University Press，2001：67.

我们的所有思想、关于它们的意义而不需要任何习俗的统一;(2)通过代替自己国家的自然语言,欧洲人可能可以自由地交流。神学上的争辩被用于宗教战争的合理性。"①

因此,如莱布尼茨的精确语言一样,17世纪的科学革命具有两面性:一方面,新科学是精确的和经验的,这两种重要的新方法特征使数学结构和人类经验的基础相吻合;另一方面,理性主义者确定了柏拉图的思想——数学理论的充分性和完美性必须在人类实践中有实际的应用,并由此产生了第一个一致的运动数学理论。"相信数学是全人类的财产,这是笛卡尔在伽利略那儿发现的。"②"这一观点像音乐对于耳朵那样使年轻的学者对必然性和一致性产生渴望。"③伽利略使用数学与实验相结合的方法,首开近代科学方法的先河。"在这个世界中的对象不是单个地、不完全地、仿佛偶然地被我们获知的,而是通过一种理性的、连贯地统一的方法被我们认识的,随着不断应用这种方法,我们最终能彻底认识这里的一切对象的自在的本身。"④伽利略使我们认识到一个关于实验科学的重要历史观点:"仪器的使用最终取决于你从理论上怎样解释它的构造、它的结果以及它的运行的可靠性。"⑤伽利略在某种程度上运用的是一种即使在今天也非常普遍的关于仪器如何运作的观念。一种朴素的仪器理论认为,自然是先在的,自然将事实传达给我们,而后我们使用仪器对这些事实进行分类、甄别和阐释,最后用事实检验理论。

从莱布尼茨到19世纪后期,物理—哲学内的区分一直在持续。"从莱布尼茨开始,经由德国物理学家欧拉、拉普拉斯,直到皮埃尔·迪昂(Pierre Duhem),他们中很多是形而上学的——这是欧洲人传统的理性主义;从牛顿开始,经由道尔顿(John Dalton)、赫歇尔(Friedrich Wilhelm Herschel),直到麦克韦斯和卢瑟福,他们的工作是很实际的——这是英国传统的经验主义。"⑥经验主义者看到所有规则现象被标记为上帝的理性秩序,理性主义者仍然寻找充满严格性的欧几里得原理的数学理论。

---

① Stephen Toulmin: *Return to Reason*, Cambridge, Mass.: Harvard University Press, 2001:71-72.

② Stephen Toulmin: *Return to Reason*, Cambridge, Mass.: Harvard University Press, 2001:79.

③ Stephen Toulmin: *Return to Reason*, Cambridge, Mass.: Harvard University Press, 2001:31.

④ 〔德〕埃德蒙德·胡塞尔:《欧洲科学危机和超验现象学》,张庆熊译,上海译文出版社1988年版,第26页。

⑤ 〔澳〕约翰·A.舒斯特:《科学史与科学哲学导论》,安维复主译,上海科技教育出版社2013年版,第270页。

⑥ Stephen Toulmin: *Return to Reason*, Cambridge, Mass.: Harvard University Press, 2001:51.

　　像弗雷格一样的柏拉图主义者认为，人类最后的成功在其纯粹的形式概念知识中实现，人类只有经过持续几个世纪的巨大的智慧努力，通过去除无关的添加物，才能以纯粹的形式实现对概念的了解。然而，弗雷格设计的围绕一个普遍的纯粹概念的准数学系统已经遇到了困难。通过抽象的方式分析我们的理性判断标准，我们避免了历史相对主义的直接问题，但是我们这样做只是以代替历史相关性为代价来看待这些困难的出现。我们首先要区分弗雷格自己的继承人并不总是牢记的这些问题：每一研究领域的概念是否适用于弗雷格的形式分析风格，以及这种分析对相关领域中智力变迁的重要性有何影响？

　　弗雷格和罗素认为概念和命题是理想的、永恒的实体，它们在历史上的某一时期或某一时刻被口语化的词语和句子所代替。那些永恒的实体的真实性只能是逻辑方面的表现。作为一个必要的关系系统，罗素认为哲学的任务是剥离所有的语法形式和习俗的特质对我们的思想所造成的混乱，并揭示其逻辑形式和关系本身具有明确意义的基本命题。这意味着哲学家必须发展逻辑符号和演算，以扩展弗雷格和皮亚诺算术概念的处理。首先把数学作为一个范畴扩展到自然科学的概念和现实的生活中，凭借这种方式，人们就可能最终分离出对于正确的概念的哲学分析，无论是关于我们的集体观念和世界意义的变化的历史研究还是关于个人智力发展的心理学研究，其目的是形成一个正式的必要数学关系体系。

　　哲学家们的工作的第一个不可或缺的基础是弗雷格的概念文字、罗素和怀特海的数学原理。这些理论很快使 20 世纪的数学哲学家像笛卡尔拥有欧几里得几何学那样获得了至高无上的权力。他们最雄心勃勃的哲学目标是整合全部的具体的科学知识：20 世纪 20 年代和 30 年代，作为一个统一的科学，皮亚诺和罗素创立了纯数学的逻辑，哈密顿（William Rowan Hamilton）和赫兹（Heinrich Rudolf Hertz）已将物理动力转化为理性力学，科学运动统一的支持者计划将整个自然科学转化为单一的逻辑系统，罗素的符号逻辑增加了更多的原始条款、假设和对应规则，他们希望把所有科学分支组成公理化体系。这个体系显示了基本的数学部分在现有的逻辑形式主义特别是所谓的低功能的演算中的相同概念，应该扩展至和适应服务于整体的目的。因此，正如欧几里得几何思想的发展变化，数学逻辑的象征意义越来越成为阐明连贯统一的科学理论或观念的强制性媒介，而数理逻辑的符号成为阐述一个连贯统一的科学理论或观念的强制性手段。

　　罗素和维也纳学圈哲学家分享弗雷格对哲学数学的承诺，自然也接受了传统的柏拉图式信仰的逻辑关系和逻辑系统性的特殊优点。对他们来说，论证分析任何一套逻辑符号概念形式的可能性，都要求所得到的系统在实践中是适用的。罗素和布拉德雷（Francis Herbert Bradley）认为语言是一面镜子，再现和反映了现实和真理的结构；弗雷格和罗素把自然语言看作一件遮蔽旁观者们陈述真实的"逻辑形式"的华丽外衣，并且这一观点在罗素后期著作中保持着影响力，但是"罗素仍然认为日常语言有一个大致的和现成的框架，表达'真'不能仅用一个大写字母'T'"①。他们都没有正确地发现日常语言以适当的方式运作，缺乏"永恒的物体"。但是，为什么有人期望语言用一种永久的方式工作？这是不是一个过分的要求？关于这些，有一个更遥远的追问——柏拉图问："我们能不能自由地从习惯中领会人类语言并且清晰地确定它们是正确的或者逼真的？"②的确，含义存在于世界中，等待我们来认识它们，并且发现一个方式来解释它们。永恒意义的梦想，它的影子闪烁在柏拉图的影响下。因此，理性主义者从一开始就在寻找哲学的语言。到19世纪，数学家和逻辑学家将目光投向数学证明的结构并研究它们的形式，建立起公理体系，以便将数学放置在牢固的基础上。皮亚诺、希尔伯特等将基础算术中的每个命题和证明转化成了符号的序列。我们将这种从数学到符号命题的转化称为符号化。哥德尔（Kurt Gödel）指出，数学也可以拥有自我指涉，即通过将符号语言转化为数学语言，完成相应的逻辑回路。这种将逻辑符号、命题和证明转化为数字的过程叫算术化。

一个警告：哲学的梦想是一个肥皂泡，它从一开始就可能欺骗我们。但是，以任何方式呈现的哲学梦想，其潜在意义有时比其表面意思更富有启迪价值，并且一个单一的梦想能压缩几个潜在的意义。因此，在处理如此强有力的梦想时，我们应该回过头来问："为什么这一梦想影响人们？它们何时何地发生怎样的作用？"③"因此，对于19世纪的思想家来说，物理决定论的世界是一个噩梦，它让位于我们现在所说的混乱的世界。从20世纪起，庞加莱就开始接触当今科学家们所关注的混沌和复杂性问题。"④自然科学的标准模式从来都不是欧几里得式的，然而，正如社会科学家从19世纪初开始假设的那样，物理学从来没有证明过这种精确的形式。当社会科学家把牛顿的动力学作为一种严肃科学的例子，他们却希望同时取得三项收获：

① Stephen Toulmin：*Return to Reason*，Cambridge，Mass.：Harvard University Press，2001:68.
② Stephen Toulmin：*Return to Reason*，Cambridge，Mass.：Harvard University Press，2001:68.
③ Stephen Toulmin：*Return to Reason*，Cambridge，Mass.：Harvard University Press，2001:69.
④ Stephen Toulmin：*Return to Reason*，Cambridge，Mass.：Harvard University Press，2001:53.

"(1)用一个严格有效的公理系统发展一个抽象的理论；(2)从它的普遍原则演绎人类组成的自然的演变；(3)科学地解释特殊的社会组成特征。"①然而，这三重收获从来没有实现的可能性，甚至在行星天文学里也无法实现。"物质的对象是自由的穿越空间移动，还是一种反方向的吸引力运动？"没有足够的证据去证实这些选择，在数学的公理系统和天文学家的经验观察之间也没有形式的连接。最初，他们简单地选择一系列优先权，并且根据那种选择为理论物理发展一个计划：这是从莱布尼茨到迪昂的理性主义者和从牛顿到卢瑟福的经验主义者争论不休的根本理由。

为什么理性主义者的三重梦想被证明是一个真正的梦想？一些实际的格言将反映这一观点：

　　　　没有形式主义能解释它自身；

　　　　没有系统能证实它自身；

　　　　没有理论能例证它自身；

　　　　没有陈述能刻画它自身；

　　　　没有语言能预设它自己的意思。②

2.逻辑经验主义的观念与影响

在分析哲学家看来，以往哲学所造成的种种对立和混乱，主要在于语言的混乱，所以纠正哲学的错误首先就要纠正命题的虚假和无意义的语言错误。这就要求对语言进行分析，澄清语言的混乱，从而建立一套理想的科学语言哲学。由于分析哲学家用特有的将数学和逻辑应用哲学的分析方法来确定科学方法论，数学原理的这种发展提出哲学的困惑要靠必然和清晰的思维来解决。在很多情况下，这种解决方式试图证明原先的问题是毫无意义的，逻辑实证主义的大部分思想正是由此得到启示进而发展和扩张的。

19世纪的科学哲学和社会学创始人孔德（Auguste Comte）提出"实证主义"这个哲学术语。孔德认为，实证主义把一切本质属性都概括在"实证"这个词中，他把这个词列为一种新哲学之首。他把人类智力发展概括为"一条伟大的规律"，即"我们的每一种主要观点，每一个知识部门，都先后经过三个不同的理论阶段：神学阶段，又名虚构阶段；形而上学阶段，又名抽象阶段；科学阶段，又名实证阶段"③。在经院哲学统治时期，人类精神的探索不

---

① Stephen Toulmin：*Return to Reason*，Cambridge，Mass.：Harvard University Press，2001：54.
② Stephen Toulmin：*Return to Reason*，Cambridge，Mass.：Harvard University Press，2001：80.
③ 转引自洪谦主编《西方现代资产阶级哲学论著选辑》，商务印书馆1964年版，第25页。

能解释万事万物的内在本性,于是经院哲学家们用超自然的主体的任意干涉来说明一切现象的根本的、绝对的原因;形而上学阶段,超自然的主体被演变成一些抽象的力量,蕴藏在世界万物之中;直到实证阶段,人们才发现人类理性不可能认识或解决这些抽象本质问题。"人类的精神承认不可能得到绝对的概念,于是不再探索宇宙的起源和目的,不再求知各种现象的内在原因,而只是把推理和观察密切结合起来,从而发现现象的实际规律。"①当然,确如一些评论者所指出,孔德的实证主义有现象主义的倾向。事实也告诉我们,对任何一个哲学家和科学家的评价都不应简单化。

19世纪末20世纪初,自然科学发生了以物理学革命为起点的革命性变革。玻尔(Niels Bohr)和海森堡(Werner Karl Heisenberg)倡导的量子力学的哥本哈根诠释的观点,极大地影响了逻辑实证和逻辑经验主义的发展。科学哲学要求回答自然科学中的重大哲学问题。这一发展的逻辑结果就是在20世纪20年代兴起的以维也纳学派为核心的逻辑实证主义运动,该运动波及英美哲学界乃至科学界。以石里克、卡尔纳普为代表,形成"维也纳学圈"(也可称"石里克学圈")。石里克的人格魅力使得一些同道聚集在他的周围,他们对一系列的普遍问题有着相似的切入路径。他们按时聚会,定期讨论,并逐步形成了一个活跃期持续数年的被称作"逻辑实证主义"或"逻辑经验主义"的学术组织。维也纳学圈最热衷的两个学科是物理学和逻辑学,他们确立反形而上学的方法论和科学的世界观。罗素认为,数学是物理学的工具,逻辑乃是哲学的工具。物理学是人类知识的范本,并是最早得到理性重建的一个领域;而物理学又是一个自主的研究领域,所以哲学家给予它特殊关注的同时也包含着一种将它推离哲学的自然倾向。卡尔纳普指出,哲学要被科学的逻辑所取代,即被科学中概念句子的逻辑分析所取代;因为科学的逻辑无非就是科学语言的逻辑句法。正如亨普尔所说,"卡尔纳普坚持认为哲学的问题和就此提出的答案都应该以最大可能的明晰性和精确性来表述,他还要求那些用以支持哲学命题的论据也要有这种明晰性和准确性"②。

卡尔纳普所代表的经验主义主要受到两个教条的制约,其一是相信在分析的或以意义为根据而不依赖于事实的真理与综合的或以事实为根据的真理之间有根本的区别。另一个教条是还原论:相信每一个有意义的陈述

---

① 洪谦主编:《西方现代资产阶级哲学论著选辑》,商务印书馆1964年版,第26页。
② 中国现代外国哲学学会主编:《现代外国哲学论集》(第2集),生活·读书·新知三联书店1982年版,第74页。

都等值于某种以指称直接经验的名词为基础的逻辑构造。在《世界的逻辑构造》中,卡尔纳普试图展示如何在一个非常简单的现象主义基础上,把科学中的整个概念系统构造出来。这种构造使用了一种处在基本经验之间的二元关系。他的体系应当被理解为对人类获取知识过程的一种"理性重构",我们所领会的那些概念本该导源于最初的被给予的材料。莱布尼茨谈到,理性真理在一切可能的世界里都是真的,这句话的意思是理性真理就是那些不可能假的真理。"它可以充实我们的生活,但不能丰富我们的知识;它只能作为艺术作品而不能作为真理来评价。"①

(三)理性主义的危机

古希腊理性是欧洲文明的开端。公元前 6 世纪,古希腊人的哲学思考体现了人类的理性要求。古希腊哲人尝试把握表象世界背后的理念世界,相信在表象世界背后有一个永恒不变的、具有绝对确定性的理念世界,它引导人类走向完满性的存在。理性通过"理论"和"科学"的方式,可获得关于理念世界的绝对知识。历史上,科学最早是指理性追求理论的结果;不是指那种基于自我意识之上的理论建构,而是指存在物以无偏见的方式被认识。这种精神也是一种信念,它引导着古希腊人原初的合理性的生存实践,也体现在对知识无止境渴求的欧洲文明中。然而,古希腊哲人这种古典的理性精神又是如何失去的呢?

1. 古典理性精神的衰微

在中世纪,亚里士多德自然哲学已经成为欧洲占主导地位的自然哲学体系。亚里士多德自然哲学反对所有哲学变革及创新。自近代以来,随着自然科学成功以及伽利略将自然数学化,主导欧洲文明的古典理性变异为一种偏颇的理性,一种狭隘的理性。伽利略认为,数学是"物理实在"。上帝如同一位几何学家,他用数学创制了世界。所以,我们的任务就是通过辛勤的分析和论证来重新发现这种数学必然性。欧洲人误认为这种由数学方法主宰的自然科学所反映的理性精神正是古希腊古典理性的体现。欧洲文化变形为以自然科学为主导的文化。他们把一个构造出来的理念的世界误认为经验背后隐藏的规律世界,认为自然科学就是古典理性的延续和发展,可以发挥古典理性的作用,引导人们发展出一种合理性的生活。这一切的误解,都是导致欧洲文明危机的根本原因。作为发现的天才,伽利略是许多物

① Moritz Schlick: *Philosophical Papers*, Vol. Ⅱ, Dordrecht: D. Reidel,1979:111.

理学发现和科学方法论的先驱。伽利略用他的望远镜得到一些数据,他发现了自然背后的数学关系,并用数学方法的理念构造了一个理念的自然:"以前人们只知道直观的世界的普遍因果性,而伽利略发现了自他以来一直被称之为因果规律的东西,即'真正的'(理念化和数学化了的)世界的'先天的形式','精确的规律性的规律',按照它在'自然'(理念化了的自然)中所发现的一切事件必定服从于精确的规律。所有这一切都既是发现又是掩盖,以致我们现在把它们当作不言自喻的真理。"①在伽利略的自然科学理念之下,普遍的因果性都是在数学化了的公式下成立的,事物之间的因果联系事实上是按照数学理念编织的。只有按照数学公式才能解释自然。

因此在 16 世纪末,从伽利略到牛顿的科学家,已经为人们提供了一幅崭新的力学—数学的世界图景。这个事实使人们相信世界是可以用定量的方法和机械的规律加以把握的。事实上,科学革命并不标志着作为某种思想论战及文化内涵领域的自然哲学的终结,而是意味着某种变革,在这种变革中,自然哲学体系将占主导地位。换句话说,亚里士多德哲学被取代了,但并不是被"非"自然哲学体系取代,而是被笛卡尔等人的机械论自然哲学取代,不久这种机械论自然哲学又被牛顿机械论自然哲学所超越。而具有普遍性和必然性的科学知识是如何形成的这一问题,就突出了对感性认识和理性认识关系问题的探讨。对唯理论者来说,数学之所以可以作为一种范例,不仅是由于数学本身要求确定性,而且首先是因为数学运用了演绎推理。"人都赋有一种理智直观的能力,他们把真理归结为这种能力所证实的各种命题以及从这些命题逻辑地推出来的一切。"②古典理性精神的丧失和对狭隘的理性的信赖,使欧洲精神丧失了统一的目的性,也使欧洲的整个学术和精神出现了危机。

17 世纪是一个宗教冲突的时代,在此期间,基督教神学经常必须采用它许多形式中的一种,用疯狂的绝望来保卫它的地位。西欧基督教教义的统一体已经消失,并且每一个有思想的人都觉察到了这种变化。与此同时,实证知识的探求进入一个活跃阶段。大量的自然知识新领域,已经被伽利略、哥白尼、开普勒和其他许多人打开。自然过程必须以使用了表达定量的语词的自然规律来解释,这一点已经变得清楚了。理解自然的关键,似乎在于数学的应用和精确的测度方法。如果把自然理解为严格的自然法则的数

---

① 〔德〕埃德蒙德·胡塞尔:《欧洲科学危机和超验现象学》,张庆熊译,上海译文出版社 1988 年版,第 63 页。

② 〔英〕艾耶尔:《二十世纪哲学》,李步楼、俞宣孟、苑利均等译,上海译文出版社 1987 年版,第 9 页。

学表述,那么三段论逻辑就变得不合适和过于狭隘。人们需要展现数学证明形式的逻辑,就其可能来说,自然知识必须采用数学证明的形式。自然知识必须是抽象的、普遍的,并且不在于具体内容上的区别。

2. 纯粹理性的世界图景

自文艺复兴开始以来,就一直存在这样一种持久的信念,即在知识得到普遍重生的时期,自然和数学科学取得进步有效终止了如后来惠威尔所说的"科学的静止时期"。经过文艺复兴时代的启蒙,理性得以独立并在近代西方思想中处于至高无上的地位。随着科学和哲学的发展,理性本身的局限性逐渐暴露出来,这种局限性在人们对自身及社会的认识中表现得尤其明显。在人类的自我认识中,理性本身面临一个难以克服的困境:理性主义哲学通过反思认识来理解人,必然分裂出一个超历史的理性。理性主义梦想的破灭,使一度高居审查一切之地位的理性本身受到批判性审视。而理性本身的局限和面临的困境,使人的"非理性"一面得到应有的关注。

17 世纪又被称为哲学史上的"理性的时代"。一方面,这是由于伽利略所发现和使用的公理和数学的演绎方法被科学大大扩展了。随着近代科学的发展,由科学直接激发的数学的活力已经占支配地位了。另一方面,这一时期的几乎所有伟大哲学家,都试图把数学证明的精确性引入知识的所有部分,也包括哲学本身。近代意义上的哲学家,同时也是数学和科学史上杰出的人物。提出供自然科学研究使用的解释形式和概念体系,是形而上学哲学的功能之一。特别在笛卡尔和莱布尼茨的著作里,理论物理学的问题,是与长期以来的哲学问题交织在一起的。笛卡尔、斯宾诺莎和莱布尼茨,他们各自都提出了自己关于空间的本质和物体的根本构造的看法。他们的意图是要像证明数学定理一样,去证明他们关于现实的最终构造和人类认识界限的结论。17 世纪的科学家对物质世界的研究要辅助以数学的抽象,它把物质的具体性统归在数学定律之下,而遗留下一个数学的量的世界。当数学的领域不断扩张时,数学和科学之间的界限就变得模糊了;反过来说,当科学变得越来越依仗数学来产生它的物理结论时,数学也变得越来越依靠科学的成果来证实自己的正确性。

到此为止,理性出现了新的不平衡。伽利略和笛卡尔的理性主义思想强调严格的理论论证,接受建立在抽象基础上的专门术语,即使这种理论限制了理论与日常经验的相关性。从日常生活的立场来看,抽象的思想经常处于脱离具体生活环境的平流层。而理性主义者认为,对于他们所声称的必然性目标而言,这好像算不了什么。然而,正如恩格斯指出的那样,"全部所谓纯数学都是研究抽象的,它的一切数量严格说来都是想象的数量,一切抽象在推到极端时都变成荒谬或走向自己的反面。数学的无限是从现实中借来的,尽管是不自觉地借来的,所以它不能从它自身、从数学的抽象来说明,而只能从现实来说明。如我们已经看到的,如果我们从这方面来研究现实,那我们就可以看到与数学的无限关系所从之而来的现实关系,甚至可以看到使这种关系起作用的数学方法在自然界中的类似物"①。

休谟和康德已经使大部分哲学家特别是英美的哲学家相信,演绎的形而上学一定是空虚的、没有内容的,而且纯粹通过先天的论证,是得不出任何关于事物最终性质的结论的。欧洲18世纪以后诞生并且日趋壮大的科学技术、资本主义企业、社会民主政治体制等,正是这种"理性化过程"的"社会学结果"。韦伯在《学术与政治》一书中曾以科学的进步为例,专门论及这种"理性化过程"。韦伯认为,随着科学的进步,"从原则上说,再也没有什么神秘莫测、无法计算的力量在起作用,人们可以通过计算掌握一切。而这就意味着为世界除魅。……技术和计算在发挥着这样的功效,而这比任何其他事情更明确地意味着理智化"②。哈贝马斯认为:"韦伯将欧洲由宗教世界观的解体而走向世俗生活文化的过程视为一种'理性化过程'(亦称'合理化过程',rationalization)。"③

19世纪早期,欧洲传统的自然哲学最终消亡并退出历史舞台,其原因很简单,就是自然科学变得数量庞大、种类繁多,且已被进一步划分成各种学科,这使得没有哪一学科可以高居科学之巅。因此,统一的、确定的方法的观念是自然哲学梦想最后消逝的幽灵,是将一些真正的可行的自然哲学统一运用到所有科学上的最后希望。因此,一个新的目标特别地表现了17世纪和以后几个世纪数学的特征——方法和成果的普遍化。尽管数学方法和符号对建立普遍性结果来说仍然有太多局限,这项任务却成了数学哲学家努力的目标。拉卡托斯在《证明与反驳》中表明,数学的"有效性"和"严格性"的理念有它们自己的历史:数学中范式的改变就如自然科学中一样多。完美的或自明的"有效的"理论或证明的梦想,因此只是现实化的一个梦想的残留。

---

① 〔德〕恩格斯:《自然辩证法》,人民出版社1971年版,第249页。
② 〔德〕马克斯·韦伯:《学术与政治》,冯克利译,生活·读书·新知三联书店1998年版,第29页。
③ J. Habermas: *The Philosophical Discourse of Modernity*, Cambridge, MA: MIT Press, 1987:2.

（四）批判理性主义的批判

尽管逻辑经验主义方法的绝对标准已经受到普遍的批评，依然有哲学家想告诉我们科学方法是存在的。和逻辑经验主义不同的是，不是所有人都相信，方法作为科学实践的解释是僵死的。永恒不变的科学方法的标准就是一个神话。当面对科学方法的否定性证据的时候，人们并不会放弃方法神话，而只会简单地说："我们还没有正确地理解科学方法，但这里有一个另外的版本，一个正确的、可行的版本。"①他们相信可以为科学方法设计出一个切实可行的、最终正确的版本，与逻辑经验主义不同的版本。在 20 世纪 30 年代，另外一个新的方法论的故事出现了。他的作者是卡尔·波普尔爵士。波普尔对科学方法神话的全力挽救在于他试图把科学方法变成一个可信的故事，试图编造一个真正能够解释科学家如何工作和如何获得科学知识的故事。

波普尔意识到科学史揭示了一些关于"发现"的不寻常的案例。发现并不总是看起来像事实的归纳。现在的问题是：科学为什么会发生？怎样发生？人们不能用逻辑经验主义的方法确证事实。波普尔通过对归纳逻辑和证实原则的批判分析，阐述了他的证伪主义方法论原则。他认为，逻辑经验主义者试图从单称命题的经验事实的真，推导出关于普遍命题的科学理论的真是不可能的。这是由归纳方法和演绎方法之间的逻辑不对称所决定的。归纳方法强调的是在单称命题的积累过程中推论出全称命题，而演绎方法强调的则是从全称命题推论出单称命题。因此，经验证实只能证明一个经验事实，而经验证伪却有可能推翻整个科学理论。波普尔坚持科学理论的可证伪性，科学进步就是通过不断证伪理论，排除错误，不断逼近客观真理而实现的。

1.反归纳主义与经验证伪原则

波普尔极力反对逻辑实证主义的归纳主义，否定归纳法是科学的方法。他认为归纳法只能告诉人们过去，不能告诉人们未来。在反归纳法的基础上，波普尔提出了经验证伪原则。他认为否定归纳法就否定了经验对科学理论的证实。通过反对所有科学归纳主义的陈述，波普尔认为科学假说的形成是一个想象的创造活动。假说之所以被认为是科学的，不在于它可以被感觉经验所证实——正如休谟所展示的那样，这是不可能的；而在于通过

①　〔澳〕约翰·A.舒斯特：《科学史与科学哲学导论》，安维复主译，上海科技教育出版社 2013 年版，第 161 页。

否定性的观察,假说是经验上可以证伪的,即假说排除了一些可以观察到的可能性。假说可证伪性越强,其拥有的经验内容也就越多。科学适当的做法就是去构造最具可证伪性的假说,并且积极地去检验凭借可以从这些假说中演绎的方法而获得的任何单称观察陈述,这些观察的陈述是潜在的证伪者。虽然没有假说最终一定能够被证实,但是为幸存的理论提供了确证的标准,具有临时可接受性。

与传统经验主义相反,波普尔并不认为科学的经验基础是由认知主体消极接受的感觉—内容所构成的。用来检验假说的基本观察陈述,是在特定时空中关于公共观察的物质对象的有限存在的陈述。这些陈述自身从属于根据基本陈述被接受的科学理论的经验性检验。那种借助理论得到检验的观察陈述,即理论—负载的说明,明显地引发了循环的难题。波普尔坚信这种循环并不是恶意的循环。波普尔不关心怎样得到一个理论或定律,他所关心的是理论或定律能否经受住检验,是否具有可检验性。他的基本观点是:当你对理论或定律作出的预测进行检验的时候,你对肯定性的证据并不感兴趣;恰恰相反,无论从专业角度还是从伦理角度,你应该全神贯注地投入对否定性证据的寻找之中,搜寻证明预测错误的证据。

根据波普尔及其追随者的观点,真正的科学要作出可证伪的论断;一门自然科学就是一种规范,它建构了可证伪的经验性论断并对之进行严格的检验。事实上,这是波普尔定义一个科学理论的依据。如果一个理论作出的预测有可能被发现是错的,那么这个理论就是科学的。也就是说,一个理论如果具有可证伪性,那它就是科学的,如托勒密的地心说。你不得不推测出或提出一个"科学的"陈述、一个定律、一个理论,你不得不说某些东西在付诸检验时可能会被发现是错的。再多的肯定性证据也不能保证一条定律是确定的、完全正确的。你可以堆积那些肯定性证据,但那不会使你的主张完全确定;但是,如果你找到哪怕只有一条否定性证据,你就可以认定你的定律是错误的。

2. 科学发现的模式

在 20 世纪,关于科学方法的最重要的和最有影响力的新构想是波普尔提出的。波普尔坚定地站在一个认为科学是以某种独特的、可转换的方法为基础的辉煌传统之下。因此,要理解科学方法,就要理解科学的本质,理解科学发展的模式,理解科学实践的社会和伦理需求。波普尔意识到科学史揭示了一些关于"发现"的不寻常的事情。究竟什么是发现呢?他在《科学发现的逻辑》中提出一种新方法的新方案来替代陈旧的科学方法的观念。

波普尔对实证主义预设的批判建立在这样的观念之上,即知识主体是能动的,受到生物学上和文化上的限制,并且是处于构成科学的批判传统得以出现的历史发展过程中。一方面,感觉经验主要不是经验主义所提出的直接显现的经验,感觉经验是由以前的经验和传统所实现的,即通过我们已经学会的和我们所期待的东西而实现的。另一方面,科学知识的主体并不是康德的纯粹先验的个体,而是研究者的共同体,具有一个基本的生理构造,并且是在那种经历了历史革命的制度和文化的框架中相互交往的共同体。科学研究与社会生活过程存在着密切的联系。正是由于学习过程的系统延续,人类才会适应环境。波普尔认为,发现是需要历史学家、人类学家和心理学家的研究来阐释的重大问题,不可能简化为一种方法。

波普尔提出以一种科学进化的抽象逻辑来揭示科学某些本质特征和发展机制的发展模式。波普尔认为"猜想与反驳"是科学的根本性质,"试错法"是科学的根本方法,因此他提倡批判精神。但是,根据波普尔的方法,根本不可能证明或者给予批判态度自身以合理的基础。"我们面临相互竞争的传统之间的选择,即面临知识和行动相互竞争的模式之间的选择,批判态度的选择仅仅是这样一种选择,它既不可以通过演绎的方式证成,也不可以通过科学实证的方式证成;因此,批判态度是前理性的,或者更坦率地说,理性具有非理性的基础。"①科学商谈包括对不同参考框架和其他因素的批判性商谈,只有在批判商谈的过程中,观察才能够被称为证据。而且,这种证据依赖于标准和规则,因此,它也不能够在事实面前,将理性限定在实验和试错中。如果科学是理性的典范,那么所有包含在批判性商谈中的论证形式都是理性的。但是,对标准、规则的接受的理性动机,即对态度、观点的支持和批判,无法通过演绎和证伪的方式来继续。这仅仅是一个更加复杂的合理性的因素。

因为证成是演绎的,合理性是限定于猜想与反驳的科学方法的,波普尔从证伪主义的方法论原则出发,把科学看成是知识增长的动态过程,阐述了以猜测与反驳为核心的科学发展模式。"这是因为理论是一种对自然界的普遍性的猜测,而猜测总是从问题开始的。"②按照波普尔的理论,科学方法是预先提出可能错的定律或理论,并设法验证它们是不是错误的。这是波普尔了解事物的方式。如果一个理论是可证伪的,它就是好的科学;反之,

---

① 〔美〕托马斯·麦卡锡:《哈贝马斯的批判理论》,王江涛译,华东师范大学出版社2010年版,第63页。
② Karl Popper: *Conjecture and Refutations*, London: Taylor and Francis, 1963:222.

则是不好的科学。这种观点为波普尔及其追随者提供了最有价值的结果"划界标准",以在科学与非科学之间划界。

3.知识增长理论

知识论也是知识发现和增长的理论,科学发展过程即各种理论相互竞争的过程。波普尔认为:"现代自然科学革命表明,科学的精神是批判的,也即是不断推翻旧理论,不断作出新发现,而科学发现是理性的活动,无需新的经验参与。"①科学知识的增长可以被构想为一个"学习的过程",在其中错误被消除,我们理论"似真的"或者真理的内容得以增长。进步的机制是因期待落空而失望,继而倾向于作出反应,以适应将要来临的环境阶段。经验的学习影响了改变的趋向,根据失望的点,修正我们期待的视域。从这点来说,科学似乎是一种系统的"对我们所期待的视域中前科学修复工作的持续"②。在科学的层面上,失望通过基本观察陈述,采取可证伪的形式,纠正地采取了那种修复和重建我们视域中被损坏部分的新的理论形式,从而使得破坏性的观察不再被感到是具有破坏性的,而是将其与那些没有让他们失望的期待整合为一个连贯的整体。

波普尔认为知识的增长存在于一个个错误的不断消除,而不是存在于一个拥有更多经验内容的、更好的确证的理论中。"我们的目标是通过批判找到愈来愈接近真理的理论,虽然我们不知道距离真理有多远,但我们能愈来愈逼近真理。"③关于通过证伪批判获得知识的增长,波普尔提倡三种科学精神。第一,敢于犯错精神。波普尔提出一个著名的口号:"从错误中学习。"因为"科学史……仅是一部不可靠的猜想史,或是一部错误的历史"④。他认为科学家应不怕犯错误:"他们应该始终记住,……科学是试验性的事业,错误是在所难免的。"⑤因而科学中"怕犯错误是一种可怜的愿望"⑥。科学家在不断地犯错误中,使自己在连续的失败中成为一个特定问题的专家。第二,批判精神。波普尔认为:"在知识领域中不存在任何不向批判开放的东西。"科学家也要敢于批判自己。"我们必须力求推翻自己的答案,而不是

---

① 〔英〕卡尔·波普尔:《猜想与反驳——科学知识的增长》,傅季重、纪树立、周昌忠等译,上海译文出版社 1986 年版,中译本序第 3 页。
② Karl Popper: *Objective Knowledge*, Oxford: Oxford Uniuersity Press, 1972: 346.
③ Karl Popper: *Conjecture and Refutations*, London: Taylor and Francis, 1963: 231.
④ Karl Popper: *Conjecture and Refutations*, London: Taylor and Francis, 1963: 216.
⑤ Karl Popper: *Conjecture and Refutations*, London: Taylor and Francis, 1963: 216.
⑥ Karl Popper: *Objective Knowledge*, Oxford: Oxford University Press, 1972: 186.

辩护它。"①波普尔认为这往往难以做到。第三,"否定"或"革命"精神。波普尔认为否定旧理论是产生和发展新理论的前提,科学家应有敢于否定别人理论的精神,也应有勇于否定自己理论的精神。

波普尔强调,再多的肯定性证据也不能证明一条定律是确定的、完全正确的;但是,如果找到哪怕仅一条否定性证据,就能认定定律是错误的。"理论的普遍性和精确性程度随其可证伪程度的增加而增加,因此我们可以把一个理论的严格性程度与它的可证伪程度等同起来。"②波普尔认为对理性应抱批判的态度,并因此自称是"理性主义者",不过不是传统的理性主义,而是"批判理性主义"。历史主义学派在很大程度上就是在批判经验主义与波普尔"证伪主义"的基础上产生和发展起来的。

4. 科学知识的进化

进化认识论(evolutionary epistemology)的概念最早是由波普尔在1972年出版的《客观知识》一书中提及的。他提出科学的进步模式是"假设→证伪→再假设→再证伪→……→逼近客观真理",并提出四段式进化认识论:$P_1 \rightarrow TS_n \rightarrow EE \rightarrow P_2$。于是,波普尔将逻辑实证主义对科学语言的静态逻辑分析转向了对科学发展的动态模式分析,为历史主义彻底转向动态的科学历史分析提供了方法论。其进化认识论概念如下图③:

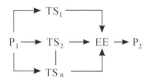

P_1: problem 1(开始的问题）
TS: tentative solution（试探性解决方法）
EE: error elimination（消除错误）
P_2: problem 2（新的问题）

当生物之期望遇到挫折或原有的知识陷入难题的时候,问题就产生了。生物会针对问题情境提出各种试探性的解决方案,方案可能不止一个,也很难保证哪一个一定正确,因此必须将错误的解决方案排除,保留尚未被否定的方案,未被否定而保留下来的方案将来可能还会产生新的问题。这是一种开放的演进模式。在各种试探性解决方案(TS_1、TS_2……TS_n)之间,存在着类似达尔文所谓的优胜劣汰的生存竞争,能生存者必须经过严格的否证考验。波普尔的批判理性主义、否证论和客观知识论都可在这个图式中找到说明。

① Karl Popper：*The Logical of Scientific Discovery*，London：Hutchinson，1959：16.

② Karl Popper：*The Logical of Scientific Discovery*，London：Hutchinson，1959：141.

③ 〔英〕波普尔:《客观知识——一个进化论的研究》,舒炜光等译,上海译文出版社2015年版,中译本序第10页。

　　波普尔接受并发展了达尔文的进化论思想。他认为科学知识的进化类似于生物进化,是基于类似机制的一个个过程。从知识进化的观点来看,科学或科学的进步是人类借以适应环境的手段。波普尔提出了"三个世界"理论:"三个世界在历史关系上是进化的。有一个物理世界,即世界1,它的一个次级世界是生物有机体世界。世界2是有机体世界的进化成果。世界3即人心产物的世界,作为世界2的进化成果而出现。"①一方面,人类知识是长期进化的产物;另一方面,知识的进化、世界3的进化,仍是达尔文主义的模式。"人类知识是进化的结果;知识象意识状态、精神一样是进化链条上突现的环节;世界3和世界2是实在的,它们的出现象有机体世界在世界1内部出现一样是一种选择、一种进化。"②波普尔认为,科学提示给我们一幅试探性的宇宙图景,其中有新的层次及与之相关的新事物突现出来。认识活动的进展、知识的增长,像生物进化一样,都按照试错法进行。而试错法在波普尔看来是与科学方法基本上一致的。波普尔明确指出:"我们的知识增长是一个十分类似于达尔文叫做'自然选择'的过程的结果;即自然选择假说:我们的知识时时刻刻由那些假说组成,这些假说迄今在它们的生存斗争中幸存下来,由此显示它们的适应性:竞争性的斗争淘汰那些不适应的假说。"③

　　波普尔认为,科学发展过程就是各种理论互相竞争的过程。进步的理论在竞争中不断战胜和取代落后的理论。正如我们从科学史中所看到的,亚里士多德哲学影响了托勒密天文学,新柏拉图主义影响并在一定程度上建构了哥白尼天文学,而哥白尼的天文学也影响了后来的机械论和牛顿学说。尽管新理论总会遇到新的环境压力,但是科学的革命就是在旧的理论中不断孕育与发展的,20世纪的相对论、量子力学、分子生物学都是如此。生物试错法是本能的、无意识的,而科学知识的试错是理性的、有意识的;生物试错是非批判的,而科学知识的试错是批判的;生物试错淘汰的是不适应环境的自身躯体,它们在错误中消亡,而科学知识的试错淘汰的是错误的理论,它们在错误中学习和前进。

　　波普尔批判了来自逻辑经验主义的科学发展的合理性标准,这种标准

---

① 〔英〕波普尔:《客观知识——一个进化论的研究》,舒炜光等译,上海译文出版社2015年版,第12页。

② 〔英〕波普尔:《客观知识——一个进化论的研究》,舒炜光等译,上海译文出版社2015年版,第295页。

③ Karl Popper:"The Rationality of scientific Revolutions", in Ian Hacking(ed):*Scientific Revolutions*, Oxford:Oxford University Press,1981:94.

是一种超越历史和传统"理想性"的绝对标准。与逻辑经验主义者和拉卡托斯相同,波普尔把科学发现的逻辑同科学发现的心理学或社会学严格区别开来。波普尔的批判理性主义所强调的并不是科学方法的绝对标准,也不是科学的革命,而是科学变化带来的知识进步。但是波普尔并没有将研究与科学史真正结合起来,相反,他相信存在一种超历史的、放在一切时代皆准的方法论原则。他对心理学和社会学采取排斥态度,因而他是一个方法论上的逻辑主义者而不是历史主义者。但是,就像政治事务和社会事务一样,每门科学的历史都是非常复杂的,每门科学的历史都不是累积真正事实的平稳发展过程,每门科学的历史都不是旧理论明显地被证伪并被明显更好的理论所取代的故事。不管怎么说,在科学革命中,基本定律、概念和形而上学背景会发生巨大变化。因此,新旧范式之间似乎存在一条裂缝,人们无法完全弥合这条裂痕,因此,不能说经过革命阶段的进步是一种清晰的线性意义上的进步。

二、历史主义学派的非理性主义及其发展

西方哲学中理性精神和非理性精神对立统一于人类的认识活动中。人类理性的发展是与人类非理性认识密切相关的。理性和非理性是辩证统一于人类精神活动的两个方面,并以不同的方式体现在社会生活的各个方面。人类的理性与非理性内在精神性质,这一根源于人类生命与精神的对立统一的矛盾,从希腊哲学诞生起就始终是哲学的对象。

(一)非理性主义思潮的缘起与发展

和理性一样,非理性最早可追溯到古希腊,理性与非理性的密切交织贯穿了古希腊哲学发展的历史。古希腊人是理性的,早期哲学家开始关注其所生活的世界的本质,追寻世界的始基、构成及运动。由于认知能力的限制,他们又对世界保存着一种神秘的思想感情。"由于古代哲学家们不曾达到真正的高度抽象,不理解思维的创造性活动,他们的所谓理性既摆脱不了感觉经验的痕迹,又渗透着浓厚的非理性、超理性的神秘色彩。"①古希腊早期哲学家认识到了人的非理性因素,毕达哥拉斯和柏拉图的哲学都含有神秘主义因素,他们对"神""灵魂"等观念的解释,是和"数""理念"与"形式"等作为理性精神的抽象的概念混同在一起的,而神秘主义对追求理性精神的

---

① 金林:《西方非理性主义发展的内在逻辑初探》,《合肥工业大学学报》(社会科学版)2005年第6期。

哲学观念的影响是不容忽视的。自柏拉图以来,意志就被定义为某种精神的、灵魂的元素,它主宰着人的身体。对于柏拉图而言,认识就是人摆脱身体控制从而赢得自主独立,成为某种"纯粹"欲求的源泉。

近代与古代的分野在很大程度上应源于科学和理性的发展。近代以来,人们要求从传统的宗教迷信中解脱,开始追求某种更令人满意的对世界的解释方式。近代理性主义者试图重建认识自然的新方法论,来证明新科学对真理性的追求是合理的。黑格尔借助辩证法将理性和非理性统一起来,被视为绝对理性发展的一环。康德确信主观世界与客观世界、现象与本质、主体与客体之间存在二元分裂,而"这种文化分裂追溯到认识主体心理的二元性,即人类在需要客观知识的同时还需要情感意志的实现,需要伦理、艺术和宗教"①。康德的理性主义通过把知识限制在现象世界而给信仰留有余地。

作为人的意识的一个内在的精神因素,非理性是与人的理性对立统一的。传统理性主义的缺陷在于片面强调绝对理性,忽视人的情感、意志和世界的多样性,因而遭到了非理性主义哲学的挑战和攻击。随着近代资本主义的发展,在批判理性主义局限性的基础上,非理性主义作为一种极致的非理性观,在19世纪中叶才逐渐凸显,并在20世纪获得快速发展。叔本华认为理性只知道世界的表象,而体验、直觉才是把握世界真理的方法,公开向理性主义发起挑战。他的意志主义哲学标志着西方非理性主义哲学的开端。费耶阿本德强调用直觉、本能、情感、体验等非理性方法去认识人和世界。弗洛伊德主张在主客体界限消融的直觉状态中把握世界的本质。尼采反对传统理性主义的绝对认识论,认为认识是相对的。存在主义认为情感是一种创造性的认识,把情感引入认识论。

19世纪是人类精神生活极其复杂和精神内核发生重大转变的世纪。随着传统理性主义梦想的破灭,科学实证主义走向绝对化,痴迷于科学技术带来的功利和对享乐价值观的一味追求,西方精神失去了精神理想,也失去了理性超越的寄托与慰藉。于是,与浪漫派、自然主义文艺派、人本主义哲学遥相呼应的非理性主义哲学思潮出现了。非理性主义的出现是社会的发展和对人类自身行为研究的产物。非理性主义高扬主体性,把人作为研究的主体和主要内容。非理性主义作为人类理性沉思的产物,它提供了近现

---

① 金林:《西方非理性主义发展的内在逻辑初探》,《合肥工业大学学报》(社会科学版)2005年第6期。

代资本主义社会的认识价值，也提供了对人的精神内在领域的认识价值，因为随着科学、社会、精神的发展，人类将不断发现和揭示自身生命、精神的种种难题、解释不断涌现的复杂现象，人类的自我认识也将进一步深化。

非理性主义之所以在 19 世纪的欧洲崛起，与欧洲特别是德国的文化精神密切相关。"德国从近代的莱布尼茨、康德、费希特、谢林，直到黑格尔，其哲学虽饱含着严密的逻辑理性，但同时也迸发着生命、意志、激情的跃动精神，至高的理性主义同时培育着生命至上的非理性主义；人，作为德国古典哲学的重心，就意味着理性主义与非理性主义的对立统一。"①德国的非理性主义运动将人的生命、意志、非理性推至哲学的前沿，这为叔本华、尼采的意志主义的产生提供了丰富的哲学营养。非理性主义思潮具有主观唯心主义的性质。它们的共同特点是：把哲学对象归结为人的"意志"和"生命"，"反对或贬低观察、实验、逻辑的自然科学方法，提倡内心体验的非理性方法，因而又被称为'非理性主义'"②。

随着后现代主义的发展，人的多样性倾向助推了这种个人主义的极端化发展，导致人性向其相反的方向发展，出现极端的个人主义、无政府主义。后现代哲学的极端非理性主义更是抛弃了人和世界的本质，否定了人的价值性存在，从而使后现代哲学走向了极端的虚无主义。历史主义学派后期代表人物费耶阿本德把曾被理性主义竭力贬低的情感重又高估并使其高居于理性之上。而在当今这个理性危机、解构主义的破坏极容易得出否定性结论的时代，我们需要认真地思考理性在人类生活和实践中的价值和意义，重新寻找理智与情感的动态平衡。

1. 叔本华的生存意志主义

阿图尔·叔本华(1788—1860)是意志主义的创始人。"世界是我的表象"是他哲学的出发点。他认为这一命题来自康德，但又否定康德物自体的客观存在，认为那是多余的累赘。"世界是我的表象，别无他物。"这实际上是从康德走向了贝克莱。意志的活动和身体的活动不是同一事物，这一命题正是传统的二元论赖以成立的基础。叔本华将意志活动与纯粹智性的意志意图区分开来。"指向未来的意志决断只是理性对于人之所欲作出的考虑，原本不是什么意志活动。通过理性做出的意志决断是否能够实现，这并

---

① 冯玉珍：《理性—非理性批判——精神和哲学的历史逻辑考察》，人民出版社 2013 年版，第 180 页。

② 夏基松：《现代西方哲学》，上海人民出版社 2006 年版，绪言第 2 页。

非依赖于理性的力量,而是取决于这一意图能否激发我的意志,而意志则体现在我的身体存在的整体之中。"①理性向意志指出动机,但是意志如何对这些动机作出反应,这就不在理性的力量范围内了。决定并不是在行动之前作出的,而是决定时和行动本身一同发生的。叔本华认为意志世界的物自体是世界的内在内容,是世界的本质和生命。可见的世界、现象只不过是意志的镜子。因此生命不可分割地伴随着意志,有如影之随形,有意志,也就有生命、有世界。

各种抽象程度不同的理念是生存意志外化为万物的中介。叔本华认为生存意志与表象世界的关系是本质与现象的关系,生存意志是本质,表象是世界的假象。叔本华认为人们应该体验的是作为本质的生存意志,而不是去认识作为假象的表象世界。"对生存意志的体验或把握不能运用理性思维,理性思维所剖析的只是处在时空中服从充足理由律的表象世界,它不能把握世界的本质——自由的生存意志。"②因为"意志是主人,理性是奴仆",意志的根本要求是生存,理性的任务便是满足生存:适应环境、寻找食物、满足身体的需要等等。理性不过是意志的工具,它听命于意志,为意志服务。叔本华断言,体验或把握生存意志只能依靠意志本身,即依靠意志的自我反省——内省,这是一种非理性的、神秘的直觉。艺术家和哲学家具有神秘的纯粹的直觉,以领悟和把握作为世界本质的生存意志的真谛。

叔本华认为"周围世界"和"我的意志"之间的关系可以被看作一种严格的因果关系。"一方面,存在着我的意志,它就是我自己。……另一方面,存在着一个整体世界,它对意志产生影响,并且以这样或那样的方式让意志产生活动。"③针对这一问题,笛卡尔在自由行动和任意行动之间作出了区分。"任意"是人的一种情绪波动,不是受理性制约的,没有被理性赋予任何"理由"。没有理由的东西就是没有"必然性"的东西。我们的理智栖居在"必然"之中。因此"任意"是一种对理智施暴的外来者。因为理智是我们身上最具人性的成分,所以"任意"必然危及人性本身。叔本华的哲学反映了人类精神面临现实磨难的悲苦以及对这种悲苦的呐喊。这是理性思维思考世界和人生的人本趋向。"在某种哲学中,如果你听不到哭泣、号叫、咬牙切齿

---

① 〔德〕吕迪格尔·萨弗兰斯基:《叔本华及哲学的狂野时代》,钦文译,商务印书馆 2010 年版,第 362 页。

② 夏基松:《现代西方哲学》,上海人民出版社 2006 年版,第 64 页。

③ 〔德〕吕迪格尔·萨弗兰斯基:《叔本华及哲学的狂野时代》,钦文译,商务印书馆 2010 年版,第 503 页。

以及对立的双方之间在残杀时发出的可怕的撕心裂肺的呼吼，那么这样的哲学根本不是什么哲学。"①叔本华生命意志哲学带有浓厚的悲观主义色彩。叔本华作为一个悲观主义的哲学家预感到科学理性主义至上的这种危机，并把它反映在哲学中。这就是"他会成为贬低科学、强调人文；贬低客观世界、强调自我意志；贬低理性，强调非理性的反科学主义的现代西方人本主义思潮开创者的重要原因"②。

2.尼采的权力意志主义

传统理性主义用严格的逻辑观念，以及道德法则教导人类克服生命自然欲望的非理性而走向理性和至真。然而这种传统理性主义在遭到叔本华的非意志论挑战后，又邂逅了尼采的人生哲学。"尼采认为没有一种外在性的对世界的解释或绘图。……人心在努力地达到对世界的实在的内在的概念绘图。"③在19世纪的德国哲学中，尼采的权力意志主义占有重要地位。他在"重估一切价值"的口号下，力求把人类从近代理性主义和基督教道德的重压下唤醒和拯救出来。叔本华哲学是尼采哲学的起点，尼采又对其意志论进行超越。为了与叔本华的悲观意志论相区别，尼采称生命论为权力意志论。

尼采将非理性的、神秘的意志当作整个世界存在和发展的基础。在尼采看来，"只有高扬人的生命创造力、不压抑人的自然倾向的道德，才是健康的道德。他谴责柏拉图、亚里士多德、黑格尔，认为他们铸造的理性体系，实际上是扼杀人的生命力的体系，是不足取的"④。尼采否认理性思维，宣扬非理性主义的认识论。他认为理性不是认识世界的武器，而只是权力意志的一种创造性假设，它只是权力意志的使用工具。权力增长到什么程度，认识就达到什么程度。尼采认为权力是人们控制、占有、支配自然权力意志的表现。尼采敏锐地洞察了资本主义的强权。他断言，人们为了获得权力可以不择手段，因为对于权力意志来说，应该讲的不是"真理"，而是"评价"，评价一种行为对实现权力意志是否有"价值"或"效用"，有用的就是真理，否则就是错误。总之，"有用就是真理"，"权力就是真理"，这是尼采的结论。他

---

① 〔德〕吕迪格尔·萨弗兰斯基：《叔本华及哲学的狂野时代》，钦文译，商务印书馆 2010 年版，第 486 页。
② 夏基松：《现代西方哲学》，上海人民出版社 2006 年版，第 67 页。
③ 〔美〕埃里克·斯坦哈特：《尼采》，朱晖译，清华大学出版社 2019 年版，第 10 页。
④ 冯玉珍：《理性—非理性批判——精神和哲学的历史逻辑考察》，人民出版社 2013 年版，第 202 页。

的这种理论对实用主义有一定的影响。后来福柯等人的新权力主义理论则是这种理论的发展。

尼采认为,生命力的强大就在于实现人的自我超越。"自为存在和自在存在靠着一种综合的联系而联合在一起,这种联系不是别的,而正是自为存在本身,自为存在就是自在存在的纯粹虚无化。"①"除了一种人类的宇宙,即人类主观性的宇宙外,再也没有其他的宇宙。"②他认为理性、意识使人软弱,只有生命本能才使人强大。尼采从生物学出发将人非理性化,由此建立他反传统价值观念的理论基础。"他无情地揭露和鞭挞工业社会发展所形成的各种矛盾,以及由此造成的人的精神危机。揭露理性和科学的繁荣所掩盖的人与人关系的危机、情感和人性的压抑,……催人思考生命存在的价值和意义。……他对人的生命及其存在的独特观念,使他成为 20 世纪存在主义思想的奠基者。"③

尼采的哲学预示着现代西方社会各种矛盾激化和社会危机的即将来临。近代西方哲学家笛卡尔、莱布尼茨等人强调普遍理性,推崇科学技术,断言科学技术的发展必将促进西方社会的飞速发展,并为人类社会和整个世界带来无比幸福的美好生活。但是 19 世纪中期开始逐渐显露并激化的各种社会矛盾,使这种幻想破灭,也预示着深藏在西方社会制度内部的各种社会危机的到来。到 20 世纪出现了一个奇怪的理性发展的悖论现象:"一方面是现代理性的科学时代;另一方面却又是现代非理性的反科学时代。理性、科学越益发达,导致其反理性、反科学的倾向也愈烈,精神领域中出现了奇特的二律背反!"④以萨特、海德格尔为代表的存在主义哲学发展了非理性主义。将哲思对在者的沉思转到对"在"的意义的沉思。现代哲学特别是英美实证哲学,拒斥形而上学,反对本体论。实证主义科学和现代技术的发展、过度消费、人的异化等,违背文明的现象不断发生,而这一切是精神或哲学的迷乱,即失去对世界和人生存在意义的冷静沉思而变得盲目生存所导致的结果。海德格尔认为:"他的哲学旨在唤醒人类精神的迷惘状态,使

① J. P. Sartre:*Being And Nothingness*,trans. by Hazel E. Barnes,New York:Washington Square Press,1993:617.

② J. P. Sartre:*Being And Nothingness*,trans. by Hazel E. Barnes,New York:Washington Square Press,1993:35.

③ 冯玉珍:《理性—非理性批判——精神和哲学的历史逻辑考察》,人民出版社 2013 年版,第 202 页。

④ 冯玉珍:《理性—非理性批判——精神和哲学的历史逻辑考察》,人民出版社 2013 年版,第 203 页。

存在和亲在,或使世界和人生,在亲在对存在的意义的理解中生存得自觉自由和完满有价值。"①而海德格尔哲学有助于使个人摆脱沉沦,回到本真的此在,从而恢复人的价值和意义。人不是存在者的主宰,而是存在物的守护者。他认为在当代,技术已成为一种超越、控制,即一种具有专门用途的片面的东西。海德格尔扭转了传统哲学的本体论转向,哲学从探问存在的本质转到探问存在的意义。

(二)历史主义学派的非理性主义倾向

科学哲学领域也泛起一股反理性主义的思潮,认为科学发现和人类的创造不是靠理性、逻辑,而是凭借科学家的灵感和顿悟、直觉和激情等非理性、非逻辑的思维和意识。实证主义的科学理性精神,在走向分析哲学的泛逻辑主义和语言主义的狭隘方向后,激起了科学哲学中的非理性主义思潮。这种思潮冲击着 20 世纪 30 年代以来一直居于"标准""正统""公认"地位的逻辑经验主义。西方科学哲学发展中的一个新派别——历史主义学派——开始形成。科学历史主义是继波普尔批判理性主义之后在西方兴起的一种科学哲学思潮,20 世纪 60 年代随着批判理性主义和逻辑实证主义的衰落而开始流行。历史主义学派的思想除了强调科学哲学思想与科学史相结合外,也强调与不同文化的地域性以及与科学发生的时代背景相结合。"波普尔的证伪主义,库恩的范式理论及费耶阿本德的自由多元的科学哲学思想,再一次证明了,即使在纯粹的科学领域,生命的活力与激情并未因科学理性的纯粹性而失去自己的作用;相反,生命的激情、热忱与活力影响甚至制约着科学的发现、创造和发展。"②

历史主义否定了适用一切科学理论的统一标准或逻辑。与逻辑实证主义相比,历史主义学派彻底从静态的科学逻辑分析转向了动态的科学历史建构,从科学语言的意义澄清转向了科学史的合理解释。图尔敏从物理学的历史和自然科学的历史研究出发,赞同从科学史实出发采用历史方法,分析科学的发展史,但驳斥历史学派的相对主义。后来他不断修改、完善并发展自己的观点,基本上站在夏佩尔等新历史主义的一边。历史主义学派的代表人物及其理论展现了科学与历史发展的逻辑,揭示了科学与历史、哲学与文化相互差异对立又相互渗透、制约、影响的多元变化和统一发展过程,

---

① 冯玉珍:《理性—非理性批判——精神和哲学的历史逻辑考察》,人民出版社 2013 年版,第219—220 页。

② 冯玉珍:《理性—非理性批判——精神和哲学的历史逻辑考察》,人民出版社 2013 年版,第 270 页。

展现了科学发展历史因素与发展图景。

1. 负载理论的观察

N. R. 汉森是继图尔敏之后提倡历史主义的科学哲学家,《发现的模式》是其代表作。汉森在该书中提出了"负载理论的观察"(theory-loaded observation)这一关于科学解释的著名观点。他认为事实的理论渗透确实对通过观察、归纳来发现新的定律这一观点有所质疑;任何观察都是网格的观察。简单地提供给人类纯粹客观知识的梦想已经破灭,因为我们已经看到,为人类所利用的事实实际上是理论渗透的,理论是预设渗透的。"理论是被存在于一定的社会或文化中的文化预设、信念、承诺和目标所决定和制约的;预设决定了现有理论的起源和应用。所以,如同理论是事实的一部分一样,文化预设(或理论的形而上学背景)也是理论的一部分。"①汉森将"负载理论的观察"的命题应用到科学解释问题上,提出了"原因负载理论",即因果性和因果律是理论的构造,科学解释是一定语境中的解释的观点。汉森提出,科学发展都要经历经典性科学与研究性科学的两个时期,后者是正在成长中的科学,这种观点含有库恩范式理论的雏形。

事实是呈现在我们面前的。"客观事实"显然是真的、现实的对象、事件、境况或此类东西的属性,存在于物质世界之中。独立于任何感性主体的干预,绝不取决于主体的偏见、意志、理论、情感、目的、旨趣或价值观。但是我们想按照事实如何被人类发现并如何被交流的最新研究成果来分析。我们从历史中的事实开始,然后将其扩展到包括科学在内的一般事实。我们知道,当一个历史学家想要解释某个事物,当他想要写下来某个叙事的时候,他就需要某种"低层次事实"作为起点即当时的人们留下来的某种基本事实。如当时的报道,当时的信件,当时的解释、文件、陈述,无论什么都来自我们所研究的那个时代。这类事实被称为初级原始资料。这些资料告诉我们发生了什么,它们提供了目击者的陈述。现在按照实证主义的意愿,也是从亚里士多德和笛卡尔直到20世纪的哲学家都想做的,确认确实存在某种更基础性的事实,这种事实没有被社会的或历史的添加剂所污染。然而,绝不存在有意义的、重要的、有用的"零点"事实,不存在不受某种背景理论所制约的事实。

汉森的负载理论的观察否定了逻辑实证主义将"观察语句"与"理论语

---

① 〔澳〕约翰·A. 舒斯特:《科学史与科学哲学导论》,安维复主译,上海科技教育出版社2013年版,第193—194页。

句"严格区分开的二分法。"我们已经远离了那种不可变易的、纯粹的事实，很难去想象这种自然中的不可变易的、纯粹的、所与的事实能够决定什么形而上学是好的和什么形而上学是不好的。我们已经远离了自然而进入了文化和历史，这些形而上学背景是文化信念和承诺的整合。"①定律是根据你的概念网格中的一般概念来阐述的："你不可能主张一个关于某个不存在于你的概念网格中的概念的定律，但概念网格中的概念在你主张一个联系之前就已经相互联系在一起了。这些业已存在的联系塑造和影响了你作为定律所得出的更新的联系的类型。"②

汉森认为，一个理论以及一个理论所使用的概念总是有一个语境的，根本不存在具有某种意义或旨趣的基本的、原初的、中性的事实。那些被认作"基本事实"的陈述都已经被渗透了意义，有一个笼罩四周的其他信念和理论的氛围，这些信念和理论决定了如何把那些概念应用于新的定律和如何把新的理论组合起来。更确切地说，它们是被先验理论、价值观和目的所建构的、被高度解释的描述。这些陈述都是"理论渗透"的。这些决定新的定律、新的理论的背景信念可以是任何类型的信念。它们可以是基于某种其他的已经创立的科学信念，也可以是哲学的、政治的、宗教的信念；任何少量的先验的信念都能为新的定律或新的理论提供预设或形而上学的背景。显然正如我们所观察的那样，绝不会存在没有预设或某种形而上学背景的新的定律或理论。一个事实非常像一个文本。事实从作为事件变成了作为文本，而文本确实是人类的建构，可以被修改、变更或解构。科学的事实也具有渗透信念、理论、价值观和目标的相同特点，也都是可再协商、可再解释的文本。因此，理论或定律的形而上学背景影响了理论的意义，我们已经远离了自然而进入了文化和历史，这些形而上学背景是文化信念和承诺的整合。这些观点为主体主义与相对主义的进一步泛滥打开了方便之门。

2. 库恩的"范式"

库恩是历史主义学派的集大成者。他沿着图尔敏与汉森的足迹进一步走向主体主义与相对主义。库恩意识到波普尔的方法论并没有真正抓住科学变革的动因，也注意到理论渗透的困难以及它给传统方法论所带来的问题。作为一个科学史学家，库恩意识到了科学史案例的复杂性和丰富性。

---

① 〔澳〕约翰・A.舒斯特：《科学史与科学哲学导论》，安维复主译，上海科技教育出版社2013年版，第203页。
② 〔澳〕约翰・A.舒斯特：《科学史与科学哲学导论》，安维复主译，上海科技教育出版社2013年版，第196页。

他提出了以"范式"为核心的科学哲学理论。《科学革命的结构》一书出版以来,他的"范式"论首先在自然科学家中引起强烈的共鸣,后来波及历史学、哲学、语言学、经济学、管理学、社会学等学科领域。库恩认识到人的认识过程中,不同感知世界之间的转换的突发性,并发现一个人从儿童到成年的智力发展与人类从古代到现代的智力发展很相似。这一切对于他形成"范式"这一概念起到很大的作用。

(1)科学发展的动态模式与范式。科学是如何发展的?其发展的规律是什么?这是以库恩为代表的历史主义学派最为关注的问题。库恩的"范式"论是针对逻辑经验主义和波普尔的证伪主义提出的。逻辑经验主义的科学哲学是以与科学史相脱离为特点的。它把科学仅仅看作某种已有的知识体系,因而它只关心各个组成要素之间的逻辑关系,而将人、社会和历史诸要素统统排斥在外。库恩在批判归纳主义与证伪主义的错误观点时,吸收了两者合理的成分,提出一种新的科学发展模式。他坚信科学发展的实际过程是一个进化和革命、连续和间断、积累和飞跃不断交替的过程。他的计划是提出一个关于自然科学如何进行研究和发展的普遍理论。但是,与大多数关于科学如何进行研究的普遍理论不同的是,库恩的理论并不相信存在某种能够给出答案的科学方法。他在这个问题上显示出一种深刻的历史洞察力。他要求"充分倾听历史的呼声",即用历史的方法从科学发展的历史事实中去揭示这种过程。

库恩的科学哲学区别于逻辑实证主义和批判理性主义的另一个重要特点是关于科学的整体性的观点。科学不是一门学科,而是很多门学科——有众多的学科及分支,其数量随时间的推移而变化。如果审视一个科学研究的既定传统,就会发现这个传统是理论、标准、实验规则、工具和目标的奇特组合。这是他通过使用"范式"这个著名术语所凝成的洞察力。每门学科在特定时期都有自己的结构独特的、不断拓展的研究领域,拥有这个领域独特的理论、假设、技术、目标和评价标准。当然,有些理论工具和技术会在不同的研究领域借用和共享。并没有一个普遍的方法既适用于托勒密天文学,又适用于牛顿物理学。从事托勒密天文学研究就需要去学习托勒密的天文学研究方式;牛顿物理学的"方法"则完全不同,因为我们必须首先学习牛顿物理学,然后才能去从事相关研究。在科学发展史上的每个时刻,对所有的科学进步而言,没有普遍的方法,只有处在不同历史时期的各门不同学科的范式。在科学的常规时期,科学有一个范式,一个完整的研究文化。

究竟什么是科学的"常规"时期?按照库恩的观点,科学家们并没有以波普尔所说的方式行事。库恩给这个在特定常规时期规范科学家工作的理论框架起了个名字："范式"。范式是一个在特定时刻或时期规范科学工作的统摄性理论框架，这个包罗万象的理论框架使科学家的工作在特定的时间段成为可能。任何范式都暗藏了一系列深层的文化假设。库恩在《科学革命的结构》中列举了历史上科学范式的一些案例，于是才有了托勒密的范式、亚里士多德的范式和牛顿的物理学范式等提法。库恩的范式理论，包含着上述的合理思想。应该指出，库恩的范式也包含着另外一个重要思想，那就是科学与社会学紧密联系。

库恩并不是在创立有关科学或方法的哲学，而是在设法考察科学变革的动因：一门确定的学科是如何随着时间的推移而变革的？库恩相信自己已经辨识出或描绘了每门具体学科所经历的一般模式（科学发展的动因或科学的生产过程）。换句话说，我们可以拥有一个关于科学的普遍理论的原因就在于：每门学科都具有与其他学科类似或相同的生命周期。库恩试图阐明这种一般模式不是作为方法的一般模式，而是作为科学家中的社会、政治行为的一般模式，正是科学家的这些行为促成了不同学科的发展和变革具有类似的生长周期或模式。但是库恩认为科学研究并不是在任何时刻都是批判性的。在科学常规时期，它不是批判的、革命的，而是保守的、教条的。只有到了科学的危机和革命时期，它才具有批判性。这显然是不正确的。

（2）历史解释问题。库恩对科学历史的解释与亨普尔针锋相对，他否定历史规律的解释性价值，否定科学解释的覆盖率模式适用于历史领域的合理性。"当哲学家讨论到历史中覆盖率的作用时，他们专门从经济学家和社会学家的著作中引用事例，而不引用历史学家的著作。在历史学家的作品中很难找到这种类定律概括。"[1]库恩认为解释的覆盖率模型完全不适用于历史。历史的可解释性不是来源于规律的存在，而是来源于历史学家的先在于历史解释的解释性范式。"覆盖率模型来自自然科学中的说明理论，……却完全不适用于历史。……因为事实愈是被'覆盖'，就愈不会给公众所周知的事实增添什么。"[2]如果历史是解释性的，那不是因为历史叙事为一般规律所覆盖。库恩的历史观构成了其科学观的前理解，而且他对于历史解释和科学解释的看法也是一脉相承的。他认为，科学史同一般历史

① 〔美〕托马斯·库恩：《必要的张力》，范岱年、纪树立译，北京大学出版社 2004 年版，第 5 页。
② 〔美〕托马斯·库恩：《必要的张力》，范岱年、纪树立译，北京大学出版社 2004 年版，第 14—15 页。

一样,都依赖于解释它的范式,历史学家的任务和科学家一样,都是用范式把它整体化、系统化,对它作出整体性和系统性的解释。

20世纪70年代之后,库恩的思想发生了一些重要变化,被称作"结构之后的道路"。这种变化主要表现在:很少提及"范式"概念,而更多地用"可翻译性"来解释"可通约性"概念;很少谈论科学的目的是追求真理,而更多地用"科学共同体"的概念作为推进科学发展的唯一尺度;很少像前期那样用自然主义的方法谈论特定经验中的科学发现,而更多地用后期维特根斯坦的思想支持他的观点,并用康德主义来表述他的思想。因而,库恩后期的思想更多地被称作具有"相对主义"和"先验论"的特征。库恩的"概念不可通约性"命题使真理相对主义获得了合法性,又从概念的不可通约性走向了建构主义的本体论相对主义。库恩认为,既不存在与客观世界相符合的真理,科学知识的发展过程也不是逼近真理的进步。"我的目的是否认主张前后相继的科学信念越来越有可能或越来越好地近似于真理的所有意义,同时指出,真理断定的问题不可能是信念与假定的独立于思维的世界或'外部'世界的一种关系。"①

库恩十分强调范式的历史性,追求科学史盛行时代的历史整体性。库恩范式存在以下几个前提:"第一个前提是世上本没有普适性的科学。……库恩感兴趣的是诸多科学的独特历史。……第二个前提是,库恩并不相信只存在一种科学方法,他并不相信科学研究要依靠科学方法。库恩的理论部分地阐释了科学是如何并不依赖于任何普遍的方法而进行研究的。库恩提出的第三个前提是关于我们在每门具体科学的发展历程中所看到的那种有关发展及变革的一般模式。"②库恩强调人(心理)、社会和历史这几个因素的作用。库恩主张不要对目前的科学强求永恒的贡献,而要尽力展现它。因此,正如查默尔斯所说,库恩的科学观"包含两种互不相容的立场,一种是相对主义的,另一种不是"③。

库恩认为科学的发展与演变是与科学以外的社会和历史因素密切联系的。关于科学革命是如何进行的,我们需要社会学和历史学的解释。这是

---

① Thomas Kuhn:"Afterword", in James Conant and John Haugeland(eds): *The Road Since Structure*, *Philosophical Eassy*, *1970-1993*, *with an Autobiographical Interview*, Chicago and London: The University of Chicgo Press, 2000: 243.

② 〔澳〕约翰·A. 舒斯特:《科学史与科学哲学导论》,安维复主译,上海科技教育出版社2013年版,第285页。

③ 〔英〕A. F. 查默尔斯:《科学究竟是什么?》(最新增补本),鲁旭东译,商务印书馆2018年版,第145页。

库恩对科学解释的一个贡献。他以极端化的方式，揭示了科学解释的语用学地位，阐述了科学解释的语境意义。但他忽略了社会的经济因素对科学发展的决定作用，而把决定性作用归结于社会心理因素，因而并没有摆脱非理性因素和唯心主义立场。阿佩尔曾说："在科学哲学中，强调语用维度的一个极端例子乃是库恩的《科学革命的结构》，这本书是受后期维特根斯坦和美国实用主义思想的激发而写成的。"①实质上，不仅库恩，图尔敏、汉森等哲学家也都受到了维特根斯坦后期哲学或者牛津日常语言学派和美国实用主义的影响。强调科学的语用维度是历史主义科学哲学的普遍特征。

　　哲学家们提出的一个重要问题是范式变化的合理性。在常态科学之内，科学家看到下一个步骤是非常合乎理性的。但是在非常态科学阶段，整个范式都必须被丢弃，换成一种新的范式。有些哲学家相信，范式转移本质上是非理性过程。库恩可能没有给出有关范式、科学争论和不可通约性的确切说明，但是至少开辟了对科学革命进行经验主义的历史—社会学研究途径。库恩的后期哲学观点具有"相对性"特征，拉卡托斯、汉森等提出了科学研究纲领和发现模式，反对永真性演绎科学方法，发展了历史主义学派的相对主义。库恩没有在经验心理学、知识社会学和研究的"准先验"逻辑差异间发展出一种清晰的思想。随后，费耶阿本德反对理性主义独断的方法，倡导多元的方法，甚至不要方法，更是把对理性主义方法论的反对推向了极端。

　　3. 拉卡托斯的科学研究纲领

　　拉卡托斯是继库恩之后历史主义学派的又一位著名科学哲学家。他提出了一种精致否证论。拉卡托斯认为，评价任何理论都必须连同它的辅助性假设、背景知识或初始条件一起考虑。科学理论系列能够说明科学理论的"韧性"与科学知识发展的延续性。这一理论系列被拉卡托斯称为科学研究纲领。拉卡托斯认为科学革命的过程并非像库恩所说只是人们心理上的范式转变，而是有客观逻辑规则可循。受其导师波普尔的影响，他的精致否证论具有批判理性主义与历史主义融合的特点。此外，他进一步发展了历史主义学派的非理性主义观点。

　　拉卡托斯认为科学发展规律的研究不应该离开科学史，也不应该局限在纯思辨的思维领域。他提倡科学哲学的研究应与科学史相结合，提倡案

---

① 〔德〕卡尔-奥托·阿佩尔：《哲学的改造》，孙周兴、陆兴华译，上海译文出版社 1997 年版，第 110 页。

例研究。案例研究就是分析科学史的典型事例,这对科学哲学的历史主义学派的发展有很大的影响。通过案例研究,拉卡托斯提出了"科学史的理性重组"的理论。科学编史学关注的是何谓科学和如何理解科学。科学编史学在这两个问题上分为内史论和外史论。内史论认为科学的思想内容是按照它自身的内部逻辑和内部动力发展的。拉卡托斯认为内史是主要的,研究科学的社会、政治和经济内容的外部史是次要的、影响性的。他认为应该把科学研究纲领和方法论建立在科学史的基础上。"所有方法都是作为编史(或元历史)的理论或研究纲领而起作用,并且通过方法论所带来的理性的历史重建来进行评价。"①因此,拉卡托斯认为,每一种方法论都构成一个编史的研究纲领。任何历史学家都要接受某一种方法论的指导来编写科学理论自身发展的历史,亦即科学内部史。方法论的评价就作为这个编史的研究纲领的应和而起作用。

拉卡托斯认为,科学史家在编写科学史时是进行了高度选择的,一切从他的方法论评价标准来看不合理的事实都要被略掉。理性的重建因而也就产生了,但科学史的理性重建还要由科学发展受社会、心理及历史等各种因素影响的外部史来补充。"内部史总是必须以经验的外部史作为补充的。否则人们将无法解释为什么孟德尔遗传学在五十年代的苏联会消失,也无法解释为什么某些研究种族遗传差别的人种学派和研究外援的经济学派在六十年代的盎格鲁-撒克逊国家中会名声狼藉等等。"②科学史必须以先进的科学哲学为指导,而在不同的科学哲学方法论指导下,可以编撰不同的科学内部史。一切科学史永远都是编造实例的哲学;一切认为科学进步即客观知识进步的科学史家不论愿意与否,都做了某种理性重建。实际上,科学史永远要比它的理性重建丰富得多。因此,科学史可以看作它的理性重建的"检验"。

因此,历史学家受何种方法论的支配,就会编写出何种科学史著作。"归纳主义者认为只有事实命题和由事实归纳概括出来的命题才是科学的,因此,他们的科学史著作就是根据事实命题的发现和归纳概括写成的"③,如天文学史上的开普勒对第谷的观察资料所进行的归纳概括;约定主义者

---

① I. Lakatos:"Falsification and the Methodology of Scientific Research Programmes", in Lakatos and Musgrave(eds), *Criticism and the Growth of Knowledge*, Cambridge:Cambridge University Press, 1970:122.
② 转引自夏基松、沈斐凤编著:《西方科学哲学》,南京大学出版社 1987 年版,第 237—238 页。
③ 舒炜光、邱仁宗主编:《当代西方科学哲学述评》,中国人民大学出版社 2007 年版,第 131 页。

认为理论是约定的工具,较为经济简单的理论就是较好的理论,因此其科学史著作就是以简单的理论取代复杂的理论并据之写成的,比如较为简单的哥白尼日心说取代较为复杂、累赘的托勒密地心说;波普尔的否证论认为可被否证的理论是科学的,因此,他就在历史上寻找可被证伪的理论,以此来编写科学史著作;而库恩则在科学史上寻找所谓的范式、危机和革命来编写其科学史著作;拉卡托斯依据科学研究纲领方法论,则强调研究纲领在理论上和经验上的长期竞争,以及研究纲领的进步和退化。拉卡托斯虽然在科学哲学与科学史关系问题上采取近似于历史主义的立场,但是仍然把科学发现的逻辑同发现的心理学和社会学严格区分开来,因而在这一点上与逻辑主义相一致。

拉卡托斯认为否证论并没有建立一个可靠的否证基础,并认为波普尔的理论只是一种朴素的否证论。他吸收了库恩科学史的研究成果以及波普尔的一些观点,企图作出一些调和。任何理论都不是孤立存在的,而是与其他理论相互关联的,以科学史单一案例的观察或实验不能否证科学理论。理论具有严密的内在结构,非单一的反例就可全部驳倒。拉卡托斯采取介于波普尔和库恩之间的中性立场,强调并非关键性实验本身导致了概念改变。拉卡托斯认为一个理论的抛弃并非"一个理论和新实验之间的冲突",而是和另外的理论之间的一个开放性的辩论。

拉卡托斯的哲学基本上建立在波普尔哲学基础上,同时他又汲取了库恩、费耶阿本德等人的科学哲学思想。这使他继波普尔、库恩之后,成为对西方科学哲学界产生很大影响的科学哲学家之一。他对科学知识整体性的重视,以及他将科学哲学与科学史相结合的思想等,在西方产生了重大影响。但是,应该指出的是,拉卡托斯的这种思想也并非完全正确。他在一定程度上否认科学史著作客观反映了科学史的真实发展,并且对科学发展的社会物质条件未加以应有的注意。这说明拉卡托斯的观点存在局限性。拉卡托斯观点中的相对主义被费耶阿本德进一步发展。

4.费耶阿本德无政府主义认识论

库恩科学哲学思想中的非理性因素,后来被美国另一位反对理性主义思想的突出代表人物费耶阿本德发展。费耶阿本德发展了库恩科学哲学的非理性因素,把科学事业进一步非理性主义化,并在历史主义的相对主义方面走得更远。费耶阿本德的思想发展经历了三个时期。第一时期是在20世纪60年代之前,他基本上受波普尔、克拉夫特和后期维特根斯坦思想的影响。费耶阿本德对维特根斯坦后期的思想非常重视,激烈地批评逻辑经验主义的科学哲学。第二个时期是在 60—70 年代,他这时逐渐放弃了波普尔等人的科学哲学思想,转向库恩的科学革命理论,并最终反对传统的理性主义主张。这一时期被看作费耶阿本德哲学的主要时期。第三个时期是在80—90 年代,他这时完全失去了对科学方法论研究的兴趣,更多地把无政府主义思想运用到政治哲学领域,几乎在所有的问题上更多地采取相对主义的原则。

（1）费耶阿本德主张科学方法多元论。他认为科学本质上是无政府主义事业,没有普遍的规范性方法和规则,主张消除科学知识与非科学知识的界限。费耶阿本德在其哲学代表作《反对方法》中提出的"无政府主义知识论"在西方哲学界引起了轩然大波。费耶阿本德的激进历史主义科学知识观属于典型的后现代科学知识观。费耶阿本德特创独行,企图消解逻辑实证主义的方法。他解构科学发展的逻辑,摒弃科学发现的标准方法,提倡"怎么都行"的多元方法。费耶阿本德认为,科学共同体的交往结构的研究不能简单地被驱逐到知识社会学中,虽然承认、价值、规则、习俗、态度、框架等明显是在经验条件下产生并得到发展的,但是它们仅仅是科学知识可能性的清晰条件。他视一致性要求为经验主义的本质,并对此持否定态度。科学史研究表明,科学理论的发展过程蕴含了大量不一致的情况,"没有一个理论会同其领域中的全部事实都相符,但该受诘难的并非总是理论"①。费耶阿本德提出反归纳原则,他认为一切方法论,甚至最明白不过的方法论,都有其局限性。"只有一条原理,它在一切境况下和人类发展的一切阶段上都可以加以维护。这条原理就是:怎么都行。"②这种方法论的主要目的与特征是反对方法论教条主义。费耶阿本德对传统的教条主义方法论进行了彻底的解构。对于科学方法论而言,最高的原则是"怎么都行"。

（2）费耶阿本德主张"告别理性"。费耶阿本德注意到理性在现代社会具有优越性。他指出逻辑主义从狭隘的理性主义和绝对的、确定的逻辑形式出发,让人们脱离真实的物质世界和丰富的历史事实,用不变的方法和规则去建构科学理论,结果只能阻碍科学的发展。实际上,科学到处被非科学的方法和非科学的成果所丰富,而经常被视为科学本质部分的程序却被暗暗地放弃或取代了。费耶阿本德指出,许多人承认理性的卓越性,但几乎没

---

① 〔美〕法伊尔阿本德:《反对方法:无政府主义知识纲要》,周昌忠译,上海译文出版社 2007 年版,第 31 页。

② 〔美〕法伊尔阿本德:《反对方法:无政府主义知识纲要》,周昌忠译,上海译文出版社 2007 年版,第 6 页。

有人能告诉我们什么意味着理性以及理性为什么如此重要。因此，必须彻底地打破经验主义教条，采用新的术语、概念和范式。

费耶阿本德对理性进行了详细的分析，认为"科学不能解决理性主义的问题，它本身就是问题的一部分"①，"并不仅仅只有一个理性，而是有很多，直至我们去选择一个最喜欢的"②，比如朴素的理性、批判的理性主义、精致的理性主义、规范理性等等。于是他得出结论：科学的理性——一个哲学的迷梦。他声称坚持理性的人实际上是各不相同的，甚至是相互反对的。费耶阿本德认为，科学并不受"理性"的束缚和限制，它远远超出了大多数当代理性主义者所诠释的狭隘范围。他认为是时候更多地从广泛的社会力量、文化因素和社会环境的角度来考虑科学史。因此，"理性是个大灾难。是时候告别它了"③。

（3）费耶阿本德主张文化的多元论和世界图景的多元化。费耶阿本德认为，没有什么"世界文化"，它只不过是西方思想和技术的粗野扩张。"处于一个社会中的民族与群体经常会建立某些联系，这是对的。但是，在建立这些联系的过程中，他们创立或假定一种'共同的元话语'或一种共同的文化绑带，这是错。"④他极力主张文化上的多样性，反对同一性的要求。费耶阿本德认为，文化的单一性不仅减少了我们的快乐，而且还减少了智力的、情感的和物质的财富。"那些不同于我们的文化并不是一种错误，而是对特定环境的适应性。"⑤费耶阿本德反对用西方的理性文化来"征服"整个世界、消除异己文化的主张，批评所谓文化交流需要共同基础的观点，指出"文化交流不需要共同的价值观、共同的语言、共同的哲学"⑥。费耶阿本德认为每一种文化都"归于地方和历史的偶然，而不是归于清楚的、无歧义的、不变的文化本质"⑦。每一种文化都孕育着无数的可能性，"每一个文化都潜在地是所有文化"⑧。在费耶阿本德看来，不只有一种成功的文化，而是有多种成功的文化。因此，对文化多样性的排斥，也将使科学受损。西方文

① 〔美〕费耶阿本德：《知识、科学与相对主义》，陈健等译，江苏人民出版社 2006 年版，第 219 页。
② 〔美〕费耶阿本德：《知识、科学与相对主义》，陈健等译，江苏人民出版社 2006 年版，第 220 页。
③ 〔美〕费耶阿本德：《告别理性》，陈健等译，江苏人民出版社 2002 年版，第 17 页。
④ 〔美〕费耶阿本德：《告别理性》，陈健等译，江苏人民出版社 2002 年版，第 309 页。
⑤ 〔美〕费耶阿本德：《告别理性》，陈健等译，江苏人民出版社 2002 年版，第 3—4 页。
⑥ 〔美〕费耶阿本德：《告别理性》，陈健等译，江苏人民出版社 2002 年版，第 308 页。
⑦ 〔美〕费耶阿本德：《征服丰富性：抽象与存在丰富性之间的斗争故事》，戴建平译，中国人民大学出版社 2007 年版，第 29 页。
⑧ 〔美〕费耶阿本德：《征服丰富性：抽象与存在丰富性之间的斗争故事》，戴建平译，中国人民大学出版社 2007 年版，第 29 页。

化并不是唯一成功的文化,而且,一种文化意味着一种生活方式,所以并非只有一种生活模式可供选择。

世界是丰富的、复杂的和混乱的。"文明的成长是对世界丰富性的征服过程,换言之,是对简单性和秩序的追求过程。"①西方的文明征服和影响了世界的丰富性。"与西方文明的成长相伴随的对实在的求索,在简化世界的过程中扮演了重要的角色。"②费耶阿本德认为:"世界比我们的理性主义者设想的要狡猾得多。"③科学方式简化而得到的自然应该被补充——用其他的简化方式来补充。因此,"一个融贯的科学知识体的观念是一个虚构"④。费耶阿本德认为,科学并不是融贯的、一致的理论,实际上科学史是杂多的、充满冲突的,因而科学是多元主义的。

在费耶阿本德看来,哲学家坚持意义的稳定性贯穿整个论证,而科学家注意到,说一种语言或解释一种情形意味着既遵循规则又改变规则,科学家们是跨越一些哲学家认为不能超越的谈话界限的辩论艺术专家。因此,费耶阿本德认为,科学理论的真理性不是与价值无涉的、主客体两分的,自然与社会的分离以及科学对人文的压抑应予以取消。他主张文化多元主义,猛烈批评西方中心主义和科学文化单一主义。

费耶阿本德是一个极端的历史主义者。在传统的以及正统的科学哲学家看来,费耶阿本德的上述观点过于极端。但如果把他的这些观点放在科学哲学的历史主义背景中考察,我们可以看出,他的"无政府主义认识论"在一定程度上恰恰揭露了自库恩以来,历史主义学派把科学研究方法一步步从逻辑引向心理学,从严格的、精确的专门分析引向更宽泛的历史和社会领域的做法。费耶阿本德并没有攻击科学,而是破除了正统科学哲学对于科学方法的迷信和误读。费耶阿本德的科学哲学观点颇具特色。他的观点在当代西方哲学家和科学史家中引起了很大反响,赞扬者有之,但更多的是批评者和反对者。对他思想的肯定者,主要是对他的大胆和直率表示钦佩,如伯鲁德认为费耶阿本德表现方式粗率而要旨大胆,他理应得到热情的赞赏。

① 刘大椿、刘永谋:《思想的攻防——另类科学哲学的兴起和演化》,中国人民大学出版社 2010 年版,第 143 页。
② 〔美〕费耶阿本德:《征服丰富性:抽象与存在丰富性之间的斗争故事》,戴建平译,中国人民大学出版社 2007 年版,第 5 页。
③ 〔美〕费耶阿本德:《征服丰富性:抽象与存在丰富性之间的斗争故事》,戴建平译,中国人民大学出版社 2007 年版,第 238 页。
④ 〔美〕费耶阿本德:《征服丰富性:抽象与存在丰富性之间的斗争故事》,戴建平译,中国人民大学出版社 2007 年版,第 231 页。

但是,费耶阿本德极端、偏激的观点更多地招致了哲学家和科学史学家的批评。例如,图尔敏认为,费耶阿本德对科学中非理性的夸大,正好是他成功地击中波普尔的证伪主义的副产品。劳丹则指出,他是一个借历史来达到辩论目的的辩才,但不是用历史指导哲学家的辩才。在劳丹看来,科学不是可以供人玩耍的工具,而是用来解决具体问题的有效方法,这种方法的有效性在于,科学本身是通过进步而得到增长的。

费耶阿本德是一个极端的历史主义者,他把库恩的历史主义科学哲学思想向相对主义、非理性主义方向推进了一大步。费耶阿本德声称自己的理论是在对科学史史料细致分析的基础上提出的。在他看来,科学哲学家们强加的理性准则是对科学的阻碍,应当对科学进行"人本主义的"研究。费耶阿本德通过将文化人类学的方法引进科学哲学,反对把科学置于宗教、迷信等其他意识形态之上的"科学主义"或"科学沙文主义",提倡一律平等的"多元主义"或"无政府主义"。因此,科学不能排除非理性,非理性的成分同样在科学中占有重要地位。最终,他的历史主义科学解释观从对主体性、相对性的强调向主体主义、相对主义发展。费耶阿本德的思想有合理的部分,但是由于他极力宣扬非理性主义,其矫枉过正的观点使得历史主义学派的许多观点和方法不断受到来自历史主义学派内外的批判与谴责。

(三)新历史主义学派的兴起

20世纪50年代末60年代初,科学哲学的历史主义学派开始兴起,60年代随着批判理性主义和逻辑实证主义的衰落而开始流行。20世纪70年代,自库恩以来,特别是在费耶阿本德提出"告别理性"后,非理性主义思想泛滥,科学哲学出现危机。历史主义学派中一些较年轻的科学哲学家接受了图尔敏、汉森、库恩等人理论中的许多合理性观点和思想,继续坚持他们将科学哲学与科学史相结合的历史方法论传统。新历史主义的主要代表人物有夏佩尔、劳丹和瓦托夫斯基等。新历史主义是历史主义科学哲学的新发展,可以看作历史学派自我反思的产物。一方面,新历史主义坚持将科学哲学与科学史相结合的研究方法;另一方面,新历史主义试图消解库恩、费耶阿本德哲学中的非理性主义、相对主义倾向。新历史主义学派成员之间观点差异很大,按其观点,大体上可分为两翼:以夏佩尔为代表的一翼坚持科学实在论观点,主张科学是理性活动,与旧历史主义有显著差别;以劳丹为代表的一翼反对科学实在论,虽然在一定程度上论证了科学的合理性,但否认科学是理性的活动,具有浓厚的实用主义色彩。

夏佩尔是新历史主义的重要代表人物,科学发展的合理性问题是其理论中心问题。他受奎因整体论思想的影响,提出了"信息域"理论。所谓信息域,是指科学领域中以解决问题为中心的各种信息集合而成的有机整体,既包括科学事实,也包括科学理论。他把科学看作信息域进化的过程,以此说明科学发现与发展的合理性。信息域理论既反对逻辑实证主义观察与理论的二分,也反对历史主义过于强调理论、范式的作用而忽视经验事实的倾向。

在夏佩尔看来,信息域中的背景信念不是约定的信念,它必须满足一定的条件,以保证信息域中科学知识的客观性,因此,科学是理性的事业。夏佩尔认为,传统科学实在论预设世界的客观独立性以促进科学的发展,这种预设没有什么作用;世界的客观存在不是一种预设,而是基于人们基本信念的总和得出的结论。夏佩尔断言,现代科学哲学在避免逻辑经验主义的先天主义和本质主义的同时,也不陷入 20 世纪 60 年代的历史主义革命派的相对主义,这是可能的。科学认识是主体性与客观性的统一。否定科学的主体性,片面夸大科学知识的客观性的绝对主义理论是错误的;而否定科学知识的客观性,片面夸大科学知识主体性的旧历史主义者的相对主义理论也同样是错误的。

劳丹是新历史主义学派的另一位代表人物,他的理论是科学哲学历史主义与实用主义的结合,是一种新的实用主义的历史主义。劳丹企图证明科学仍然是合乎理性的,是知识领域中最可靠并且也是进步最大的一门学科,不论它面临多少问题,依旧是值得我们信赖的、切实可行的途径。劳丹认为,以往科学哲学所主张的进步多半基于纯粹经验主义的标准,与科学发展史上的证据相左,因而,他特别提出概念性问题在科学发展史上所扮演的举足轻重的角色,重新建构了一套科学合理性的模式。不过,它与其说是"合理性模式",不如说是"进步模式"与"问题解决模式"。

劳丹站在实用主义立场上反对科学实在论。传统的观点将理性和真理联系起来,认为选择的合理性就在于选择了真实的或逼真的陈述。劳丹认为这是没有根据的。劳丹明确反对普特南的逼真实在论,认为它是毫无根据的形而上学神话。历史上从巴门尼德、柏拉图开始,哲学家就企图把科学当作是探索真理的事业,都没能成功提出一条可行的判断理论"真理性"或"逼真性"的标准。如果我们依然坚持传统的观点,科学就只能是非理性的了。他提出研究传统理论,把科学发展看作研究传统的进化过程。和库恩的范式不同,不同研究传统之间是可比较的,研究传统的进化是渐进的,一定程度上是连续的。

劳丹指出,20世纪哲学中的最困难的问题就是"理性"的性质问题。劳丹承认科学进步的合理性,并对科学进步的合理性做了实用主义的理解。劳丹认为,他的实用主义模式的优越性在于将特殊的历史标准和一般标准结合起来。这种作用表现在它能部分地决定经验部分的分类、概念问题的性质、实验控制标准、问题的重要性程度等。劳丹认为科学的根本目的是解决问题,只要是对解决问题有用的研究传统或科学理论就是合理的。劳丹的哲学建立在新工具主义或新实用主义的基础上,坚持科学知识的客观真理既不是"真"与"假",也不是与外部客观实在的"一致"与"不一致",而是对于解决问题的"有用"与"无用","有用"就是"真",无用就是"假"。劳丹的理论基本上是一种实用主义。

瓦托夫斯基是美国著名科学哲学家,新历史主义的重要成员之一。他主张以马克思主义的观点,发展新历史主义学派的理论,并因此而闻名。他在科学哲学代表作《科学思想的概念基础——科学哲学导论》和科学哲学论文集《模型——表象和科学的理解》等著作中提出了"历史认识论"的观点。瓦托夫斯基认为科学是历史地发展的,科学的认识论也是相应地变化、发展的。他强调科学理性的变化不仅是科学内部和科学思想史内部的变化,还是一种与社会变革紧密联系的变化。他坚持科学是理性的事业,而理性本身是历史的、非纯粹的。人类的理性是历史的,它根植于我们的社会实践、语言的使用等形式中。他认为"正确的认识论应该是历史性的(随着科学发展而变化)、合理性的(肯定理性在科学认识过程中的重要作用)和实践性的(强调实践在科学认识过程中的重要意义)"[①],反对逻辑实证主义把理性等同于逻辑,扩展了理性的非逻辑内容,比如技艺性思维等。

从上述历史认识论出发,瓦托夫斯基探讨了理论科学的合理性问题。他坚决反对库恩、费耶阿本德的非理性主义,主张科学的合理性,并对科学的合理性作出新的解释。传统的观点特别是逻辑实证主义的观点把"理性"与"逻辑"等同起来,认为合乎逻辑推理或数学演算的才是合乎理性的。瓦托夫斯基反对这种缩小了"理性"内涵的狭隘理解,他认为逻辑思维虽然是理性思维的一部分,但不是唯一部分,它具有丰富的内容。他指出,逻辑实证主义的理性观把理性看成是绝对的、一成不变的。这种理性观根源于近代以来数学理性,数学理性模型被运用在自然科学领域,实证主义者梦想把

---

① 刘大椿、刘永谋:《思想的攻防——另类科学哲学的兴起和演化》,中国人民大学出版社2010年版,第20页。

这种模式应用于人类思想本身甚至人类社会生活。这是一种绝对的理性主义思想,它曾支配科学哲学界对理性的认识。实际上,自然科学内容、科学领域的革命并不符合这种理性形式。瓦托夫斯基从科学的实际出发,认为我们必须放弃逻辑经验主义那种数理的或逻辑结构的绝对的理性模式。瓦托夫斯基坚持科学认识的历史性与合理性,特别是坚持科学认识的实践性,把实践引进认识论领域。他的这些观点是值得肯定和重视的。

总体来说,新历史主义学派批判了逻辑实证主义企图寻找适用一切科学的逻辑构造,继承了西方科学哲学历史主义传统,以及历史主义学派科学哲学思想中的一些合理因素,集中讨论了科学发展的问题。从 20 世纪 70 年代开始,新历史主义反对旧历史主义的非理性主义,力图为科学哲学探寻出一条新的途径。他们研究了科学进步、科学革命和科学理性等当代科学哲学中许多重要问题,说明了科学发展的非累积性与继承性的关系,等等,这些都具有积极意义。

第二节　为什么理性失去平衡

从历史来看,从古典时代到 16 世纪中叶,哲学家、神学家和人类事务管理者无论是在知识、经验、推理还是其他事务方面,都尊重思维和行动的多重方式,它们构成图尔敏所称作的"理性的平衡"(Balance of Reason)。近代以来,科学推崇理性至上、知识至上,正如黑格尔指出的那样:"理性是世界的灵魂,理性居住在世界中,理性构成世界的内在的、固有的、深邃的本性,或者说,理性是世界的共性。"①尤其是 17 世纪以来,由笛卡尔开辟的近代理性主义,经莱布尼茨的数学符号系统、康德的纯粹理性批判,至逻辑经验主义绝对理性发展至极峰。至此,平衡的理性被打破了。

一、理性与合乎情理性之间的失衡

人类印刷文明的两个产品,首先是人文主义,较后是精确科学。这两种产品表达不同的哲学理念、不同的人类理性观念。人文主义者把论证看作个人或社会在分歧上的运用,修辞学对解决它有作用;而数学的自然科学家把它解释为形式推论,修辞学仅可能是歪曲。在人文主义者那里,"理性"一词指的是合乎情理的(reasonable)的实践;在自然哲学那里,它指的是理性

---

① 〔德〕黑格尔:《小逻辑》,贺麟译,商务印书馆 1980 年版,第 80 页。

的(rational)理论和演绎。人文主义者唤醒我们在日常经验中熟悉的多样性——在现实生活中,过度概括是冒险的,太过分的确信导致难以坚持;精确科学家考虑将每一事物嵌入理论的秩序,形式确定性是他们的目标。所以出现了合理性(rationality)与"合乎情理性"(reasonableness)之间的紧张。因此,要求对理论的问题作出正确回答,又尊重关于实践事物的多样性,这是留给我们这个时代的挑战。

图尔敏通过对人类理性发展的考察和对逻辑实证主义所坚持的理性的分析指出:"逻辑经验主义过于重视超越具体情境的逻辑所体现的'合理性',相应忽视依赖具体情境的修辞所体现的'合乎情理性',过分强调科学知识的理论性、普遍性和确定性,忽略了科学知识的实用性、地方性和或然性,从而形成了一种在'合理性'和'合乎情理性'间失衡的理性观。"①图尔敏认为:"与逻辑有关的形式论证,为超越具体情境的'合理性'(rationality)提供了支持,而与修辞有关的实质论证,为依赖于具体情境的'合乎情理性'(reasonableness)提供了支持。这两种论证方式所体现出来的'合理性'和'合乎情理性',共同构成'理性'(reason)的两个重要维度。这两种论证方式在日常生活和科学实践中,都起着非常重要的作用。"②近代以来,绝对理性主义的膨胀和对具体情境的依赖的衰微导致了理性的失衡。

17世纪的精确科学迅速取代了16世纪的人文主义。不仅数学潜在地是全人类的财产,它还是论证的工具。它的必然性和确定性回避了蒙田(Michel de Montaigne,1533—1592)的怀疑主义,并且胜过神学上的争论。如果像康德所认为的,实验方法是近代的创造,那么,数学方法则是近代对古代科学方法论的"复兴"。因为,"在数学中的推理具有结论的必然性和确定性,并且是反映为内部一致性的形式系统。假定一个公理具有系统有效性,并且我们能推导出所有的定理,那么'紧接着的必要性'是从公理一步步到'必然性'的。但如此的公理化论证所显示的日常经验则不然,或者说关于客观存在的实际物体,则是另外的事情。该推理过程没有进一步保证这些证明与常见物体的性能相关,我们也不能感受并且在任何心理上确信它们与每日的实践性知识相关"③。

---

① 郝苑、孟建伟:《回归平衡的理性——图尔明对科学合理性危机的诊治》,《科学技术与辩证法》2008年第6期。

② 郝苑、孟建伟:《回归平衡的理性——图尔明对科学合理性危机的诊治》,《科学技术与辩证法》2008年第6期。

③ Stephen Toulmin:*Return to Reason*,Cambridge,Mass.:Harvard University Press,2001:44.

在伽利略、笛卡尔和霍布斯之前,人类的适应性和数学的精确性被认为是人类理性的两个方面。从近代开始,这种平衡逐步被打破,数学证明的威望引导哲学家们否认不具备形式类型的人类论证。17世纪中期,一种不平衡开始发展,探寻确定的方法和论题在某种程度上被看作是哲学上严肃的或者"理性的",其他的研究都不是。结果,权威把实际行动放在科学的和技术的探寻上,并使这些方法开始被使用。这里有一个威望的等级,以至于观察和理智的思维活动被认为是值得肯定的智力探求,包括天文学和几何学的合理性,而叙事的合乎情理性好像是软中心概念,缺乏固定的哲学理论根基,更不用说实质的科学的支持。形式一致性和演绎证明的论题因此具有特殊的威望,并且获得一种其他种类观点不能断言的必然性。流行于欧洲的合理性是理智规则强调规律性、齐一性和最重要的稳定性。

康德的批判哲学将认识论的自我—反思看成是问题原型,自笛卡尔以来,现代哲学的中心问题是:可靠的知识是何以可能的?虽然数学家和物理学家经常被作为典范性的例证,但理性主义者和经验主义者一般很少将知识等同于科学。哲学仍然保留理解科学的任务,即理解科学的结构和局限,以及科学在人类思想系统中的合法性地位。从康德先验视角来看,哲学继续保留对科学的支配地位;在认识论上,科学被理解为可能知识的一种范畴。环绕在批判哲学理性思想周围的,不仅有理论理性,而且还有实践理性、反思的批判以及批判自身。

到19世纪中叶,实证主义占据了优势,此前的图景被完全改变了:"知识等同于科学;知识理论变成了科学哲学,即对科学方法详细的阐释。哈贝马斯认为这种对经验科学唯一有效性的信仰——'知识的含义是被科学所做的工作定义的,因此通过科学程序的方法论分析进而被充分的解释'——是一种'科学主义'。"[①]因为,它排除了任何超越方法论框架的认识论,科学主义已经导致了曾经是康德先验哲学阵地的知识问题的消解:"康德哲学关注的是认知主体的主题化。借助于诸如发现的背景和论证背景之间的区分,以及起源问题和有效性问题的区分,知识的主体条件的难题被交给心理学和科学社会学,而心理学和科学社会学自身是被理解为经验科学的。完全取向于据之能够形成和检验经验的有意义陈述性之命题、规则系统,作为方法论的认识论宣布哲学的研究和认知主体断绝关系。提出和批判这些陈

---

① 〔美〕托马斯·麦卡锡:《哈贝马斯的批判理论》,王江涛译,华东师范大学出版社 2010 年版,第 53 页。

述的主体——他们根据这些规则行事——失去了认识论的意义。"①以康德的术语来说,认知主体的综合实现,即自然科学所要解决的可能经验和事实对象的构成,处于他们的视野之外。"这种客观主义是对一个自我-独立存在事实的信仰,这些事实的规律的关系可以通过描述的形式把握。这种客观主义遮蔽了事实世界的先验基础,即遮蔽了那种从经验、行动结构中产生的意义的生产。"②根据哈贝马斯,这种盲区孕育了迈向"客观主义"的倾向。

虽然实证主义已经在某种意义上退回到了康德所代表的反思层面的背后,但是它所支撑的科学的和客观的"幻象",不能够简单地通过返回到康德而被克服。关于可能知识条件的每一次讨论,必须从科学的分析哲学可以解决的阵地出发。一方面,通过对分析哲学的重要原则的内在批判,实证主义者不得不从内部被削弱,这旨在使科学理论和语言分析超越他们目前的局限,进入先验反思的领域内,在那里,经验和理性的前提揭示了其自身是有问题的。另一方面,为了科学哲学而理解认识论消解的历史过程,"'重构现代实证主义的前历史','改造被抛弃的反思阶段',这样几点很重要,它们旨在理解科学之哲学地位是如何'……被哲学思想自身的运动所颠覆'"③。

在 20 世纪,特别是在美国,理论哲学变成了关心抽象理论的狭窄的技术学科,坚持用无时间的普遍规律、脱离语境的价值中立和形式论证的模式来处理具体的具有不同语境和文化背景的事物。像蒙田那样的自传体作者的具体关切一般被当作本质上是非哲学的而遭到忽略。理论获得了支配角色,实践逐步被说成仅仅是应用理论的一种方式。关于特殊对象和情境的事实性叙事的研究,一种实质性的、局部的、时间性的、情境依赖的和有伦理承载的论辩,最好是修辞学研究的内容。

今天,科学是我们社会中一个非常重要的建制。要定义科学的本质以及理解它的来龙去脉,并不仅仅是一个抽象的学术游戏。说服人们接受何谓科学的判断已经成为现代文化中最重要的事情之一。科学与人文的斗争始于 18 世纪欧洲启蒙运动时期,那时出现了一种持续不断的思潮,它基于一种乐观的判断:牛顿的科学时代已经到来,并且开始发挥解释的效力。这种思潮把科学特别是牛顿式的科学与社会政治变革及人类进步联系起来。

① 〔美〕托马斯·麦卡锡:《哈贝马斯的批判理论》,王江涛译,华东师范大学出版社 2010 年版,第 53 页。

② 〔美〕托马斯·麦卡锡:《哈贝马斯的批判理论》,王江涛译,华东师范大学出版社 2010 年版,第 53—54 页。

③ 〔美〕托马斯·麦卡锡:《哈贝马斯的批判理论》,王江涛译,华东师范大学出版社 2010 年版,第 54 页。

这种世界观认为,所有的变革都是以新科学为模型的,并且新科学是所有变革扩大其权力的根源。这种思潮一直持续到 19 世纪。科学被看作"进步"的东西。任何一个拥有这种信念的人通常会认为,他们的观点与科学的"合理性""客观性"以及科学的"进步"本质和动力是一脉相承的。

自 20 世纪后期起,关于谁能够为各种具体科学代言的争论越来越激烈。持有各种不同观点的人开始为科学、医学、技术或者环境担忧。科学是什么以及科学带给我们怎样的变化等话题越来越复杂,因为人们已经不相信 18 世纪和 19 世纪关于科学的定义。一些人认为,科学已经变得可疑,因为它所制造的问题和它解决的问题一样多。人们不能简单地认为科学是好的、客观的、理性的和中立的。在某种程度上,现在的争议是关于科学和技术的本质的争议,还有关于进步的意义或可能性的争议。这些争议导致了科学合理性的危机。图尔敏认为,科学合理性危机的根源在于,逻辑经验主义狭隘的、失衡的理性观脱离了实际的理性要求。图尔敏认为,其实这种危机早在逻辑实证主义盛行的时候就已经埋下了隐患。他指出,实证主义者和逻辑经验主义者对科学推理和论证的理解是局限于科学的必然性、确定性的知识,忽略了人类具体的文化背景。

二、构造理念的世界遮蔽经验背后的生活世界

自近代以来,所有哲学的理论问题的解决朝着单一的方向发展:需要一个公正的论坛和程序以理解,因此呼吁一个单一的、不变的和唯一权威的思想观念和系统。这种具有普遍性和权威性的系统的首要模型是发现一个新的、逻辑与几何的抽象结构。"以这种方式,公正意义上的客观现实变得等同于永恒真理的客观性;逻辑一致性是确认一个知识分子地位的理性优点;哲学家识别一个人的理性是靠他无需进一步论证的识别能力;公理的有效性、形式的推演、逻辑的必要性,这些是宣称一个权威系统所依靠的。"①然而,尽管这种特别的发展方向——把合理性等同于逻辑——从来不是强制性的,但是接受这个等式将最终导致不可避免的历史学与人类学的冲突。

那么,我们如何解释这些普遍原则的来源?图尔敏认为,柏拉图、阿奎那、笛卡尔和康德分别从不同的方向找寻这些普遍原则的本源或根据。柏拉图认为,理性最终用特定的思想观念与人类的精神相联,其有效性独立于

---

① Stephen Toulmin: *Human Understanding*, vol. 1: *the Collective Use and Evolution of Concepts*, Princeton, NJ: Princeton University Press, 1972:44.

我们个人的观点。哲学家帮助人们通过理性,运用智慧,直观到永恒的真理。至于中世纪的哲学家,理性知识的客观根据依赖于神圣的思想。人类洞察永久的理性原则依赖于神的恩赐,而不是人的能力。笛卡尔综合了这两种观点:对不变的理性原则的信心的最终理由在于,它是上帝在人类心智中发现的"清晰和明确"的观念与外部世界之间所创立相一致的或者对应的结构。对于康德而言,这种妥协并不够好。那么,我们如何在"清晰和明确"的观念与任何"外部现实"之间建立同构性呢? 到最后,我们声称我们真正知道的关于确定性的一切,不得不求助于观点本身。然而,我们对理性的主张的确信必须是内在的,属于思想本身的理性组织,理性的原则是我们给予经验的结构……争论一直持续。

无论理性的最终来源是什么? 以上所有相关者都认为它的原则是且必须是历史地不变的。康德认为这种不变性尤为重要。当时的哲学家开始认识到历史和人类学日益增长的挑战,康德用这种不变性来防范来自历史和人类学的误解。康德坚持认为:"无论过去还是现在,人类理解的原则不能仅仅是对人类实际思维习惯的经验概括。它们不仅仅是单一的人类学的问题。普遍性事实上不能给予知识的理性原则超越智力的权威。在此基础上,它们永远不会变成绝对的真理。"①相反,对理性和判断的有效批判必须找出其原则的先验性根源。这种形式可以强加于所有理性思想的批判过程,而不管其文化和历史背景差异。康德最后重新强调历史文化的不变性;甚至走得更远,声称整个牛顿力学同样只属于具有逻辑和几何的唯一理性。所以像柏拉图一样,在康德看来,"理性的观念仍然是以普遍的、一种先验的原则来判断;自然哲学在形式和内容上都是独一无二的;这种自然哲学的最高的知识优点在于系统性和一致性"②。在 19 世纪,对建立一个内在理性原则的单一普遍体系的承诺,最终与历史学和人类学的发现发生了冲突。

然而,很久以来,哲学的这种占主导地位的传统已经变成知识的权威主义而不是真正的公正的方法。"普遍有效性"和"直觉上的不言而喻"的原则信念鼓励了一种自我正义和狭隘主义。17 世纪 70 年代以前,人的品味、习惯和社会结构多样化,其全部意义需要经过一段时间才能得到承认。孟德斯鸠将不同的地理位置、不同的气候和土壤、不同的资源和人类传统文化进

---

① Stephen Toulmin: *Human Understanding*, vol. 1: *the Collective Use and Evolution of Concepts*, Princeton, NJ: Princeton University Press, 1972:45.

② Stephen Toulmin: *Human Understanding*, vol. 1: *the Collective Use and Evolution of Concepts*, Princeton, NJ: Princeton University Press, 1972:46.

行对比,并用这些环境差异来解释为什么不同的社会有相应的不同的法律制度和经济技术,以及不同的民族气质和艺术品味。直到近 19 世纪,在已知的人类社会中发现的法律、习俗和做法的表面多样性仍然可以被解释为单一静态人性的不同表现形式,按照相同的固定的准几何原则运行。动物学和植物学的发现给人们对分类学和对有机物种起源的推测提供了启发,由此产生的人类学观察也引发了对道德和社会起源的推测。地理大发现后,欧洲对南亚和东亚的报道,打开了全球视野,从而展现了全面的人类变异。在达尔文关于有机变异的关键论点中,当前的物种地质分布是与过去的地质和古生物学证据相吻合的。人类学和民族学的发现将对历史的更深刻的理解统一在一个强大的文化变异性论证中。随后 19 世纪的发展更加强化了这个论证。那一刻,人们承认不同文化和时代所接受的风俗习惯和道德观念的全面性和多样性,而不是只有出于永恒和普遍原因的替代效应,静态的社会法律的另类表达,或永恒的社会方程式的替代解决方案。

一些历史主义哲学家曾认真地思考历史变迁和多样性。他们认为,人类思想和理论的基本类别——物质和物理以及道德和神学——是目前历史序列的产物,而不是以普遍和绝对真理为特征的纯粹的理性。正如我们现在所认识到的那样,不同社会的编号程序、颜色命名、宇宙论和技术是根据不同的道德态度和社会组织的根本原则而不同的。18 世纪最终依赖于理性或自然,19 世纪发现历史运作下的知识信念,20 世纪一直受困扰的是悬而未决的历史相关性问题,今天我们处于数字化时代,理性处在一个新的令人困惑的境地。

我们已经注意到"合理性的"历史解释。从社会学意义上说,现代性问题的核心是从合理性维度使社会秩序理性化,它是一个范围及于社会、经济、政治的过程,其制度与组织的目标是构建一种系统化、功能化的效率体制。"伴随着社会越来越理性化,社会也越来越偏向从功能运作方面追求理性的发展。这种片面的理性发展典型地表现为某些社会亚系统的极度膨胀并侵入了其他社会领域。"①哈贝马斯认为:"现代曾经从中获得自己的自我意识和乌托邦期待的那些力量,事实上却使自主性变成了依附性,使解放变成了压迫,使合理性变成了非理性。"②这种理性的吊诡体现为现代社会中遵循工具理性运作逻辑的系统和遵循交往理性运作逻辑的生活世界之间出

---

① 傅永军:《法兰克福学派的现代性理论》,社会科学文献出版社 2007 年版,第 283 页。
② J. Habermas: *The New Conservatism*: *Cultural Criticism and the Historians' Debate*, Cambridge, Mass.: MIT Press, 1991:51.

现了不对称。系统的运行逻辑侵入了生活世界,扭曲了生活世界的整合能力,也就是自主化的工具理性的扩张导致生活世界的内殖民化。

在过去三百年里,出现了专注于"事实崇拜"的哲学派别,被称为经验主义(认为所有的知识都来源于纯粹的事实)或实证主义(认为只有拥有事实的科学知识才是真正的知识),"形而上学"在该派别的哲学家和一些科学家中间已经变成贬义词。这些哲学家认为在科学中不需要任何"形而上学"。这类哲学宣称,直接观察到的事实是真的,用科学方法从观察到的事实中直接归纳的理论和定律也是真的。然而对于人类而言,并不存在纯粹的事实,所有的事实都是以某种方式与人类的社会生活实践联系在一起的。这些哲学家往往忽略了我们生活其中的社会和面向实践的合情理的当代理念。"理性的理念是一种生活形式的理念。只有在一个解放的社会,并在不受控制的交往基础上,理性才可以完全实现。作为纯粹理论的理性之哲学形式——即自足的、脱离于实践的理性——是一种意识形态。它让自身凌驾于系统扭曲交往的历史现实之上,并因此阻止了批判实践,而只有通过批判实践,其理念才可以实现。"①三百年来,经验主义和实证主义哲学家从普遍原则演绎人类组成的社会,用科学解释社会的组成特征;将事物之间的因果联系按照数学理念编织,把构造理念的世界误以为是经验背后隐藏的规律世界,至此理性失去平衡。因此,在图尔敏看来,在哲学和人文科学中,理性主义所付出的代价巨大,我们现在不得不转变我们的方向来扩大理性自我表现的模式。"我们首要的理智任务就是放弃绝对理性在现代的绝对性神话,治愈17世纪以来因合理性困扰着理性所形成的创伤,恢复长期被剥夺的合情合理的同等待遇。"②

三、科学合理性危机的根源

图尔敏指出,当代科学合理性的危机的主要根源体现在以下三个方面。第一,由于强调科学知识的确定性,数学和逻辑被逻辑经验主义者强化、抽象化为具有普遍必然性的知识。"只要数学家退入他们不可攻克的抽象堡垒,即所谓纯数学,这一切相似就都被忘却,无限就变成完全神秘的东西,而在分析中所运用的方式和方法就显得是完全不可理解的、同一切经验和一

---

① 〔美〕托马斯・麦卡锡:《哈贝马斯的批判理论》,王江涛译,华东师范大学出版社2010年版,第133页。

② Stephen Toulmin:*Return to Reason*,Cambridge,Mass.:Harvard University Press,2001:214.

切理智相矛盾的东西了。"①但是,数学和逻辑并非完全脱离历史和文化情境的知识,它是在人类生产生活中逐步形成并被认识和发展的。关于数学真理性问题,普特南指出数学知识类似于经验知识。也就是说,数学真理的标准与物理学完全一样,也存在于我们的思想中并在实践中获得成功,而且数学知识并非绝对的,它是可以修正的。正如拉卡托斯指出的那样,关于"有效性"和"严格性"的数学观念也有它们自己的历史,在数学中也存在着与自然科学中相应的范式转变。"不理睬数学史上最引人入胜的现象,数理哲学变成了空洞的哲学。"②"数学肯定是从现实世界抽象而来的,因为数学对象不能独立于或先于经验而存在。它们是作为能够被感觉到的对象本身与对象的本质之间的一类观念而存在于人的心目中的。因它们是从物理世界抽象而来的,所以它们能应用于物理世界;但若脱离可见的或可感触的事物,它们便没有实在性。单靠数学是决不能充分确定物质的。"③因此在研究原因时,数学至多只能提供形式原因方面的一些知识,就是说只能提供一种描述;它能描述物理世界中所发生的事,但对运动或变化的作用原因和终因却不能置一词。

第二,逻辑经验主义过分注重科学知识的理论性,强调科学的思想内容只与内部的逻辑和形式有关,将科学合理性的焦点集中于科学理论的逻辑结构,不通过科学扎根于其中的社会、经济和政治力量来不断地解释科学内部的思想内容,简化了科学中的实践理性向度。针对这种现象,皮克林指出,在科学始终支配着大量听众的同时,众多的学者几乎没有直接对科学实践显露出半点兴趣。他们的主要兴趣一直是关注科学的产物,特别是科学概念产物的知识。图尔敏通过对科学史的考察指出,近代以来的科学家和近现代的科学哲学家"只关注物理学理论论证的形式一致性和逻辑融贯性,而几乎毫不关注这些论证是否可以实际应用于我们生活的世界并尝试去理解那个世界"④。传统经验主义者对"起源、确定性和人类知识范围"的研究大体是基于感觉经验之上的。直接所予的诸多观念——思想、印象、感觉等——被认为是为我们"事实"知识提供的经验基础,即具有直接的、明显的经验不容置疑的基础。它所承载的不容置疑性,关系到那种不仅仅简单反

---

① 〔德〕恩格斯:《自然辩证法》,人民出版社 1971 年版,第 248 页。

② 〔英〕伊姆雷·拉卡托斯:《证明与反驳——数学发现的逻辑》,康宏逵译,上海译文出版社 1987 年版,作者引言第 2—3 页。

③ 〔美〕M. 克莱因:《古今数学思想》(第 1 册),张理京、张锦炎译,上海科学技术出版社 1979 年版,第 174 页。

④ Stephen Toulmin:*Return to Reason*,Cambridge,Mass.:Harvard University Press,2001:10.

映了经验基础现有经验的事实命题关系问题。

第三，逻辑经验主义坚信科学的普遍性，认为科学的思想内容、理论、方法、观念都是通过自己的逻辑发展、改变以及进化的，不会受到任何社会、政治、经济因素的影响。他们试图通过"统一科学"来巩固科学合理性在整个人类知识和文化中的地位。但是，既然没有唯一的、可转换的科学方法，在科学中就不存在独特的、唯一的理性，这种理性在其他的人类建制之中也是不可能和不存在的。"……关于科学的神话只不过是一个故事，甚至是一个迷信，但这迷信却流行着，而且从其诞生时起已经流行了 300 多年。它是一幅图景，一个文化故事，掩藏了科学技术作为社会和人类事业的真相，使常人无从知晓。"[1]什么是科学及其发展？它为环境所塑造而又反作用于环境的现实的社会、历史、经济和政治事实是什么？这些问题被一连串环环相扣的故事掩盖、隐藏、遮蔽，这些故事就是关于"方法""进步"和"自主性"的神话，这些故事和神话通过提供简单的、似是而非的关于科学本质的另类故事来阻止人们提出更深入的问题。因而如此这般，就形成了一道鸿沟，一边是科学的公共形象——科学的公认面孔，也就是众所周知的科学的故事；另一边是社会和政治的复杂性实际存在于科学的实际活动中。这些编织面纱或藩篱的连环故事早在 17 世纪就已经形成，它们意在说明科学中的每件事都是对的，无需做更深入的历史或哲学分析。然而，迄今为止，没有一个科学家拿出可以解决一切问题的"方法"。科学家们仍然在探索，而且将一直探索下去。对于科学革命是如何进行的这个问题，我们需要社会学和历史学的解释。

科学理论能表述为基于欧几里得《几何原理》的公理系统。"原则陈述用作公理，事实观察被解释为在给定情形下从那些原则的演绎。逻辑学家因此对判断理论系统的有效性，也对度量它们的证据支持，具有权威性。"[2]在《回归理性》中，图尔敏指出这两个观点都是错误的。"尽管牛顿在其动力学的数学理论中依赖欧几里得几何学，但是，欧几里得几何学从来不是一般科学理论的好模型；人们也不能通过把它们处理为不同命题间的形式关系而对观察和理论之间的关系给出一个好的一般说明。库恩的《科学革命的结构》最好被称作《科学结构的革命》，该书论证了理论从一个时代到另一个

---

[1] 〔澳〕约翰·A.舒斯特：《科学史与科学哲学导论》，安维复主译，上海科技教育出版社 2013 年版，第 12 页。

[2] 武宏志、周建武、唐坚：《非形式逻辑导论》（上），人民出版社 2009 年版，第 176 页。

时代遭到激烈的重建后采取不同的公理结构。"①连逻辑实证主义的代表人物石里克也认为,任何人只要深入地考察一下物理学理论,并且看到它的逻辑统一性和融贯性极大地简化了整个世界图景,他就会毫不犹豫地认为,欧几里得几何在物理学中绝对支配的地位已经结束。"关于方法的普遍性即一种'方法'能保证得到所有领域和文化的理性知识的假设,在 20 世纪晚期已遭到部分挑战。……合理性的理解与科学方法的流行理念——普遍的、自确证的和完全的——在最近 30 年日益变成不合情理的。生产性的合理性活动所使用的程序具有多样性,它取决于我们在所有不同事业的进程中所提出的多重任务,远不是固定和普遍的,我们的程序必须随我们进行的不同任务而变化。"②

因此,在图尔敏看来,"合乎情理性"与"合理性"之间失衡的理性观是当代科学合理性危机爆发的根源。这种不平衡的发展造成了某些领域对其他领域的"殖民",并成为现代生活意义的危机和自由萎缩的主要原因。17 世纪的自然科学引发了理性主义的三个梦想——"普遍的模型、完美的语言和自然统一的系统,这是一个高贵的梦想,但也只是一个梦想"③。理性主义追求的确定性、必然性、统一性为单一的数学形式的梦想,这种梦想造成了巨大影响,给人类理性带来创伤并持续了 300 多年,而我们最近才开始治疗它。图尔敏指出:"17 世纪的自然科学家梦想把合理性、必然性和确定性统一于单一的数学形式中,如果我们要治疗这个伤害,就要重建理论和实践、逻辑和修辞学、合理性和合情合理性之间的适当平衡。"④

第三节　图尔敏对极端理性主义的批判

图尔敏是历史主义学派的先驱。20 世纪 50 年代后,他最早恢复了早期假设主义关于科学哲学与科学史相结合的方法论主张。他系统地论述了建构主义的科学哲学理论,为零散的经验材料建构具备有序性、整体性的解说模型。图尔敏提出的自然秩序理想论可以看作库恩范式理论的先声。图尔敏认为,逻辑实证主义的根本错误在于哲学的逻辑化,使科学哲学背离了实际的科学史,变成了一种想当然的空洞理论。"在他看来,理论是分散、零

① Stephen Toulmin: *Return to Reason*, Cambridge, Mass.: Harvard University Press, 2001:5-6.
② 武宏志、周建武、唐坚:《非形式逻辑导论》(上),人民出版社 2009 年版,第 177 页。
③ Stephen Toulmin: *Return to Reason*, Cambridge, Mass.: Harvard University Press, 2001:71.
④ Stephen Toulmin: *Return to Reason*, Cambridge, Mass.: Harvard University Press, 2001:214.

乱的经验材料的系统性、整体化建构,科学建构的方法是'图像—推理法',即将模型和数学技巧结合起来的方法,而不是归纳法。……科学理论的历史建构建立在一个基本原则即'自然秩序理想'的基础之上,它是自明性、预设性和基础性的,又是历史性(流变的)、相对性(无真假可言)的,相互之间还有隔阂,即不能相互成功地讨论或争辩。"①图尔敏历史主义思想为后来的历史主义学派的研究提供了理论方向。

作为开启历史学派先河的人物,图尔敏的哲学思想对库恩的历史主义思想的形成与发展产生了重要而直接的影响。图尔敏关于科学史的态度,同以往的"纯粹编年的科学史"不同。他认为应当把"所研究的科学观念放到它们的智力环境中,以显示在那种具体环境中是什么赋予这些观念和研究以自己的特性"②。图尔敏客观地评价了库恩的哲学思想:自从库恩的历史主义观点形成以后,图尔敏认为自己的历史主义观点同库恩的观点有一定的差别,即库恩的历史主义最容易导致历史相对主义,是属于"更强意义的和要不得的历史主义"③。图尔敏声称自己的历史主义"'强调的是在自然科学中,合理地批判标准本身在经历一个历史的发展变化过程',这样就可避免陷入'历史相对主义'"④。

从逻辑主义到历史主义,总的倾向是距离标准科学哲学的传统越来越远。历史主义发展到费耶阿本德时,历史主义的某些观点的片面性被进一步推到极端。新历史主义学派有局部地向传统哲学回归的倾向。新历史主义学派既站在历史主义的立场,批评逻辑经验主义脱离科学发展的实际,又坚持科学实在论,反对库恩、汉森和费耶阿本德的相对主义和唯心论倾向。图尔敏通过研究推理形式,建立理论评价标准来寻找科学知识发展理性,尝试用逻辑与历史相结合的方法,为科学哲学的发展开辟新的途径。图尔敏坚持科学的论证模型,一方面批判了逻辑实证主义把科学哲学的任务归结为对科学知识作静态的逻辑分析的观点;另一方面批判老历史主义学派的非理性主义与相对主义,把新历史主义学派的理论引向实践,从而使西方科学哲学出现了新的面貌。

① 刘大椿、刘永谋:《思想的攻防——另类科学哲学的兴起和演化》,中国人民大学出版社2010年版,第17页。
② 舒炜光、邱仁宗主编:《当代西方科学哲学述评》,人民出版社1987年版,第195页。
③ 舒炜光、邱仁宗主编:《当代西方科学哲学述评》,人民出版社1987年版,第198页。
④ 刘长春:《科学哲学上的"历史主义"与历史主义》,《华中理工大学学报》(社会科学版)1993年第2期。

一、批判绝对主义与相对主义

作为维特根斯坦的学生,一个在逻辑领域执着的探寻者、思考者,图尔敏一生都在坚持两条战线战斗。他反对绝对主义,反对追求一个完美的、脱离实际的形式化理想。他指出:"这种形式化论证的实用价值有限。绝对主义延续了亚里士多德和柏拉图的传统,以为依据一个有效、可靠的标准,按照一套规范严密的程序,就可以对一个命题或一种主张的真伪进行检验。然而,在现实中这种理想化的检验程序往往行不通,这些理想化的检验方式往往与人类的真实生活无关。"①卡尔纳普所代表的逻辑经验主义僵死的教条,是建立在很多巨大的错误和误解上的。"首先,他们总是倾向于把两种意义的'分析性'纠缠在一起:概而言之,狭义上的'分析性'指的是明晰的语言约定,而广义上的、且更确定意义上的'分析性'则是指那些仅仅因为意义而成真的命题。⋯⋯其次,这种混淆还和如下这种倾向有关,就是把数学中比较有条理的那部分拿出来作为科学的范本。但这样一来,他们既误解了数学是什么,也夸大了'约定'和人工语言在'理性重建'工作中所占据的戏份。第三,对于经验主义的解放(比如卡氏在很早的时候对整体论思想就已做出的背书)实际上就是他们对于一些理论失败的局促回应。⋯⋯第四,和老派哲学家的想法——哲学只当关注先天综合的命题——相对应,在卡氏那些人则从一个极端走向另一极,倾向于认为哲学的任务就是搜寻分析命题。"②

图尔敏首先考察并批判绝对主义,他在追问:为什么背景不变的命题逻辑完全取代了背景依赖的论辩逻辑?"16 和 17 世纪的'新思想家'树立的与亚里士多德对立的人物有毕达哥拉斯、柏拉图,还有最重要的欧几里得。他们的雄心是在所有思维中使用数学方法和模型,他们经常就数学实体的地位表达柏拉图主义的观点。"③他认为绝对主义为科学预设了某些永恒不变的本体论原则、如自然的齐一性原则,自然的简单性原则、自然的统一性原则等。绝对主义也为科学研究预设了某些方法论原则,认为科学知识在这些方法原则的指导下不断发展变化,而它们永不改变。"数学真理的世界

① 〔英〕斯蒂芬·图尔敏:《论证的使用》,谢小庆、王丽译,北京语言大学出版社 2016 年版,第Ⅷ页。
② 〔美〕王浩:《超越分析哲学:尽显我们所知领域的本相》,徐英瑾译,浙江大学出版社 2010 年,第178 页。
③ 〔英〕斯蒂芬·图尔敏:《论证的使用》,谢小庆、王丽译,北京语言大学出版社 2016 年版,第154 页。

是个真实的世界,有待我们去探索,并且不断会有新真理等待我们去发现,而这些真理不只是存在于公理的陈述中。"①图尔敏认为逻辑实证主义属于概念预设主义,逻辑实证主义哲学家为科学知识规定了某些亘古不变的概念,从而陷入了绝对主义。其次,图尔敏也反对相对主义,努力与相对主义划清界限。他不赞成库恩的科学范式的"革命论",坚持科学模型的进化论和科学发展的连续性和继承性。"在论证过程中存在许多领域依赖、时间依赖的元素,但同时仍然存在许多领域独立、时间独立的元素。"②"在对知识的探求做出说明时,能否做到既不依靠任何形式的不可违背性的观点(绝对主义),又不陷入相对主义或怀疑主义是图尔敏极力追求的目标。"③对于前者,绝对论者的反应与重复在20世纪体现为用以柏拉图数学为模型的抽象形式主义简化苏格拉底问题。绝对主义者将人类观念和信仰的实际多样性视为一种表面事物,哲学家必须在其后找到固定和持久的理性原则,反映纯粹理想化的概念形式。后者体现了相对主义者极其重视历史文化的多样性,他们不是忽视概念系统的多样性,而是完全屈服于此,放弃了在不同文化或时代之间公正地进行判断的尝试,把理性概念仅仅视为一个本地的、暂时的应用。

逻辑实证主义撇开科学史和社会史,热衷于对科学理论作静态分析,批判理性主义动态地研究科学理论发展模式,但不能与科学发展史相结合;旧历史主义者虽然紧密地联系科学发展史,动态地研究科学发展,但他们用非理性主义解释科学的进步,实质上还是否认了科学的进步与发展。图尔敏则从科学的实际出发,在理性主义原则的指导下,结合科学史的实际去动态地研究科学理论的发展。图尔敏把科学看成一个整体——诸多事实和理论交织在一起的有机整体,并极力倡导在科学哲学领域内重新恢复合理性的权威。

图尔敏认为,作为一种哲学的梦想,人类知识应该被固定原则控制这一信念可能会保留一定的吸引力,但当涉及理解和评估我们对知识的主张的实际基础时,这种信念对我们没有任何帮助。公正的理性论坛与公正的程序如何通过比较其他的概念和思想方法,达到一个可以接受的哲学基础?

---

① 〔英〕斯蒂芬·图尔敏:《论证的使用》,谢小庆、王丽译,北京语言大学出版社2016年版,第163页。

② 〔英〕斯蒂芬·图尔敏:《论证的使用》,谢小庆、王丽译,北京语言大学出版社2016年版,第Ⅷ页。

③ Shapere: *Reason and the Search for Knowledge*, Dordrecht: D. Reidel, 1984:21.

图尔敏发现,承认概念和智力多样性实际上对 20 世纪理性主义的立场产生了强烈的两极化影响。两个主要的反应:一是否认历史,一是屈服于历史。一方面,有些哲学家承认概念和历史多样性的事实只是事实,但它们与哲学的中心问题无关;而人们实际观念和信仰越多样,在理性判断的绝对标准方面确定客观立场就越重要。这些标准优先以抽象的一般术语表示,甚至以失去与历史变革相关的实际复杂性为代价。另一方面,有些人对人类思想的实际多样性印象深刻,他们走向了相反的极端:放弃对普遍的、客观的观点和不再站得住脚的要求,回到局部的、暂时的或相对的标准上去。

二、提倡平衡的理性观

图尔敏在著作《回归理性》中追溯了现代性的起源,追寻 16 世纪的人文主义和 17 世纪的理性主义的发展演变,分析两种思潮的撕裂和由此带来的种种弊端。图尔敏指出,在理性主义和人文主义之间独尊任何一方而轻视另一方,都会给人类的理解带来困难。他呼吁两者之间的和解,这种和解体现了什么是有价值的理性主义思想的确认。从 17 世纪自然哲学对形式严谨的痴迷到许多学科的顽固事实,其间需要一种新的动态平衡。这种平衡抛开自成一体的绝对理性的系统思想,开放系统要素,重新回归言语交际,给予地域性和及时性应有的关注。

绝对理性主义者认为真理是唯一的。因此,笛卡尔认为理性判断标准必须以永恒的历史条件来表达,在所有的历史和文化背景下都是平等的。绝对理性主义的代表人物弗雷格,他的作品尽力恢复柏拉图主义的数学传统,明确地表示作为哲学应该免受从属于历史和心理学事实的手段;相对主义者柯林伍德用一个哲学家的天赋和热情写出了一流的专业史,把哲学从弗雷格所认为的与历史不相干的观点中成功解救出来。

在 19 世纪下半期以前,无论是归纳主义者,他们还是演绎主义者都毫不动摇地坚信科学是理性的事业,科学活动是理性的活动。他们把理性与逻辑等同起来,把科学理论的发现与科学理论的证明结合起来,认为包括科学理论的发现与科学理论的证明在内的整个科学认识过程既是一个逻辑的过程,也是一个理性的过程。但是自 19 世纪下半期起,科学认识开始深入微观世界,微观客体的结构及其变化规律的知识既不能从"先天公理"的演绎中得出,也不可能由经验材料的重复性直接归纳出来,而只能通过假设—演绎—实验过程得以实现。这样,就造成了归纳主义、演绎主义的相对衰落与假设主义的随之兴起。假设的提出是灵感或直觉猜测的结果,它是非逻辑的,因而也是非理性的;而理论(假设)的证明或辩护则是逻辑的,因而是理性的。波普尔在理论的发现问题上是一个非理性主义者,而在理论的证明或辩护问题上则是一个理性主义者。20世纪60年代以后,新历史主义就是在反对旧历史主义的非理性主义中兴起的。图尔敏对"理性"作了自己的解释。

形式化、数学化的研究进路主导了20世纪逻辑学的发展。"逻辑实证主义者因为对分析理想的依恋,尝试去分析类型的跳跃,结果关于未来的陈述只是重述我们所拥有的证据,关于过去的陈述只是对我们可能提供的证据的重述(我们可能在某些情况下做出的观察),关于物质的陈述只是对我们可能经历的感知数据的陈述,这些都是毫无意义的。"①在图尔敏看来,"那种认为一个普遍的和永恒的程序法典能够为我们的所有问题提供唯一和明确的答案的想法是一种原则上的暴政,或者是受到了追寻数学运算法则的理性主义之梦的蛊惑。"②图尔敏所构想的逻辑科学非形式化的实践性变革,似乎也被现代逻辑的辉煌所遮蔽。在一些当代形式逻辑学家眼里,图尔敏仍然是一个"不公正地抛弃了逻辑学"的迷途者。然而,无论从形式上还是实质上,图尔敏"从未反对或背弃过'逻辑学'本身;相反,他所关切和探讨的核心议题,却正是如何解救逻辑研究所陷入的实践困境与理论危机"③。

总之,图尔敏在对于什么是科学哲学这一问题的看法上表现得尤为独特。逻辑经验主义只注意科学知识的逻辑结构,从而完全脱离科学实践和科学内容。波普尔和拉卡托斯仅仅注意科学知识的发展,并且试图提出超历史规范的规则作为知识发展的唯一合理标准,这不符合历史与科学实践。正如普特南在《理性、真理与历史》中所探寻的那样,"我们既能相信真理,相信有真理的标准,从而避免相对主义,又能通过坚持有多种世界,有多种世界的存在方式,有多种理论和真理,其中有正确的,也有错误的,没有一成不变的标准,从而避免形而上学实在论或外在实在论的单一世界和唯一真理"④。西方科学哲学是从客观主义、绝对主义向主体主义、相对主义转变,而历史主义在这个转变过程中居于关键性的地位。历史主义在当代西方科

---

① David Botting: "Toulmin's Logical Types", *Argumentation*, 2017(31):433-449.
② Stephen Toulmin: *The Tyranny of Principles*, The Hastings Center Report, 1981:31-32.
③ 谢耘、熊明辉:《图尔敏的逻辑观述略》,《哲学研究》2013年第8期。
④ 〔美〕希拉里・普特南:《理性、真理与历史》,童世骏、李光程译,上海译文出版社1997年版,译者的话第4页。

学哲学中仍占有重要地位。理解和把握图尔敏平衡理性主义思想,对把握整个现代西方哲学理论及今后的演变趋向具有重要的意义。

三、反对逻辑主义,提倡历史主义

图尔敏认为现代科学哲学中种种错误理论或学说得以流行的一个主要原因是:科学哲学的逻辑主义化。由于逻辑在科学哲学中占据主导地位,许多人把科学哲学简单地等同于逻辑。这种错误倾向和主张由来已久。早期研究科学方法论的人大多数是逻辑学家,他们把科学方法看作哲学的中心内容,又把逻辑看作最根本的方法。早期演绎主义者笛卡尔和归纳主义者培根以及后来的穆勒都是这样。"当今英美的逻辑主义者,主要是逻辑实证主义者……则更把科学哲学等同于逻辑,从而把科学哲学的研究引进了死胡同。"①逻辑主义的科学哲学理论的最大缺点或错误是把科学哲学的研究与科学家具体的科学实践割裂开来,从而造成了科学哲学与过去和当今科学家的具体实践及科学理论发展的实际情况相脱离。逻辑主义的科学哲学家们是从纯粹的抽象思辨出发的,或者从纯形式的逻辑观点出发的。他们的理论论证看起来逻辑严密,然而,却与现代自然科学的实践相去甚远。"哲学家们提出了'逻辑'必要性、'逻辑'有效性、'逻辑'可能性等逻辑理想,但是,只有在检查逻辑一致性的预备阶段,实际上仅仅在不需要逻辑的地方,这些理想才能在狭窄的分析性领域之外的论证中得到应用。"②因此,逻辑主义的论证尽管看起来好像清晰明了、广博精深,但其实"无法为从事实际研究的科学家所理解,他们也不感兴趣"③。于是出现了这样一种不正常甚至令人奇怪的现象:"科学哲学家不关心实际的科学理论与实践,而专业的科学家则不关心科学哲学,因而科学哲学成了一朵不结果实的花,看上去姹紫嫣红,其实对自然科学研究并不起多少指导作用。"④图尔敏认为,产生这种不正常现象的根本原因,是科学哲学与它的理论基础——科学史以及科学理论、科学实践的现状——相脱离,从而失去真实性,成为根本背离科学理论与实践的空谈。

图尔敏发现,仅仅借助于数学模型和形式逻辑,很难在现实生活中形成

---

① 夏基松、沈斐凤:《历史主义科学哲学》,高等教育出版社 1995 年版,第 21 页。

② 〔英〕斯蒂芬·图尔敏:《论证的使用》,谢小庆、王丽译,北京语言大学出版社 2016 年版,第 213 页。

③ Stephen Toulmin: *The Philosophy of Science: An Introduction*, New York: Harper & Row, 1960:10.

④ 夏基松、沈斐凤:《历史主义科学哲学》,高等教育出版社 1995 年版,第 22 页。

有效的论证。他从"概率（可能性）"概念出发，揭示了数学理性和形式逻辑在面对复杂科学、社会问题时存在的局限性。图尔敏对以亚里士多德"三段论"为代表的逻辑体系以及对罗素、怀特海所进行的逻辑学数学化的努力所导致的逻辑"理想化"进行了反思。他认为："逻辑学的出发点不应是符合逻辑的理论，而应是复合逻辑的实践；逻辑学不应局限于研究思想的逻辑，更应该研究工作的逻辑（working logic），更应该研究日常生活实践中的逻辑。"①图尔敏指出："那种数学化的、跨时间的、跨学科领域的逻辑远远不能满足实际生活中论证和决策的需要。"②关注数学的人可以提出更为抽象的形式图式——脱离已知领域中所有实际论证的潜在论证范式。但是，哲学家将这些图式推广到其他具体学科时必须审慎，他们必须以自然主义者的眼光审视各个学科的内在逻辑，审视其历史、结构和运作方式，不受先见和偏见的干扰。

逻辑学不但需要更多的经验性，而且注定还会有更具历史性的倾向。"在那些被哲学家们引以为傲地净化了的领域，在先验论证之外，以及其他非分析性论证的哲学分支之外，重新引入历史的、经验的，甚至（从某个意义上来说）人类学的考量。"③我们必须研究已在某一领域里生根的论证方法，将它们作为历史事实来接受。"哲学家们苛刻地对待、评判自然科学、伦理学和其他学科中的实质性论证，指责它们不是分析性的，紧紧盯住它们不可避免的原罪而无视它们实实在在的优点。"④图尔敏呼吁应给予实质性论证以足够的重视。

20 世纪科学研究的成果，改变了人们眼中的物理世界图像。"即使在可以用更全面的理论进一步证明某种知识合理性的时候，就像在可以用更广泛的物理光学理论说明几何光学方法的合理性的时候，这种知识也并不是先验的和纯形式的，而是理论层面的实质性进展。"⑤图尔敏指出，不论是物理学，还是政治哲学、伦理学，不论是对这些学科当前发展，还是对这些学科的历史，都应给予学科的真实现状以更多关注。现代科学哲学如果跟科学史、现代科学理论与实践相去甚远，怎么可能让科学家们去关心它呢？如何能使科学哲学对科学研究产生指导作用呢？"比起牛顿掌握物质定律，人

---

① 〔英〕斯蒂芬·图尔敏：《论证的使用》，谢小庆、王丽译，北京语言大学出版社 2016 年版，第Ⅳ页。
② 〔英〕斯蒂芬·图尔敏：《论证的使用》，谢小庆、王丽译，北京语言大学出版社 2016 年版，第Ⅳ页。
③ 〔英〕斯蒂芬·图尔敏：《论证的使用》，谢小庆、王丽译，北京语言大学出版社 2016 年版，第 212 页。
④ 〔英〕斯蒂芬·图尔敏：《论证的使用》，谢小庆、王丽译，北京语言大学出版社 2016 年版，第 213 页。
⑤ 〔英〕斯蒂芬·图尔敏：《论证的使用》，谢小庆、王丽译，北京语言大学出版社 2016 年版，第 215 页。

类能更深刻、更清楚地了解自己;因此,原则上,了解历史知识(人类动机及其结果的描述)要比了解这个归根到底很模糊的外部世界来得更深刻、更详细。"①图尔敏的结论是:我们必须把科学理论视为一种历史的结果;拯救科学哲学的唯一途径就是将科学哲学与科学研究的历史实际相结合。他指出:"除非人们对科学家的现实的实践给予足够的注意,否则,对所有有关问题的回答都将很容易导致错误。"②图尔敏的这种立场表明,他在批判逻辑主义的同时,为科学哲学的发展指出了新的方向——历史主义的方向,从而成为历史主义的创始人。

第四节　图尔敏诊治理性主义危机的策略

理想语言分析主张语言意义确定论,主张建立人工语言以便正确无误地表述经验事实,避免哲学中的"无谓争论"。实际上,作为人类,在理性和探索世界万物的能力上,我们天生就受到限制。一方面,我们不可否认科学知识永远是临时性的这一事实;另一方面,我们已经看到,关于我们一直考虑的问题,哲学家们无法一致同意思考何种类型,这意味着没有既定的哲学真理可以作为我们对生命意义反思的基石。因此,这种限制不会给予我们任意"超越"理性和证据的许可。这种限制提醒我们该如何利用我们的理性来改善我们的生活与社会。在许多具备高度技术性的现代科学领域中,面对以科学的名义提出的声明,我们也尽自己的一份力量来促进社会远离日益危险的相对主义。图尔敏基于对前现代、现代和后现代人文语境的考察,找出理性主义失衡的原因;后现代无需告别理性,只需告别失衡的理性观,在合理性与合乎情理性间保持适度张力。

一、重审现代性理性

在《回归理性》中,图尔敏分析了理性失衡的根源,指出理性的破碎是现代社会人全方位异化的表征。难道人性或现代性的精神缺陷能够对 20 世纪的贪婪和暴力的胜利负责吗?毋庸置疑,人性和现代性存在缺陷,改变的不是我们对人性与现代性的评估,而是技术环境。人性和现代性的缺陷已

---

① 〔英〕彼得·沃森:《思想史:从火到弗洛伊德》(下),胡翠娥译,译林出版社 2018 年版,第 718 页。
② Stephen Toulmin: *The Philosophy of Science: An Introduction*, New York: Harper & Row, 1960:11.

经破坏了各种本能之间微妙的平衡。理性文明的概念最早是在反对传统宗教与封建教条的论战背景下提出来的。理性与旧时权威对立，是现代人自我认识的基础，而任何想与之割裂的方法，都必然带来倒退的危险。当理性被运用于技术的时候，这种严格的二分法就会使我们误入歧途。技术并不是纯粹理性的实现，而是凝聚了技术和社会两个方面。技术的双面性需要一种不同于启蒙时代的分析与批评的方式。"理性，至少在其技术实现中，不具有普遍性，而正如其他文化表现形式一样，仅具有特殊性。"①现代性是充满了谋划能力的理性，就是一种敞开了乌托邦创造性能力的精神。"它脱离了仅仅是编年史意义上解释欧洲特定历史的解说模式这样一种狭隘视野，成为具有广泛普适性、中立的、解释人类社会发展的一般性叙事范式，从而在现代性与西方现（理）性主义的起源和发展脉络之间建立起内在关联，使得西方社会现代化的过程能够被理解为理性化或理性结构的历史客观化的结果。"②

　　按照马尔库塞的说法，伴随着现代社会的发展，单向度性日益成为它们的主要特征。科学主义引起一种拒斥，针对的是这种充满想象力的与现实的关系。在缺少超验准则的情况下，现存社会变成了一切可能发展的唯一视域。就其作为一个从内部排除任何根本性变革的技术活动的封闭系统，单向度类似于海德格尔的被摆置的世界。理性的这种转变反映在科学方法论上，并且最终反映在一切学科的方法论上。自然科学作为一个技术对象被展示出来，与此相伴，人类也被整合到了一个平稳运转的社会机器中。马尔库塞认为，现代技术问题源于它的价值中立，是其分化的结果。尽管他没有对此作出适当的历史性说明，但他似乎相信，前现代的技术行为是由融入工艺标准和实践的、反映人类普遍需求的价值决定的。将这些强加于现代技术的限制性因素剥离造成的结果是，技术变成了一种由强者控制的工具。

　　马尔库塞将这一论证阐释为对理性命运的历史性解释。这种历史性解释被法兰克福学派其他成员所接受。在霍克海默的著作中，与海德格尔的"技艺"相当的是"客观理性"（objective reason），即一种具有实质性目标的理性。扎根于实际生活需求的理性起源，以及这种原初的客观形式呈现出来。马尔库塞提出了理性从最开始就根植于一种好生恶死的价值判断。现代科技——霍克海姆的"主观理性"（subjective reason）——就是一种对早

①　〔加〕安德鲁·芬伯格：《在理性与经验之间》，高海青译，金城出版社 2015 年版，第 136 页。
②　傅永军：《法兰克福学派的现代性理论》，社会科学文献出版社 2007 年版，第 25 页。

前理性的简化。当实质性的目标从理性的结构中移除时,剩下的就只有手段——理性变成了工具。马尔库塞拒斥自然在科学意义上的优越性。

图尔敏基于对前现代、现代和后现代人文语境的考察,探寻理性失衡的技术性根源。牛顿以后的 300 多年时间,是对技术、机器和纯秩序的漫长迷恋期。机械观逐渐占据主导地位,直到 20 世纪依然可见。机械观带给哲学的希望是,它为理性哲学提供了奠定性的逻辑元素以及建构它们的语言;它为政治带来的理想是,控制一个社会并对其进行工程化操作,从而使可控制的社会结构是可能的。但最后,在所有这些追求纯秩序的机械梦想破灭之后,这些领域都超出了自身的系统并无限蔓延开去。在现代曙光来临之际,笛卡尔、培根等诸多思想家都期望新的科学与技术由约束人类野心的智慧来设计。图尔敏指出,像技术一样,智慧也处在理性与经验之间。但是,这两种模式自近代以来失去了平衡。现在,沿着前代哲学家们铺就的这条道路,我们正处在一个决定性的转折点上来恢复它们之间的平衡。这个世界反映的绝不是它的机械性。随着机械变得具有互动性并复杂起来,它们所揭示的世界也成为一个复合体。世界不是纯粹秩序的表现,它是一个整体,一个有机整体,而且是不完美的。

现代性理论借助于"合理化"(rationalization)这个基本概念来解释现代社会的独特性。合理化指的是技术理性这种文化模式的普遍化。现代哲学把一种虚幻的关系当作理性的、客观的模型。一种独立于经验的纯粹理性的理念设想存在一个无限者,它具有一种"本然的行动",具体而言就是用于提高效率的计算与控制向社会引入,在世界受制于技术控制的形式下,合理化还简化了社会规范性。这种简化使我们的经验变得贫乏。实证主义使现代性理论被错误地假定为一种强加给社会的纯粹理性的形式,而实际上正如技术研究所证实的,技术完全是社会的。这种悖谬的现代性观点是现代技术研究进路所深恶痛绝的。我们必须寻找一条出路,使我们能够保持现代理论对现代性的独特性及其问题的深刻洞察。

不管是技术,还是市场,都始终具有社会性,不能按照某种哲学上纯粹的合理性概念作出解释。我们需要解释的是,当合理性与社会性纠缠在一起的时候,技术该如何发挥效力。技术只有通过它所服务的对象才可能具有社会性。与科学和数学不同的技术具有直接而强大的社会影响,技术的应用是面向社会和人类生活的。因此,科技产品是科技文化的物化表征,因此,像其他任何文化产品一样,科技同样应该需要解释,需要展现自身对应用者的人文关怀向度。然而,在现实的情况下,机器设计反映了社会因素对普遍理性的影响,却被人文主义者排斥。因此,在后现代社会,技术合理性不仅是一个信念、一种对存在的关切,还亟须在具体机器的制造中体现。这一现象也表征为:社会意义和功能理性是技术的两个无法区分的维度。

人类及其技术卷入了一种无本源的相互建构之中,现代性理论着眼于分化的技术规则在"人对人的控制"中的作用。而技术研究能够使我们关注应用于这些技术规则的技术合理性的主要社会属性。这两种研究进路的分离也导致了现代性与合理性互为讨伐。技术的进化需要使用者的实践,更需要一种现代性与合理性的综合,使我们能够将技术在现代生活中的核心作用理解为在形式上是具备技术合理性的,在社会具体内容上是丰富的。因此,我们的分析方案是:"要在不忽视实际设备和系统这些具体社会事物的条件下解释社会文化对技术合理性的影响。"①现代性要求我们更加努力,以确保不论是个人还是人类整体都能更充分地发展。然而,"想要更多"的现代性又让世界上人类赖以生存的生态环境因其贪婪而遭到破坏。几个世纪以来,资本主义的发展所遗留下来的是我们对物化问题和强大技术的与日俱增的危机感,而危机感又使我们面临各种重塑技术世界的选择。

二、重建理论与实践、逻辑与修辞、理性与合理性之间的适当关系

图尔敏区别了合理性概念的三种不同类型:"几何学的、人类学的和批判的。几何学方法极大依赖于形式逻辑,它源于柏拉图的'形式的'或'逻辑的传统';人类学方法依赖于共同体的合理性概念,它源于 19 世纪的'经验的'传统或'先验的'传统;批判的方法相当于论辩程序的功能性,始于康德的'批判的'或'先验的'传统。"②牛顿经典物理学的成功似乎表明,一个几何模型不仅是形式上严格的,也是经验上有力的,因为它看起来解决了自哥白尼革命以来使欧洲哲学家们苦恼的所有理智问题。太阳和行星的稳定性是我们看得见的保证,自然世界证明宇宙秩序的合理性。"对于许多古希腊哲学家而言,'逻各斯'的概念不仅意味着通过抽象的逻辑推理而在理论中得以展现的'合理性',而且意味着通过修辞学而在具体语境中得以实现的'合乎情理性'。如历史叙事、法庭演讲、日常谈话乃至神话和故事中的'合

---

① 〔加〕安德鲁·芬伯格:《在理性与经验之间》,高海青译,金城出版社 2015 年版,第 165 页。

② Frans H. van Eemeren, Rob Grootendorst and Francisca Snoeck Henkemans: *Fundamentals of Argumentation Theory: A Handbook of Historical Backgrounds and Contemporary Developments*, Mahwah, NJ: Lawrence Erlbaum Associates, Inc., 1996:23.

乎情理性'。"①但是,"逻辑的终极普遍性"这个想法太有诱惑力,莱布尼茨、弗雷格、罗素、早期的维特根斯坦,还有哥德尔,都曾以这样或那样的方式持有这一想法。罗素陈述不可定义项和关于这些项的公理的方式,其实就已经揭示了他所追求的"逻辑的终极普遍性"的一个方面。几何学的相对一致性已经通过算术方法而得到证明,希尔伯特则发现我们必须转向对算术自身的一致性证明。而麻烦是,并没有什么算术以外的且被我们所熟悉的数学领域可以在这种证明中成为我们的凭倚。对于一种普遍的元理论思考自然更为艰难,之所以如此,又特别是因为我们并没有一个令人满意的并且清楚明白的关于普遍逻辑的示例。

精确科学的兴起引发了理性主义的梦想——普遍模型、完美语言和自然的统一系统,表达了新科学家对"合理性"的希望。比如,莱布尼茨相信,完美的语言不需要解释,哲学争议可以通过计算来分出高低。图尔敏认为这是一个不可能实现的梦想,因为它依赖于两个没有理由的和不可能实现的假设:完美语言的特性能表达我们所有思想,而不需要就它们的意义达成一致;通过以这个标准语言取代民族的自然语言,欧洲人可能避免彼此之间的交际的崩溃,这种交际的崩溃给被用于宗教战争的理论辩论提供"燃料"。合理性方法、一种精确的语言和统一科学的梦想形成一个单一的宏大计划,它被设计为通过去掉情境来净化人类理性的运作。包括在"数学的和经验的自然哲学"中,客观性的理念把从事"合理性"事业的科学家置于一种优越的社会地位。今日的符号逻辑系统看起来是如此清楚,如果我们立足于今日的知识,重新寻觅普遍逻辑的任务,那么我们所需要的,与其说是关于知识的一致性,还不如说是一些更不确定的观念。

图尔敏指出:"17世纪的自然科学家梦想着将合理性、必然性和确定性统一为单一的数学形式的思想,而这一梦想的后果却给人类理性划出了一道三百年来未曾愈合的伤口——打破了合理性与合情合理性之间的平衡。"②这种失衡的理性观具体表现为如下一系列情境的对立:"形式证明之精确与叙事之合情合理、几何与自传、形式论证的有效性与实质性论辩的可靠性、在纯粹理论观点中体现出的普遍而抽象的理解与在具体事件中发现的关于模式的局域性知识、普遍的理论抽象所主张的超越时空与日常经验强调的此时此地、彼时彼地,等等。"③许多逻辑学家很可能把逻辑的数学理

---

① Stephen Toulmin: *Return to Reason*, Cambridge, Mass.: Harvard University Press, 2001:25-26.

② Stephen Toulmin: *Return to Reason*, Cambridge, Mass.: Harvard University Press, 2001:13.

③ 晋荣东:《现代逻辑的理性观及其知识论根源》,《南京社会科学》2008年第4期。

性看得比它的实践应用性更重要。一些哲学家建议逻辑学家应该把自己的兴趣限于关于论证和陈述的一致性和不一致性的问题上,对于这个受限制的目标,一种纯粹的形式理论也许的确是充分的。但是,大多数逻辑学家仍旧认为,他们的学科思想是关于有效推理的原则的,即将他们的"演绎"的方法限于有效的分析性推理原则的实践,关切的是相关的理论实体——与时间无关的真理。

鉴于此,根据以历史学家罗兰·穆尼埃(Roland Mousnier)为代表的科学史学家对 17 世纪欧洲历史的研究成果,图尔敏指出,当前处于合理性和合乎情理性之间的失衡的理性观,早在 17 世纪就已经埋下了隐患。图尔敏认为:"如果我们来治疗那种伤害,在理论与实践、逻辑与修辞、理性与合理性之间重建适当的平衡就是必要的。"①17 世纪的哲学家和科学家普遍认为:"在一个被战争割裂的欧洲,16 世纪人文主义者对人类理智的谦逊态度,以及他们对多样性和歧义性的品味,看起来像是奢侈品。"②牛顿科学时代到来后,自然科学开始发挥效力,给人以统治自然的力量。这种思潮把科学特别是牛顿式的科学与社会—政治变革及人类进步联系起来。"若想从根本上杜绝宗教战乱的爆发,就需要用一种普遍、必然和确定的知识和方法来为貌似不可通约的意识形态寻找统一和对话的基础。在这种人文关怀下,现代性更为注重具有确定性和必然性的数学和逻辑的方法,相对忽略了强调语境性和多样性的修辞和诠释的方法。"③17 世纪确实可靠的科学方法、完美精确的语言等哲学梦想,可能依然使我们神魂颠倒,激发有力的新理论,但是,硬科学对其他领域不应有自负的优越性,在未来更多时候需依赖于我们回归 16 世纪人文主义者的价值观和保持我们精巧的实践技能以及在硬科学所服务的人类利益之间维护脆弱的平衡的能力。

图尔敏指出:"直到 19 世纪之前,大多数工作中的科学家或者自身就是贵族或绅士,或者是以教会牧师、图书馆管理员或秘书等身份为依赖的贵族或绅士。"④图尔敏认为,贵族传统或者学者传统对实践的偏见,在某种程度上影响了现代科学家对待科学理论和具体实践的态度。正如我们所知,希腊和中世纪自然哲学被数学化、实践化或实验化的程度都不高。事实上,亚里士多德自然哲学最重要的价值是对社会精英在道德和宗教方面的教化,

---

① Stephen Toulmin: *Return to Reason*, Cambridge, Mass.: Harvard University Press, 2001:13.
② Stephen Toulmin: *Return to Reason*, Cambridge, Mass.: Harvard University Press, 2001:32.
③ Stephen Toulmin: *Return to Reason*, Cambridge, Mass.: Harvard University Press, 2001:33.
④ Stephen Toulmin: *Return to Reason*, Cambridge, Mass.: Harvard University Press, 2001:101.

而非提出和解决实际问题。科学革命的主要发展,例如哥白尼的天文学、牛顿的物理学、哈维的血液循环研究、显微镜或者微积分的发展,似乎并不是由解决技术问题的目标所推动的,并且对这些实际问题似乎也无能为力。它们研究的是天文学、抽象物理学和自然哲学的问题。这就解释了为什么上述这些人显然不是工程技术人员。

自然界中存在着多种力,有些力具有吸引作用,有些力具有排除作用,并且它们造成不同的现象,例如重量、光、化学反应、电和磁等。牛顿的自然观重建了用来表达现象的数学的简明性。那么牛顿的灵感来自哪里?他的自然哲学、神学和政治背景对他的机械论思想有何影响?17世纪50年代和60年代牛顿在剑桥受到摩尔(Henry More,1614—1687)和卡德沃思(Ralph Cudworth,1617—1688)的影响。两人都是剑桥大学思想传统的代表,历史学家称这种思想传统为剑桥新柏拉图主义。新柏拉图主义支持自然哲学的观点应该是冷静的、宽容的和理性的,世界上存在我们都能同意的简单的理性真理。在许多方面,剑桥新柏拉图主义者是典型的会成为机械论者的人。在摩尔和卡德沃思看来,有机现象就是用新柏拉图主义补充机械论的一个恰当案例。他们认为通过考察自然中特别是有机自然中奇特的设计与复杂、精细的事物,我们可以捍卫上帝的存在及其本性。所以在某种意义上,牛顿的自然哲学图景非常接近摩尔和卡德沃思的观点,我们在牛顿的自然哲学中可以找到上帝和粒子之间关系的基本原则和力量。牛顿证明,如果一个物体遵循开普勒第二定律,那么这一物体必定受到一个朝向物体运动中心的向心力的作用。牛顿也证明了物体在椭圆轨道上环绕一个焦点运动时,就会受到向心力的作用,并且这个向心力随着物体远离焦点而逐渐减弱,其数值与物体距焦点的距离平方成反比。这是数学上的结论,牛顿运用数学方法研究了绕心运动的过程。

就科学变革与科学发展而言,牛顿的自然哲学和他的《自然哲学的数学原理》给了我们什么启示呢?诸如万有引力这样一个深奥的概念,它是一种理论建构,经历了一个长期的学术研究过程。引力的学术研究和问题的解决是牛顿以自然哲学和形而上学框架为前提条件的,否则他永远不会朝着发现引力的方向努力。牛顿的研究受制于他的机械论自然哲学。诸如万有引力之类的事物,它扎根于建构者或建构集体的哲学背景、学术研究和社会背景。因此万有引力是一个历史的建构,扎根于复杂的历史研究模式和历史条件之中:这就是我们应该从这一重要的科学成就中得出的基本教训,"阐明这一教训表明:对于科学理论有必要进行历史的、社会的和政治的分析,科学理论是复杂的'文化'集成,而不是'自然'的镜像"①。

　　通过对现代理性观形成的历史语境和人文发展的纵向综合考察,图尔敏试图表明以下观点:"其一,在偏重'合理性'的理性主义者登上历史舞台之前,注重'合乎情理性'的实践哲学有着悠久而富有生命力的历史;其二,偏重'合理性'的理性观和理性主义在现代的兴盛,在很大程度上是应对 17世纪欧洲特定历史危机的反应,因此,现代理性主义将科学和哲学问题去语境化,恰恰是历史语境的产物;其三,这种偏重于'合理性'的现代理性观虽然成功应对了 17 世纪欧洲的历史危机,但也付出了相应的代价。"②现代理性观的失衡,打破了古希腊时期理性与人文之间的动态张力,导致了当代科学合理性危机。"想要治愈现代理性观带来的科学合理性危机,就有必要基于后现代的语境对现代理性观进行修正。"③在图尔敏看来,"全盘否定科学'合理性',过度张扬科学的'合乎情理性',同样会导致理性的失衡,难免会走向'告别理性'的虚无主义,从长远看终将枯竭人类追求真理和从事创造的智识动力"④。图尔敏呼吁,当今首要的任务是恢复被逻辑经验主义割裂的理论和实践、合理性与合乎情理性之间的动态平衡。他结合后现代的知识状况,提出了回归理性的观点,基于后现代视域对科学合理性危机作出诊治,提倡在理论与实践、逻辑与修辞、局域性与普遍性之间保持平衡的后现代理性观。

三、关注科学在进化中真实的历史、社会情境

　　科学方法是个传奇,从亚里士多德发明了被普遍接受的方法,到 17 世纪的培根、伽利略、牛顿等,一直有人在更新并书写着这个传奇。方法论在科学上有一个真实的功能,但遗憾的是这个功能不能告诉我们科学是怎样进行研究的。事实上,方法论的职责是误导我们关于科学研究如何进行的看法。17 世纪以来,对科学真正至关重要的是科学方法的发明。当时的科学家对创造科学方法的兴趣,超过他们对宗教和自然哲学挥之不去的兴趣以及他们刚刚对技术萌发的兴趣。17 世纪出现了一批聪明的杰出人才,他

---

①　〔澳〕约翰·A.舒斯特:《科学史与科学哲学导论》,安维复主译,上海科技教育出版社 2013 年版,第 429 页。

②　郝苑、孟建伟:《回归平衡的理性——图尔明对科学合理性危机的诊治》,《科学技术与辩证法》2008 年第 6 期。

③　Stephen Toulmin:*Return to Reason*,Cambridge,Mass.:Harvard University Press,2001:27.

④　郝苑、孟建伟:《回归平衡的理性——图尔明对科学合理性危机的诊治》,《科学技术与辩证法》2008 年第 6 期。

们发明了科学方法,创造了现代科学,促进了科学技术进步。按照科学方法的故事,科学是以这样的事实为基础的:"科学家已经发现并完善了科学研究的方法。这个方法就是一套发现事实、从事实中推导出理论并对理论进行检验的简单的规则和程序。这个方法是独一无二的——只有一个方法可以以不同的方式应用到所有的具体科学之中;而且它是可以转换的,只要这个方法得到正确的、良好的应用,人们就一定能获得科学知识。"①这种神奇的方法在应用中必须远离庞杂的社会影响,如远离偏见、政治和宗教。通过科学方法的应用,实验室和研究机构得到越来越多的知识。这些越来越多的知识,不断地制造出事实以及关于那些事实的被证明的理论。

方法实际上并没有创造科学知识,或者证实科学知识。方法只是一种使讲述故事令人信服的方式。真正的问题是:在科学中发生的实际上是什么?牛顿关于其方法的论述影响了后来的科学家,他们尝试用不同的自然哲学精确地解释究竟何种实体能够引起已知定律所描述的引力现象。牛顿物理学被看作真正的"硬科学"的样板,主要原因是它的所谓作为一种预言和控制工具的成功。但是,那些把它当作人文科学的一个范例的人从未足够仔细地研究它能扮演这个角色的条件。当社会科学家采用牛顿主义者的动力学作为严肃科学的模板时,他们希望一石三鸟:"用严格有效的公理系统发展一种抽象理论;发展从其普遍原则到人类制度本质的演绎;发展特殊社会制度特性的科学说明。"②但是这三重目标永远没有实现的可能性,甚至在行星天文学中也从未实现。

现代科学家也多少从 16 世纪人文主义者那里继承了关注实践的遗产,倡导运用科学来改变人类生活。但是,由于过度倡导科学的数学方法以及现代性和合理性,在许多重大哲学立场上是对 16 世纪人文主义的背离,导致科学方法在 16 世纪和 17 世纪并没有产生很多技术成果,而是从 18 世纪后期开始一直到 19 世纪和 20 世纪才产生那些技术成果。科学社会学家贝尔纳解释说这是科学方法所造成的时滞效应。正如图尔敏所言:"笛卡尔和牛顿都在一定程度上拒斥培根那种注重人类效益的科学观,而着手依靠数学方法来描绘自然,试图通过科学来寻求神学的而非技术的回报。"③

---

① 〔澳〕约翰·A.舒斯特:《科学史与科学哲学导论》,安维复主译,上海科技教育出版社 2013 年版,第 13 页。
② 武宏志、张海燕:《论非形式逻辑的特性》,《法律方法》(第八卷)2009 年。
③ Stephen Toulmin: *Cosmopolis: The Hidden Agenda of Modernity*, New York: The Free Press, 1990:105.

　　纯粹的科学方法具有误导性，它遮蔽了有关科学如何进行研究以及如何在历史中进化的社会、历史的真实情况，忽略了社会力量如何影响科学变革的内容和方向。论证的几何方法有两个核心：一个是形式系统，一个是用融贯的数学系统的形式表达的、与时间无关的真值集。回顾西欧近代科学史，从莱布尼茨到布尔、弗雷格到 20 世纪的符号逻辑学家，逻辑变得更数学化。他们"很可能把逻辑的数学理想看得比它的实践应用性更重要。……逻辑像数学一样，关切的是有关它自己的理论实体——语义关系的与时间无关的真理"①。就这样，科学被遮蔽了，我们不能看到科学的真正面貌；科学真实的历史、政治和社会进程都被以下三种观念所掩盖了："（1）认为有一种简单的科学方法可以产生和证实科学知识；（2）认为这种方法最好被孤立地运用，这意味着科学和科学家们一定要游离于社会、政治、意识形态的束缚和影响之外；（3）与上述两点相关联的观念是，科学能取得清晰可见的进步。"②

　　就像匠人各有各的工具和技能一样，没有唯一的、普遍适用的科学方法。既然没有唯一的、可转换的科学方法，科学中就不存在独特的、唯一的理性，这种理性在其他人类建制之中也是不可能的和不存在的。图尔敏否定了去语境的和脱离历史文化多样性的"形式有效性"的优越性。"在历史上，逻辑一直关心论证和推理的研究，但是现在转向专注数学。逻辑的这一重新定向，使得在数学基础和方法论方面获得重大收获成为可能，它为逻辑主义把数学归约为逻辑奠定一个基础。逻辑的数学革命使逻辑被构思为一种高度技术化的语言的探究。"③在人类学、伦理学及其他学科中的实质论证却极少被哲学家讨论，仅仅因其并非分析性的而遭到拒绝。

　　图尔敏在系统考察了科学和人文领域中的种种实际论证过程后发现，传统的逻辑学研究严重脱离实际生活中的论证实践，需要从书斋走向社会，从数学公式走向生活。图尔敏批评了论证的几何学方法，即形式主义者所期望的，论证应遵循严格的演绎论证形式。然而，当代形式逻辑的范围与功能对于论辩的正确性评估这个目标而言实在太有局限性了。评估日常生活和各学科中论辩的规范与形式逻辑使用的形式有效性规范之间有本质的差异。形式标准与评价实践中出现的论辩不相干。逻辑理论的基础概念和评

①　武宏志、周建武、唐坚：《非形式逻辑导论》（上），人民出版社 2009 年版，第 168—169 页。
②　〔澳〕约翰·A.舒斯特：《科学史与科学哲学导论》，安维复主译，上海科技教育出版社 2013 年版，第 148 页。
③　武宏志、周建武、唐坚：《非形式逻辑导论》（上），人民出版社 2009 年版，第 2 页。

价实践中的运作范畴之间有系统分歧。历史事例被得到普遍认同的科学方法神话搁置了起来。只要受到方法故事的遮蔽，我们对于科学及其历史的实际运作情况的认识就不会全面。

四、恢复合乎情理性

自 17 世纪以来，近代哲学家在一定程度上将形式的问题视为科学合理性的中心诉求，因为他们用一般的、"去语境的"术语加以讨论。所以理性变得等同于形式逻辑。"关于一个完美或自明的'有效'理论或证明的梦想始终是一个不可实现的梦想"①，"数学和逻辑并不是绝对确定的知识。逻辑经验主义利用数学和逻辑并不具备的普遍有效性和绝对确定性为科学合理性做出辩护，恰恰为相对主义攻击科学合理性创造了条件"②。图尔敏反对把合理性归为逻辑的形式性、抽象性和先验性，主张应该回归更加面向实际的、与人类的经验相联系的实质论证。因此，合乎情理性的恢复能重建合理性概念。笛卡尔舍弃了古典逻各斯的丰富性。笛卡尔、培根等人系统地呼吁对自然哲学进行变革，这种变革能从技术和实践技艺中获益，反过来又能回馈它们以更强的"掌控自然"的能力。

最近四百年以来，曾在古典时代被密切关注的"合乎情理性"与"合理性"的理念被分离了，分析哲学家以一种与传统哲学不同的方法运用哲学。人们首先感到分析哲学家惯用的方法是把哲学问题转换成语言学或语法学的术语。例如，将关于共相是否存在的问题代以抽象名词是否可以作为专有名词加以讨论；将有关道德律令的讨论代以命令句或祈使句的讨论；存在问题则用关于存在句的术语进行表达。"对于传统哲学家来说，这无疑是本末倒置，按他们的意见，语法形式是依赖于概念的并且是终极实在的形式的，正是后者才是必须首先给予讨论和确定的。"③

这是 17 世纪自然哲学家将重点放在形式演绎技术的一个后果。这种片面强调伤害了我们思考常识的方式，导致某些极为重要的问题被混淆，其中最重要的就是社会科学对实践专业中出现的关于道德和承载价值关系的问题。一般理论抽象主张适用于"总是"和"无论哪里"，相反，日常经验的实

---

① Stephen Toulmin: *Return to Reason*, Cambridge, Mass.: Harvard University Press, 2001:27.
② 郝苑、孟建伟：《回归平衡的理性——图尔明对科学合理性危机的诊治》，《科学技术与辩证法》2008 年第 6 期。
③ 〔美〕麦克斯韦·约翰·查尔斯沃斯：《哲学的还原》，田晓春译，四川人民出版社 1987 年版，第12 页。

质总是指的是"哪里和何时""这里和现在"或"那里和那时",一方面有行动的合理性和不合理性之间的关系,另一方面也有合情理的或不合情理的关系。

在我们生活的这样一个时代,科学革命的两个分支——理性和技术——最终能够被调和。我们可以认为牛顿的理智想象力是理所当然的,但在评判对理性在实际使用中的理解时,我们同样需要人性智慧。17世纪哲学家的梦想——确实可靠的科学方法、完美精确的语言以及一个自然的整体系统——可能仍然吸引着我们并激发新的权威性理论。但是,"未来恰恰更多地取决于我们恢复16世纪人文主义的价值和维持我们实际技术的改进与其服务于人类利益之间的脆弱的平衡"①。是否依赖于18世纪的物质科学、19世纪的动力科学或者20世纪的信息科学,取决于我们能否完成所面对的两个经验任务:"在实际经验的具体世界中举例说明科学的抽象理论的思想,并且为了特定人类的实际利益使用那些通用运算。"②我们能在通信与控制、神经生理学全息术和人工智能、深层语法和大脑功能等方面想象所有使我们满意的理论,但是,"当我们逐步远离物质科学和动力科学而进一步走进信息科学时,我们必须更多地整合理论与实践,减弱'纯科学'与'应用科学'之间的区分"③。

通过对后现代知识状况的考察,图尔敏断言,曾密切相关的"合乎情理性"和"合理性"的理念被分离了,"它是17世纪自然哲学家将重点放在形式演绎技术的一个后果。这个强调伤害了我们思考的常识方式,导致某些极为重要问题的混淆:最重要的是社会科学对实践专业中出现的道德和承载价值的问题的关系"④。我们首要的理智任务是放弃在现代建起如此之大的理性固定性神话,"将自然和人类重新整合起来,并使生态学的地方性和情境性的论证方法与电磁学和其他物理理论的普遍性的论证方法在科学中形成和谐的关系"⑤。20世纪60年代以来,在医学伦理学、生态学和其他实践领域,人们看到科学家对价值问题的兴趣复活了。"这个趋向的转折指向未来,其间,科学技术的理性要求将被关注人类情境(理智的或实践的技能

---

① Stephen Toulmin：*Return to Reason*，Cambridge，Mass.：Harvard University Press，2001：82.

② Stephen Toulmin：*Return to Reason*，Cambridge，Mass.：Harvard University Press，2001：80.

③ Stephen Toulmin：*Return to Reason*，Cambridge，Mass.：Harvard University Press，2001：80.

④ 武宏志、周建武、唐坚：《非形式逻辑导论》(上)，人民出版社2009年版，第178页。

⑤ Stephen Toulmin：*Cosmopolis：The Hidden Agenda of Modernity*，New York：The Free Press，1990：183.

在其中能被合情理地利用)的要求所平衡。"①而随着社会文化语境的改变，形而上学背景作为文化和社会信念的一部分，需要我们从社会、政治、历史的和经济学的角度来重新解释它。正如我们看到的，如果大多数 17 世纪中期的自然哲学家转向一种"机械论"的自然哲学，进而把机械论的形而上学作为他们的科研工作，绝不会是因为"机械论"是真正"正确的"或因为它优于其他任何一种形而上学。相反，我们必须对他们的选择及他们的(临时)胜利给予历史的解释。因为，"伴随着学科专业化等优点的另一情况是——严谨蜕变为僵化的危险；尽管人文主义者坚持他们关注的是经验所要求的开放的和广博的方法，但专家的僵化却倾向于削弱它"。②

图尔敏指出："所有与我们的'合理性'以及'合乎情理性'有密切关系的思想和行为都有它们适当的范围和局限。"③"当人的推理在现实生活语境中完成时，……数学逻辑对探究实践推理做了不恰当的预备；由于人工语言去语境的预设，数学逻辑为认知系统分析做了不恰当的预备。"④主体在一定程度上是一个实践主体，个体目标是拥有一个合情理的信念，而非达到科学确定性的最高等级。实际上，哲学领域也早有对形式逻辑不满的声音。图尔敏和佩雷尔曼(Chaim Perelman)对演绎有效性作为分析论证的标准有所保留。图尔敏指出："实质论证有一种罗马法律修辞学的带证式三段论结构，依赖实质的(领域依赖的)而非纯粹形式的推论规则，总是允许限定和可能的反驳，因而没有演绎的必然性。"⑤

通过对现代性人文语境的哲学话语考察，图尔敏将理性观在现代失衡归咎为逻辑主义者过分强调形式有效性的合理性问题。"从形式演绎逻辑的两个部分来看，既存在对演绎主义的挑战，也存在对形式主义的挑战。传统逻辑对赞成演绎推理有一种偏爱，它可以追溯到柏拉图，兴盛于笛卡尔主义者：所有推论不是演绎的，就是欺骗的。这可称为演绎主义。"⑥"对形式演绎逻辑的另一方面的批评是对形式主义的挑战。演绎主义和形式主义是密切相关的。一个论证被说成是演绎有效的，仅当它是一个有效论证形式的实例。"⑦但是，图尔敏并没有像激进的历史主义者那样矫枉过正，全面解

① Stephen Toulmin：*Return to Reason*，Cambridge，Mass.：Harvard University Press，2001:214.
② Stephen Toulmin：*Return to Reason*，Cambridge，Mass.：Harvard University Press，2001:41.
③ Stephen Toulmin：*Return to Reason*，Cambridge，Mass.：Harvard University Press，2001:173.
④ 武宏志、周建武、唐坚：《非形式逻辑导论》(上)，人民出版社 2009 年版，第 7 页。
⑤ 武宏志、周建武、唐坚：《非形式逻辑导论》(上)，人民出版社 2009 年版，第 18 页。
⑥ 武宏志、周建武、唐坚：《非形式逻辑导论》(上)，人民出版社 2009 年版，第 20 页。
⑦ 武宏志、周建武、唐坚：《非形式逻辑导论》(上)，人民出版社 2009 年版，第 21 页。

构科学的合理性。在图尔敏看来，"全盘否定科学'合理性'，过度张扬科学的'合乎情理性'，同样会导致理性的失衡，难免会走向'告别理性'的虚无主义，从长远看终将枯竭人类追求真理和从事创造的智识动力"①。

图尔敏将理性区分为"合理性"与"合乎情理性"。但是，虽然图尔敏"在论著中给出了大量当代社会科学与自然科学中的具体例证来表明'合理性'与'合乎情理性'在实践中如何保持平衡，但是，无论图尔明给出的例证多么丰富，多么有说服力，这仅能表明'合理性'与'合乎情理性'在后现代知识状况下实现平衡的可能性，至于如何克服以真理为目的的'合理性'和以修辞与实用为目的的'合乎情理性'之间的固有矛盾等自古希腊以来就是困扰着苏格拉底、柏拉图等一流哲学家的基本问题，图尔明依然没有给出一个比较明确的答复"②。

图尔敏对科学合理性危机的诊治存在着有待解决的问题，他尽管可能没有给出有关合理性的具体答案，但是至少发展了一条对科学进行历史—社会学的研究途径。只是在最近，伴随着临床医学、生态控制和其他实践活动中的专业需要，道德问题重新引起我们的关注。今天，对形式的严格性的强调为其他类型的平衡所代替：一种在固执的事实、共享的价值和竞争的兴趣之间的平衡。在勾勒哲学和人类理性的范围时，合乎情理性和合理性之间的对照只不过是我们探究人类理智的各种方法的诸多差异之一。在叙事的合乎情理性与形式证明的严格性之间、在自传与几何学之间的对照，就是实际论辩的"正确性"与形式论证的"有效性"之间的对照。在我们从具体事件中发现的局部知识的模式与包含在纯粹的理论观点中的普遍的、抽象的理解之间，也存在一种类似的对照。可见，"图尔明提出的诊治科学合理性危机之道，无论是相较于受分析哲学支配的传统科学哲学的观点，还是相较于后现代科学哲学的立场，都具有一定的启发性和建设性"③。图尔敏倡导的在普遍性与局域性、逻辑与修辞、理论与实践之间保持平衡的后现代理性观，为解决科学合理性危机开辟了一条新的思路。

---

① 郝苑、孟建伟:《回归平衡的理性——图尔明对科学合理性危机的诊治》,《科学技术与辩证法》2008年第6期。
② 郝苑、孟建伟:《回归平衡的理性——图尔明对科学合理性危机的诊治》,《科学技术与辩证法》2008年第6期。
③ 郝苑、孟建伟:《回归平衡的理性——图尔明对科学合理性危机的诊治》,《科学技术与辩证法》2008年第6期。

第四章　图尔敏平衡理性主义思想的
范式及特点

　　近代以来,在科学界,科学唯理性主义和逻辑形式主义成为主导思维的主要方式。欧几里得几何学公理方法和牛顿天体物理学思维模式成为主导科学的基本范式。相应地,形而上学领域和人文学科不断受到挤压,日渐式微。20世纪上半叶,逻辑实证主义者更是宣称不能由逻辑与实证加以检验的知识、形而上学与伦理学所讨论的问题都是没有意义的空想,只有符合逻辑的、可验证的知识才是人类的唯一选择。图尔敏称这种思潮影响下的知识形式为"形式的欧几里得风格"①。这种知识的主要特征是以追求形式推演的一致性和有效性为宗旨,以形式逻辑为工具,以亚里士多德直言三段论为主要推理形式的思维方法。

　　分析哲学家以对语言的逻辑分析来澄清传统哲学所阐述的问题,企求建立一套科学模型化的规范理想语言来消解自然语言的混乱和误解,以使哲学科学化。这反映了20世纪科学理想主义的哲学倾向,体现了理性精神的哲学要求,即将现代数学、逻辑形式化的哲学导向。但是,分析哲学将语言的逻辑分析当作哲学唯一的、根本的宗旨,这就将哲学引导到一个过分狭窄的方向。不过,分析哲学与科学和哲学的发展矛盾带来了科学哲学和非形式逻辑的进一步发展。当分析哲学通过对语言的逻辑分析将哲学引导到语言和逻辑的分析方向,从而否定和瓦解形而上学时,图尔敏却在此时企求以一种非传统、非形式的科学方法来拯救绝对理性主义的僵化和理想化。

　　图尔敏认为,形式演绎主义和实证主义的论证理论是行不通的,其根源是在于这些理论都没有恰当地把握论证的概念,致使论证概念在两个重要传统方面有局限:第一,形式演绎主义者和实证主义者并没有把论证置于论辩语境之内,结果是把论证理解为形式的和抽象的;第二,他们没有看到,论证的发展只是整个辩证过程的一个阶段,在这个辩证过程中,批评者的回应,论证者对最初论证涉及的论域、一些可能的情景、进一步的反驳与批评

---

① Stephen Toulmin: *Return to Reason*, Cambridge, Mass.: Harvard University Press, 2001:5.

等都会影响论证的结果。图尔敏指出,传统观点之所以不令人满意,是因为它没有充分发挥合理性的作用。由于缺乏论证的恰当概念,传统观点就不能回答论证的基本问题:是什么使得一个论证成为好论证? 图尔敏基于对合理性的理解,结合法律论证的模型,创造性地构建了基于论证分析的"图尔敏论证模型"。

第一节　演化与创造——图尔敏论证模型

图尔敏被称为"当代论证理论的创始人之一",在论证理论(包括法律论证理论)及其相关领域的发展中具有举足轻重的地位。图尔敏认为,数理逻辑以及 20 世纪科学认识论中的抽象形式有效性逻辑的标准并不适用于日常中的实践推理与论证。日常语言中的实践推理与论证涉及"论域依赖的"(field-dependent)实质性评价标准,实践论证的论域是多种多样的,论证的方面或阶段就也是多种多样的;而欧几里得几何学的证明规则则是"论域不变的"(field-invariant)。因此,我们在进行和反对不同论域的论证时,就需要搞清楚我们所采纳的程序和使用的概念的特性是论域不变的还是论域依赖的:"是否存在一个可以对各个领域中的各种论证都做出评判的具有普适性的评价标准? 抑或各类论证分别具有自己的评判标准?"[①]图尔敏在《论证的使用》一书中就此问题阐述了自己的观点。

图尔敏指出,自亚里士多德以来,演绎的形式逻辑一直影响着人类的思维。图尔敏认为,这种逻辑来源于一种假设:"存在一种脱离语境和历史的理想世界。"[②]这种逻辑并不能描述和指导日常生活中真正发生着的实践论证。为追求一种理想的精确性,数学模型的推理形式却忽视了实践中论证的多样性。日常生活中出现的大量非形式的实践论证已经表明,传统中将论证作为静态的单一向度的处理模式,已经不能令人满意地刻画现实生活中的诸多实际论证。非形式论证模式是将论证置于不同的论辩情境,将论证过程化、动态化、多角度化的一种模式。

从亚里士多德的时代起,逻辑学家们就发现数学模型很诱人,且效仿法学而不效仿几何学构建的逻辑不可能保证有他们理想中数学的雅致。图尔

---

① 〔英〕斯蒂芬·图尔敏:《论证的使用》,谢小庆、王丽译,北京语言大学出版社 2016 年版,第 XV 页。

② Stephen Toulmin: *The Uses of Argument*, Cambridge: Cambridge University Press, 1999:2.

敏认为:"数学模型引导我们所构建的这种理想化逻辑无法与实践应用保持有意义的联系。对于一门不受时间限制的公理性科学而言,理性的证明不是一个恰当的话题,如果我们以这种方式来理解逻辑学,这种逻辑与实际的论证批判活动之间的联系将会很少。"①图尔敏反对三段论和现代逻辑学中的"狭窄的"一般论证方式,开展了对实质论证的研究。图尔敏发现,"比起在逻辑学和几何学之间寻找相似之处,在逻辑学和法学之间寻找来得更为自然"②。他在著作《论证的使用》中借鉴法学领域中的论证实践方式,倡导一种关于论证有效性的过程性而非形式化的观点。"在论证的过程中确实存在一些可以辨识的稳定的(具有领域不变性的)元素,同时,还存在一些需要进行评价的可变的(领域依赖的)元素。图尔敏提出了'广义的'论证方法,旨在创造一种将两种元素都囊括的认识论性质更强的、更具经验主义的逻辑。"③哈贝马斯认为:"对实际论证出现于其中的不同领域的这种划分,可以被认为是一个关于论证的普遍概念架构的建制性分化。"④图尔敏引入了一个新的论证模型,代替亚里士多德以来确定的形式化的论证。在《论证的使用》中,图尔敏以实践中的法律论证为模型,构建了一个由六大部分——数据(Data)、主张(Claim)、正当理由(Warrant)、佐证(Backing)、效力(Force)、论域(Field)——组成的辩证的动态论证模型。图尔敏引入了论证理论中许多流行的概念以及最基本的"逻辑类型"概念。图尔敏认为,这种模型能更好地推进实践论证的展开和知识的进步。他提出了"可与数学或几何学的模型形成鲜明对照的论证的'法律学模型',史称'图尔敏模型'"⑤。

一、图尔敏论证模型

图尔敏论证模式通过一系列术语来说明,包括:"我们所要确立的主张或结论(Claim/Conclusion,C),以及作为我们主张的基础的事实——资料或数据(Data,D)即起支持作用的根据,正当理由(Warrant,W;它是从 D 到 C 的移动正当化),正当理由本身需要辩护时,要求佐证(Backing,B)。"⑥

---

① 〔英〕斯蒂芬·图尔敏:《论证的使用》,谢小庆、王丽译,北京语言大学出版社 2016 年版,第 127 页。
② 〔英〕斯蒂芬·图尔敏:《论证的使用》,谢小庆、王丽译,北京语言大学出版社 2016 年版,第 123 页。
③ 〔英〕斯蒂芬·图尔敏:《论证的使用》,谢小庆、王丽译,北京语言大学出版社 2016 年版,第 XV 页。
④ Jürgen Habermas: *The Theory of Communicative Action*, vol. 1, Boston: Beacon Press, 1984:33.
⑤ Stephen Toulmin: *The Uses of Argument*, Cambridge: Cambridge University Press, 1999:97.
⑥ Stephen Toulmin: *The Uses of Argument*, Cambridge: Cambridge University Press, 1999:93.

图尔敏提出这个动态的论辩模式被认为是针对他的非形式逻辑提出的一系列问题的回应,证明主张是合理的。接下来需要做什么呢?答案是提供资料或数据。但仅仅说明数据、正当理由及主张是不够的,我们需要加一些关于效力级别的限定词。这样,论证的模式就变得更为复杂。情态限定词(Qualifier,Q)以及例外的反驳(Rebuttal,R)数据和正当理由均不同。(在后来他与里克、雅尼克合著的《推理导论》中称为根据。)如何从资料或数据 D 到达或证明主张 C?答案是通过正当理由 W。在这种明确的形式中,哪一种是允许推理的规则?资料或数据 D 使人有权得出结论或提出主张 C。你认为你的结论有多大的说服力?答案将是一个情态限定词 Q,如"必然""可能"或"大概"。如果不是"必然",那么在什么条件下正当理由的权威必须被搁置呢?

几十年以来,图尔敏的论证模型在学界尤其是法学界声誉日隆,并且对司法人工智能推理算法产生了重要的影响。以法律论证为例,法律的理由论证是以某个主张及其潜在的反驳意见为前提的。在遭遇异议时,主张者必须对自己的主张或结论 C 进行正当化,举出作为根据的资料或数据 D。区别 C 和 D 就是法律论证的第一步。对立的那方势必关注从 D 到 C 的证成过程,追问究竟根据什么、如何才能得出相应的结论。这时议论的要求不是追加新的事实(资料或数据),而是要对论证过程进行正当化分析,即为暂定命题提供正当理由 W。因此,区别 C 和 D 以及 W 就是法律论证的第二步。为了加强论证的正当性,还要注意正当理由的可信度(Qualife,Q)、否认正当理由一般正当性的反驳 R 以及能够加强保证的权威性的佐证 B。

在这个模式中,一个论证的有效性不是其形式性质的结果,而需要支持正当理由的论证。"'D;B;∴C'将不再是形式有效的,这种论证也叫'实质性论证'(substantial argument)。"[1]论证程序和问题解决基于论证范畴的一般主张,展现论证的理性过程。图尔敏认为逻辑与法学之间的平行存在一个特殊的优点,即有助于在论证的过程中保持理性的批判功能。"逻辑的

---

① Stephen Toulmin:*The Uses of Argument*,Cambridge:Cambridge University Press,1999:94.

规则作为成功的标准,一个是能正确地论证,一个是有好的根据的或得到稳固支持的主张,是经得起批评的论证。"①"亚里士多德的演绎逻辑作为形式科学的理念可和几何学相比较。在法学领域,它暗示我们应该瞄准具有数学形式结构的理论,通过把逻辑处理为一般的法学,检验我们面向实践的理性论证评价,而非针对哲学家的理念。我们将实质上建立一个面临两个竞争的模型:一个数学的,一个法学的。它非常不同于传统图景的模型。"②

图尔敏认为,论证就像是一个生物体,它既有一个总的可解剖的结构,也有详细的、生理的结构。逻辑学家主要关心的结构是个体语句层次的,正是在这个生理学层次上,逻辑形式的概念被导入。也正是在这里,逻辑的有效性最终被确立或拒斥。但是,这种微观论证有时需要在它们于其中被描述的宏观论证中来考察。分析论证的微观结构,总是以一种十分简单的方式表述为三个命题:"小前提,大前提,所以结论。"然而在法学领域,一个哲学家可能会问:"在法律案件过程中被讲出来的命题属于何种不同的类型?如此命题以何种方式支持一个法律主张的正确性?"与法学的类比,自然引导我们采用更复杂的论证模式。近年来,由计算机支持的论证可视化技术被用于训练法律学生,使他们更易于理解法律案例。因此,图尔敏的论证模型在"人工智能和法律"研究中得到发展。以法律论证的实践为例,"论证不仅必定有特殊的形式,而且也必定有遵循程序的某些基本原则以及一系列推理步骤,也就是说,理性的评价是一种必然具有形式性的活动"③。

图尔敏认为,关涉推理和具体语境的论证大致可以分为两种不同的类型:形式的论证与实质的论证。形式论证涉及的是与历史和个人体验无关的逻辑,而实质论证涉及的是处身于历史情境中并依赖于个人经验的修辞。实质性论证是鉴于形式有效性标准并不适用于日常生活中的论证而出现的论证形式,早在古希腊时期就已被论辩、修辞学家运用。图尔敏基于日常生活中的论证涉及的主题、论辩各方参与论辩的行为策略建立了论证模型,直观再现了日常论证的结构的组成。这种模型也是一种动态图式论证的方法,它包括不同的要素,依据不同的论域,这些要素可被嵌入不同的内容,论辩各方或者论证评估者可以在框架中理解不同主题的论证结果。图尔敏指出:"出现于其中论证框架中的实际论证的可接受与否,还需取决于那些将

---

① Stephen Toulmin: *The Uses of Argument*, Cambridge: Cambridge University Press, 1999:7.

② Stephen Toulmin: *The Uses of Argument*, Cambridge: Cambridge University Press, 1999:8-10.

③ Stephen Toulmin: *The Uses of Argument*, Cambridge: Cambridge University Press, 1999:43.

随领域的变化而变化的特定的实质性的正当理由。"①"如果我们一开始就设想不同领域中的论证之间的差异是无关紧要的,而且所有论证都可以被简化为一种简单而基础的类型,那么我们就有可能忽视这种功能上的多重性,或者用一种分析性的范式来解释所有的三段论论证。"②"当用'法学模型'来替代'几何学模型'时,就把法律论证的基本模式提升为或普遍化为一般论证模式,因为,除了论证的一些标准是'领域依赖的'外,还另有一些标准是'领域不变的'。这种'领域不变的'标准就包括一个论证的'框架'(layout)或结构。"③这种论证结构通过形式上抽取论证的基本要素,在实质内容上指向了更广阔的论证实践。

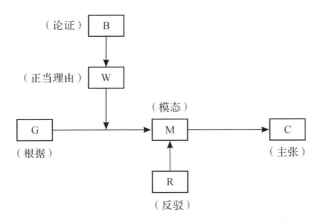

图尔敏论证模式图

《论证的使用》的影响远远超出了逻辑学领域,在法律、修辞、语言学和写作等应用领域都产生了广泛影响。后来,在《推理导论》(1972)中,图尔敏将论证模式中的一些要素作了一些修改。他把 Date 改为 Ground,即将原来"任何研究或推断由之开始的材料或信息"的"数据",改为通常所说的"根据"。"这种修改使模式更具一般性,但是,也给为根据本身提供支持和反驳留下了空间。其次,由于反驳的作用在于制约结论的模态,模态限定和反驳密切相关,正是可能的反驳使从根据到结论的跳跃不是那么确定,或者使正当理由的担保力量受到削弱,因此,反驳在论证过程中肯定要予以考虑,但

① Stephen Toulmin : *The Uses of Argument* , Cambridge: Cambridge University Press,1999:15.

② 〔英〕斯蒂芬·图尔敏:《论证的使用》,谢小庆、王丽译,北京语言大学出版社 2016 年版,第129 页。

③ Stephen Toulmin with Richard Rieke and Allan Janik: *An Introduction to Reasoning* , New York: Macmillan, 1979 :78.

在模式中不一定以独立的成分出现。所以,在具体的论证分析中,图尔敏依然考虑反驳,但不一定在模式中明确标示。再次,正当理由不止一个。在分析'诉诸强力'的论证时,图尔敏的一个例子曾包括三个正当理由。"①这个模式用图尔敏的话概述起来就是:"有了根据 G,我们就可以诉求正当理由 W(它依赖于佐证 B),在缺乏某个特殊的反驳 R 或没有出现取消资格的情况下,证明主张 C,或者至少证明 C 可以成为一个模态 M。"②

这个模式用语言表达如下。把它作为我们主张的基础来提出。在每一种情形下,一个初始的断言通过生成其他相关事实而得到支持。因此,我们首先就要有一个初始的区别:主张或结论的特性是我们正在寻求确定的东西;而我们诉求的事实作为主张的基础,就是数据。生成该主张所基于的资料或数据回答挑战者提出的问题:"凭什么根据?"数据是我们回应对主张的挑战时所引用的事实,以及凭借援助支持宣称的根据,有关具体的事实"就是我们的资料"。为了提出一个特殊的资料集作为某个具体结论的基础,我们致力于一个步骤,接下来是关于这个步骤本质和证明的问题。这类命题称为正当理由或担保,以区别于资料和结论。我们不得不放进一个限定词来明确指称力量的等级。在法庭上,经常不只是诉诸一个特定的法条或普通法原理,也要明确地讨论这个特定的法律条款在什么程度上适合当下考虑的案件;该特定法律条款是不是必须在这个特殊案件中受到某些限定才能适用。"这样的情态限定词和例外或者反驳的条件需要在我们的模式中被赋予独立的地位。限定词指示在这个步骤中正当理由担保的强度,反驳条件指示正当理由的一般权威性在其中将不得不被放弃一边的那些环境。可以把或许击败或反驳得到担保的结论的例外条件直接写在限定词的下面。"③

不仅对普遍前提可能有上述不同的解释,而且这种解释必定影响到论证的有效性。任何论证都可以表达为"根据""正当理由""结论"的形式。同时,我们用佐证代入正当理由,即以另一种方式解释普遍前提,将无情打破演绎逻辑对形式论证的垄断。一个形式如"根据;佐证;所以,结论"的论证,为实践和实质论证打开了缺口,而且,为了实践的目的也是完全适宜的,但未必是形式

---

① Stephen Toulmin with Richard Rieke and Allan Janik: *An Introduction to Reasoning*, New York: Macmillan, 1979:177.

② Stephen Toulmin with Richard Rieke and Allan Janik: *An Introduction to Reasoning*, New York: Macmillan, 1979:78 .

③ Stephen Toulmin: *The Uses of Argument*, Cambridge: Cambridge University Press, 1999:101.

有效的。"一个是重言的分析性论证,一个是非重言式的实质论证。"①根据可以与图尔敏模型有效结合起来。事实上,增加正当理由或保证是我们可以使论证正式有效的一种方式。因此,图尔敏反对纯粹追求逻辑的形式有效性:"论证的有效性并不真正地是其形式特性的结果。用任何几何学的意义上的'形式特性'的术语阐释的有效性,丧失了它的似真性。"②

前提与结论的相关性可以通过图尔敏的正当理由概念来解释,这种概念被理解为推理规则,尽管不一定是正式的。规范性相关概念要求正当理由可靠。为了确定可靠性,可以对正当理由进行分类,包括先验、经验、制度和具有评价性,并可以进一步细分。因此正当理由可进一步分类为认知、可靠性和相关性。这种分类在古典修辞和当代的认识论中具有传承关系。图尔敏的正当理由是一种认知的途径,具有论域的依赖性。正当理由指前提相关和问题攸关。在这里,某种归纳概括完成了图尔敏正当理由的工作。在某种程度上,它包含图尔敏的正当理由所做的类型跳转,这是因为归纳概括可以对未来作出预测。

一些推理有助于从推理者处置的信息中得出问题的正确答案。当且仅当根据是正当的并且是充分的,正当理由是合理的,并且推理者的推理在假定的情况下是合理的,这种推理才是好的。充分根据包括推理者实际可获得的所有相关信息。依照正式的一般保证,主张必须遵循根据。如果这种保证不具有普遍性,那么推理者必须正确地假设在适用的特定情况下不存在例外情况,如"必然""可能"或"推测"这类情态限定词所指的情况。除了"必然"以外,还有其他资格条件能撤销你的正当理由吗?答案将是一系列例外或反驳的条件 R。什么是你的正当理由?答案是佐证 B。图尔敏认为佐证是特定的论域主张所从属的那个东西。推理和论证不仅涉及对观点的支持,而且还涉及对观点的攻击("反驳");对结论的推断(通过"模态限定词")可以限定一些有效的推理许可("正当理由")是否纯粹形式;不纯粹的形式、未证明假设的论证往往被认为是陈述推理许可("担保"),而不是"证据"或"理由"。结论、推理标准("正当理由")可以是特定的,这些标准被认为可以通过"保证"建立"论据",提供"支持"或"授权令"。图尔敏论证推演模型中的概念构成了一个比三段论技术复杂得多的论证模型,更能反映生活中的具体实践。

---

① 转引自武宏志、周建武、唐坚:《非形式逻辑导论》(上),人民出版社 2009 年版,第 185 页。
② 转引自武宏志、周建武、唐坚:《非形式逻辑导论》(上),人民出版社 2009 年版,第 185 页。

在《论证的使用》中，图尔敏引入了许多概念，使论证理论变得流行。但是，图尔敏的模式并非完全原创。图尔敏承认，该模型纳入了吉尔伯特·赖尔（Gilbert Ryle）在推理许可方面的工作，以及哈特（H. L. A. Hart）对可废止性的处理。它还汇集了一些被广泛接受的关于论证的主张：推理和论证不仅涉及对观点的支持，而且涉及对观点的攻击（"反驳"）；对结论的推断可以通过模态限定词限定；一些有效的推理许可（"正当理由"）不是纯形式的；未说明的论证假设通常被认为是陈述推理许可（"正当理由"），而不是作为其结论的"数据"或"根据"，推理的标准（"正当理由"）可以是论域特定的；这些标准可以通过基于正当理由的论证，为"正当理由"提供"支持"说明。

20世纪上半叶，论证被形式化了。在此过程中，现代逻辑发挥了重要的作用。"这种严格性与确定性是以实质内容的空洞性为代价而实现的。就其本性来说，形式逻辑没有能力来处理日常思维所涉及的这类问题。它充其量只能适用于自然语言中某些论证，这些论证是在被完全剥夺了其所包含的与解释、内容以及实质性真理相关的所有有趣的问题之后的论证。"①这种问题是由对分析理想的迷恋带来的。当时的哲学家们没有接受图尔敏的论证模型。实际上，一开始哲学期刊上对他的书的评论表现出一致的敌意，也没有哲学家使用他的模型编写逻辑的或批判性思维的教科书。但事实证明，这种模型适合美国的言语交流领域，该领域是一种在大学辩论者的指导下产生的学科。图尔敏模式是该领域论证教科书必有的组成部分。随着人工智能的兴起与发展，图尔敏模型在人工智能领域得到了采纳和调整，而在处理法律推理和论证方面也特别得到广泛讨论。

图尔敏认为，逻辑关注的并不是推理方式，也不是技术问题。逻辑主要是一种回顾性、辩护性工作：利用随后能够提出的论证，证明我们的主张即所得结论是可验证的，因而是可接受的。图尔敏提出非形式的论证模型来阐明所涉及的内容——他称之为"微观论证"，在一个更长的过程中从最初的有关未解决问题的陈述过渡到最终结论的陈述。他的著作作为一个整体值得重新阅读，特别是他对模态资格（如"可能"等模态限定词）的分析。图尔敏将"工作逻辑"与"理想化的逻辑"进行了对比，最后呼吁将逻辑重塑为一种经验的和历史的学科，其中包含认识论，可称为"应用逻辑"。北美的非形式逻辑运动和论证理论可以看作这种转变的例证。论证模式在各地广泛

---

① Trudy Govier: *Problems in Argument Analysis and Evaluation*, Dordrecht: Foris Publications, 1987:15.

地得到讨论和流行,反映出了一种独特的和有价值的智力取向。

二、对图尔敏论证模式的评价

图尔敏始终关注理性、推理和合理性。他强烈反对直言三段论和现代逻辑学中那种过于"狭窄的"一般论证方式。借鉴法学领域中的论证实践方式,图尔敏倡导一种注重论证有效性的过程而非形式化的逻辑观。图尔敏关于论证的论述贯穿于整部《论证的使用》,反映了一种独特而有价值的知识取向。在历史的框架中,图尔敏反对一切形式的抽象理论,这些抽象理论不考虑具体的历史和语境,而是从形式逻辑到先验抽象伦理原则和抽象理论经济化得出结论。图尔敏关注日常生活中的论证,他认为:"只有当人们暂时摆脱该主题的技术细节,去探寻科学及其发现对其本身之外任何事情的影响——它们如何应用于实践、与我们日常生活中使用的标准与方法有何联系时,我们才能实际对论证的正确性、功效性和确实性进行评价。"[1]

大卫·希契柯克评判了图尔敏的著作《论证的使用》,其核心观点是:"在科学和哲学中,对逻辑系统排他性地关注,对历史理解和理性批判都具有破坏性。"[2]阿姆斯特丹大学教授弗兰斯·范爱默伦(Frans Van Eemeren)对《论证的使用》的评价也反映了此书在学界的深远影响。尽管《论证的使用》一开始受到逻辑学家们的批判,继而又受到哲学家们的批判,但是,60多年来,此书一直是重要的思想资源,为具有各种不同学科背景、在各个领域中参与各种论证的学生们带来灵感,引发他们的讨论。图尔敏关于有效性评价标准的领域依赖性观点,开启了"工作逻辑"的实践应用转向。他提出的论证模型,以及他关于论证过程中各要素出现的功能性变化的描述,使这部著作成为论证研究的现代经典。范爱默伦认为,图尔敏学术研究的一个中心主题就是如何对涉及各种问题的主张和评论进行合理的评判。是否存在一个可据以对各个领域中的各种问题都作出评判的普适的评判标准? 抑或是各类问题各自具有自己的评判标准? 图尔敏在《论证的使用》中就此问题进行了回答。根据图尔敏的观点,论证的过程中确实存在一些可以辨识的、具有领域不变性的稳定元素,同时,还存在一些需要进行评判的、具有领域依赖的可变元素。图尔敏提出了"广义的"论证方法,旨在创造一种将这两种元素都囊括其中,更具认识论性质和更具经验性的论证。

---

① 〔英〕斯蒂芬·图尔敏:《论证的使用》,谢小庆、王丽译,北京语言大学出版社2016年版,第7页。
② David Hitchcock:"Obituary:Stephen Edelston Toulmin",*Argumentation*,2010(24):399-401.

　　图尔敏批评了分析理性,因为分析理性的陈述之间没有语法差异,所有
这些陈述都可能属于观察陈述的某种形式,无论是在感觉数据还是物质对
象方面。图尔敏专注于从关于现在和过去的陈述到关于未来的陈述的类型
跳跃,他重复了休谟的观点,关于过去的任何陈述都不能引发关于未来的陈
述。结论或许是错误的,但我们通常认为我们的预测与其他任何事情都是
一致的。因此,“试图把任何有效的推论以这样或那样的改写方式化归为某
一种预定好的模式,虽然这样做很自然,但我们现在已经知道,这也是极端
错误的”①。因此,哈贝马斯认为,当代哲学展开了一种较为一致的论证,而
它们在论证过程中所关注的是认知、语言理解和行为的合理性在日常生活、
经验层面乃至系统话语中的形式前提,论证理论在此具有一种特殊意义。
在哈贝马斯看来,经过论证的断言和行之有效的行为是合理性的标志。不
同的话语表达了不同的问题,提出了不同的有效性要求。论证取决于现实
生活;在实际论证中,论题比纯粹的逻辑形式重要。论证是各种主张相互竞
争的手段,它的意义在于厘清各种变量之间的制约关系,根据实际需要选择
最佳方案,而不是局限于逻辑三段论涵摄和数学形式上的确定性。

　　数学理性的体现在自然科学领域中比比皆是,使科学家产生了自然科
学的程序性秩序理想,也使科学哲学家试图通过数学的方法来推进人类社
会生活的合理化,并在认识领域进行一连串的探索与实践。但是,“在认识
论上,与其他自然科学家相比,逻辑学家并不具有任何特权”②。“逻辑关心
的是论证本身的有效性,不考虑论证的题材。”③“如果人们都是有理智的,
那么他们应该只被那些具有真前提的有效论证所说服,但事实上,人们常常
被那些非有效论证或者被那些具有假前提的论证所说服,而不是被可靠的
论证所说服。”④普特南(Hilary Putnam)指出:“这种理性既是内在的(不能
在具体的语言游戏和制度之外被发现),又是先验的(一种我们用以批判所
有活动和制度所依赖的规范性理念)。”⑤哈贝马斯概括说:“命题和规范所
要求的有效性是超越时空的,但有效性又都是在具体的时空内、在具体的情

① Gilbert Ryle:"Formal and Informal Logic", in I. M. Copi & J. A. Gould (eds): Contemporary Readings in Logical Theory, New York:Macmillan, 1967:222.
② 陈波:《一个与归纳问题类似的演绎问题——演绎的证成》,《中国社会科学》2005 年第 2 期。
③ Susan Haack:Philosophy of Logics, Cambridge:Cambridge University Press, 1978:5.
④ Susan Haack:Philosophy of Logics, Cambridge:Cambridge University Press, 1978:11.
⑤ Hilary Putnam:"Why Reason Can't Be Naturalized?", in Kenneth Baynes, James Bohman, and Thomas McCarthy(eds):After Philosophy, End or Transformation? Cambridge, Mass:The MIT Press, 1991:228.

景中提出来的,接受或拒绝这种有效性要求会带来现实的行为后果。"①图尔敏论证模式所涉及的"论证中的步骤在各种论辩中总是相同的,与论辩涉及的主题无关。但是,正当理由所要求的佐证类型却依赖讨论中的问题所属的领域,比如一个伦理学证明与法律证明所需要的佐证类型不同。因此,决定论辩正确性的评估标准是'领域依赖的'。"②可见,论证进入科学的领域并不是偶然的,曾被形式逻辑学专家摒弃的对话和辩论的竞技方法重新受到重视。

如果我们信奉一种哲学学说,那么我们总是有权利追问我们为什么应该相信它。而后,我们通常会被提供相信这种学说而不是某种其他可供选择的理论的理由,这些理由典型地包括这种学说从我们所支持的其他信念、对敌对立场的反驳等推演出来经验证据、逻辑论证和证明。逻辑实证主义者企求建立一套科学模型化的规范理想语言,以此主张合理的证明是重要的,因为可靠的证据和合理的论证比不可靠的证据或无效的推理具有更大的效力。然而,不幸的是,可靠的论据和合理的推理可能被有效的修辞轻易击垮。而且,更为严重的是,逻辑实证主义者没有认识到问题的复杂性。逻辑推理和合理论证是两种不完全相同的活动,相应的概念从属于不同的论域。理想主义梦想的破灭,为传统论辩术的复兴打开了方便之门。图尔敏用科学的论证模式来突破传统逻辑主义科学方法论的局限,试图挽救传统的科学理性危机。图尔敏演化发展了论证模式,并以实践为转向,寻求理性与非理性发展之间的动态平衡。

在数理逻辑中只涉及唯一的一种论证类型。非形式逻辑一直在辩护除了演绎和归纳论证外第三种论证类型的可能性,比如说许多不同的"逻辑类型"——过去和现在的事件报告、关于未来的预测、刑事罪过的判决、审美评价、几何公理等。在这里,我们发现了第一次出现的短语——"逻辑类型"。它似乎与图尔敏在前一段中所称的"种类"相同,只是在这里延伸到不仅包括结论,还包括我们引用的数据、事实或其他以支持这个结论的正确性。它是先验和直接确定的类型之间的过渡。通过问题域,论证的要素动态地面向具体问题情境,而论证中要素的逻辑类型是依附在这类转换上的。非形式论证和传统的形式演绎论证的一个重要区别在于,是否许可演绎论证之外的其他合理论证形式。图尔敏论证模式由一系列术语加以说明;"论域"

---

① Jürgen Habermas: *Postmetaphysical Thinking*, Cambridge: Polity Press, 1995:139.

② Frans H. van Eemeren: "The State of the Art in Argumentation Theory", in: *Crucial Concepts in Argumentation Theory*, Amsterdam: Amsterdam University Press, 2001:12.

是去形式化、转向生活的世界途径,确立了实践的优先性;他试图构建一种与论域相关的问题解决的路径尝试,并且提供了解答的一些路标。

在非形式逻辑中,许多论证是有说服力的,其前提必须是可接受的,与其结论相关,并且构成足以接受结论的理由。图尔敏的模型要求一个具有相关性的解释,要求表明支持主张的数据为什么与主张相关。一个合适的回答,图尔敏称之为正当理由。除了这些问题以外,图尔敏还强调论域的概念。我们需要寻找一个论域,以使我们在论域内部的争论中使用的正当理由合法化。在该领域的争论中,论证评估标准因素依赖于论域。图尔敏把这一点说得很清楚,他对标准或准则的效力进行了对比:"所有批评和评估论证的准则实际上都依赖于论域,而我们所有的评估条件在其效力上都是论域不变的。"①我们可能期望不同领域的正当理由以不同的方式得到支持。那么,我们如何评估正当理由是否得到适当支持?是否有标准?这些标准本身依赖领域还是超越现实?图尔敏指出了另一个潜在问题——正当理由和支持的特征。就像从数据到主张的过程中,正当理由是隐含的,但也可能是明确的,因此,对正当理由的支持可能会明示,在某些情况下也会被适当地保留为隐含的。针对给定论域概念的这些问题,我们提出了一种明显不同的方法来保证可靠性,这是一种认知方法。我们首先要问的是,我们是否可以在认识上富有成效地对正当理由进行排序。主张—证据模式显示了初始和总结性声明以及以语言形式呈现的正当理由,而支持证据(即数据和佐证)可以以数字、视觉和语言形式呈现。这些研究结果表明图尔敏对主张—证据关系的理解可以扩展为更强大的多模态模型的可能。

人类对科学方法论的关注与研究由来已久。图尔敏提出实用论证的目的在于摆脱方法论上绝对主义与相对主义这两种极端困境。图尔敏认为那种只需使用演绎分析性论证,而无需考虑语境即可通向普遍真理的绝对理性主义的逻辑观是站不住脚的。但图尔敏又不愿意矫枉过正而走向另一个极端,即用完全相对取代完全绝对,因为那些所谓的相对主义的标准都是相对而言的,那就如同没有标准一样。库恩对理性主义的科学观和传统的科学方法论提出了尖锐的批评,而费耶阿本德以反一致和反归纳原则引出了自己的多元方法论,从而陷入了相对主义的泥潭。图尔敏的实用论证模式,一方面保留了传统理性主义的逻辑分析,另一方面又注重融入语境,从而为绝对理性主义和相对主义之争提供了一条可选择的中间道路。实用论证最

---

① Stephen Toulmin: *The Uses of Argument*, Cambridge: Cambridge University Press, 1958:38.

大的优点是:"它在坚持论证传统推理逻辑的基础上,突出了论证的相关性以及语境性,从而把理论的展开与传播和语境的演变动态地联系起来,有可能为实现逻辑论证与修辞论证的有机结合,为走出绝对理性主义与相对主义的内在困境,为更合理地理解科学发展提供方法论上的启迪。"①在理性发展的过程中,形式化的方法和非形式化的方法都有着重要的作用,二者并不是完全相互排斥的,而是可以相互借鉴和补充的。

图尔敏的论证模式为解决传统科学的困境提供了一种可选择的思路与方法。图尔敏的论证模式正是通过再造一个修辞学语境空间来重塑理性,从而实现理性与修辞学的内在统一。图尔敏的论证模式独树一帜,也为今后科学哲学的发展提供了更宽泛、更符合科学实践的论证道路。

首先,论证模式需要科学理性的指导。论证的目标是为决策提供合理性理由,而不是表现为命题的纯形式变换。图尔敏用"论域"来规范不同领域的论证本质,最终在辩证的对话理论中进行系统的处理。图尔敏是从传统科学的逻辑局限性为其论证打开缺口的。但是,他的论证模式中"合理性"的科学理性究竟需要经过怎样复杂的机制才能与"正当理由"的论证辩论实现内在的统一,这是值得进一步探索和研究的问题。

其次,图尔敏的论证主要集中在模式的建构和解释上。在科学发现的领域,图尔敏用图像推理与数学模型来解释科学理论的证明过程;在法学领域,"当法理家辩护法律的一个逻辑的解释时,当他的对手反驳'法律的生命不是逻辑,而是经验时',当鼓吹者互相责备没有尊敬逻辑时,在这些情形中,'逻辑'一词并不指称唯一被多数专业逻辑学家实践的那种形式逻辑,而是被现代逻辑学家整个忽略了的司法逻辑"②。这成为图尔敏的名言。评价论证的标准是依赖于领域的,域理论中的"领域依赖"和"领域不变"标准是他论证模式能广泛应用的基础。正是基于域理论,图尔敏的论证思想才能在更广泛的领域得到应用。但是,图尔敏的域理论过于宽泛,有些正当理由很难被明确地分配到特定的区域。在这个意义上,图尔敏的域理论仍然有陷入相对主义泥潭的危险。

再次,图尔敏论证模式既体现了对结果的影响,又彰显了对过程的分析。这种论证模式实质上是一种过程性的模式、程序性的模式,如果说它是一种推理,也只是模式化的推理,或者模式化的论证。图尔敏的论证模式竭

---

① 李洪强、成素梅:《科学中的实用论证》,《科学技术与辩证法》2007 年第 8 期。
② 武宏志、周建武、唐坚:《非形式逻辑导论》(上),人民出版社 2009 年版,第 205—206 页。

力倡导除演绎、归纳(概率)论证外的第三类论证形式。在任何情况下,"论证"一词固定地和合适地用于步骤本身和步骤过程的复合体。如果一个论证的结论与前提矛盾的话,该论证就不是有效的;如果是这样,我们就不得不寻找这个例子中推理的缺陷。但在这个刚性的态度下,我们似乎能更好地承认,在某些环境中,可接受的推论过程可能导致不可接受的结论,而且,假如这种情形不可避免,我们就要学会与之共存:"一个推论过程的可接受不是通过它使用获得结果的彻底保证,论证可能有反证。……事实上,我们需要做出相当复杂和不受欢迎的逻辑系统的修正以适应它是无效的论点。"①存在不同价值选择的论证标准,它们可能冲突,因此论证可能冲突。当标准冲突时,一些比另一些更可有可无,当论证冲突时,需要选择一个相比其他更充分的论证。所有这些提议,使论证的理论远离形式逻辑,而且提供了另一个维度。

最后,图尔敏的论证模式面向生活世界的实践。图尔敏认识到:"那种普遍适用的、规范化的分析性推理方式并不能满足生活的需要,这种理想状态下的推理、论证与日常思维中处于自然状态下的推理、论证之间的鸿沟永远无法填平,推理的形式化程度越高,与实际推理之间的距离就越远。"②那种将逻辑领域狭隘地限制于形式推理的研究已对人文科学、法律和所有哲学的分支产生了严重影响。逻辑学研究需要面对真实的问题,因此,需要区分两类不同类型的论证。形式逻辑系统由与时间无关的命题集和规则组成,它孤立了除它自己之外的每一个语境;它的工具是固定的,这些工具是正确的表达式和推论规则。相反,实质论证——探索具体而情景化的理性王国,它在"非主流"哲学的与人类生活时间密切相关的广阔范围内作为合理性的工具发挥作用。实质论证并不仅仅发现真和错误,也辩护佐证。它扩展了"什么是合理性"的观念,超越了分析的证明的和演算的理性观念,因此,它也再次开启和复兴了自古希腊以来的论辩形式,为法律、哲学、政治论辩、人工智能甚至医学和伦理学,以及其他与严格意义上的逻辑不相干的领域提供了一个合理性基础。

逻辑学研究的核心是对论证的合理性评估。在图尔敏看来,一个论证不只是前提、假设与结论的形式化模式,而应该被更为广义地理解为各种主张、宣称、数据、理由、反驳和确证等论域元素间灵活、丰富的相互作用与动

---

① 武宏志、周建武、唐坚:《非形式逻辑导论》(上),人民出版社 2009 年版,第 269 页。

② 〔英〕斯蒂芬·图尔敏:《论证的使用》,谢小庆、王丽译,北京语言大学出版社 2016 年版,第Ⅴ—Ⅵ页。

态关系。图尔敏强调,关于什么是一个好的论证,不但要考虑论证的形式,还依赖于论证的实质内容。有效性是一个领域内的概念,而非领域间的概念。由于事情本身的性质,对于某一个领域的论证非常重要的元素,在另一个领域的论证中可能毫无价值。正因为如此,图尔敏批评了这种强调逻辑系统的有效性,却舍弃论证具体语境而使论证缺乏说服力的做法。图尔敏的论证模式实际上是在经验化的基础上对论证的适应性和有效性进行了扩展,试图覆盖论证评价实质的、逻辑的和修辞的三个方面。这种思想倾向也如图尔敏自己所说:"逻辑不但会更加经验化,而且势必也会越来越历史化。"①从这个意义上讲,图尔敏的逻辑观在一定程度上体现了历史向度的研究方法。

　　当然,也有一些学者指出,图尔敏论证存在一些含糊、歧义,甚至是关键性的概念,比如逻辑类型、论证域、学科、论题,好像它们是同义词,最常见的困难是区分资料和正当理由、正当理由和佐证。在论证中,正当理由是命题,还是从根据到主张的推论合法化的规则或推理依据? 从图尔敏的论述来看,正当理由有时是普通的条件命题,是可能的条件句或一个概括;有时它又是一种不同种类的命题——规则、原则、推理依据,是从根据到主张的推论。爱默伦对此质疑,认为图尔敏强调资料(根据)和正当理由之间功能上的区别是一个主要的区别,但是,即使结合其他标准,依靠使用功能区别也常常难以在实践中准确地确定哪些陈述是资料,哪些陈述作为正当理由起作用。弗里曼指出:"尽管图尔敏的正当理由概念能直接地应用于作为过程的论证,但它应用于作为结果的论证是极成问题的。正当理由概念对分析作为结果的论证是一个不合适的范畴。对于不是过程的那些论证,人们不知道哪个陈述表达资料,哪个陈述表达正当理由。"②西莫斯也强调,区分论证模式中的要素要根据这些要素的功能。图尔敏发展其论证框架是基于法律论证以及随后在实质论证领域的扩展;包括在论证中的结构因素是依据特殊的话语语境来定义的,即在一个组织化的背景中,使用合意的框架解决冲突的话语。辨识不同的因素是基于它们在特殊论证语境中的不同功能,而非基于语法的区别。

　　总之,图尔敏的论证模式为逻辑向生活领域开放探索了路径。从宏观来看,图尔敏的论证逻辑从"纯粹的理想逻辑"转到"与实践相关的逻辑",使

---

① Stephen Toulmin：*The Uses of Argument*，New York：Cambridge University Press，2003：237.

② J. Freeman：*Dialectics and the Macrostructure of Arguments*，New York：Foris,1991：50-72.

逻辑成为与经验相关的且带有历史感的人类认识方式。从微观来看,在认识到日常论辩性话语的特殊本质后,图尔敏论证结构为廓清杂乱的日常话语结构提供了一个可尝试的解决策略。图尔敏论证模式为解决传统理性主义的困境提供了一种可选择的思路和方法,为回归日常生活或者实践道德论证开辟了一个新路径。当然,图尔敏论证模式为理性的平衡提供了一条可选择的进路,但其自身的发展仍需要不断地完善和合理化。

三、图尔敏模型的应用

日常生活中,我们遇到的情境是多种多样的,我们遇到的论证也是多样化的。在生活实践中,我们提出的主张或策略都会基于一定的判断,这种判断要诉求正确性,就必然需要给出合理的理由与充足的证据,这就是论证的过程。由于论域与所运用的知识和逻辑类型不同,我们从中得出结论所采用的步骤也会有所不同。譬如,"预测性论证是从过去和现在的事实预测未来的可能性,伦理学论证要从事实条件跳跃到应然的结论,……科学判断依赖于观察的数据和实验的结果"①。面对生活世界中这样纷繁的论证领域,我们是否能够找到一种相对稳定的论证程序呢?图尔敏的回答是肯定的:论证的基本程序是领域不变的,而论证的标准确是领域依赖的,这就对生活世界的论证给出多样性与统一性的标准。随着实践伦理学与实践哲学的复兴,人文学科领域发生了修辞学转向。日常言语交流与似真性重新被受到重视。图尔敏呼唤与论证实践相匹配的实质逻辑,开启了逻辑的实践转向。图尔敏认为逻辑和法学之间具有比逻辑和几何学之间更自然的相似性。如果我们要求逻辑公正地陈述论证并且适当地理解"逻辑过程"的特征,就需要运用一种法学所要求的那种复杂的论证模式。

1.实践哲学的复归

逻辑理性的梦想使逻辑学的发展日趋远离现实生活,像一些纯数学分支一样脱离直接的现实考量。图尔敏对逻辑学研究的数学化、抽象化以及远离现实生活的倾向开展了实质性的批判和矫正。图尔敏主张逻辑学应该摈弃单一以几何学为摹本的发展路径,而应该像法学关注现实生活中的司法程序一样关注人们在日常生活中的推理与论证实践。图尔敏论证模式虽然不能颠覆正统逻辑,但他的论证模式通过扩张性推理的实例渗透到与情境相关的生活领域,展示合理性丰富的内涵,而且最关键的是它在我们的认

---

① 宋旭光:《法学视角的图尔敏论证理论》,《法制与社会发展》2014 年第 1 期。

知生活中扮演着重要的角色。

　　在国外,一些对修辞学复兴作出极大贡献的学者都选择把法学领域作为实践哲学复归的突破口,例如阿列克西(Robert Alexy)理性视域下的法律论证理论、哈贝马斯语用学视域的法律商谈理论、卢曼的"系统—功能"论证理论;又如佩雷尔曼将修辞学理论运用于法律正义问题的研究;受自由法运动影响和对形式思维的质疑,特奥多尔·菲韦格(Theodor Viehweg)提倡问题导向型的情景化思维,开创"论题学法学",将论题学方法运用于法学,并由此开启了一场旷日持久的论战。在一些领域,当逻辑的自我意识体现出实践价值时,应用逻辑学已经取得长足的进展。这项跨领域的联合研究必然是一种带有比较性质的研究。此后,国际上法学与论证交叉学术会议受到世界各地学者欢迎,形成了广泛的跨学科交流。图尔敏认为,法律论证是论证的论坛之一。图尔敏的论证理论为这一论坛提供了非常有益的技术借鉴。图尔敏认为,法学论证模型同样可以以形式的方式来表示,借助这一论证模型,绝对理性和非理性双方达到一种动态平衡。图尔敏主张在绝对理性的确定性与非理性的极端化倾向间寻找突破,这就是实践推理的进路。图尔敏的论证模型为实践推理的应用提供了路径选择,这种路径选择体现在法律论证实践、非形式逻辑、修辞学和计算机人工智能领域。

　　2. 非形式逻辑的兴起

　　图尔敏《论证的使用》虽然没有对主流哲学传统和逻辑学产生颠覆性的震撼作用,却为修辞学、传播学、法学、语言学等领域的研究带来契机,并为以后非形式逻辑的兴起清除了观念上的障碍。图尔敏指出,形式逻辑无法分析实践中各种各样的实质性问题,他将逻辑形式与法学论证相对接,开启了非形式逻辑的转向。澳大利亚哲学家哈姆林(Charles I. Hamblin)的著作《谬误》(1970)为非形式逻辑的兴起更直接地提供了理论和技术的推动。20世纪70年代起,一批新型的逻辑教科书不再将其视野局限于传统逻辑学内容,而更多是从现实生活中来,面向现实生活中的运用。1978年6月在加拿大温莎大学举行的"首届国际非形式逻辑研讨会"标志着非形式逻辑作为一门哲学学科正式诞生。自此以来,我们可以清晰地看到,在符号化、形式化的现代逻辑之外,非形式逻辑开始异军突起、蓬勃发展。

　　非形式逻辑既是致力于发展针对日常生活适用和有效的论证分析方法,也是针砭逻辑过度形式化问题的一种研究策略。非形式逻辑与形式推论及逻辑蕴含之间有本质差别。非形式逻辑强调生活实践中的实际论证,并着力探究论证评价的实质性议题。显然,非形式逻辑作为又一"逻辑学新分支的发展,正是对图尔敏逻辑思想的回应和继承,并在他所指明的方向上发展与丰富着逻辑研究的方法论和问题域"①。而且,逻辑学在当代的多领域发展与丰富,实际上并没有背离图尔敏变革逻辑学的初衷。相反,这种繁荣与发展恰恰表明图尔敏当年对逻辑学极端化发展的批判与矫正所具有的理论穿透力和实践生命力。

当然,尽管非形式逻辑在言语交流、修辞学和论证领域掀起了一股潮流,图尔敏认为逻辑的形式化并不能完全被否定,推理的数学模型的形式有效性在一些领域依然具有巨大的吸引力。在面对人类的生活实践方面,图尔敏认为:"逻辑不但会更加经验化,而且势必也会越来越历史化。"②图尔敏的观点在一定程度上把逻辑带向了历史的研究领域。"从这个意义上讲,在图尔敏对论证的思考中,我们看到逻辑哲学的研究和逻辑史的研究之间有了交集。"③论证宏观结构研究是当代非形式逻辑研究的一个重要领域,也是修辞学、法学、语言学和计算机人工智能科学关注的前沿问题之一。正是基于这一模型的提出,图尔敏成为现代论证理论的开创者。他的论证理论对很多领域产生了重要的影响,并开辟了很多新的研究方向。例如在法学领域,菲特丽斯(Eveline T. Feteris)、麦考密克(Neil MacComick)、阿列克西、阿尔尼奥(Aulis Aarnio)等法学家都受到了图尔敏论证理论的影响。今天,在信息管理和人工智能领域,图尔敏的论证模型已经被广泛地应用于一些决策支持和安全保障方面的计算机软件之中。

第二节 图尔敏平衡理性主义思想的特点

在所有人类活动中,"理性"起了中心作用。人们可能认为实际事件是偶然的,如个别运动的具体目的、社会政治目标、影响成功或失败的因素等等。因此,在我们的时代,和古希腊一样,推理的任务循着这样一个总的趋向,即我们能清楚地说出我们的思想并且相信形式蕴涵。推理的任务是用理论分析来选择它们并且解释它们。但是,这一理论分析不能告诉我们是在什么情况下——怎样、哪里、何时等——产生日常生活和实践例证的这些思想。相比之下,我们调查的具体场合或者目标情形显露在各种文化和历

---

① 谢耘、熊明辉:《图尔敏的逻辑观述略》,《哲学研究》2013 第 8 期。
② Stephen Toulmin: *The Uses of Argument*, New York: Cambridge University Press, 2003:237.
③ 李先龙、张晓芒:《从历史化的角度推动逻辑学科的发展——以图尔敏的论证思想为例》,《湖北大学学报》(哲学社会科学版) 2016 年第 3 期。

史的变化中,而探究和阐明这些变化是经验探寻的任务。但是,就其本身来说,探寻在经验的水平上,对显示什么理论使我们能最好地解释这些变化却无能为力。

人类新文化的两种产物——首先是人文科学,而后是精确科学——赋予人类不同的哲学思想和不同的理性方法。人文学家把论辩看作个人的或社会的不一致性,其中逻辑学家在解决问题过程中扮演一个重要角色;而数学自然哲学家(或精确的科学家)用形式推理来解释问题,他们认为修辞只能歪曲它们。在人文学科中,术语"理性"指合理的实践;在自然科学中,它指推理和演绎判断。人文主义者使人重新想起我们熟悉的日常生活实践的多样性:在现实生活中,归纳是冒险的,而必然性是过分要求而不能得到坚持。精确的科学家寻求把每一件事情按照理论秩序安排——形式必然性是他们的目标。合理性与合乎情理性之间的张力因此出现。这就产生了需要我们正确回答的重视理论与尊重实践不一致的问题,在我们当今的时代仍然是一个挑战。

针对实证主义绝对理性的纲领,图尔敏对历史发展的强调,对科学共同体解释的关注,对规范、习俗、价值和标准的议题化,对问题情境的指向,为其平衡的理性观提供了更充分的解释。在丰富多彩的现实生活中,图尔敏试图克服传统理性主义哲学的局限性和吸收非理性主义哲学的合理性,实践转向是他解决理性危机的现实路径。历史视野中的张力、合情理原则、生活世界的语境是图尔敏平衡理性主义思想的特点。

一、历史的视域

从表面上看,西方科学哲学各个流派互相对立,特别是证伪主义和历史主义,其产生就是从批判逻辑经验主义开始的,而历史主义又同样对证伪主义进行了严厉的批判。逻辑经验主义从一开始就是作为一种哲学运动而不是作为一种学说或教条出现的。"历史非理性的根源是,我们'创造'了历史,然而,到目前为止却没有能够有意识地对历史进行创造。因此,历史的合理化不能通过对受到操控的人类的控制权力的不断扩展而被促进,而只能被更高阶段的反思所促进。"[1]20世纪的哲学背景是逻辑经验主义过分强调知识的语言性、形式性,否认认知的多样途径。因此,逻辑经验主义的合

---

① 〔美〕托马斯·麦卡锡:《哈贝马斯的批判理论》,王江涛译,华东师范大学出版社2010年版,第14页。

理性抽掉了历史内容的形式合理性。波普尔的证伪理论对这种认识从另一个方向进行了发挥,指出科学的发展是一个通过猜想和反驳而向真理迈近的过程。他抛弃了逻辑经验主义的语言分析哲学,把科学理论选择看作类似于生物自然选择的过程。但是,笛卡尔理性主义、逻辑经验主义、波普尔证伪主义有一个共同之处,即把科学合理性看成一种普遍的、永恒不变的东西,并力图找到科学合理性的基本方式。

20 世纪初期的科学哲学研究以逻辑实证主义为代表。当时以量子力学、化学原子论以及数理逻辑为主要研究对象的那些科学家,主要关注的都是具体学科中的一般理论问题。他们力图根据这些问题的研究,把理论观点扩展到人类生活的其他领域。他们所从事的科学哲学研究的一个共同特点,就是强调科学本身的价值和研究科学知识的认识论价值,但不太重视或有意忽略科学史研究中所涉及的社会因素,特别是没有看到科学发展的历史对科学理论构成的不可忽视的影响。当波普尔的思想开始为整个西方世界所理解时,在科学哲学中对逻辑主义提出更为严峻挑战的,是来自图尔敏、库恩、费耶阿本德、拉卡托斯等人的思想。但随着科学哲学中历史主义学派的出现,逻辑主义在科学哲学中占主导地位的状况发生了根本的改变,这种变化的重要标志就是库恩《科学革命的结构》的出版。库恩等人以科学发展的历史资源为依据,用历史的眼光看待科学的性质和科学本身的发展,论证科学的合理性是随着科学实践的发展而变化的,因此不存在纯形式的合理性,也不存在普遍的、不变的合理性。他们抛弃逻辑实证主义所强调的静态的逻辑分析方法,以历史的、变化发展的观点,根据大量公认的历史资料,对科学的性质、任务以及研究方法等重大问题提出了完全不同于逻辑主义的观点。

历史主义学派的出现也造成了两个无法避免的结果:(1)历史因素被引入科学哲学研究领域,这就势必产生科学中的相对主义,而这却是历史主义学派的哲学家极力反对的;(2)对科学史的关注使科学哲学的研究远离了对科学性质的分析,甚至远离了科学本身,这种历史的关注更多的是研究关于科学的问题,而不是科学本身的哲学问题。这两个结果正是历史主义学派在当代科学哲学中所处的两难境地,也是历史主义学派本身所面临的问题的两个方面。历史主义学派主张科学是科学共同体的社会实践。因此,他们根据科学共同体的科学实践方式来揭示科学合理性的复杂性、具体性和可变性。对科学的社会因素的关注,对科学研究中所涉及的复杂的社会特征的关注,对科学成果与人类活动之间互动关系的关注,这些正是科学哲学中历史主义学派的主要特征。然而,科学哲学的历史主义学派并不把科学研究的历史发展放到社会发展的整体背景中去考察,而是重视科学研究自身的历史发展过程,强调对科学概念和科学理论的分析应当放在这个历史过程中进行,特别是强调科学研究在历史发展过程中有不确定的因素。这些都使得历史主义学派最终走向相对主义。

因此,即使在科学内部,理性也不可能并且不应当被容许一统天下,它必须常常被废弃或排除以支持其他因素。在费耶阿本德看来,"没有混沌,就没有知识。不频频弃置理性,就不会进步。今天构成科学之真正基础的思想所以存在,仅仅因为存在着偏见、奇想、激情之类东西;因为这些东西反对理性;还因为它们被允许为所欲为"①。费耶阿本德认为科学的历史也是非理性的,不可能加以理性重建。那些"想把自然科学家当成一种新的牧师、当作人与非人之间的连接点,肯定是错误的。认为某些真理是'客观的'而其他的真理则完全'主观的'或'相对的'看法,即想把真实的句子划分成'真实的知识'和'纯粹的意见',或划分成'事实的'和'判断的'企图,同样是错误的。"②"我们企求的文化中,关于'价值的客观性'和'科学的合理性'的问题是同样不可理解的。"③这类观点不承认任何固定不变的方法论和普遍有效的规则,认为科学不能完全排除非理性。针对哲学各学派的纷争,图尔敏著书立说,陈述自己的观点。

首先,理性(ration)或合理性(rationality)是一个历史的范畴。

合理性问题是当今科学哲学的中心课题。我们每个人都出生在某个特定的历史现实中,受特定的规范和价值观制约。逻辑主义强调科学合理性,并把它等同于精确的逻辑方法、规则或程序。在西方思想史上,尤其是在近现代时期,哲学家预设科学概念是依先验的、不变的标准而存在的。不同历史时期的哲学家曾拒斥这个不变标准的观念,但又不能提供一个并非相对主义的标准。图尔敏指出:"绝对论者对概念多样性的反应是以不相干为代价,把它们从历史和人类学的复杂性中释放出来……相对论者注意避免历史的不相干性特点,但其否定任何公平、合理判断的立场也同样遇到了困难。"④图尔敏分析了现代后期的两位学者弗雷格和柯林伍德的思想,认为

---

① 〔美〕法伊尔阿本德:《反对方法:无政府主义知识论纲要》,周昌忠译,上海译文出版社 2007 年版,第 155 页。
② 〔美〕理查德·罗蒂:《后哲学文化》,黄勇译,上海译文出版社 2004 年版,第 75 页。
③ 〔美〕理查德·罗蒂:《后哲学文化》,黄勇译,上海译文出版社 2004 年版,第 81 页。
④ Stephen Toulmin: *Human Understanding*, vol. 1: *The Collective Use and Evolution of Concepts*, Princeton, NJ: Princeton University Press, 1972: 65-66.

他们的思想观点代表了解释科学概念的两个重要尝试方向。弗雷格以数学为模型解释概念的合适性,这也许能成功地解释自然科学,但在政治理论等学科中却难以奏效,他也因此被图尔敏描述为一个绝对论者;而柯林伍德避免绝对标准的努力被归入相对论。

图尔敏认为,绝对论的标准是如此精确以至于与理性批判的实践无关,而相对论的标准是如此相对以至于根本没有标准。完全绝对论或完全相对论的立场都是站不住脚的。他试图提出一个介于完全绝对论和完全相对论之间的中间标准,以形成一个"新的'认识自画像',即能力、过程和行为的一个全新考虑。借助它,人类获得对自然的理解,自然反过来对人类来说也是可理解的"①。图尔敏的观点削弱了科学中关于进步和绝对理性选择的简单观念——它不是普适的理性。正如新历史主义学派哲学家夏佩尔认为的那样,科学中不存在任何绝对的东西,任何我们所相信的东西,无论我们对它有多么确定和完善的理由,原则上都存在着这样的可能性,即将来会产生被怀疑与被抛弃的理由。

逻辑实证主义持一种"惯例化的唯标准的合理性"观点,但这一观点本身并不符合它所规定的合理性标准(如可证实性)。"这种合理性观念的视界太窄——一方面把精密科学之外的领域都排除了,另一方面把探讨别的、多样化的合理性标准的道路堵塞了。"②拉卡托斯认为,没有任何一个编史研究纲领能把全部科学史解释为合理的,所以必将不断出现更好的合理的重建方法论。但反常总是存在的,这些反常可以由科学以外的非理性的信仰、社会、心理等因素来解释。理性主义历史学家也不要因此而气馁,他们可以尽力发展新的方法论纲领,以便把更多的历史事实纳入内史即合理性的范围之中。普特南指出:"在真理概念和合理性概念之间有着极其密切的联系。粗略说来,用以判断什么是事实的唯一标准就是什么能合理地加以接受。"③"'真理'是某种(理想化的)合理的可接受性。"④历史不仅塑造了我们的科技、政治和社会,也塑造了我们的思想、观念和梦想。因此,在解构所

---

① Stephen Toulmin: *Human Understanding*, vol. 1: *The Collective Use and Evolution of Concepts*, Princeton, NJ: Princeton University Press, 1972: 25.

② 〔美〕希拉里·普特南:《理性、真理与历史》,童世骏、李光程译,上海译文出版社 1997 年版,第 8 页。

③ 〔美〕希拉里·普特南:《理性、真理与历史》,童世骏、李光程译,上海译文出版社 1997 年版,序言第 2 页。

④ 〔美〕希拉里·普特南:《理性、真理与历史》,童世骏、李光程译,上海译文出版社 1997 年版,第 55 页。

谓"唯理性"的霸权本身几乎成为一种"霸权"的当代西方哲学界,图尔敏和维特根斯坦在一些重大哲学问题上的共识,尤其值得人们慎重对待、认真研究。

其次,应恰当地把握理性与非理性的张力。

古代和近代的方法论者都利用静态—经验的心理分析法和演绎—归纳的逻辑分析法对科学的认知活动进行探索。现代科学方法论突破了这种静态的束缚,从理性霸权突进到历史地把握动态的科学认识活动。图尔敏认为:"理性一般是人类行为的特征——不仅仅是逻辑关系和语言行为的特征。"①费耶阿本德的多元主义方法论倾向于非理性主义,这是不足取的。然而,他的方法论也包含重要的合理性思想,我们至少可以从中得到两条启示:(1)科学方法论应当不断随着科学的进步而发展;(2)各种派别的科学方法论应当相互补充,而不是尖锐对立或者相互取代。科学本质上是合乎理性的事业,离开非认知、非理性的因素及其作用,科学史也就变成了一种空洞的逻辑抽象。然而,不论是库恩、拉卡托斯,还是劳丹、夏佩尔,他们似乎都把合理性的范围划得太宽了,以至于失去了理性与非理性的界限。同样,费耶阿本德片面夸大非理性因素而导致相对主义的认识观,也是不符合科学发展的具体实际的。

科学中的理性与非理性并没有严格绝对分明的界限。因为,既然没有一种绝对的、超验的理性主义原则,就很难在理性和非理性之间画一条绝对分明的界线。在今天看来是非理性的东西,将来可能会被认为是理性的。值得指出的是,近代科学主要是从古希腊的文化传统中孕育出来的,科学的理性也主要指的是西方的思维模式,但这是不是唯一高级的理性思维模式呢?库恩、费耶阿本德、列维-布留尔都曾从不同的角度指出,生活在不同文化背景下的人面对的是不同的世界,他们看到不同的东西,具有不同的经验,需要提出和解决不同的问题。对于西方科学中心论者来说,非西方的科学技术,例如中医理论,可能是非理性的,不能进入西方科学理性的殿堂,但确有如此重要的存在合理性。面对文化的多元性,难道没有一种有别于西方近现代科学的其他理性传统吗?这可能也是主张理性多元论者要研究的问题。图尔敏极力在绝对论和相对论之间寻找中间道路,寻求在理性与非理性之间保持必要的张力,提出以法学而不是以数学为模型的论证模式。论证的动态性与论域的开放性是图尔敏力求避免绝对论和相对论困境,探

---

① Stephen Toulmin：*The Uses of Argument*，Cambridge：Cambridge University Press，1958：212.

求理性主义多样性的一种策略。

二、合情理原则

在图尔敏看来,rationality(合理性)一词无疑具有比单纯的逻辑推断"更具实质性"含义。与皮尔斯和哈贝马斯一样,图尔敏希望建立一种"实质性的论证逻辑",这种论证由解释、正当理由、资料、反驳等基本元素组成。

"主体的抉择是客观决定的合理性的衡量标准,这种客观决定需要依据理性自身的兴趣。理性至今并不放弃合理化的意愿。"①哈贝马斯将合理性理解为存在的总体性,即理解为自然和人类世界的总体性,并且试图建构存在、思想和行动的最终原则。在英语中,表达"理性"的单词通常是 reason,而与此有关的还有 rationality(合理性)和 reasonableness(合乎情理性)。无论是合理性还是合乎情理性,均意味着与理性一致(a conformity with reason),但二者不能互换。在这里,合理性实际上是一种强理性,合乎情理性则是一种弱理性。普特南指出,合理性与合乎情理性其实并没有对理性的范围提供一个清醒而人道的描述,必须在理性的超越性(transcendence)与内在性(immanence)之间保持一种平衡。

目前,焦点仍然在智力合理性自身的有效性问题上:合乎情理性的人类价值被期望在合理性的法庭上作出自我证明。在学术领域,这个问题并没有被普遍接受,更不用说对它的任何解答能够得到同意——"合理性"和"合乎情理性"并不是相互依赖的两个概念。实际上,这两个概念并不总是有效地被区分,有些欧洲语言用一个词表达它们,例如德语用一个单词翻译这两个英语词。图尔敏非常重视对理性的不同理解。他认为理性这个论题首先涉及了相互竞争的理性观点的主要不同。

在《回归理性》中,图尔敏对合理性与合乎情理性的特点进行区分:"如果说合理性更多地表现为运用抽象概念来分析理论论证,坚持诉诸普遍法则,并结合形式的、普遍的、无时间性的、非情景的以及价值中立的论证来进行说明,那么合乎情理性则更多地倾向于以实质性的、时间性的、局域的、依赖情景的以及有伦理意味的论辩形式,来研究有关特殊对象或情景的事实性叙事。"②在《回归理性》中,图尔敏区别了两种不同类型的论证:"形式的论证与实质的论证。形式论证涉及的是与历史和个人体验无关的逻辑,而

① J. Habermas:"Dogmatism, Reason, and Decision: On Theory and Practice in Our Scientific Civilizaton", in: *Theory and Practice*, Boston: Beacon Press, 1973:254.

② Stephen Toulmin: *Return to Reason*, Cambridge, Mass.: Harvard University Press, 2001:24.

实质论证涉及的是处于历史情境中并依赖于个人体验的修辞。"①与逻辑有关的形式论证,实际上是一种强理性,"以合理性为核心的理性观具有这样一些特点:1. 与数学理性是一致的;2. 旨在把握必然的联系,认识先验的、确定的、自明的而且是永恒的真理;3. 在同一时刻既是个体的又是普遍的,因为它在一个单独的心灵中展现出来,却又把它的主题强加给所有的理性存在者;4. 只在理论领域中才是有效的;5. 在基于合理性而构造出来的'人'的形象中,人是一种像机械装置那样运转的存在,其理性往往与其他的人类能力相分离"②。而与修辞有关的依赖于具体情景的合乎情理性是一种弱的理性,弱理性则表现了对于理性的另一种理解。合情理意义上的弱理性更多与人的行动和实际领域相关。弱理性是普遍的,但这种普遍性本身又内在于具体的情景之中。它可以或者不可以,此地此时,成功地使它的听众信服。因此,形式有效性只是一方面,但是一个论证的强有力体现在它是可理解的,但绝不保证它的形式严格或者一致性,而实质有效性是另一方面,体现在具体的实践中。

美籍匈牙利数学家波利亚(George Polya)指出:"我们用确凿的推论使自己的数学知识巩固起来,但是用合乎情理的推论加强自己的判断。数学的证明是确凿的推论,物理学家的归纳理由,法学家的间接罪证,历史学家的文字依据和经济学家的统计理由都属于合乎情理的推论。"③因此,像数学中的证明一样,数学总是在它的命题中着手将历史或文化的联系最小化,但不能总是完成这类计划以达到它的逻辑结论。像拉卡托斯在他精致的论文《证明与反驳》中所显示的那样,数学"有效性"和"严格性"思想有它们自己的历史:它们的范式在数学中的变化就像它们在自然科学中一样。正确性或者不证自明的有效性理论或证明仍然是不能实现的梦想。

哈贝马斯指出:"肇始于巴门尼德、柏拉图,直至在康德、黑格尔那里发展到极致的唯心主义或理念论传统,其基本特征之一就是在统一性与多样性、普遍性与特殊性、必然性与偶然性、本质与现象、形式与质料等对立概念的系列中,强调前者,贬低后者,并把存在的特征等同于思维的特征。"④哈贝马斯认为这是一种将"经验—分析科学"应用于人类的工具活动。技术兴

---

① Stephen Toulmin: *Return to Reason*, Cambridge, Mass.: Harvard University Press, 2001:19.

② 晋荣东:《现代逻辑的理性观及其知识论根源》,《南京社会科学》2008年第4期。

③ 〔苏〕B. A. 什托夫:《科学认识的方法论问题》,柳延延等译,知识出版社1981年版,第145页脚注①。

④ Jürgen Habermas: *Postmetaphysical Thinking*, Cambridge: Polity Press, 1995:29-33.

趣支配着人类的理性发展。如今,"许多领域都被一种语境主义统治。这种语境主义把一切真实性要求都限制在地域性的语言游戏和依照惯例而被接受的话语规则的范围之内,并把所有的合理性标准都比作习性或者仅仅是有效的惯例"①。"甚至可以说,哲学思想就是源自对体现在认识、语言和行为当中的理性的反思。理性构成了哲学的基本论题。"②自古以来,面对复杂多样、变化万千的现实世界,哲学的任务就是探索世界,从基本原理解释世界,解释多元现象中的同一性。"但是,这里的理性不是一种神秘抽象的、虚无缥缈的、由精神虚构出来的纯思辨的东西,而是具体的,存在并体现于人的认识、言说和行为之中。"③

西班牙国家研究中心哲学院委员特塞图·奥辛(Txetu Ausin)指出:"图尔敏的理性主义是一种柔性的(soft)、清淡的(tinged)理性主义。它包容差异性、多样性和争议性。在试图证明一个命题的合理性时,他努力捍卫权重和实质的论辩方法。因此,图尔敏在合理性的形式方法的规范要求与历史的、社会的和评价语境中的实践的经验教训之间寻求一种平衡。它是一种弥合日常生活的复杂多样性、偶然性与不确定性的理性原则,总之,是一种没有教条的理性。"④尽管保持这种平衡有很大的困难,并且有很多相关因素需要考虑,但是图尔敏仍然极力倡导这种理性。他利用建立在逻辑推论基础上的论证模式,展示没有被命题的演绎系统穷尽的逻辑结构,丰富理性的多样性。

图尔敏在批评逻辑实证主义的科学主义和以相对主义为掩饰的另一种科学主义的基础上,既肯定合理性标准是历史地发展着的,又从人类具体的实践方面来论证科学的合理性,试图将合理性与整个人类追求客观真理的活生生的理性活动有机地结合起来。图尔敏所探索的基于实践的实际论证、基于历史背景考察的历史主义观,正是在两个极端之间形成的。图尔敏这种在理性与非理性之间的"折中",使人认为他的历史主义思想图景是"一种调和的哲学",也可以把它称作"一种智慧上的客栈",一种既寻求与科学、生活以及文化的接触,而同时又保持着一定的逻辑分析水准的哲学。图尔敏的历史主义思想图景力图呈现为在绝对论和相对主义之间的一条恰当的

---

①　Jürgen Habermas: *Postmetaphysical Thinking*, Cambridge: Polity Press, 1995:49.

②　〔德〕尤尔根·哈贝马斯:《交往行为理论》第一卷,曹卫东译,上海人民出版社 2004 年版,第 1 页。

③　〔德〕尤尔根·哈贝马斯,米夏埃尔·哈勒:《作为未来的过去——与著名哲学家哈贝马斯对话》,章国锋译,浙江人民出版社 2001 年版,第 130—131 页。

④　David Hitchcock and Bart Verheij: *Arguing on the Toulmin Model: New Essays in Argument Analysis and Evaluation*, Dordrecht: Springer, 2006:272.

中间道路。

三、逻辑理性的实践转向

20 世纪初，在弗雷格、皮亚诺、怀特海和罗素等人的推动下，逻辑学实现了数学化和形式化。这种逻辑形式化的贡献是巨大的，为信息时代计算机和人工智能的发展开启了一扇重要的大门。但是，这种形式化的局限性也越来越明显地暴露出来。图尔敏是较早认识到这种局限性的人之一。他发现，在论证过程中固然存在一些跨领域、跨时间的不变因素，但同时也存在领域依赖、实践依赖的可变因素。他认为真正可以为现实决策提供支持的是领域依赖和实践依赖的逻辑模型。在系统地考察了科学与人文领域中的实际论证过程后，图尔敏发现，传统逻辑学的形式化研究已经严重脱离了实际生活中的实践论证，需要从单一形式化走向多元问题化，从数学公式走向生活实践。图尔敏发现，实际论证包含一系列潜在前提，这些前提的不确定性导致推理、论证过程的相关性与不确定性，导致结论的不确定性。根据相同的事实却可能形成截然相反的结论。逻辑的形式化和数学模型的公理化具有跨学科研究的一致性，图尔敏提出的实践逻辑在不同的研究领域中可能表现出不同的特点。

哲学是理性和自由、善良和正义的守护者。康德对理性进行了哲学的探讨，最终确立了人类的主体地位。理性的理念是一种生活形式的理念。只有在一个开放的社会，并在不受控制的交往基础上，理性才可以完全实现。在海德格尔的意义上，世界必须被理解为实践的领域，而不是一种被动观察的、形成"价值"的自然。作为纯粹理论的理性的哲学形式——自足的、脱离于实践的理性——是一种意识形态。它让自身凌驾于系统扭曲交往的历史现实之上，并因此阻止了批判实践。现象主义的语言被设计用来描述和解释事实的世界，然而，它不适合表达那种隐藏在科学事业背后的人类丰富多彩的现实世界。人类，只要他们被认为是在交往中可能的合作者，是科学共同体中的伙伴，就不能够被化约为现象主义者所描述的对象；他们不得不在以科学家共同体为典范的交往结构中进行处理，因为正是在这些结构中，科学理论才能够被提出、被批评，选择性的方案才能够被建议并得到论据支撑。

人类生活再生产无可避免地具有与日常语言交往的可信赖的主体间性。社会生活的世界是人类活动的产物，日常语言学派通过日常交往与具体的情境论域融合，致力于研究活生生的经验的日常世界。所有对社会现实的科学说明必须反映主体间共享的世界以及建立在生活世界中的客观世界。图尔敏强调日常背后的"情境"显示了先验观察者的视角——无论作了多少修正——仍然在生活世界论域中起作用。图尔敏论证模型为我们提供了一种构成人类活动的基本模式及这种活动所遵循的规则与构成主体的描述。先验规则是塑造并决定生活世界构成秩序的经验条件,自身是社会化过程的结果。对主体间的社会结构取向以及个体解释的研究,给予我们一种社会生活片面的图像,必须在某种程度上整合进入对"客观的"自身结构以及经验条件的分析中。

实践转向是图尔敏解决理性危机的现实路径。在丰富多彩的现实生活中,克服传统理性主义哲学的局限性和吸收非理性主义哲学的合理性,我们能够毫不费力地理解这种以实践为导向的研究进路。拉图尔认为,科学就像以完全不同的精神回顾过去和展望未来的雅努斯(Janus,古罗马的两面神):向后看,记录的是知识进化的过程,揭示的是自然证实了的科学结论;向前看,谈及的是完全偶然的过程,展现了一幅全然不同的图景。可见,把"技术之物"的通常观念从生活世界情境中抽离出来,既歪曲了技术,又歪曲了社会只有借助于能够有效地使科学技术理性从实验室输出并且输入工厂、街道和农村的社会实践,偶然的科学技术理性才能获取对社会的全面作用。因此,按照图尔敏的论证逻辑所面向的论域,技术理性的单向度发展带来的人的价值偏离问题需要来自生活实践的多元化矫正。

关于合理性的性质问题不是纯理论问题,而首先是生活实践问题。在科学实践者那里显而易见的东西,到了哲学家的面前却成了问题。理论仅仅是人类生活实践的派生物,它是局部实践的结果,必然是有限的;与此相对,生活实践本身则是无限的,它是一个有机的整体。"全部社会生活在本质上是实践的。凡是把理论引向神秘主义的神秘东西,都能在人的实践中以及对这个实践的理解中得到合理的解决。"①图尔敏倡导的逻辑面向生活领域,"图尔敏的精神——要求从理想化的逻辑转向工作的逻辑,正是逻辑实践转向的初始表达"②。理论与实际相一致的途径有两种。一是拯救现象,通过建构理论的方式把现象纳入解释中。理论建构并不排斥社会、心理、逻辑、信念等各种因素,关键在于这些因素能否合理地说明或解释现象,或能否揭示理论的不合理之处。二是预言现象,理论通过逻辑推理的方式

---

① 《马克思恩格斯选集》第一卷,人民出版社 1995 年版,第 56 页。
② 武宏志、周建武、唐坚:《非形式逻辑导论》(上),人民出版社 2009 年版,第 23 页。

预言未知现象,用现象确证理论。因此,无论什么认知结构,它都含有与现象相一致的要求,因而合理性并不是与对象无关的。逻辑经验主义以观察陈述为科学理论的基础,强调科学的合理性是形式合理性,他的认识论是基础主义。逻辑经验主义强调知识的语言性,把科学合理性看成一种普遍的、永恒不变的东西,并力图找到科学合理性的基本形式。

　　20世纪60年代,欧洲大陆兴起现代释义学。科学理论的转变由传统的逻辑合理性转移到社会学的解释。符号文化哲学和释义学,在"理解"的视域中走向沟通。人的理解的世界,是一个特殊的精神世界,是与符号不可分割的世界。"符号是人类理性的创造,然而创造的意义在于理解。所以人生活在符号中,即生活在理解中。理解的世界是一个精神能动性的世界,也即精神的创造和实践的世界。"①实用主义和尼采都建议人们放弃那种普遍的、非历史的、作为基础哲学知识的理想。胡塞尔认为,在19世纪后半叶,现代人听任整个世界观受实证科学的支配并被其产生的"繁荣"模糊了视线。这转而又使人们对真正的极为重要的人性问题漠不关心。罗蒂认为:"我们不要把理性当作一种探索真理的机能,而是要把它当作一种社会实践——将社会规范推行到符号和声音的使用上……成为合乎理性的,就是服从于这些规范。"②图尔敏以科学史为根据,论证科学合理性是随着科学实践的发展而变化的,因此,不存在纯形式的合理性,也不存在普遍的、不变的合理性。他否认科学研究是个人活动,而主张科学是科学共同体的社会实践,主张根据科学共同体的科学实践的方式来揭示科学合理性的复杂性、具体性和可变性。

　　"无论如何,如今科学本身已经不能再按照老派的实证主义模式的纯粹理性方法分析了,而是必须当成一种社会建制来研究。"③20世纪80年代后期以来,科学知识社会学(SSK)转向后科学知识社会学(人们又常称之为社会建构主义)研究后,科学的社会建构理论力图用社会性的因素来解释所有的科学。"科学知识社会学研究的最大的成就,就是把科学的人类和社会的维度置于首要位置,SSK使科学中的人类力量主题化,认为科学知识的生产、评价和使用,受制于人类力量的约束和利益驱动。"④建构主义者认为:

<hr />

① 冯玉珍:《理性—非理性批判——精神和哲学的历史逻辑考察》,人民出版社2013年版,第258页。

② 〔美〕理查德·罗蒂:《实用主义哲学》,林南译,上海译文出版社2009年版,第19页。

③ 〔加〕安德鲁·芬伯格:《从技术批判理论到合理性的理性批判》,高海青、李建华译,《哲学分析》2010年第2期。

④ Andrew Pikering: *Mangle of Practice*, Chicago: The University of Chicago Press, 1995:9.

"科学是一种解释性事业,在科学研究的过程中,自然世界的性质是社会地建构起来的。"①科学发展有自身内在的逻辑,而科学的研究也呈现出了"科学知识制造的偶然性、非正式性、情境性"②。拉图尔认为,我们全然属于技术网络;我们也不应该期待,一种压抑性的替代选择能够使"人"或"此在"独立于工具之外获得承认。人类的实践理性往往随着各种解释沉淀积累起来,胡塞尔的现象学力求"回到事件本身",重新检视那些已经成为惯例、老生常谈、陈词滥调的东西。近年来,科学哲学的实践优位研究为科学合理性提供了发展道路,如哈金从"表象到介入"的转向:"科学史几乎是一部理论的历史,科学哲学成了理论哲学,而前理论的观察和实验却被人遗忘了。因此,我们有必要从表象转入到物质性介入,从理论转入科学实践,以期在实验层面上结束这场争论。"③

从某种特殊意义来说,现代社会因为合理性而得以与前现代社会区别开来。日常经验有一种目的论的特性,古代科学将这一特性提升到了本体论原理层面。"在现代,新的机械论自然观破坏了经验与科学理性之间的和谐。世界分裂成两个不可通约的领域:一个是理性的但无意义的自然,一个是意义丰富但无理性基础的人文环境。"④然而,文化为事物提供了其在社会世界中呈现的意义。在实践中,这意味着可能有多条合理化的路径,而每条路径对应不同的文化框架。"不管怎样,合理性都不是一种可以孤立存在的、作为社会秩序原则的文化的替代物。毋宁说,按照这种能够在原则上实现各种价值的方式,合理性以其现代技术介入了文化表达。"⑤理性研究的转向以及它的开放性给我们提供了新的启示,图尔敏的实质论证给我们提供了新的理路。

图尔敏将 20 世纪 70 年代以来逻辑哲学的发展趋势概括为"逻辑的实践转向"。这种转向体现在非形式逻辑和论辩理论的崛起中。论证逻辑侧重研究人们的实际思维,强调实践性和实用性,因而是一种实质逻辑。这种实质逻辑对话生活世界,特别是今日世界。人们希望能够通过这种实质逻

① Micheal Mulkay: *Science and the Sociology of Knowledge*, London: George Allen and Unwin, 1979:95.

② Steven Shapin: "Here and Everywhere: Sociology of Scientific Knowledge", *Annual Review of Sociology*, 1995(21):305.

③ Ian Hacking: "Representing and Intervening Introductory Topics", in: *the Philosophy of Natural Science*, Cambridge: Cambridge University Press, 1983:150.

④ 〔加〕安德鲁·芬伯格:《在理性与经验之间》,高海青译,金城出版社 2015 年版,第 198 页。

⑤ 〔加〕安德鲁·芬伯格:《在理性与经验之间》,高海青译,金城出版社 2015 年版,第 171 页。

辑解答诸如种族歧视是否合理、城市污染能否消除、核威胁能否避免、商业
广告是否可信、如何消除通货膨胀、如何提高经济效益等日常生活中的实际
问题。图尔敏的论证模式开启了逻辑的实践转向。论证的评估标准不仅有
形式方面的，而且有功能方面的；而"域"的理论又过于宽泛，不存在所有领
域通用的普遍的评价标准。图尔敏尽管声称要拒斥绝对主义和避免相对主
义，但实际上却难以和他们划清界限。因此，科学不仅是一种理论活动，更
是一种实践活动。理想和现实之间的鸿沟被还原为生活世界内部不断变化
的语境和交往者立场之间的张力。交往者的立场是一种不断尝试和不断延
伸的生活经验，通常会在语言和技术这两种不同的本体论区域中具体化，转
化的过程将二者衔接起来。由于在"世界存在的方式"和"我们如何感受世
界"之间存在着差别，因此出现了一系列不一致。正是这些不一致需要我们
面向现实世界。

四、现实生活的向度

图尔敏认识到，普遍适用的、数学形式化的、规范化的分析推理方式无
法满足现实生活的需要。这种理性状态下的推理、论证与日常思维中处于
自然状态下的推理、论证之间的鸿沟在现实生活中永远无法填平。推理的
形式化程度越高，与现实生活中论证的多样性之间的距离就相差越远。至
此，理性出现了失衡。图尔敏强调的"回归理性"，则是试图通过重新构建论
证的具体情境与论域所体现的生活实践要素以恢复到原来的平衡。在满足
科学的程序化问题时，逻辑论证同样需要研究生活中的真实问题。现代科
学知识以经验为基础，或者更明确地说，以谨慎的实验和观察为基础。这毫
无争议，或者至少有助于将科学与某些非科学的实践区分开来。但是，我们
如果想理解科学和科学方法论的实质，就需要更深入地探究科学如何依赖
于经验，相应的概念如何从属于不同的论域。正如苏格拉底认为的那样，对
于我们生活的每一部分，我们都必须尽我们所有努力去看穿它的误导人的
表面现象，并且抓住真正的、潜藏的实在。图尔敏并没有明确定义"论域"的
内涵，他是通过一系列相关概念来解释和说明"论域"的，尽管存在不确定与
模糊的地方，但在实际论证中仍然能够帮助我们对"论域"作出某种一致性
的理解，即"论域"可以依据论证所涉及的学科类型或论证行为所发展的活
动领域来划定。

（一）生活世界

近代科学革命以来，所有的一般问题都属于同样的逻辑类型，都是关于

事实的问题。正是这一基本思想产生了自然法和寻求和谐的观念。康德认为,把理性看作"照耀自然的秘密"的光,是不充分的和错置的解释。正如费希特指出的那样,有两个世界,而人同时属于这两个世界:一个是"外面的"受因果律支配的物质世界,一个是内心的精神世界。我们居住在一个我们自己创造的世界中,正是人性中的"表现力量"创造了世界各地不同的文化,这些文化也显然因地理、气候和历史的不同而不同。这样逻辑不仅变为经验的,也更将成为历史的。"我完全是自己的创造"这一思想为理解哲学带来了根本变化。

对物质世界的经验给予我们感觉;我们对这些经验给出反应,然后分析它们,形成我们的思想。商业社会的形成是现代人性论发展的一个新阶段。蒙田对现世世界的关注削弱了基督教中心地位,这么做无疑为世俗世界注入了有力的思想强心剂;世俗世界的目标和价值就是多样性。蒙田认为,对恒常和确定性的追求,不过是换了一种面目的偏执。"如果哲学是为了教导我们如何生活,而不是如何死亡,那么我们必须尽最大可能收集关于人类各种生活方式的信息,然后平静、理智地分析它们。"[①]这一点对人类心理显然具有重要意义。

在对论证应用的研究中,图尔敏指出了两个不同的研究方向:一是关注人的思维规律,把逻辑看作一门心理学,意在把人的推理过程一般化和形式化;一是认为逻辑是人在社会进化的实践中发展起来的。作为社会学科,逻辑的发展会受到教育的影响,逻辑不再是单独个体与生俱来的。在现实生活中,人们进行论证,往往是针对某个特定事件、出于某种目的,或是自然探索,或是社会诉求。人们论证的方式、达成的目的、产生的影响……所有的这些因素,都应该得到平等看待。论证成败往往并不能单纯地取决于该论证本身,而是要看这个论证所依据的背景、支援与证据之间的链接。

图尔敏称,自 17 世纪中期以来,有一种不平衡的理性在蔓延,论证的方法与形式被抽象到"理性的"或者"哲学的"层面来考察,而具体的实践和生活的方方面面却被忽略了。这种论证模式选择仅仅在形式化的系统中考查论证的有效性,舍弃具体论证中的一些实质内容。这种舍弃增强了形式系统的普适性,从而使一个逻辑系统不仅能够适用于某一具体的、特殊的论证,还能够适用于某一类论证,通过研究一个逻辑形式系统,我们可以研究一类论证。然而,这种舍弃也造成了一种悖论,因为它同时削弱了逻辑系统

---

① 〔英〕彼得·沃森:《思想史:从火到弗洛伊德》(下),胡翠娥译,译林出版社 2018 年版,第 730 页。

的适用性,"因为每个具体的论证都是在某种特定的情境中提出的,舍弃了实质内容的形式系统在适用具体论证时缺失了对特定情境的解释,这也导致在逻辑系统中进行的论证缺少了说服力"①。

(二)向内的道德探寻

在思想领域,历史由两大主流构成。一个主流是,从过去到现在都存在一部"外部"的历史,它与人类之外的世界有关,与亚里士多德的观察、探索、传播、发展、测量、实验和操纵环境的世界有关,简而言之就是我们现在称为科学的物质世界。尽管科学探险难以沿着直线前进,甚至连续几个世纪遭到宗教的阻挠或阻碍,但总的来说,这场探险应被视为一项成就。几乎没有人会质疑,世界的物质进步是有目共睹的,这种进步自进入 20 世纪以后还在加速。思想历史的另一主流是探索与亚里士多德的世界相对的人类的内心世界。用怀特海的方法,我们或可将此归为柏拉图式的世界。这条主流本身又可划分出两条支流。一方面,人类的道德生活,包括社会生活、政治生活、共同生活的发展方式等,取得了确定无疑的成功;另一方面,人类对自身和内心世界的认识,被证明是令人失望的,也是人类试图探究的领域中最不成功的部分,因为多少世纪以来持续不断的"内心转向"已经表明了这一点。不管"硬"科学如何发展,但在可谓我们最感兴趣的那个领域,我们自己,依然是我们关注的焦点。

维特根斯坦后期哲学已经认识到唯理论认识论和形式逻辑的诸多问题,并开启了语言哲学转向。作为维特根斯坦的学生,图尔敏的哲学思想深受其后期语言哲学的影响,如强调语词的用法和功能等。但在图尔敏看来,维特根斯坦并没有将自己在伦理学中的困惑与他对于一般语言和交流的困惑联系起来。图尔敏从博士论文开始着手处理"伦理学中的理由之本质"这一核心问题。图尔敏把道德看作生活的形式,认为事实判断是价值判断的充足理由,并提出一种"评价性推论"。《理性在伦理学中的位置之考察》一经出版就被学界公认为是运用语言逻辑分析方法来研究伦理学的第一部著作。图尔敏这本哲学著作的研究方法深受其导师维特根斯坦的影响,开创了伦理学研究的"充足理由"进路。

探索来自道德领域的知识与探索来自外部世界领域的知识不同。图尔敏认为对道德术语的含义进行形式的、抽象的分析,应该让位于人

---

① 李先龙、张晓芒:《从历史化的角度推动逻辑学科的发展——以图尔敏的论证思想为例》,《湖北大学学报》(哲学社会科学版)2016 年第 3 期。

类面临的具体实践的实质性问题。图尔敏通过对现实生活中的实践论证的描述,努力使论证事业接近人们的日常生活。在哲学博士论文《理性在伦理学中的位置之考察》中,图尔敏实际上已经显露出他将道德问题当作实践智慧进行研究的倾向。他批判了此前在英国哲学界颇有影响的逻辑实证主义哲学家的分析方法和研究路径,认为他们不能公平地对待道德推理。图尔敏表明,我们为支持道德,应将"什么是伦理判断良好的(充足)理由"作为核心问题,即"什么是那个产生一套特定的事实的东西,使其构成一个特定的理论学结论 E 的一个良好的充足理由 R?"①因伦理学的主张而作出的推论实际上是好的,事实上我们的确作了这样的推论。按照图尔敏的观点,如果能够为一个道德陈述引证良好的理由时,那么这个陈述就是真的。这一观点被称为从事实命题过渡到规范性命题的道德论证。

但是,什么是道德领域更具普遍性的评估标准呢?这个问题可能不被普遍认为是授予权威的领域,但是确实使我们对道德问题的思考发生了转向。

从这种转向出发,伦理学就成为一门行动的科学,它的任务是为我们的行动"给出合理的理由"。于是,图尔敏关于伦理学问题就与之前的倾向于通过某些定义来定性的元伦理学划清了界限。理由在伦理学中的位置是《理性在伦理学中的位置之考察》的核心问题。在图尔敏看来,对"什么是善""什么是正义"这类伦理学的中心问题的研究,都没有给出一个关于伦理学的本质的完整解释。在现实生活中,在不得不面对众多相互冲突的行动路线和论证时,我们确切地知道去做什么,然后作出抉择。基于日常生活的这种需要,图尔敏确定了伦理学的中心议题:"在所有的这些论证中,我们应该接受哪一个?在这些理由中,哪一个是充足理由?以及在作出一个道德决定时,我们在多大程度上依赖于理由?简单说来,理由在伦理学的位置是什么?"②

通过对伦理学思想史的考察,图尔敏批判地分析了传统伦理学的三种进路。第一,客观进路,即将道德归结为"不可定义的""凭直觉感知的""不可分析的"客观属性,认为人们行动的道德根据就在于此。但是,这种说法

---

① Stephen Toulmin：*An Examination of the Place of Reason in Ethics*，Cambridge：Cambridge University Press，1950：4.

② Stephen Toulmin：*An Examination of the Place of Reason in Ethics*，Cambridge：Cambridge University Press，1950：3.

并不符合我们日常用法,并不能帮助人们达成价值上的合意。第二,主观进路,即以个人主观情感或社会集团情感作为道德判断的根据,将伦理学中的充足理由说成是人们自身情感和与他们相联系的社会集团的情感的关系。这种研究没有提供价值判断的标准,无法评价人们对于某一对象或行动的价值判断的相反观点。第三,祈使进路,即将道德看作用于说服的"虚假概念",认为"伦理学只是规劝、命令、说服等祈使语气,伦理学的整个力量是修辞式的。这种研究倾向于接受科学证实或者逻辑证明为唯一的'充足理由',用逻辑的尺度将伦理学命题划归为纯粹语气表达的范围,混淆了伦理陈述与规劝、命令和说服之间的界限,无益于问题的解决"①。尽管这三种进路都无法为我们的行动提供充足的理由,也无法为我们的道德争议提供解决方案,但它们却从另一个视角指出了有关伦理学的一些重要事实。图尔敏对传统方法进行一种调和式的折中与重新综合,并以此作为研究的基础。

那么道德论证的内在结构是什么? 逻辑还是修辞? 形式的还是实质的? 图尔敏坚持反形式主义的实质论证理论。他认为,即使是在道德中,无疑也会有关于自我一致性等概念的边缘性因素,而这些因素可以用形式方法来处理。所以冯·赖特(George Henrik von Wright)等人能建立一个"义务论逻辑"系统,该系统展示了"义务"这个道德概念和逻辑学家对真实性和有效性的分类有相似之处。能做到这一点不能表明道德也应该成为数学的一个分支。"这一点其实正好表明了,当我们关注有关真实性和有效性的问题时,我们能完全用形式方法来处理的不过是一些相对边缘的问题。在逻辑中,就像在道德中一样,理性评估的真正问题是将正确的和不可靠的论证区分开,而不是把一致的和不一致的论证区分开。"②这要求经验、洞见和判断力,而数学计算只是能完成这项任务的工具里的一种。图尔敏认为,论证来自日常生活和实践,因此事实可以作为道德判断的充足理由。在他看来,"有关行动的推理并不仅仅包括基于道德原则的推理,还有一种在道德原则无法决定时根据个人对于'善''好'的追求所作出的推理"③。

图尔敏指出,对道德术语的含义进行形式的、抽象的分析,已经让位于

---

① Stephen Toulmin: *An Examination of the Place of Reason in Ethics*, Cambridge: Cambridge University Press, 1950:10-60.

② 〔英〕斯蒂芬·图尔敏:《论证的使用》,谢小庆、王丽译,北京语言大学出版社 2016 年版,第 159 页。

③ Stephen Toulmin: *An Examination of the Place of Reason in Ethics*, Cambridge: Cambridge University Press, 1950:158.

人类实践的实质性问题。在《理性在伦理学中的位置之考察》中,针对"案例道德学"重新流行这一背景,图尔敏指出该书三个关键性的历史意义:"第一,它写于分析哲学正从'逻辑'与'语言'转向'概念和实践程序'的转折点;第二,通过质疑道德原则的普遍性,它含蓄地指出了'论辩术'的复兴;第三,它暗示了道德哲学历史的需要。"①在《论辩术的滥用:道德推理的历史》一书中,图尔敏与其合作者进一步区分了伦理学研究的两种进路:"一种是几何学的研究进路,把它当作'公理',寻求不变的、永恒的原则,从中可以演绎出作为定理的特定道德判断;另一种是修辞学的研究进路,它密切关注特定案件与环境的明确细节,也是一种论辩术。"②从图尔敏的论述中我们可以看到,如果我们坚持形式逻辑的观点,那么道德决定来自道德命题,事实推不出价值;如果我们坚持广义的逻辑(或修辞)的立场,"是"与"应当"之间的截然二分就会打破,但事实作为价值判断的理由可以进一步得到维护。

(三)论辩术的复兴

作为非形式逻辑和现代论证理论的开创者,图尔敏追求一种融贯逻辑和修辞的论证理路。"某种程度上,在实践中,逻辑和修辞不可分离……需要分析实质论证的第三条中间道路。"③近代以来,合理性被理性所淹没,修辞学和论辩术也被形式逻辑所挤压时,理性便失去了平衡。为了恢复理性与合理性之间的平衡,图尔敏致力于复兴那些已经被人们遗忘的论辩理论。在《论辩术的滥用:道德推理的历史》中,图尔敏和琼森旨在建立一种历史视角,以解决在当代道德话语中杂音占据突出位置的问题。为此,他们对道德推理的历史进行了创新性的解释。在这项引人入胜的研究中,二人将论辩术置于历史背景中进行考察,追溯了古代道德推理的起源。论辩术在16世纪和17世纪初期达到顶峰,随后从17世纪中期开始声名狼藉。

图尔敏摒弃将逻辑证明或者科学证实作为唯一"充足理由"的研究方法,呼唤重视历史语境、关注个案平衡的实践论证。论辩术方法的复兴,也就意味着新论辩术的出现。因为在实际生活中,我们需要知道做什么,面对相互冲突的众多行动路线时在不同的论证路径中作出抉择。正是基于日常生活的需要,图尔敏持一种反逻辑形式主义的观念,强调修辞在论证中的力

---

① Stephen Toulmin: *The Place of Reason in Ethics*, Chicago: The University of Chicago Press, 1986: xiv, xii.

② Stephen Toulmin with Alfred R. Jonsen: *The Abuse of Casuistry: A History of Moral Reasoning*, Berkeley, CA: University of California Press, 1988: 7.

③ Stephen Toulmin: *Return to Reason*, Cambridge, Mass.: Harvard University Press, 2001: 19.

量。图尔敏主张重新使用论辩,因为它本质上更具修辞性,因此比普遍伦理更适用。图尔敏将实际推理应用于特定案例,以便辨别出最具道德的行为过程。他的论证和修辞理论反映了他对普遍性和特殊性之间相互作用的理解。

第五章　平衡理性主义思想的当代价值

　　20 世纪的混乱与野蛮由此造成的动荡使维持理性能力以形成一个稳定和平世界的信念变得日益困难。人类进入 21 世纪以来，世界的图景变得愈加复杂。全球冲突的频发和冷战思维的盛行，破坏了世界的稳定。在 21 世纪，我们怎样控制我们的怀疑并充满希望地面对世界？ 在《回归理性》中，图尔敏认识到用理性来提高我们生活的潜力，但在追求知识的过程中被一种严重的不平衡所妨碍。长久以来占统治地位的理性，被一种数学形式的科学方法和寻求确定性的推理模型替代，这在很大程度上降低了合理性的价值。一系列人文主义的判断也建立在个人经验和实践的基础上。如今，理论学科（如经济学）和一些专门职业领域（如法律、医学）经常基于变化多端的共同体和实践经验个体来评价专门知识和理论的建构。在我们的时代，信息技术正在扮演重要的角色。然而，理智的行为仅能在它们被运用的情况中判定。正如两千年前亚里士多德所述，"像在航海学和医学领域中，理性的作用并没有以形式计算的方法显示出来，而是在行动中考虑所有被讨论的相关因素，包括未料到的负面作用"[1]。

　　在新世纪伊始，图尔敏总结自己一生的著作，极力呼唤调整合理性与合乎情理性之间的张力，使二者保持必要的平衡。他并不拒绝社会科学中有价值的成果和研究方法。我们想知道人类发现的因果关系，但却面临一个不确定和不可预知的世界，这是一个挑战。在我们的商业时代，我们要学会怀疑广告者和赞助人喧闹背后的断言。"我们从来不梦想按其表面价值来采信他们的断言，或者相信他们的正确性而影响我们的世界观。"[2]图尔敏认为没有确定的知识形态和固定抽象的理论；通过回归一个更富有人性的和合乎情理的理性形式，接受可变性和复杂性作为探询所有知识的一个重要开始，这是人类的本性。

---

[1]　Stephen Toulmin：*Return to Reason*，Cambridge，Mass.：Harvard University Press，2001:82.
[2]　Stephen Toulmin：*Return to Reason*，Cambridge，Mass.：Harvard University Press，2001:34.

第一节　全球化的新挑战与新机遇

随着历史的发展、科技的进步、对外贸易的拓展，人类社会不可避免地走向全球化。特别是在信息革命时代，凭借交通运输及物流配送的发达和信息流的便捷畅通，全球化运动在经济、政治、文化、社会等方面给人类生活带来了地覆天翻的变化。单从经济层面而言，全球化推动了贸易和投资在世界范围内往来，技术、资金和劳动力等要素依托全球供应链和价值链建立的分工和网络调配在全球层面获得了优化配置。这不仅推动了人类生产的发展、交往的扩大，也为世界经济持续增长配备了引擎，为包括中国在内的发展中国家尤其是新兴市场经济国家的经济社会发展和转型带来了重要的发展机会。与此同时，由于经济全球化推进过程中也出现了再分配不平等、社会不公平、南北发展不均衡等问题，反全球化的浪潮也一直是此起彼伏。

冷战结束后，两极格局逐渐瓦解。世界由两极争霸到多极化发展进程中，美国试图确立一极独霸的地位，"正是霸权促使美国的行为方式与其利益，乃至世界共同体的利益背道而驰"[①]。"单极稳定"实际上是美国主导下世界秩序的稳定，并没有打破国际无政府状态的现状，没有改变国际体系的根本结构。单极世界并不太平。随着世界经济竞争加剧、大国博弈此起彼伏，单极世界向多极世界转化。然而，美国的霸权思维对其所认为的任何威胁这种单极稳定的因素都会采取措施加以消除。在美国看来，维持单极、摧毁一切可能的威胁是"合理"的。美国式的特定的全球化特点在于，忽视了各国有将跨国市场一体化的进程加以合法化的需求。在这种背景下，美国以单边主义代替多边主义，以贸易保护主义代替自由贸易原则，大搞"美国优先"，频繁"退群"，实施"贸易战"，逆经济全球化而行。2008年世界金融危机爆发后，国际社会对全球化的质疑不断增多。这次危机凸显了发达资本主义国家内部固有的矛盾和资本的逐利性所带来的产业结构性失衡，进一步加大了老牌资本主义国家贫富差距和制造业的空心化。老牌资本主义国家国内的这种不公平为民粹主义的发展提供了土壤。为转移国内矛盾，以美国为首的西方国家在国际上挑起贸易战，进一步加剧了世界经济的动荡。美国版的全球化带来的自由化缺乏对市场的组织，甚至连监督也没有。

---

① 〔美〕西蒙·赖克、理查德·内德·勒博：《告别霸权！——全球体系中的权力与影响力》，陈锴译，上海人民出版社2017年版，第198页。

这就产生了一种"色拉叙马霍斯式"的正义,即强者的意识不必诉诸合法性的要素。特朗普政府退出美国起主导作用的多边国际组织,旨在重塑对自己有利的、不受约束的世界。这种单边主义也改变了冷战结束以来不断加快的全球化进程。"代理人战争"加剧了开战地区的各种矛盾,使区域局势动荡不安,破坏地区的和平稳定。

一、全球化进程之变

近年来,逆全球化思潮的抬头极大地冲击了全球治理格局。从反全球化到逆全球化,都是在全球一体化的理念和实践的基础上的。发达国家基于自身利益的单一考量,从短期目标着眼,不满意推进全球化的国家和组织而开始了"逆"全球化行动。在资本主义国家主导的全球化中,发达资本主义国家凭借科技和教育优势,促进了产业快速发展,但是由于资本的逐利性,发达国家把能源消耗型产业向发展中国家转移以获取更大的利润,结果使发达国家对发展中国家的依赖性逐渐增强,出现贸易逆差鸿沟;发展中国家利用经济全球化的条件和机会,借助其他国家的先进技术和管理经验以及自身密集型产业优势,推动本国实体经济快速发展,逐渐成为世界经济体系中重要力量。发达国家深刻感受到来自发展中国家在经济利益与安全方面的威胁,开始通过逆全球化手段来遏制发展中国家的崛起,以维护自身在全球化贸易中的优势地位。在这种背景下,包括美国在内的发达国家转向非理性主义的贸易保护主义,设置贸易壁垒,无视全球治理责任,使全球治理陷入矛盾和困境。"生产社会化的深度发展凸显全球治理'新要素'与发达国家维持旧秩序之间的冲突性关系。"①

逆全球化并非一种偶然现象,其反复出现自有其内在的逻辑。"全球化必须理解为一种辩证的现象,在一种时空分延关系中,一极的事件会在另一极上产生不同甚至相反的结果。"②全球化过程是一个充满矛盾的运动过程。"它是一个矛盾的统一体:它包含有一体化的趋势,同时又包含分裂化的倾向。"③"全球化"与"逆全球化"形影相随,其中隐含着内在的逻辑和发展悖论。"逆全球化的内在逻辑在于,全球化的自由贸易主张与民族国家的

---

① 张平、赵昊杰:《逆全球化潮流下的全球治理困境及其突破——基于资本文明的视角》,《长白学刊》2020 年第 4 期。
② 〔英〕安东尼·吉登斯:《现代性与自我认同:现代晚期的自我与社会》,赵旭东、方文译,生活·读书·新知三联书店 1998 年版,第 23—24 页。
③ 俞可平、黄卫平主编:《全球化的悖论》,中央编译出版社 1998 年版,第 21 页。

国家利益诉求之间存在矛盾。"①这种利益诉求在世界市场上的争夺体现在："经济全球化是霸权国为了获取霸权收益而建构的国际体制,而逆全球化则是霸权国利用国际制度二用性对崛起国采用的大国制衡战略。"②从全球化发展的阶段来看,中美贸易摩擦背后是全球化面临新的困境,这也意味着全球化的转型迫在眉睫。当今世界正面临着两种截然不同的全球化发展路向:中国主张建立人类命运共同体,在国际合作中坚持共商共建共享的原则;美国则继续坚持唯我独霸的单边主义原则,正在向与全球化渐行渐远的贸易保护主义方向倒行。尽管以美国为首的西方发达国家实施贸易保护主义,丧失推动全球化的动力,但全球化是历史发展的趋势,全球化进程中的挫折并不意味着全球化终结,而是表明在新的时代背景下,全球化正在孕育新的突破、面临新的转型升级。世界永远在不断竞争博弈,摩擦、冲突是在全球化过程中不可避免的事情。

目前,包括金砖国家在内的新兴经济体已成为推动全球化的新生力量,一些老牌发达资本主义国家如德国、法国等也会从自身经济发展和长远利益出发,支持多边主义和全球化。随着国家改革、地区合作、全球治理促动多元并存,亟待新的国际秩序建设逻辑生成。在世界历史的语境下,国家间经济、政治、文化交往复杂化、多元化,亟需全球治理的深入合作。在国际政治的公共性领域,一方面,逆全球化可能对政治的公共理性造成侵害。例如美国单方面退约行动、掀起贸易战、实施经济制裁等,这些行为背后的逻辑是资本逻辑,在其主导下,经济主体单方面追求利益的最大化。这使得一些国家尤其是一些发达国家在国际公共性领域的公共理性异化为经济领域的经济理性。另一方面,在逆全球化的乱象中,一些国家的决策者从短期的功利角度出发,将政治政策当成工具,对自己有利的就奉行,对自己不利的就抛弃。这使政治理性因受资本逻辑的控制而偏颇的同时,也使价值合理性遭减损。当资本逻辑在经济危机中遭受重压之时,它的分裂本性就促使主体的理性逐渐丧失其原初统一性而日益分裂开来,使理性发展为极端片面的工具理性,从而形成了对价值理性的压抑与排斥,使理性最终走向压抑人类发展的"反理性"。

"全球化—逆全球化—全球化……"在人类的历史进程中博弈发展。在

---

① 汪毅霖:《"逆全球化"的历史与逻辑》,http://www. wyzxwk. com/Article/sichao/2020/02/413579. html.
② 陈庭翰、王浩:《美国"逆全球化战略"的缘起与中国"一带一路"的应对》,《新疆社会科学》2019年第 6 期。

逆全球化思潮风起云涌之际,非理性的因素将会压制理性而使主体行为难以正当化。在今天这个全球经济高度融合的信息时代,世界视野日益成为我们决策的重要参数。当前经济全球化已驶入历史发展的节点,必将衍生出更多的经济和社会问题。基于此,美、英等老牌资本主义国家希望借势逆全球化,设想重构一种符合西方国家利益的全球化,在对外经济交往中采取零和博弈,摒弃合作共赢,其实这都是非理性主义在政治与经济领域的体现。纵观当今世界的经济交往,尽管经历重重阻力与挫折,全球化依旧是人类社会发展的趋势;各种文明之间,甚至同一种文明内部的交往、借鉴、融合正不断突破西方的阻力,以前所未有的广度和深度进行交流合作。处在历史战略机遇期的中国,谋求构建满足全人类福祉、体现大国责任担当的全球化体系。中国站在全人类的角度提出了"人类命运共同体"的理念,其目标是构建立足于全人类的发展大局,顺应客观发展大势,致力于"推动全球化朝着更加开放、包容、普惠、平衡、共赢的方向发展"的人类共存模式。中国参与的"再全球化",扬弃了资本逻辑的非理性主义内核,是一种新型的"包容性全球化"。它高度契合了马克思的"自由人联合体"思想和"人类解放"理论,超越制度或意识形态羁绊,为人类文明的发展开启了新的篇章。

二、逆全球化及其成因

全球化是人类文明在地球或者更大的太空范畴内的活动进程。没有全球化就没有人类社会的高度发达与文明的整合。今天,人类已经进入高度全球化时代。全球化改变了世界体系的运作规则,既给各国发展带来了新的机遇,也对旧的贸易体系产生了破坏性力量。21世纪以来,国际形势复杂多变,全球化的发展带来新的国家兴衰,推动地区合作进程不断纵向深化发展。但全球化的发展趋势也受到了诸多不确定性因素的干扰,世界上存在着拒斥全球化甚至反全球化的浪潮。尤其是2008年国际金融危机以来,全球经济复苏乏力,西方国家内部矛盾重重。在此背景下,部分西方发达资本主义国家采取了非理性的贸易保护主义,发展中国家对全球治理的旧制度体系不满,导致全球化与反全球化之间的博弈愈演愈烈,甚至是有些原来倡导全球化的国家现在开始走向反全球化。美国是公认的第二次全球化的推动者、领导者,然而,今天的美国却成为新全球化的阻拦者。新全球化是对原有秩序获益者的破坏与颠覆,在全球化推进过程中,必然遭到原有秩序的抵制和反抗。全球化和逆全球化成为一个新的世界命题。我们需要研究全球化的科学性、合理性,也要研究造成逆全球化的机制和内在原因。逆全球化产生的原因是错综复杂的,主要体现在以下几个方面。

在经济层面,全球化带来的全球利益并非由不同国家、民族共享,恰恰相反,它意味着不同国家、民族在世界范围内的博弈。逆全球化产生的原因是多样的,但根本原因在于世界经济复苏乏力。金融危机波及全球,负面影响远未停止。经济增长乏力、社会结构性矛盾突出,各种社会矛盾频现。为转移国内矛盾,欧美少数国家采取单边主义和"以邻为壑"的贸易保护主义。经济领域中,以美国为代表的贸易保护主义的复兴是逆全球化的核心表现。美国蓄意违背自己设定的自由贸易规则,在对外贸易中采取的报复性举措加剧了当前世界经济的衰退。经济全球化的过程和结果都是不平衡的,这种不平衡最终体现到财富分配上。全球经济失衡与世界经济利益分配不平等加剧了逆全球化思潮。

在政治层面,西方发达国家参与全球治理体系变革的意愿降低。美欧发达国家的经济实力依然强大,在众多领域里依然领先世界其他国家和地区,但其整体经济实力相较于新兴市场经济国家而言,已经出现了相对衰落的迹象。美欧国家的政治家们在国内民粹主义的压力下必然会采取措施,试图改变这种不利状态。英国"脱欧"、德国"难民危机"、法国极右势力抬头等"黑天鹅"事件不断,欧洲一体化进程面临巨大危机。总而言之,附加政治色彩的逆全球化使全球化进程阴霾密布。新自由主义导致效率与公平的失衡,显露出资本主义"自由""民主"的虚伪,这也是当前美欧国家政治、文化领域出现全球化逆动的根源之一。

在文化和社会层面,西方发达国家的逆全球化思潮根源于非理性主义,是西方社会非理性主义思潮的一种折射。逆全球化思潮又进一步助长了西方各国排他主义和民粹主义等非理性主义思潮,对全球治理格局造成极大的冲击。在国内经济复苏疲软乏力的情形下,民粹主义抓住底层人民渴望改变生活现状的迫切心理,煽动底层人民通过极端非理性行为宣泄不满,推动逆全球化思潮愈演愈烈。社会在这种非理性主义思潮的冲击下,文化的排他性占据上风,不断加剧文化孤岛效应。一些曾经在全球化中受益的发达国家无视全球治理责任,转向非理性的贸易保护主义,设置贸易壁垒,挑起贸易争端,遏制高科技领域的自由竞争,使全球治理陷入矛盾和困境。

在技术层面,科技是推动人类社会发展变革最为根本的决定因素。每一次科技革命都是一次生产力的巨大飞跃,而每一次生产力的飞跃又都促进人类文明向纵深发展。人类通过基于知识创新和技术进步的科技革命,一次又一次开创新的发展周期。然而,技术至上的观念将技术理性逐步范式化和工具化,价值本位的缺失造成西方无限度地凭借技术征服自然、忽视人文。在高端技术领域的知识优势与组织优势是美国霸权的核心利益来源,而中国依托完善的基础设施,在新一轮技术革命中的前沿科技领域取得了巨大发展。为打压中国高科技产业,美国掀起了一场旷日持久的"科技战",在对本国高新技术进行输出封锁的同时,对中国高科技企业进行打压。这场"科技战"不仅使科技创新环境遭到破坏,也使全球科技创新步伐受到阻碍。美国对华"科技战"的实质是通过全力打压、遏制中国高科技产业创新发展,阻遏中国在高端技术产业链的追赶态势,压制中国在高科技领域发展的速度与空间,以维护美国自身在重大技术领域的全球红利。未来中美之间的抗争是围绕 21 世纪科技发展制高点和技术标准的话语权之争,是双方综合实力、制度和文化的整体较量,具有长期性、艰巨性和复杂性。

从根本上说,发达国家在经济全球化中面临的问题,是资本主导下的经济全球化的必然结果。发达国家是经济全球化的最大受益者,因此必然极力维护有利于发达国家的国际经济体系,为主导全球经济规则的制定不遗余力,同时又实用主义地对待规则,合则用,不合则弃。发达国家既是全球化经济规则的制定者,又是破坏者。这种单边主义的"潜规则",既贻害经济全球化健康发展,也不可避免地伤及自身。当然,全球化不只聚焦于经济领域,全球治理也与全球化有着千丝万缕的联系。全球治理即解决全球问题或应对全球挑战,指各治理行为体通过国际制度、机制解决全球问题的过程。其中,国家是重要的治理行为体。二战以来,西方发达国家主要通过制定世界规则来统治世界。它们把自己的观点打造成"普世观念",再把"普世观念"转化成为普遍规则,并试图赋以普遍性的形式,把这些观点描绘成唯一合乎理性的、有普遍意义的思想。在这种"理性的自负"趋势下,西方发达国家通过各种手段在全世界实行扩张,推行其思想观念。旧的全球治理体系因此也引起广泛的不满,总的原因是各国在历史、文化、现实国情等各方面的差异显著。国家利益至上和国内政治诉求优先造成了西方发达国家的逆全球化行为。在科学技术、通信交通等的推动下,全球化不断加速,与此同时,全球治理的理念和步伐却滞后了。全球化的发展呼唤全球治理新模式,全球治理亟待升级。

上述种种问题,严重影响了全球经济的复苏和可持续发展。2008 年全球金融危机引发的风险凸显了挑战的根源不在崛起的中国。逆全球化使全球商品、资本、技术、信息的流通受阻。受新冠疫情的叠加影响,在全球经济治理方面,国际经贸机制失灵风险加剧。受疫情影响,西方主要大国的贸易保护主义倾向明显抬头，某些发达国家通过逆全球化妄图从联结走向孤立，是逆时代发展趋势的。从人类发展的客观规律去审视今天逆全球化的乱象，我们可以得出结论：逆全球化是不符合时代潮流的倒行逆施，全球化才是历史发展的必然。当然，我们要区分遵循经济发展规律的全球化与西方模式的全球化。随着生产力和交往水平的普遍提高，全球化是一种人类社会发展的规律性趋势。信息时代，流动成为时代的主题。近年来，中国产业竞争力随着技术积累与产业转型而日益增强。当中国不满全球化现状时，可以在不打破体系平衡的情形下，倡导变革全球化中不合理的旧传统。中国的奋斗所要解决的问题是如何确立自由贸易与国家利益之间的平衡。这种平衡也体现在中国倡导的全球化是摈弃西方资本主义国家霸权思维主导下的零和博弈的全球化。合理的平衡意味着中国超越了意识形态的差异，承担起作为一个大国的国际责任，在全球范围内力求和平、发展与合作。

三、后疫情时代全球化的新机遇

一部世界历史，就是人类文明"交往史"。从"交往"到"交往扩大"，再到"世界普遍交往"，标志着孤立的、狭隘的地域历史向世界历史转变的轨迹。今天我们进入了一个新冠疫情之后的世界，从一个以美欧为中心的世界进入了一个多中心的世界。世界普遍交往推进国际产业分工体系广泛、深入发展，使各国、各民族之间形成一种"你中有我，我中有你"的"互嵌"格局。一切都是动态的：社会是动态的，发展是动态的，灾难也是动态的。在全球产业链、供应链纵横交织的今天，突发的新冠疫情使世界经济受创，国际交往受阻，也让我们深刻认识到"灾难是共同的"。全球化背景下，没有哪个国家能独善其身，唯有求同存异、相互协作、才能创造人类美好未来。

（一）新冠疫情冲击世界经济，但也是全球产业链转型升级的机会

从人类交往与世界历史的发展来看，经济全球化是人类社会发展的历史趋势。社会生产力发展是推动经济全球化的根本原因。尽管疫情冲击使逆全球化思潮变本加厉，但仍然有诸多支持全球化的有利因素。首先，全球化与国际分工有利于发挥比较优势，有利于产业的升级和物质财富的创造提升。经济全球化又进一步促进全球资源配置，提高经济增长，促使科技创新能力提高。其次，新兴市场经济国家在推进区域经济一体化的基础上不断推进经济全球化转型升级。再次，新一轮科技革命正在重塑全球价值链。尽管全球贸易增速出现较大幅度放缓，但在以信息技术、人工智能、云计算、5G为代表的新的社会基础设施和技术变革带动下，数字贸易、服务贸易正

快速发展。经济全球化是历史趋势、发展潮流,是人类社会发展的必经之路。经济全球化具有历史客观规律性,它不会因某些人、某些国家的意志而完全逆转。无论逆全球化思潮如何抬头,无论新冠疫情如何推波助澜,逆全球化都只能体现全球化发展的曲折性;全球化是人类社会发展的趋势,它既不会停止,更不会终结。

西方某些发达国家不顾社会发展潮流,倒行逆施,推行一系列逆全球化、反全球化的措施,这是其经济发展出现问题的一种表征。西方民粹主义者扯起保护主义的大旗,裹挟着"民主"政治图谋,高喊反对全球化的口号,不断"筑墙设垒""脱钩断链"。一系列逆全球化乱象也反映了西方国内经济发展和利益分配存在的现实问题,全球化成为其国内一系列社会现实矛盾的替罪羊。一批政治精英企图通过逆全球化来转移国内矛盾。新冠疫情的暴发再次证明,面对全球性挑战,没有哪个国家能独善其身。尽管疫情在全球的大流行让本已脆弱的世界经济雪上加霜,但奉行逆全球化思想的西方发达国家仍借机变本加厉不断挑起事端。但从中长期看,新兴市场经济国家崛起,区域经济发展,信息时代人才物质能量全球流动,无论是在全球层面还是在区域层面,仍然有诸多支持全球化和推动建设开放型世界经济的有利因素。

(二)新冠疫情是人类的灾难,但也给人类发展提供了一次纠偏的机会

新冠疫情的全球蔓延,引发了国际上的多重危机。这些危机凸显国家内部环境和国家之间关系严重的脆弱性和不平衡性。全球疫情严峻复杂,叠加了多重挑战;大国博弈激烈复杂,百年未有之大变局加速推进。一些西方国家以新冠疫情全球性大流行为借口煽动排外主义,民粹主义借机演化成一种极端的平民主义,造成了种族歧视的"筑墙"行为,一系列逆全球化行为本身是一种对非常时期非理性情绪的迎合,也为单边主义的扩散提供了温床。疫情带来的经济冲击使西方滋生出孤立主义和单边主义。当前的危机是世界秩序过渡期发生的一场综合性的危机。西方发达国家梦想永远掌控其作为霸权国家的利益,一意孤行地歪曲事实,干涉世界经济、贸易竞争自由发展。

西方走向衰落,新兴力量崛起,这是一个正在演化的进程。世界秩序变化过程中,一方面,新兴力量与传统工业国之间进行博弈;另一方面,世界多极化趋势受到许多结构特征的影响。和以往很不一样的是,当今世界受到多重因素影响和制约,网络、经济、金融、信息环境非常复杂。国际规范缺失,组织涣散,各国在突如其来的灾病面前一度穷于应对。那么,在这个远未达成共识的全球化进程中,全人类的共同价值何以可能?深入把握全球化自身的价值问题以及全人类共同价值的本质,我们可以看出,新冠疫情的暴发给人类发展提供了一次纠偏的机会。我们还应关心人类的共同利益,防止世界秩序因西方发达国家的肆意单边行动而陷入岌岌可危的境地。人们一旦对这场灾变有了一定的认识,也能借助过渡期的新旧交替、动态易变且面临多重选择的这种机会,化险为夷,化敌为友,转危为机。

在后疫情时代的特殊语境下,人类亟需用理性回应非理性。和平时期世界秩序的较量一点不逊于战争时期,科技、金融、网络、贸易等每个领域的竞争都惊心动魄,虚拟世界的网络攻击、意识形态领域的斗争以多种形式出现。美国甚至借助霸权长臂施压,制裁中国高科技,推动地缘角逐,搅动中国周边地域环境,干涉中国内政。回顾近代西方资本主义发展史,不难发现,当前流行的西方国际关系理论缺的是对国家尊严和威望的维护,缺的是对不同文明间文化差异的包容与尊重。近代以来,西方依仗坚船利炮进行殖民掠夺。信息时代,西方试图依仗综合国力继续推行霸权主义,但对于观念性的力量、思想的力量、非常规事件、不可知的灾变在世界变化中所发挥的作用,远没有引起充分的重视。人类文明的一项宝贵财富,就是每逢危机或秩序重组,都以理性中立的程序性安排来取代剑拔弩张的宗教、意识形态、文明甚至种族之间的尖锐冲突,以互相尊重、容忍、谅解、适度和从长计议的态度来处理大国间的抗衡。这是人类的理性选择,也是人类文明发展洒下的理性之光。

(三)新冠疫情之后,全球化的"暂停期"转变为升级迭代的"机遇期"

在经济全球化背景下,世界经济发展之所以具有更多的不稳定性和不确定性,一个重要的原因就在于资本主义生产方式以及市场运行机制在全球的扩展。市场机制对生产和流通的调节具有一定的盲目性,经济运行易发生波动,资本主义再生产矛盾的累积必然引起总供给和总需求的严重失衡,并有可能引发世界范围内的周期性经济危机。在全球经济治理中,发达国家掌握着主动权,主导着全球经济治理,从而形成一个符合发达国家利益和愿望的不公正、不合理的全球经济秩序。发达国家主导的经济全球化,本质上是放任资本逐利,这导致了两极分化的经济全球化。要建立推动共同发展、合作共赢的经济全球化,必须进一步破除阻碍全球合作的因素,加快推进全球产业链、供应链、价值链重塑,改造升级制造业格局,强化全人类面对危机时的协作能力。

当前,一些发达国家出现了一系列逆全球化现象,这并不表示全球化的终结,而是在新的历史条件下新旧经济秩序的博弈。这种博弈导致的全球化在一定范围内的"暂停期",也是对原有全球化模式进行调整和修复的"机遇期"。在人类历史发展的过程中,全球化总有波折,但人类交往、世界联系向纵深发展推动全球化不断向前发展的总趋势没有改变。

信息化时代,人类的交往频繁紧密、无处不在。互联网技术与产业融合发展,新技术催生新业态、新发展模式,构成了全球化的新结构和新形态。西方旧的模式框架已不适合变化多端的世界局势。但西方国家不放弃其自我标榜的"普世价值"和自我优越的傲慢与偏见、以世界经济中心自居的思维模式,而世界的发展终结了西方的"历史终结论",演变成百年未有之大变局。在这个各种思潮激烈冲荡的时代,中国进一步显示出包容的、理性的和实事求是的态度,紧紧抓住并利用好这个大有可为的战略机遇期,推进世界朝着更加开放、包容、普惠、平衡、共赢的方向发展。

四、开辟经济全球化新路径,引领经济全球化健康发展

当今世界正经历百年未有之大变局,经济全球化进入深刻调整期。全球性问题加剧了世界经济的不稳定性、不确定性,世界经济增长依旧乏力,单边主义、保护主义、孤立主义等不断抬头,经济全球化遭遇波折。我们在充分估计世界经济调整曲折性的同时,更应该看到经济全球化是不可逆转的时代潮流。全球市场已经形成一个整体,一荣俱荣,一损俱损,没有哪一个国家可以独善其身,合作共赢是必然的选择。放眼世界,经济全球化趋势不可阻挡。为应对百年未有之大变局,中国作为有责任的大国,发挥应有的担当,引领经济全球化健康发展。当代中国经济已经同世界经济深度融合,成为世界经济发展的主要引擎,在全球产业链中拥有不可替代的地位,成为经济全球化健康发展的坚定推动者和中坚力量。

经济全球化是时代潮流,世界各国人民都应从这一进程中受益。推动经济全球化健康发展,应该是世界的事由世界各国商量着办,各国共同参与,共享经济全球化成果,实现共同发展。随着世界经济重心逐渐东移,新兴市场国家和发展中国家日益成为经济全球化健康发展的引领力量。在经济全球化面临挑战的形势下,中国创造性提出的"一带一路"倡议,成为区域和全球经济发展的领跑者。"一带一路"是国家间合作发展的新模式,契合了各国求发展、谋合作的共同愿望,并能与各国发展战略对接,吸引越来越多的国家参与其中,已经获得国际社会广泛认同。"一带一路"的重大意义

就在于对经济全球化新路径的探索,为实现新型国际合作提供了根植历史、面向未来的宏大构想,展现了中国的全球视野、世界胸怀和大国担当。事实已经证明并将继续证明,"一带一路"为经济全球化健康发展开辟了合规律、合潮流的新路径。

世界经济格局深度调整,新一轮科技革命和产业变革深入发展,新兴市场经济国家和发展中国家借此实现了经济快速增长,国际影响力不断增强。与此同时,随着我国日益走近世界舞台中央,国际社会希望中国在国际事务中发挥更大作用,在应对全球性挑战中承担更多责任。作为一个负责任的大国,中国需要确立国家利益与世界自由贸易之间的平衡点,以应对全球治理的重大问题。在全球治理体系亟待变革的背景下,中国创新性地提出了"人类命运共同体"理念。随着世界多极化、经济全球化、社会信息化、文化多元化深入发展,推动全球治理体系改革是大势所趋,也是构建人类命运共同体、建设美好世界的必由之路。中国提出的相互尊重、公平正义、合作共赢的新型国际关系理念,将继续引领各国在更加公正合理的国际政治经济新秩序下,为升级版的全球化筑牢基础、增添动力。

世界人民的普遍交往,不同文明、制度、道路的多样性促进了人类文明的交流互鉴与共同进步。经济全球化把人类凝聚成一个相互依存的命运共同体。当前世界多极化、经济全球化、文化多样化、社会信息化深入发展,人类社会发展前景广阔;同时,国际形势风云变幻,不稳定性、不确定性更加突出,人类面临的全球性挑战更加严峻,需要世界各国齐心协力、共同应对。应对全球发展危机,人类亟需摒弃冷战思维,谋求世界各国发展的最大公约数。在经济全球化遭遇逆流、西方现代化遭遇瓶颈之际,人类命运共同体理念为推动人类文明交流互鉴提供了中国智慧与中国方案。

经济全球化是全球范围内社会生产力发展的客观要求,是世界历史的潮流。全球化形势之所以会出现,是因为它代表了人类交往的需求。信息化、网络化会进一步推动全球化朝着更高水平发展。这是基于世界发展历史的理性判断。作为一个全球性社会,我们正站在当下与未来的一个十字路口。我们该如何准备?放眼未来,开放合作是促进人类社会不断进步的时代要求。站在历史和时代高度,从中国与世界共同利益、全人类前途命运出发,人类命运共同体理念深刻回答了"建设一个什么样的世界,怎样建设这个世界"的时代之问,为解决世界如何维护持久和平、实现共同发展的历史难题提供了中国方案。这一方案与中华优秀传统文化一脉相承,又充分体现了全人类的共同价值,体现了中国将自身的发展同世界发展相统一的全球视野和负责任的大国担当,具有强大的理论吸引力和实践生命力。

第二节　中国的和平崛起与对世界文明的承载

中国和平崛起的进程是随着改革开放的不断深化和社会主义市场经济的深入发展而推进的。改革开放以来,我国经济迅速发展,综合国力不断提升。中国充分利用世界和平的大好时期,努力发展和壮大自己,同时又以自身的力量维护世界的和平。中国的和平发展不但丰富和完善了人类文明发展的多样性,也为世界文明的进步作出了重大贡献。中国在与世界其他国家和地区交往中开辟出一条和平崛起的发展道路。发展崛起的中国也成为世界关注的一个焦点。世界上存在着众多文明,每一种文明都有其内在的发展动力,都在不断地发展变化。人类的发展是一场"接力赛"。中国人在古代的发明创造比其他文明的总和还要多,对人类的贡献不言而喻。但是近代以来,科学的中心和世界的中心转移到西方,西方借助科技与军事实力使中国被动卷入血雨腥风的战争,使中华文明蒙难,走向至暗时期。中华儿女不断探索救亡图存的道路,进行可歌可泣的抗争。随着中华文明从传统向现代转型,中华文明正走向全面复兴。当今世界,新一轮科技革命爆发,颠覆性技术迭出,全球产业分工调整加速,中国正努力成为世界主要科学中心和创新高地,迎来立足世界科学之林的战略机遇期,而世界也正步入科技创新空前活跃的历史转变期。中华文明在历史的长河中不断演化发展,在传承中创新,在开放中坚守,在包容中求同存异,在多元融汇中更新自身。后疫情时代,中国与世界的互动频度更快。中国加速走近世界舞台中心,机遇与挑战并存。中国正带领人类走进下一个文明时代。

一、中国的和平崛起与面临的挑战

当今世界,国际政治格局正在发生深刻调整,世界秩序加速重塑,世界从以西方为中心变成了多中心。"转型期的治理危机是一种历史常态,与各国经济社会发展进程相伴相随。"[①]在 2008 年全球金融危机爆发之后,美国资深投资银行家和美国财政部前副部长罗杰·奥尔特曼(Roger Altman)认为西方的财务困境和中国持续强劲的经济表现加速了美国力量的减弱以及中国力量的增强。随着世界性问题的凸显,各国应该对自我的行为范式进

---

① 徐湘林:《中国的转型危机与国家治理:历史比较的视角》,《复旦政治学评论》2011 年。

行调整,增强国际秩序在转型期的规范性,加强合作。发展中国家与发达国家能否在有关共同利益和共同价值观念的问题上形成基本共识? 新兴大国群体的崛起有力地推动了国际社会在改革现行国际经济秩序的问题上形成共识,而且它们倡导的秩序理念和原则也将深刻影响国际政治秩序的转型。尽管目前各方都希望国际秩序朝着有利于自己的方向发展,但未来的国际秩序在很大程度上仍然取决于传统大国和新兴大国在国际秩序的原则和理念上形成的某种共识。

早在 20 世纪 80 年代,西方战略家就开始思考中国崛起的历史逻辑。"保罗·肯尼迪(Paul Kennedy)在其代表作《大国的兴衰》一书中……指出:'中国是主要大国中最穷的一个,同时所处的战略地位也许最不好。'这是中国崛起的两大制约因素,我们也可以把它确定为中国崛起的两大指标体系,即经济实力和战略地位。"①在这两大因素的基础上,保罗·肯尼迪又深刻而富有远见地总结或预见到了中国崛起的两大条件:"一是中国领导人形成了'一个宏伟的、思想连贯和富有远见的战略,这方面将胜过莫斯科、华盛顿和东京,更不必说西欧了';二是中国将'保持经济发展将持续上升,这个国家可望在几十年内发生巨大变化'。"②在几十年前,保罗·肯尼迪就明确地道出了中国崛起的内在逻辑。自保罗·肯尼迪提出"中国崛起"这个命题以后,有关中国崛起的讨论频频出现。奥弗霍尔特(William H. Overholt)在《中国的崛起》一书中通过诠释性的概述,严谨而又实事求是地论证了中国改革不是一帆风顺的,曾遇到诸多困难;中国改革是成功的,这种成功的改革是中国人民的福祉,而且必将会成为促进地区稳定和世界稳定的积极因素。他认为中国崛起是"历史上独一无二的现象","将改变中国的政治","并使全世界的政治改观"。

相对来说,中国学者对 21 世纪中国崛起这一重大命题则谨慎、冷静得多。当前中国发展面临的外部环境错综复杂,比近现代以来任何在世界之林中崛起的国家所经历的外部条件都更为困难和多元。大数据时代,大国竞争炽热化、治世与乱世博弈,以连环套和共振的方式对中国的崛起构成了外部威胁。中国如何崛起,就是中国崛起的道路抉择问题。中国如何在西方主导的国际体系和世界市场中发挥负责任大国的地位和作用? 要回答这

---

① 唐任伍:《"中国崛起"内在逻辑与领袖抉择》,人民网人民论坛,http://theory. people. com. cn/n/2014/0627/c112851-25208963. html.

② 唐任伍:《"中国崛起"内在逻辑与领袖抉择》,人民网人民论坛,http://theory. people. com. cn/n/2014/0627/c112851-25208963. html.

个问题,首先要清楚中国的崛起将是一种什么样的崛起。"中国不是通过战争崛起,而是和平崛起;不是旧殖民主义或新殖民主义方式崛起,而是合作与援助崛起;不是资本主义国家的崛起,而是社会主义国家的崛起。"①中国正在崛起是不争的事实,而且这种崛起是全面崛起、全方位崛起,但又是不平衡不充分发展的崛起,在发展的过程中也积累了大量矛盾。

从国内看,经济的高速增长也带来了资源环境的局部破坏,经济下行导致压力增大,民生改善任务繁重,人口红利逐渐消失,老龄化社会已经到来……这些都是影响发展的不利因素。发展是解决我国一切问题的基础和关键。我国经济已由高速增长阶段转向高质量发展阶段。实现高质量发展,建设现代化经济体系,事关我们能否引领世界科技革命和产业变革潮流,事关我们能否赢得国家竞争主动。尽管中国崛起面临着重重困难,但作为全球最大的新兴经济体,中国的现代化建设还是取得了举世瞩目的成就。中国特色社会主义的成功,使冷战结束后世界社会主义发展迎来契机,中国特色社会主义成为振兴社会主义的中流砥柱。作为大国,中国保持战略定力,科学认识全球发展大势,深刻洞察世界变化,成为影响国际格局的重要力量。这主要体现在以下几个方面:"一是中国已经积蓄了'中国崛起'的能量……这一巨大能量的释放,有能力促使'中国崛起'。二是已经建立起了'中国崛起'的理论、制度和道路。实践证明,这种理论、道路和制度的自信,在相当长的时间内具有很强的生命力……这是'中国崛起'的制度保障。三是'中国崛起'的过程中,凝聚了整个民族的力量,焕发了民族自尊心、自豪感、自信力,这是'中国崛起'的精神支柱和软实力。四是'中国崛起'的社会结构已具雏形,中产者成为社会主流,文明程度大幅提升,构建起了'两头小中间大'的橄榄形社会结构,能够经得起社会变化的风浪,这是'中国崛起'的社会基础。五是'中国崛起'的产业结构和市场潜力逐渐形成……消费市场巨大,这是'中国崛起'的内生力量。六是国际舞台上,中国的话语权越来越大……坚持和平共处的五项原则,中国的声音正越来越被大多数国家的人们所接受。"②中国提出建立以合作共赢为核心的新型国际关系、构建人类命运共同体等理念,为全球治理体系的改革和建设不断贡献着智慧和力量。

---

① 唐任伍:《"中国崛起"内在逻辑与领袖抉择》,人民网人民论坛,http://theory. people. com. cn/n/2014/0627/c112851-25208963. html.

② 唐任伍:《"中国崛起"内在逻辑与领袖抉择》,人民网人民论坛,http://theory. people. com. cn/n/2014/0627/c112851-25208963. html.

从国际来看,世界百年未有之大变局进入加速演变期。新一轮科技革命和产业变革蓬勃展开,全球治理体系和国际秩序变革加速推进;但同时,世界面临的不确定性和不稳定性突出,全球发展深层次矛盾尖锐,世界经济增长乏力,数字鸿沟和贫富差距拉大。资本主义曾是工业化的基础,现在已走到了十字路口。西方的相对衰落和中国的崛起是不可逆转的客观现实。"西方发达国家面对国际格局'东升西降'表现出的空前焦虑与敏感心理,一些区域强国对中国崛起的'羡慕、嫉妒、恨',打着'规则'旗号的民粹主义、保护主义、单边主义和霸权主义,都很容易形成压制中国崛起的共识。"①西方国家认为中国是国际体系主导国美国的竞争对手,在未来相当长的时期内,美国会以各种借口向中国发难,制造争端,打压中国的发展。人们既不能低估美国对中国崛起的恐惧,以及这种恐惧所带来的非理性行为,也不能低估美国为了维持霸权地位而遏制中国崛起的决心。

回顾历史,西方国家的崛起过程几乎是一部动荡和战争的历史:通过对外扩张殖民,掠夺别国的资源和财富,建构有利于自己的世界贸易体系。二战以后,世界反殖民主义的民族独立运动风起云涌,但是西方殖民大国通过自己的软、硬实力,构建起了一个庞大的"中心—外围"二元依附体系。西方国家处于中心,广大新独立的发展中国家属于外围国家,这些外围国家只能生产初级产品和原材料。相比之下,中国的和平崛起是非常不容易的。中国是一个人均资源相当短缺的国家,所有的资源要么靠自己开采,要么靠等价交换。中国发展所需的原材料是按市场价格买来的,不是抢来的;中国产品是根据国际合同卖出去的,不是通过战争向其他国家倾销的。

当变革到来的时候,其关键绝不在于旧力量的衰退,而在于新力量的崛起。与西方国家霸权主义崛起不同的是,中国带给世界的是合作共赢,是迈向人类命运共同体的实质性创举。合作共赢的景象正通过中国人的伟大创举而日益清晰地展示在我们面前,这些创举正通过国与国的互联互通改变着整个经济格局。中欧(亚)班列使中国的新疆、四川乃至整个中东欧板块都成了商贸开放的前沿。在这个意义上,中国正在改变过去四五百年中形成的海洋文明对大陆文明的主导。在一个更广的意义上,中国可能推动建构一种新的地缘文明,即传统地缘政治和地缘经济的逻辑——不是以邻为壑,而是合作共赢。

---

① 《中国人民大学重阳智库首席专家王文谈"十四五"外部形势与中国崛起》,http://theory.jschina.com.cn/zkzk/zd/ZX/202104/t20210413_7044710.shtml.

和历史上的西方国家相比,中国崛起的最大特点是和平。我们没有发动战争,没有掠夺别人的资源。从宏观视角来看,中国从一穷二白出发,一跃成为世界第二大经济体。崛起中的中国正在为人类作出越来越大的贡献。中国在最短时间内实现了增加最大多数人的福祉,成为带动世界经济增长的火车头。中国崛起是"集四次工业革命于一体"的崛起。中国形成了世界最完整的产业链,成为世界最大的货物贸易国,拥有世界最大的外汇储备,创造世界最大的中产阶层。从微观视角来看,集四次工业革命为一体的崛起,给中国人带来一种非常难得的生命体验。多数中国人经历了从农业文明到工业文明再到信息文明的这样一个迅速变迁。信息文明前所未有地推动了中国民众整体知识水平和文化素质的提升,这为中国的崛起积蓄了更持久的动力。

作为一个发展中的大国,中国的和平发展进程实际上面临着非常繁重的任务,包括缓解资源压力、环境压力等等。中国通过内部改革,不断地解放生产力,寻找解决各种难点和矛盾的方法。中国的和平崛起,必将对世界格局的未来发展将产生深远的影响。中国正迅速地迈向世界经济和政治舞台的中央。中国是世界多极格局中极具主动权的一方,是影响中心与外围的关键力量。这将有利于中国推动现在的国际政治经济秩序的改革,有利于推动国际社会多数成员一起走和平发展之路,一起努力构建人类命运共同体。

二、中国和平崛起与世界文明的转型

中国的和平崛起将使世界文明和人类文化更加丰富多彩。中国的崛起与世界的文明转型相伴而行。随着经济高速发展,人类社会的进步是过去几千年文明史上从未有过的。一个文明之所以能够进步,原因在于善用前人的成果和经验。"我们将历史压缩在词汇、故事和符号之中,让活着的人能学习逝者的经验,并从中受益。"[1]中国正是在包容互鉴、传承创新中才展现出中华文明的悠久和伟大。中国在世界的格局与视野中,寻求实现历史、现实与未来的统一。中国在与世界互动建构过程中,通过自身文明转型引领人类文明转型。

中国崛起不是一般国家的崛起,而是占世界人口近五分之一的人民群体的崛起,是一个历史悠久的"文明型国家"的崛起。"'文明型国家'为我们

---

[1] 〔美〕道格拉斯·洛西科夫:《当下的冲击》,孙浩、赵晖译,中信出版社2013年版,第136页。

分析中国和世界提供了一个全新的视角。"①数千年绵延不断的历史为我们
提供了世界上最博大精深的文化资源。马克·斯特兰奇(Mark Strange)认
为:"中国政体的合法性来源于居主导地位的文化传统,这一文化传统的基
础是由一套核心的经典权威文本所确立的价值体系;并且这一文化传统也
是道德传统,与中国的民族认同紧密相连。"②新中国成立以来,我们党领导
人民创造了世所罕见的经济快速发展奇迹和社会长期稳定奇迹。中国奇迹
的根本原因是中国政治体制在符合国情基础上经过了不断改革和调整,这
是中国传统文化理性实用主义的再现。中国崛起,归功于对内的市场导向
的改革和对外的全面开放,同进抓住全球产业大转移和全球化的历史性机
遇。从"文明型国家"的角度来看,东亚国家和地区都曾受到了中华文明特
别是儒家文化的辐射。作为一个"文明型国家",在中国试验成功的东西都
有其深厚的文化和历史背景,都有其成功的必然性。"中国模式的基本思路
是回归实践理性,回归中国人慎思明辨、兼收并蓄、和谐中道、综合创新的
传统。"③

　　从世界范围看,中国崛起的最大特点就是和平。中国崛起的背后是自
己独特的发展模式。在西方话语霸权体系下,如何合理地崛起、合法地崛
起、合目的地崛起,成为中国崛起的三大挑战。"中国日益增强的治理能力
和对自己的信心结合令人叹为观止的经济转型迫使美国认为中国对美国的
全球霸权构成了致命威胁。"④面对中国崛起,美西方国家炮制并大肆宣扬
"中国威胁论",该论调本质上围绕中国是否为他者、另类而展开。近代西方
文明的基因是理性与信仰。西方世界的身份认同起源于古希腊理性传统、
基督教的信仰,以及形成于资产阶级政治革命的"普世"价值观。在西方话
语霸权下,中国的国际身份似乎只有两种可能:或者转型与"普世"价值接
轨,成为所谓国际主流社会的一员;或者对抗"普世"价值,成为国际社会的
他者。

　　如何跳出这一思维局限?这需要从中华文明的起源来认识。中国传统
上是文化共同体。中国崛起是文明型国家的崛起,而非欧洲式的民族国家
的崛起。由于欧洲中心论和意识形态偏见,西方无法理解一个在数千年绵

---

① 张维为:《中国震撼》,中信出版社 2016 年版,第 75 页。

② 〔美〕彼得·卡赞斯坦主编:《世界政治中的文明:多元多维的视角》,秦亚青、魏玲、刘伟华、王振玲译,上海人民出版社 2012 年版,第 105 页。

③ 张维为:《中国震撼》,中信出版社 2016 年版,第 109 页。

④ 复旦大学中国研究院:《如何剖析西方对中国的误解?》,http://www.cifu.fudan.edu.cn/e8/6e/c412a387182/page.htm。

延不断的伟大文明基础上形成的现代国家。文明型国家本身既是古老的文明,拥有悠久的历史和深厚的文化底蕴,又建成了现代国家,合理地吸收了世界现代化的成功经验。西方国家总是在误读甚至歪曲中国,因为西方国家总是以己度人,囿于西方的历史经验和话语来解读中国乃至世界,这是西方难以理解中国和平崛起的逻辑、产生各种"中国威胁论"观点的认识论根源。而因为中国历史上未被西方成功殖民,西方既搞不懂也搞不定中国,这是"中国威胁论"的现实根源。

不同文明之间最大的相似之处,不是它们的文化都有内在一致性,而是它们具有差异性、多样性。东方和西方是通过多样的文明进程、政策与实践相互联系在一起的。我们应该抵制过于简单化的逻辑,抵制东西方二元对立的极端化错误。中国始终以开放包容的心态来看待世界的各族文明。"从不同文明中寻求智慧、汲取营养,为人们提供精神支撑和心灵慰藉,携手解决人类共同面临的各种挑战。这是中国特有的文明担当,也是推动文明繁盛、人类进步、世界和平发展的中国力量。"①在中美博弈世界大格局下,阿拉伯人看到了新的希望和政治独立的可能性,阿拉伯国家自身的"文明型国家"特点开始觉醒,这表明世界文明道路并不是只有西方一个模式。中国包容、融合的态度,促进了不同文明之间的交流合作。

文明并不是顽固不化、停滞不前的,美国政治学者弗朗西斯·福山(Francis Fukuyama)却错误地认为历史已经写成。然而西方文明因理性和信仰而走向繁荣,却也因理性的极端化和信仰的排他性而走向没落,尤其是技术理性的单向度发展使基于基督教的信仰体系逐渐崩溃。从当今世界的发展来看,西方文明在雄起了四百年之后,已经陷入了后继乏力、再生困难的处境;西方文明因自身的缺点而无法克服持续发展的障碍,陷入了发展的瓶颈。世界著名历史学家汤因比说,中国文明将为未来人类转型和21世纪人类提供无穷无尽的文化宝藏和思想资源。他预言人类的希望在东方。中华文明源远流长、博大精深,在兼收并蓄、博采众长中泽被东西、向善守正。人类要解决21世纪面临的问题,必须从儒家思想和佛家思想中提取智慧。马丁·雅克(Martin Jacques)坚信中国会继续崛起,并认为从某种意义上说,我们正见证一场有关现代化的竞赛。"现代性不仅是指经济上的,也是政治的,是文化的。"②中国的成功会吸引世界各地越来越多的人,包括西方

---

① 任寰宇:《共同描绘文明交流互鉴的宏伟画卷》,《人民日报》2019年08月06日03版。

② 复旦大学中国研究院:《如何剖析西方对中国的误解?》,http://www.cifu.fudan.edu.cn/e8/6e/c412a387182/page.htm.

人。"把中国当作一种模式，不是要复制它，而是把它作为一种生活方式，一套他们也想分享，也向往的规范和价值观。"①

文明世界应该是多元多维的。"多元文明的世界深嵌于一个更大的环境之中，这个环境已经不再被一个单一的标准所界定，因为一个单一的、不容置疑的界定道德优劣的标准是无法用来界定这个大环境的。而这个大环境的特征就是现代文明。"②所有这些文明现在都处在一个包罗万象的全球性文明中，而这个全球性文明包含着多重现代性。"就文明的存在而言，文明既削弱了现实主义对优势军事实力的崇信，也削弱了自由主义认为普世的、世俗的自由主义规范具有超出其他规范的内在优越性的观点。"③随着冷战结束，国际关系的文化背景已经发生了根本性变化。"国际自由主义视域狭隘，不足以包容新兴世界秩序中的所有规范议程。"④在文明演化的初始阶段和之后的演进过程中，或者在任何决定命运的历史时刻，文明都是开放的。中华文明具有开放性，在弥合文明分歧与冲突中发挥了独特作用。马丁·雅克认为，当代中国的崛起是一种历史的"回归"，一种古老文明在新时期焕发出新的活力。一个古老而又独特的文化发展模式历经重重危机，至今依然鲜活，中国将向世界提供现代化的新模式。中国的崛起是五千年文明与现代国家重叠的文明型国家的崛起，是一种新发展模式的崛起。中国的崛起必将深刻影响整个世界的未来走向和整个人类的命运。

随着世界形势的深刻变化，国际关系理论和实践也处在不断重塑的过程中。现行的全球秩序跟不上时代发展、不适应现实需要的地方越来越多，国际社会要求变革的呼声越来越高。中国倡导各国加强协调和合作，把本国人民利益同世界其他各国人民利益统一起来，朝着构建人类命运共同体的方向前行。按照实力和贡献来说，中国在世界体系中的地位是不合理的，而西方国家无意主动去改变这个格局。近代工业革命以来，西方用理性主义代替了蒙昧主义，但"西方又把自己的政治模式和经济模式及其话语推向绝对，形成了一种新的蒙昧主义和绝对主义"⑤，并试图向全世界推行。中

① 复旦大学中国研究院：《如何剖析西方对中国的误解？》，http://www.cifu.fudan.edu.cn/e8/6e/c412a387182/page.htm.
② 〔美〕彼得·卡赞斯坦主编：《世界政治中的文明：多元多维的视角》，秦亚青、魏玲、刘伟华、王振玲译，上海人民出版社 2012 年版，第 2 页。
③ 〔美〕彼得·卡赞斯坦主编：《世界政治中的文明：多元多维的视角》，秦亚青、魏玲、刘伟华、王振玲译，上海人民出版社 2012 年版，第 3 页。
④ 〔美〕彼得·J.卡赞斯坦：《中国化与中国崛起：超越东西方的文明进程》，魏玲、韩志立、吴晓萍译，上海人民出版社 2018 年版，第Ⅵ页。
⑤ 玛雅：《中国道路的历史合法性——专访张维为》，《红旗文稿》2013 年第 6 期。

国作为一个文明型国家崛起,其自信和底蕴来自中国模式和中国话语。为推动国际秩序和国际体系朝着公正合理的方向发展,表达发展中国家合理的国际诉求,中国坚定不移地致力于提高发展中国家在国际治理体系中的代表性和发言权。中国以开放的眼光、开阔的胸怀对待世界各国人民的文明创造,开展文明交流对话,推动不同文明交流互鉴。

由于政治上的分歧、文化上的傲慢,西方对中国的偏见根深蒂固。"特别是在西方看来,中国是西方的'他者',西方对中国的偏见就更为严重。因此,中国作为非西方世界成员的崛起,总是被视为一种挑战的力量或者是'异端'。"①美国企图通过打压、制裁使中国陷入"崛起的困境"。从中国自身的发展来看,"虽然中国崛起不足以引起国际体系转型,但中国作为一个大国的崛起,对国际体系的变迁过程是有创新性贡献的,国际体系中的'中国元素'越多,国际体系的相对稳定程度就越高;中国参与国际体系的程度越深,国际体系就越有可能在创新中发展"②。在未来,中国新事物与旧传统可能会重新结合,而不是彻底与过去决裂或者历史重演,这是中国崛起与中国化文明进程。中国化文明进程一直以来是一个开放的过程,将各种各样开展完全不同的实践活动的人们聚集到一起,让中华文明在世界范围内传播、闪耀。

如何为亚洲乃至全球带来新的秩序、平衡、和谐,成为中国崛起的考验。文化是一种可以转化为物质力量的巨大的精神力量。中华文化为中华民族生生不息、薪火相传提供了丰富的精神滋养。所有的文化都是可理解的,尽管每一个人对这种"可理解"的认识肯定都是有限的。理解力不是一种停止生长的官能,不是某种局限于"知性"范畴的能力,而是一种开放的、不断发展的能力。"这正是我们的时代赐予我们的好运,就是让我们游走于众文化之间,这点可与全球化借由标准化而产生的同一化相反。我们便如此确定地构建大家耳熟能详的'文化间谈',以走出绝望的、步履艰难之软趴趴的人道主义。"③

中国的崛起改变了中国,也为世界作出了巨大贡献。中国的崛起是我们时代的精彩故事。中国的崛起是走和平发展的道路实现的。中国通过维护世界和平发展自己,又通过自身发展维护世界和平。坚持和平发展、促进

---

① 胡键:《对"世界转型"论的商榷》,《世界经济与政治》2011年第8期。
② 胡键:《对"世界转型"论的商榷》,《世界经济与政治》2011年第8期。
③ 方维规主编:《思想与方法——全球化时代中西对话的可能》,北京大学出版社2014年版,第30页。

民族复兴是中国的选择，更是历史发展进程的必然。发展越合乎规律，人因此获得的自由越多。自由是获得正确发展的机会，正确发展就是朝符合我们理性的理想生活发展。今非昔比的政治尊严、超越时空的经济崛起、融入民族血脉的文化力量，为中国的和平崛起提供了强大的支撑。"中国和平崛起是中国改革开放的进程和全球化进程交汇而产生的历史结果。"①中国崛起是一种全球化现象，是在全球化的世界中实现的文明复兴。"中国当以文明自觉探寻中国和平发展道路的世界意义，以文明自信推动人类文明进步。"②中国以更开阔的胸怀、更理性的判断、更公平正义的形象引领着古老而焕发青春活力的中华民族不断向前发展。

三、创造世界文明交流互鉴的人类文明新形态

人类社会演化的历史，就是一部人类文明发展史；人类文明发展史是人与自然的关系史，是人类不断探寻生产与生存方式的历史。在人类浩瀚的历史长河中，各个民族创造的不同文明各具特色、异彩纷呈，这些文明共同推动了人类社会的发展进步。人类文明史与科技进步史密切相关，技术的进步推动了生产力的发展和社会文明形态的更替。"一个国家和民族的文明是一个国家和民族的集体记忆。人类在漫长的历史长河中，创造和发展了多姿多彩的文明。从茹毛饮血到田园农耕，从工业革命到信息社会，构成了波澜壮阔的文明图谱，书写了激荡人心的文明华章。"③不同文明间的交流、冲突与融合构成了人类文明交流史的发展篇章。"文明具有多样性，就如同自然界物种的多样性一样，一同构成我们这个星球的生命本源。"④当今世界各种文明如何相处、如何发展，关系着人类文明的图谱构成，也关系到人类命运共同体的未来。

中华文明在人类文明中具有重要的独特地位，虽历经磨难，但总能凤凰涅槃、浴火重生，成为人类文明演化的"活标本"。中华文明有着独特的文化基因，承载着中华民族绵长的历史记忆。古代中国与其他三大文明古国迈开了世界文明史上的领先步伐。古代中国开疆拓土、繁衍生息，对世界文明作出了不可磨灭的贡献。上下五千年的中华文明，从远古到近代跌宕起伏、

① 崔立如：《中国和平崛起与国际秩序演变》，《现代国际关系》2008 年第 1 期。
② 王义桅：《以和合共生实现三重超越——中国的新型大国关系理论基石》，《人民论坛·学术前沿》2013 年第 12 期。
③ 习近平：《习近平谈治国理政》第一卷，外文出版社 2014 年版，第 258 页。
④ 习近平：《习近平谈治国理政》第二卷，外文出版社 2017 年版，第 464 页。

精彩厚重,展现了中华儿女追逐文明的历程。1840年鸦片战争以后,中华民族遭受了前所未有的劫难,致使璀璨的中华文明一度蒙尘。从那时起,实现中华民族伟大复兴就成为中国人最伟大的梦想。要实现中华民族伟大复兴,就必须推动文明转型,建设现代文明。中国共产党历经艰辛,在百年奋斗中带领中国人民创造人类文明新形态。作为人类最早进入文明阶段并且唯一没有中断过自身文明发展的文明体,中华文明的发展,既能体现人类文明发展的一般规律,又具有自身文明发展的特殊逻辑。中华文明的发展,体现了中国独有的国家成长优势和现代人类文明的多样性。

人类文明是由各个国家文明共同构成的。随着科学对自然之谜的破解,生产工具的改进改变了人类生产和生活方式。古希腊以来,自然法概念下的数学理性牵引着人类向外界的探寻。近代以来,培根和笛卡尔等哲学家从不同方面发展了自然科学的方法论,探究人类该如何认识自然。科学技术的进步推动了西欧生产力的大发展和资本主义萌芽。西欧资本主义萌芽具有历史合理性和进步性。资本主义的发展使人类历史逐步成为世界历史。西欧资本主义自诞生以后扮演了天使和魔鬼两个角色。资本主义文明是人类历史进入世界历史的起点。在资本主义推动下,多元文明在世界范围内逐渐整合,甚至沿着单一资本主义文明的走向发展。在"西方中心论"的视野中,资本主义是人类文明的中心,而其他民族的文明被看作边缘文明,因此形成了"中心—边缘"的文明结构理论。这是西方资本主义国家长期坚持的文明观。

在世界文明历史中,资本主义文明对世界的发展有着不可磨灭的贡献,同时两者也存在着无法调和的矛盾。一方面,机械唯物主义自然观主导下的工业革命极大地推动了生产力的解放,深刻变革了人类的生产生活方式,改变了人类的思维方式、存在方式。另一方面,以私有制为基础、以逐利为特征的资本主义文明给世界带来了生产失序的经济危机;带来了信仰缺失,拜金、拜物主义盛行的精神危机;造成了自然环境恶化、全球性生态破坏的危机;造成了贫富差距扩大、社会矛盾尖锐的社会危机等。近代西方资本主义兴起的过程中,经济殖民连带着文化殖民,政治强权挟带着文化霸权。一些西方学者的文明史著作暗含"西方中心论""西方优越论",甚至炮制"文明冲突论"。可见,资本主义文明也带来了更深层次的政治意识形态领域的危机。现代化并不等同于西方化与资本主义化,资本主义文明秉持"'西方中心主义'和'文明冲突论'将文明形态固化,忽视了不同文化所塑造的文明在对人的尊重和关怀等方面的共通性"①。随着经济全球化的深入发展,各个方面、各种层次的全球问题日益增多,为应对全球问题,人类呼唤新的文明。

西方资本主义发达国家开启了现代化进程,长期掌握现代化话语权,并将这种西式的"单向度"的价值观强加给整个世界。因此,不破除西方资本主义国家对人类文明发展道路单一性的"迷思",就谈不上人类文明发展道路的多样性以及中国式现代化新道路对人类文明新形态的塑造。由于各个国家的国情与发展状况不同,因此,各个国家走向现代化的发展道路并不是单一的,而是多样的。在资本主义文明中,人被普遍物化,只能单向度发展。而在中国共产党的带领下,中国"创造了中国式现代化新道路,创造了人类文明新形态"②。人类文明新形态拓展了人类文明的广度和深度,使人类的文明程度得到极大的提升。"多样性是世界的基本特征,也是人类文明的魅力所在。"③中华民族拥有绵延不断的灿烂文明,积淀出"求同存异、和而不同、和谐相处"的生存智慧,我们憧憬着"大道之行,天下为公"的美好世界。人类文明新形态超越了资本主义文明形态,为世界提供了解决问题的中国智慧。

"中国式现代化是一场文明延续、迭代与创新的巨变,它不仅集中刻画了中华五千年文明赓续的特殊规律,更在多个维度上探寻着人类文明特别是发展中国家、后起国家文明复兴的普遍规律,以及不同文明在同一时空环境下交融互鉴的普遍格局。"④中国式现代化开创了人类文明新形态。人类文明新形态之"新"在于它蕴含着人类文明发展的新价值。人类文明新形态克服了西方现代文明技术至上的工具理性、世俗主义、原子式个人主义、虚无主义等弊病,打破了资本主义遵奉的"国强必霸"的逻辑,符合世界文明交往的必然趋势。人类文明新形态拓展了发展中国家走向现代化的途径,以实现人的全面发展、全体人民共同富裕为目标,塑造和引导人类走向新的时代精神,具有关乎人类未来的深远影响。

世界各民族文明交流互鉴,是世界历史发展的必然。在西方资本主义文明形态的形成和发展过程中,资本逻辑始终起着主导作用。一方面,资本逻辑的展开导致物的价值凌驾于人的价值,造成了人和社会生活的全面物

---

① 杨博超:《"文明冲突"还是"多元共存":人类文明新形态视野下的人权理念重构》,《理论探讨》2022年第3期。
② 习近平:《在庆祝中国共产党成立100周年大会上的讲话》,人民出版社2021年版,第14页。
③ 习近平:《同舟共济克时艰,命运与共创未来——在博鳌亚洲论坛2021年年会开幕式上的视频主旨演讲》,《人民日报》2021年4月21日。
④ 董志勇:《中国式现代化开创人类文明新形态》,《光明日报》2021年08月09日。

化,导致人的异化和两极分化;另一方面,人与人、人与社会、人与自然之间的矛盾和对立成为文明发展进步的最大障碍。文明之间的差异并不必然导致文明之间的冲突,只要秉持开放包容的交往态度和原则,不同文明就可以和谐共处、共同发展。"相对于西方现代文明对人的绝对个体性理解,中华优秀传统文化始终将人理解为既具有个体性,又具有社群性的存在,从而让人的生活尽可能在两者间保持张力性的平衡。"①中国共产党不仅在应对和调适"国家成长"与现代化的"社会转型"之间的张力中构建了"中国方案"的逻辑谱系,而且有力回应了"世界怎么了""世界向何处去"的世界之问、时代之问、未来之问。

人类文明新形态体现了文化的传承创新与人类文明的共进。"在世界文化秩序重构和人类文明跃升中,一种文化如果不能把多元化价值追求融合到整体中,任由其中某个部分野蛮生长,则意味着它已丧失了自己的核心与主导地位,必然面临世界文化领导权旁落的危险。"②中国有能力也有魄力主动担当起引领人类文明形态的历史大任,为人类文明持续繁荣发挥强大的中国能量。将中华传统文化融入人类文明新形态过程中,采用平衡的哲学思维,遵循人类文明演进的客观规律,以彰显人类现代文明发展的多样性,构建摆脱全球治理困局、变革全球治理体系的人类命运共同体,突显了"文明因多样而交流,因交流而互鉴,因互鉴而发展"③的人类文明新格局。人类文明新形态打破了西方文明模式独霸的格局,既丰富了世界文明的多样性,又复兴了中华文明,升华了世界文明,符合人类文明发展的趋势。

当前世界进入了大变革、大调整的时期,全球治理体系和机制呼唤变革,建立国际新秩序;各个民族文明多元并存,人类文明多样性不断出现新态势。处于百年未有之大变局的今天不仅是国际秩序大变革与全球治理秩序重建的关键时期,更是全球政治话语格局与文明格局即将发生重大调整的重要历史时期。此时,构建人类命运共同体的坚实的物质基础和思想文化基础已得到奠定。人类文明新形态,锚定了中国特色社会主义在人类文明发展史上的全新方位。通过改革开放实现和平崛起与快速发展,中国有力地打破了西方现代化模式的垄断,宣告了"历史终结论"的破产,为解决当今世界所面临的严峻挑战提供了全新的思路与方案。人类命运共同体理

---

① 王正:《"人"之视野下的人类文明新形态》,《哲学研究》2022 年第 1 期。

② 范玉刚:《从坚定文化自信迈向文明自信——新时代中国文化发展的使命担当》,《山东社会科学》2022 年第 6 期。

③ 习近平:《习近平谈治国理政》第三卷,外文出版社 2020 年版,第 468 页。

念,打开了人类文明新形态的世界视野与未来向度,体现了中华文明海纳百川、厚德载物的胸襟气度,体现了中国自信、开放、包容的文明情怀与广阔的文明视野。

当前,世界正处在复杂的岔路口。面对人类共同的未来,人类应该超越文明冲突而走文明交流互鉴的道路。当今世界,文明交流互鉴的重要性正日益被大多数国家所认识和践行。但也应清醒地看到,世界上仍然存在着许多不利于和平发展的显性因素和潜在的破坏力量,例如霸权主义仍然存在,局部地区战争依然不断。要想从根本上消除隔阂、暴力和战争,唯有依靠文明之间的交流互鉴,依靠不同国家、不同民族之间彼此真诚相待,用平等、包容的态度去对待其他国家和民族,求同存异、求同化异,彼此理解。我们顺应文化多样化的国际大势,推动世界文明的交流互鉴,是在百年未有之大变局中弘扬全人类共同价值、实现世界人民美好生活追求的必然选择。

第三节　大数据时代技术理性的失衡与人文精神的重塑

当前,人类正处于一个数据急速膨胀的时代——大数据时代。"我们对未来下断言,参考关于过去和现在的数据作为支持;我们对久远的过去下断言,以现在和最近的数据为支持;我们对自然下普遍性断言,以具体的观察和实验结果为支持;我们声称知晓他人的想法和感受,拿他们的文字和言行来证明自己是正确的;我们提出确信的伦理主张,以我们自己的境况、可预见的后果、受影响的人的感觉和顾忌为支持……我们经常处于与此类似的情景中。"[1]这是一个基于海量数据的互联时代,"数字宇宙"正以令人难以想象的方式飞速增长。大数据时代是人类进入数字化生存的时代,而数字宇宙又进一步开启智能时代。当前,人类社会正处于从传统的机器化生存向数字化生存转变的关键时期,抓住这一数字技术发展的机遇期,是各个国家的科技战略目标。

互联网的兴起与发展,对人类社会的影响也逐步走向广泛和深入。这种影响不限于技术层面,还引发了广泛而深刻的社会结构变迁。这种变迁意味着社会系统内在结构的整体性变迁,以及从社会生产方式、生活方式、交往方式到人们的思维方式和价值观念等全面而又深刻的变革。在信息社

---

[1] 〔英〕斯蒂芬·图尔敏:《论证的使用》,谢小庆、王丽译,北京语言大学出版社 2016 年版,第 184 页。

会的转型期,传统与现代、现代与后现代交织缠绕。信息技术不仅引领了社会生产新变革,也渗透到经济社会生活的各个领域,创造了人类发展新空间,改变并提高了人们对世界的认识方式和认知能力。信息文明和智能化为转型期的社会带来新的挑战。面对科技创新发展新趋势,世界主要国家都在寻找科技创新的突破口,抢占未来科技发展的先机。

技术重塑着我们的行业,为经济社会的发展赋能。大数据、人工智能也深深改变着人类的生活方式和思维方式。数字化发展带给人类双重效应。一方面,数字信息高效共享,科技智能化发展,使人类获得充分时间释放自我,促进人的全面发展;另一方面,当人们猛然惊觉高科技、数字化浪潮铺天盖地压来之际,很多事情都发生了改变,已侵蚀甚至颠覆了传统的理念与生存方式。那么,我们不禁要问:面对数字化空间,在这种过去和未来都被压缩到当下的时间绑定下的情境中,我们何处可栖息灵魂?信息时代到底发生了什么?在这种剧变中,有什么新范式可以让我们找到灵魂栖息的精神家园?

一、大数据技术及其特征

21世纪是数据信息大发展的时代,人类活动的足迹分秒裂变为各种数据,并迅速地膨胀扩张。大数据时代,以信息技术为核心的新一轮科技革命正在蓬勃发展。随着信息通信技术与传感技术的发展,互联网日益成为创新驱动发展的引擎,深刻改变着人类的生产和生活方式,有力地推动着经济社会的发展。移动互联网、物联网、医学影像、车联网、安全监控、金融(银行、保险、股市)、电信(通话、短信)等都在疯狂地产生着数据。人类在数据的海洋里游弋,社会正处在数据的大潮之中。大数据处理技术引起了社会翻天覆地的变化。

(一)大数据技术

大数据是继物联网、云计算之后IT行业又一大颠覆性的技术革命。与互联网技术一样,大数据技术不仅是信息技术领域的革命,它的应用更加速了社会创新。大数据指不用随机分析法这样的捷径,而采用所有数据的方法,"而这些事情在小规模数据的基础上是无法完成的"[①]。大数据技术随着互联网信息技术的发展而引起人们的广泛关注,并在经济发展、社会管

---

① 〔英〕维克托·迈尔-舍恩伯格、肯尼思·库克耶:《大数据时代》,盛杨燕、周涛译,浙江人民出版社2013年版,第9页。

理、生产流通、疾病防控以及军事、金融、通信等行业和领域被广泛应用。

大数据标志着人类在寻求量化信息和以归纳客观数据的方式来统计分析进而认识世界的道路上前进了一大步。大数据是人们获得新的认知、创造新的价值的源泉。大数据为我们理解世界打开了一扇大门。大数据在重组战略资源、推动社会变革、引发思维创新等方面，越来越引起人们的重视。大数据正在引发一场科学革命、一场思维革命。早在 1980 年，阿尔文·托夫勒（Alvin Toffler）在其著作《第三次浪潮》中，将大数据赞颂为"第三次浪潮的华彩乐章"。在大数据时代，数据正变成有价值的资产。在商业、金融、贸易以及社会服务管理领域，大数据发挥着巨大的潜力，人类社会越来越多的社会问题可以通过大数据解决。大数据与人类实践活动息息相关，它记录着人类活动的痕迹。世界被数据化了，大数据正在改变人类生活以及认知世界的方式和方法，它以前所未有的速度和广度引起经济、社会、文化、生态、军事、国防等领域的深刻变革。

（二）大数据的特征

大数据时代，"数字化"体现了当代社会发展的重要技术特征。数字化生存成为人类新的生活方式，数字化已通过网络、虚拟、智能技术等高科技成为社会表征。数字化应用参与交往过程、感知行为态度、建立互动关系等，随时记录人们的社会生活足迹。大数据的现实价值不在于拥有海量的数据信息，而在于能够对这些数据信息进行科学化、专业化的筛选和统计分析，以便能够为各级决策部门提供翔实可靠的数据资料资源，进一步对未来作出预见和管理决策。大数据作为信息价值、使用价值和预测价值的资源具有以下特征。

第一，体量巨大，种类繁多。万物互联，产生海量数据。互联网搜索的发展，微信、微博、抖音等社交平台的兴起和电子商务交易平台的覆盖，造就了人类数字化生存。人们留下无穷无尽的数据信息，产生各种各样的数据资源。

第二，数据开放、公开，容易获得。大数据时代，各级数据使用部门能够在信息集合基础上，通过云平台实现信息协同共享。大数据不仅存在于各级管理部门，而且在社会生产生活过程中也会自动产生存储。大数据的利用变得困难小、收益多，价值潜力大。

第三，大数据的核心是预测。通过对海量数据进行存储和分析，可以进行预测。大数据时代，对数据资源的应用不仅体现在事件发生之后的反馈上，而且表现在使用数据的行业、部门能够通过庞大的数据资源寻找事件的相关规律,从而达到有效预警、预测的目的。预测是大数据的本质特征。在大数据时代,拥有预见行业未来的能力成为企业追求的目标。

第四,重视发现而非实证。实证研究为提出理论假设或检验理论假设设定范围以随机抽样,收集相关数据,定量调查,采集数据,进而证伪或证实理论假设;大数据则重视数据,发现信息,创造知识,探索未知,预测前景,关注现象,发现机遇。

第五,重视全体,忽略抽样。大数据理论上可以把握总体数据,重视全部数据。服务器中大量的数据资源都用于处理和计算数据,很多平台可以进行快速分析处理并得到结果。随着计算机工具效能日趋先进,数据挖掘算法持续加速改进,处理海量数据的能力快速提升,人们可以利用全数据模式的数据进行分析预测和决策。

(三)大数据改变我们的生活

如今我们生活在数据时代,数据与算法密切地联系在一起。算法构成了我们生活的元素,日常生活的每一个环节都与算法有关。算法不仅存在于笔记本电脑、手机中,还存在于我们居住的房子、行驶的汽车、各种智能家电以及现代家具中。算法安排航班,也驾驶飞机、高铁;人工智能经营工厂,进行交易、运输货物,处理现金收益,还能保存记录……大数据改造了我们的生活。大数据应用于经济、医疗保健和社会服务,能帮助我们更好地进行已有的工作,并处理全新的事务。大数据开启了人类又一次重大的时代转型。我们在生活的各个方面也越来越多地使用大数据。大数据化生存正改变着人类基本的生活与思考方式。大数据改变着人类探索世界的方法,又塑造着当下的世界。与此同时,大数据把过去与未来有机地联系在一起。这又意味着我们终将囿于过去的行为;通过这些行为可预知我们下一步的行动,使我们永远无法逃避已发生的事。

大数据是信息、网络和传感技术不断创新发展的结果,这种创新除了技术本身的追求外,更离不开社会各领域的相互促进。数据化生存,就是越来越多的事物以海量数据形式存在,我们的生活因数据的存在而变得可"量化",利用数据作出精准决断变得可行。社会的需要和全面应用的目标是大数据技术发展的最大动力。"大数据发展的核心动力来源于人类测量、记录和分析世界的渴望。"①数据不仅记录着当下的生活,也是过去留下的数据

---

① 〔英〕维克托·迈尔-舍恩伯格、肯尼思·库克耶:《大数据时代》,盛杨燕、周涛译,浙江人民出版社 2013 年版,第 97 页。

痕迹的投影,并因此影响我们对未来的决策。数据从生活的痕迹转变为潜在可为未来利用的资源。"这一转变意义重大,它影响了企业评估其拥有的数据及访问者的方式,促使甚至迫使公司改变他们的商业模式,同时也改变了组织看待和使用数据的方式。"①

文明社会的每个角落都存在算法的运用。数字技术创造了生活,也创造了生活的话语。数字技术造就了一种新的权威力量。由于网络社会空间对技术架构的依赖,数字技术的权威性显得更突出,它决定着人们的生活方式和规则。数据的基本用途是为信息的收集和处理提供依据。当文字变成数据,人可以用之阅读,机器可以用之分析;当方位变成数据,我们可以依据数据程序实现位置实时共享了;当沟通变成数据,在社交平台网络上可以直接触摸到我们的关系、经历和情感;人类在数据大道上行驶,通勤记录数据化展示奔涌的交通节奏,数字跳动仿佛是城市的脉搏。网络信息时代,万千事物转化为数据形式,世界被数据化了。信息社会中,智能化生存方式下,我们每个人都是数据资源的载体,更是数据的创造者。依托智能终端,对个人生活数据的采集与处理变得越来越容易。数据化能帮助我们获得更多关于人体运作方式的信息。

今天,我们生活在一个计算型社会,大数据开启了人类社会的转型。大数据正在改变我们的生活以及触摸、感知、理解世界的方式,我们相信世界可以通过数字和数据而获得解释。大数据变革思维理念,改变人类探索世界的方法。大数据的应用所引起的变化在各个领域都在发生。大数据变革商业模式,改变公共卫生领域实践,掀起教育改革热潮,推进政府数字化改革,赋能企业战略决策……大数据的应用领域不断扩大,技术的自主性所带来的影响突出地表现在促使新的经济力量的崛起、社会组织方式的变革、思想传播方式的变化和社会思想观念的革新等诸多方面,并且这种影响还在向纵深发展。

二、大数据时代技术理性的失衡与人文精神的悖论

大数据是一种资源,也是一种工具。大数据成为我们理解和解决许多全球性问题不可或缺的重要工具。当大数据成为日常生活的一部分后,它将极大地改变我们对未来的看法,因为大数据世界变得可预测。大数据能

---

① 〔英〕维克托·迈尔-舍恩伯格、肯尼思·库克耶:《大数据时代》,盛杨燕、周涛译,浙江人民出版社 2013 年版,第 130 页。

帮助我们更好地进行已有的工作,并处理未知的事务。但我们所利用和处理的数据只是世界上极其微小的一部分。"这些信息不过是现实的投影、柏拉图洞穴上的阴影罢了。"①这种工具再先进,也无法囊括世界上所有数据。我们无法获得完美的信息,所以预测本身同样存在风险。数字化技术是作为数学理性与逻辑理性相结合的人类创造物出现的,并随着网络技术的不断发展而日新月异。技术在其发展演变过程中彰显出人类改造和控制外部环境的能力。随着信息技术的发展,大数据与人类活动紧密联系,对社会的渗透和影响正在深入,其潜在的建设或破坏能量伴随着人类技术创新的冲动逐渐释放出来,与社会的价值规范形成越来越显著的互动和冲突。

数据书写了人类发展历史,时光隧道从毕达哥拉斯"数为万物本质"穿越到了今天"万物皆数"。大数据时代,机器学习开辟了人类万年传奇中最新的篇章。有了它,世界就满足你的愿望,给你你想要的东西,并依此作出改变。这些看似有魔力的技术十分有作用,因为在大数据时代,机器学习的核心是预测:预测我们想要什么,预测我们的行为结果,预测我们如何实现目标,预测世界将如何改变。现代人也更希望让世界来适应自己,而不是改变自己来适应世界,其中一个重要方法就是通过数据进行预测。史前时代,人类依赖巫医和占星进行预测,但它们太不可靠;大数据时代,科学的预测通过数字技术变得更值得信赖。但矛盾的是,学习算法尽管在自然和人类行为领域开辟了新天地,但依然笼罩在神秘之中。当一项新技术同大数据紧密地联系在一起,流行且具有革命性时,模棱两可、误差和滥用会导致对人自身的伤害,这种伤害使人掩埋在数据的洪流与漩涡之中,迷失方向,失去自我。

(一)技术理性的失衡

我们身处大数据时代,我们的日常生活已经离不开大数据了,而且这项技术终将改变我们生活世界的许多东西。在当前的大数据狂热中,自然科学家的声音显著压倒了人文学者的声音。在大数据面前,人的一切都被预测决定,而自由意志失去栖身之地。大数据时代,数字技术已经深入生活的全方面,大数据作为工具性的技术对人自身的存在产生了复杂的影响。技术对现实规范的侵蚀在"技术自主性"的名义下尖锐地表现出来,对人类主体的自我调控能力和规范能力发出挑战。数字、数据洪流席卷世界之后,网

---

① 〔英〕维克托·迈尔-舍恩伯格、肯尼思·库克耶:《大数据时代》,盛杨燕、周涛译,浙江人民出版社 2013 年版,第 247 页。

络中的魑魅魍魉也不断涌现,干扰我们理性地分析判断。大数据时代,数字技术的危害性突出表现在"数字鸿沟""网络成瘾""网络犯罪"等技术异化现象。在这个新兴时代里,一些人对信息以及技术的依赖远远超出了预期,全然不觉自己已慢慢陷入了这张人类编织的信息网中,更没有意识到在主宰信息的过程中,最终被主宰的恰恰是自己。伴随而来的道德滑坡、情感冷漠、信仰危机和人格丧失等,标志着一些人对信息技术的盲从与过分依赖,使人丧失了自我。

技术性和人文性作为大数据时代人类理性的两个方面,体现了辩证统一的关系。在技术理性与人文理性的内在张力作用下,大数据时代的网络数字化技术带给人们既爱又恨、想割舍又迷恋的复杂心情。每一个时代都有它特定的问题。大数据时代是数字帝国时代,数字技术成为交往的工具和必要手段。大数据是数学理性在当代的纵深发展,大数据的运用是数学理性与实验理性相结合的技术理性在当代的体现,是技术理性立体网在大数据时代的体现。大数据让我们盲目信任数据的力量和潜能而忽略了它的局限性。数字化问题集中地体现在数字化技术对社会的影响上,使我们忽略了数据背后"人"的价值。说到底,从社会学角度看,所有的数据都是关于"人"的活动足迹,是一种具有社会文化意义的建构行动。因此,"数据符号所蕴含的社会文化意义是真正需要了解和掌握的内容。如果脱离了人及其所在社会文化的价值本性,而无限放大大数据的效应及其影响力,就可能本末倒置,最终产生许多难以预期的后果"①。

大数据时代的风险存在于行为被数据与算法跟踪和利用的隐患中。我们的数据痕迹很可能在不知情的情况下被收集和利用。我们的数字痕迹时刻暴露在"第三只眼"的监视之下:百度监视着我们的网页浏览痕迹,淘宝监视着我们的购物习惯,而微信窥看到我们的隐私和社交圈。大数据成为集体选择的工具,但也让我们放弃了我们的自由意志。"我们比想象中更容易受到数据的统治——让数据以良莠参半的方式统治我们。其威胁就是,我们可能会完全受限于我们的分析结果,即使这个结果理应受到质疑。或者说,我们会形成一种对数据的执迷,因而仅仅为了收集数据而收集数据,或者赋予数据根本无权得到的信任。"②大数据是随着数字技术出现的现代理

① 文军、吴晓凯:《找回失去的传统:"大数据"研究范式的反思与重构》,《新疆师范大学学报》(哲学社会科学版)2018年第3期。
② 〔英〕维克托·迈尔-舍恩伯格、肯尼思·库克耶:《大数据时代》,盛杨燕、周涛译,浙江人民出版社2013年版,第210页。

性存在方式。当数字理性无限扩张到可能达到的极限,就会导致某种张力的失衡和"二律背反"。当前,大数据正以网络支配的权威力量渗透主体生活的方方面面。当数据主宰一切时,承载着技术性和人文性的人类理性不再是一种动态的平衡。在这方面,大数据和其他领域的新技术一样,将带来无法彻底解决的问题。当技术不再满足于受价值主体的约束和控制时,它将反过来以自身的理念挑战现有的人文价值。在大数据时代,当技术力量以其自身的"内在逻辑"进行不可遏制的自我扩张和飞速发展,不断地侵蚀着人文精神的空间的时候,人文关怀与价值追求就更显得弥足珍贵,因此让技术理性和人文关怀保持其应有的平衡非常必要。

当世界开始迈向大数据时代,社会也将经历类似"地壳运动"的变化。大数据并不是一个全然充斥着算法与机器的冰冷世界,人类依然扮演着重要的角色。在我们诠释世界时,数据不再是限制我们努力的因素,人类的作用依然无法被完全取代。在这个利用数据作出决定的世界里,人类的直觉、冒险精神、创新精神、试错尝试,永远会有一席之地。我们应理智地让数据为我们所用,而不是成为数据的奴隶。面对大数据的狂涛巨浪,我们没有稳操舵盘的方法。随着社会越来越熟悉大数据的特征和缺陷,必须建立起规范自身的新准则。我们可以改变一系列惯例来帮助社会应对这种冲击。数据的获取和利用,需要适应法律和道德规范;数据的应用,需要有其来源和运用的合理性,而不能被窃取或盗用。大数据是一种资源,也是一种工具。数据是和人联系在一起的。满足人的正当需要,大数据就会变成丰富的资源、强大的武器。和其他科技工具一样,我们在使用大数据这个工具的时候,同样需要心存敬畏,铭记人性之本。

(二)人文精神的悖论

数字化是数学理性与实验理性相结合的一次技术革命,是人类思维方式和方法的变革,给人类带来的影响超越传统时代的技术变革。数字化技术为人的自由发展和人的自我解放提供了前所未有的广阔前景,但同时,数字化技术的滥用又产生了人文精神衰变的悖论。我们的文化越来越被技术浸透。为了强化现实的幻觉,程序员将物理定律与数学运算联系起来,利用计算机创造出以数学对象形式呈现的虚拟图像。世界的数字化是一种理性的操作,而传统社会文化是群体的整合力量。伟大的文明使人与其同胞共享有意义的特征符号,从而加强人与世界的象征性认同。纳米技术、生物技术、计算机科学和认知的研究融合带来了新科学的出现。随着人工智能、模拟现实的发展,我们将看到思想上传等出现。在对意识进行数字化之后,操作人员将所有信息从人脑转移到计算机,实现建模与拟仿、真实与虚拟共存的世界,这将标志着意识的程序性退位。"科学尽管声称自己是理性的,却总是产生绝非理性的意识形态。"①大数据时代更需要人文精神。人类需要用价值理性校正工具理性,在科技与人文的平衡中构建大数据时代的美好图景。

1. 人的自由个性充分发展

技术是人的有目的、有意识的产物,不可避免地受到人的价值选择的制约,并在进入社会生活各个领域时受到人的社会需要和情感的影响。大数据时代,信息化、数字化、智能化从技术维度表述了当代社会的重要特征,也在科学维度上体现了当代人类实践的具体特征。大数据并不是一个完全充斥着机器和算法的冰冷世界,人类的作用依然无法被完全替代。人类总是先创造出可能危害自身的工具,然后着手建立防范危险、保护自己的安全机制以矫正技术的滥用。实际上,信息社会的数据,是人们进行创新的素材源泉。大数据产生的根本原因不是"技术的自主性",而是人类不断追求自身解放、自我超越和人的全面发展的本性。所以身处大数据时代,我们需要同时拓宽人类"数据化"实践的人文向度。

人的自由和解放程度是和他们可自由支配的时间紧密相关的。对生存于数字化时代的人来说,人的自由时间空前增加。人们在满足第一需要——基本物质需要——的同时,拥有更多的闲暇时间追求精神愉悦,全方位提高生活的质量和品位。社会关系实际上决定着一个人能够发展到什么程度。人生活在特定社会关系中,网络技术的发展使人的社会关系全方位地丰富起来。数字化技术是人类通向更丰富的社会实践的手段和能力,它开创了人类发展的新空间,建立了人与人之间相互支持的新方式。大数据是由信息技术支持的、人类拥有的丰富资源。借由数字信息技术,人的本质得到进一步的丰富和发展,人的力量得到进一步的增长,人的自由得到进一步的发展。

交往是人的基本需要,在数字技术的工具理性支配下,人的交往活动出现了"虚拟空间"。虚拟空间的繁荣丰富了人的精神领域的活动。在这一领域,人们通过传递信息、交流情感和虚拟场景运用等方式丰富充实和发展自我。我们当前所处的时代不仅是智慧的,而且还是有意识的。"推动时代发展的真正引擎是人类对完整性的需求。所有的人类需求——无论是智力上

---

① 〔法〕让•弗朗索瓦•马太伊:《被毁灭的人——重建人文精神》,康家越译,长江文艺出版社 2021 年版,第 196 页。

的、情感上的还是身体上的——都必须得到认可和尊重。最终的结果是让人们更加了解自己。"①科技的发展,使人的力量不断释放出来,也为人的自由全面发展创造了丰富的物质条件。人类活动的空间越来越宽广。就"外部"世界而言,科学已经取得巨大成就,人有更多的空闲时间去扩展精神视野,人的精神追求也越来越强烈,这为人的思维开辟了更多的疆域。

2.大众文化"繁荣"下的危机

在大数据时代,网络文化盛行。微信、微博、抖音、Twitter(即 X)、You-Tube、Facebook、Meta 等社交网络平台崛起,并不断地爆发海量数据。在这些影响巨大的自媒体的运作下,网络化、商业化、娱乐化顺势联手,涂抹着我们生活的色彩。大数据越来越多地被运用到这些新型的社交媒体中。平台根据用户的浏览记录,按不同的标准筛选用户,进行精准推送。大数据参与、渗透到各个应用领域,对社会产生了巨大的影响。一些网络平台的从业者看到了数据蕴藏的巨大商业机会,为了达到聚揽流量、快速传播以实现经济利益最大化的目的,不断地利用人性的弱点,不惜投机取巧、标新立异甚至违法妄为,导致互联网上虚假广告、网络无聊文化甚至审丑文化等内容层出不穷。自媒体流行的弊端渐起,各种良莠不齐的亚文化在网上流行,互联网上呈现一片虚假的繁荣景象。

大数据时代,网络信息技术正在改变人们的阅读习惯和思维方式。对于许多网民来说,网络并没有像他们所期望的那样极大地丰富自己的精神文化生活,相反,他们的精神文化生活变得越来越单调乏味。传统文化传播媒介,如图书、报纸、期刊,被渐渐地冷落。网络碎片化浏览正在侵蚀人们的空暇时间,挤兑人们在现实生活中丰富的休闲娱乐和精神文化活动。随网络而生的网络文化冲击着人们传统的价值观念,尤其是在虚拟网络环境中,伦理道德的缺失直接冲击着人的理性与尊严。人文理性在科技进步和社会进步中被滥用的非理性所污染,致使网络空间也充斥着"雾霾",严重影响网民尤其是青年一代的思想和身心的健康。

在网络社区,中国暴发了一场又一场的追星狂热。广告炒作、虚假宣传、明星绯闻、娱乐八卦等不良信息充斥各大网站。良莠不齐的具有新型网络娱乐含义及特殊群体标志的词语火速流行。网络视频和直播行业兴起,自媒体进入成本较低廉,人们可以注册账号直播或发布视频,成为"主播",并成功"圈粉"。一档档娱乐节目,各类选秀节目,使数以亿计的目光集聚于

---

① 〔芬〕马库·维莱纽斯:《第六次浪潮》,刘怡、李飞译,清华大学出版社 2018 年版,第 272 页。

此；一款网络游戏可以让无数青少年痴迷；明星随便发布一条动态，都有可能引发一场舆论地震……人性的各种阴暗面在网络空间肆意展现，导致虚拟空间被垃圾信息污染，网络生态恶化。垃圾信息充斥网站，占据网民大量时间、流量，致使经济社会、科技教育、时政民生、文学艺术等信息空间被无情地碾压。网络信息时代，各种消遣娱乐及充满感官刺激的网络空间，让一部分人沉溺其中，丧失了思考能力。这种网络化、碎片化的休闲娱乐，小玩释放压力，痴迷则影响身心，荒废美好时光。"娱乐至死"这样近乎狂热的社会现象，使一部分消费者沉迷其中无法自拔。因此，用好数字力量，推进积极向上的网络文化发展，迫在眉睫。

这种文化的"繁荣"借助的是科技的发展与应用，它注重单一的娱乐功能，忽略了文化的内在品质——人文文化的内蕴。在科技高度发达、物质文明高度发展的情况下，人文就显得格外重要。"如果没有人文文化的引领，科技文化就会像一匹脱缰的野马一样，不知道往哪个方向去。因为有人文文化才会让我们不至于沦为物质生活的奴隶。从某一个角度来讲，科技文化确实可以改善物质生活，但它不能来解决精神层面的生活需求。"①因为科技为人类助力，而人文则给人类指引方向，引领人的全面发展。"更为精致的文化像一株需要细心呵护的植物，它的生长依赖于一系列复杂的条件……需要一种尊重文化成果和文化服务的道德传统。"②快餐式的生活方式使用以沉淀创造精神价值的时间被挤压了。在科技昌明的时代，最大的问题是在科技的冲击下，人的自我逐渐迷失与沦丧。本来人创造科技文化是为了获得更大的解放和自由，物质文明也应该是让人身心更加健康，然而，有时候事与愿违。毕竟，所有科技只不过是人的感官的延伸，这会让人忘乎所以，失去自我。

三、大数据时代人文精神的重塑

文化的主要功能是教化人、塑造人以及培育人。网络泡沫催生了娱乐文化，文化变得"虚胖"，需要"瘦身"和"健身"。像"超级女声""快乐男生"等这些属于大众文化，这种大众文化仅仅起到消遣娱乐的作用，无法陶冶人的情操。当文化走向平庸时，消费者也在走向平庸。快餐式的文化、碎片化的信息、哗众取宠的搞笑取乐，一切知识看起来唾手可得，让很多人失去了独

① 楼宇烈：《中国文化的根本精神》，中华书局 2016 年版，第 6 页。
② 〔美〕阿尔伯特·爱因斯坦：《我的世界观》，方在庆译，中信出版社 2018 年版，第 255 页。

立思考的机会和能力。那种突破自我、不断创新的精神文化在这种低俗的文化中渐渐磨灭。大数据时代,科技日新月异,经济腾飞发展。在这繁荣昌盛的时代,让自己在这个喧嚣的世界中保持一颗清醒的头脑和思考的能力,是人独立的前提。

大数据技术的渗透深深影响了人类自身。近代以来,特别是在信息时代,由于科技一路高歌猛进,科技发展给人类带来了日新月异的变化,也带来了深刻的社会问题。在科技越来越发达的信息化、数据化时代,我们应该让传统与现代、科学与人文恢复平衡。现代的社会不能仅仅借助于科技发展,单一追求物质享乐与精神刺激。很多社会问题都与人的精神状态相关,更深层次的是人生观、价值观,这是需要常抓不懈、长期培育的。科技为我们的发展添上翅膀,但是如果没有人文精神的指导,人就会失去灵魂。人文就是以人为本,让人类找回自我。在大数据时代,科技快速发展的同时也亟需呼吁人文精神的回归,呼吁人文教育的恢复与创新发展。

人类文明最深层、最根本的部分是文化。图尔敏平衡理性主义哲学思想体现了东西方文化具有相通性。图尔敏的哲学的平衡理性既包含希腊哲学的形式逻辑、理性思维和分析性推理,也包含东方的哲学智慧所体现的超形式逻辑、合乎情理性与整体性的思维。图尔敏平衡理性主义思想与中国的中庸思想具有相通性。在人类面临资源危机、环境污染、文化冲突的今天,在科技飞速发展、人文式微的今天,在人类对自身的未来感到迷茫的今天,我们有理由期待,中华文化中的审辩式思维、海纳百川的包容精神的再弘扬必将拓展人类未来的发展道路。文化是人类精神的家园。大数据时代,我们有理由遏制精神文化的贫困化。正如爱因斯坦呼吁的那样,"重新唤醒现在被民族自大主义掩盖了的更高级的团结互助精神。正是因为它,人类的价值才可以不受政治与国家边界的影响。人类将为每个民族取得能够存在下去的工作条件,并在此基础上创造文化价值"①。

中国的文化是多元并存、兼容并蓄的文化。不同的文化之间应当保持一种生态平衡。中国文化发展过程中存在很多不平衡的现象:对中西文化的理解不平衡,在对外交流与发展中,很多人对西方文化崇拜,对中国传统文化知之甚少;科技文化与人文文化发展不平衡,人们注重科技文化,忽视人文文化;经济发展与文化发展之间失衡,文化发展被经济发展挤压,单一追求经济效益,不择手段、虚假宣传,这是一种病态,严重影响文化的健康良

---

① 〔美〕阿尔伯特·爱因斯坦:《我的世界观》,方在庆译,中信出版社 2018 年版,第 256 页。

性发展。大数据时代必须推动中华优秀传统文化创造性转化、创新性发展。

（一）固本培元：传承和弘扬中华优秀传统文化

中华优秀传统文化是我们民族的"根"与"魂"。在信息时代，必须大力传承和弘扬中华优秀传统文化，以科学的态度对待中华优秀传统文化。中国文化中以人为本的人文精神是中国文化最根本的精神。以人为本的人文精神的核心就是：决定人的命运的根本因素是人自身的德行。《大学》里有："格物、致知、诚意、正心、修身、齐家、治国、平天下。"格物是探寻知识的起点，修身是将知识和品格统一后落实在行动上，然后在更高的站位、更大的视野上践行，体现的就是中华传统文化的知行合一观。纵观近代科学革命以来，人与自然、人与人、人与社会的关系日趋紧张、异化，原因之一就是以人为本的人文精神的式微。为了不断提升人文修养，必须防止物欲的引诱和腐蚀；在物欲横流、功利浮躁的社会，亟待重振以人为本的中国传统优秀文化。正确地阐释和弘扬中华优秀传统文化，让古老悠久的中国文明在新时期焕发新的生机和活力，是当前弘扬中华优秀传统文化的重要任务。

中华传统文化是我们的原创，曾为世界文明作出杰出贡献。当今中华传统文化遭受到科技文化的严重冲击。"科学技术（包括大数据）的发展会冲击人性的改变——向着善恶两方面变化，而中华传统经典无论对相对不变的人性，如爱、理性、情感、意志，抑或相对在变化中的人性——朝向真善美，或是假丑恶变化，都可以起到某种启蒙的思想和精神的教益。这就是经典的力量和魅力之所在。"[1]近代以来的西方科学、文化样式是一种分科的学问，这种分科又加剧了科技与人文的分裂。在人类理性力量的成果——科学和技术——日益发展的情况下，人类为了满足膨胀的物质贪欲，无止境地攫取物质性资产，却使人沦为物质的奴隶。科学文化弘扬理性精神，人文文化倡导人的尊严。科技越发达，越需要人文精神的引领。人文精神是中国文化的根本特征，尤其是在这个科技发展、资信发达、物质丰富的时代，与科技、物质相匹配的人文精神愈来愈应该成为人们内心的追寻。

大数据时代，我们应该如何传承和弘扬中华优秀传统文化呢？

第一，加强优秀传统文化的教育与学习。《礼记·学记》中明确指出："建国君民，教学为先。"作为"立国之本"的教育并不是简单地教授知识，而是教之以为人之道、为学之方，这是教育的根本理念和宗旨。中国的传统教育是将知识和德行教育结合在一起的。即使是知识传授，也不是灌输书本、

---

[1]　邵龙宝：《文化自信的内蕴、特征及其传承培育》，《兰州学刊》2018年第1期。

章句的知识,而是引导人们发现掌握和运用知识的方法和能力,这就是为学之方。在知识教育与道德教育中,德育又是放在第一位的。中国古代书院教育的理念和宗旨是围绕怎样做人、成为怎样的人来展开的。这实际上也是现代教育经常讨论的问题:我们究竟是要培养一个人,还是培养一个什么样的人呢?在中国传统文化教育中,书院教育充分体现了知识教育和道德教育是集于一身的。

第二,多方位实施中华文化传承工程。中华民族拥有丰富的经典文献,而且重视整理、传授,对中华文化的绵延传承持续不断发展有重要作用。这在世界文化史上是罕见的。"实施中华文化传承工程,通过国民教育、民间传承、礼仪规范、政策引导和舆论宣传、文艺创作等各个方面,传承中华文化基因。"①大数据时代要引导少年儿童爱中国经典,学中国经典,颂中华文明;更要引导青少年、大学生和每一个公民阅读中华传统经典。无论时代如何变化,无论科技如何发展,家庭的社会功能不可替代。应注重家庭、注重家教、注重家风,营造弘扬中华传统文化的社会细胞。"尊老爱幼、妻贤夫安,母慈子孝、兄友弟恭,耕读传家、勤俭持家,知书达礼、遵纪守法,家和万事兴等中华民族传统家庭美德,铭记在中国人的心灵中,融入中国人的血脉中,是支撑中华民族生生不息、薪火相传的重要精神力量。"②中华优秀传统文化所反映的民族精神、所追求的社会理想、所体现的家风家教理念,仍是中华文明的时代精神追求和价值取向,是中华文化永葆生命力的源泉。自觉赓续优秀传统文化,传承中华优秀传统文化,是全体中华儿女共同的责任。

第三,创造性转化和创新性发展中华优秀传统文化。文化发展离不开文化传统的滋养。不是说把旧文化抛弃掉了,新文化就自然出现了。真正的新文化和文化创新应该是把具有历史厚度的文化接续下来之后赋予其以符合时代的新内容。创造性转化和创新性发展优秀传统文化,需要结合新的时代条件和实践要求对其内涵进行充分的挖掘和弘扬,充分展现中华文化的独特魅力和时代价值。中国传统文化博大精深,既有深厚的文化底蕴,又在新时代焕发新的活力。中华优秀传统文化历久弥新,"天下兴亡,匹夫有责"的担当意识,"精忠报国"的爱国情怀,"自强不息"的奋斗精神,"舍生取义"的牺牲精神,"扶危济困"的公德意识,"革故鼎新"的创新思想,"国而

---

① 《中共中央关于繁荣发展社会主义文艺的意见》,《中国文化部报》2015 年 10 月 20 日第 8 版。
② 习近平:《习近平谈治国理政》第二卷,外文出版社 2017 年版,第 353 页。

忘家，公而忘私"的价值理念等，一直是中华民族奋勇前行的不竭动力。博大精深的中华优秀传统文化是我们在世界文化激荡中坚定文化自信的根基。传承发扬中华优秀传统文化需根植于中国大地，立足于中国现实，创新运用新技术，激发创意灵感，让中华优秀传统文化与时代精神交相辉映，使中华优秀传统文化持续散发时代魅力。

第四，实施文化走出去战略。文化只有在交流中才能向前发展，中国历史也说明了这一点。百家相互交流，文化才会发展。中华优秀传统文化是世界文化的瑰宝，要努力展示中华文化独特魅力，掌握文化传播规律，构建对外话语体系，增强国际传播的亲和力和实效性；要阐释好中国特色，推进中国文化的世界表达。全球化背景下，对外宣传中国，要学会讲故事，讲生动、鲜活、具体的"中国故事"。讲故事不仅是使复杂问题简单化的好办法，更是展示文化软实力最易为人接受的手段。中国与其他国家进行文化交流有很多途径，如文学途径、教育途径、活动途径等，以市场化的方式，讲好中国故事。如何在对外文化传播和交往中既体现中国文化的民族特色和时代精神，又符合世界的视角，成为中国传统文化在走向世界时所面临的必须解决的问题。

只有民族的才是世界的。我们要掌握民族文化的灵魂和核心要素，立足本国本民族的文化，保持本国民族特色，才可能借助独特的民族文化让世界认识自己，从而走向世界。

（二）批判吸收：兼容并蓄其他民族优秀文化

文化自信来自对传统文化的自觉认识与创新发展，中华儿女又在兼容并蓄其他民族优秀文化中坚定文化自信。中华文化在薪火相传中不断发扬光大，又在与外来文化的互动中找到共生共存的出路，实现文化创新。文化自信的核心和最终表现是"本土化"，即通过吸收包容，在"和而不同"中将异文化融合为自己的多元文化的一部分，最终建立新的日常生活模式。世界文化的优秀成果，通过兼容并蓄、创新创造，都可以成为中华文化的有益借鉴，得到实践深化。在与世界交往的过程中，中华文化不断汲取世界各民族文化的长处，作出合乎时代精神的诠释，在内容和形式上积极创新，努力铸造中华文化的新辉煌，为世界文化的建设与发展作出贡献。文明的认同在未来将越来越重要，各文明之间的相互作用将在很大程度上塑造世界。萨缪尔·亨廷顿在《文明的冲突和世界秩序的重构》中指出，一种文明是一种文化实体。文明的传统在一个民族的历史中根深蒂固，要改变是很难的。在他看来，最好的办法就是不要割断传统，而是在传统的基础上向前发展。

在世界潮流中,文化建设与发展的最好的办法就是在自己传统的基础上批判吸收外来的文化,坚持取长补短、择善而从。

中华文化既是历史的,也是当代的;既是民族的,也是世界的。中华文化在跌宕起伏的历史演变中始终保持强劲的生命力,就在于中华文化既具有鲜明的民族特征,又善于吸收不同民族、不同国家的优秀的文化因子,孕育"和而不同"的文化元素。在与世界的交流发展中,中华文化不断吸收其他民族先进文化,创新性转化、创造性发展,形成我们的民族特色。世界正变得越来越小,来自不同文明的人与人之间的相互影响在增多。大数据时代,网络技术打破了物理世界的限制与区隔,使整个人类社会变成了一个有可能实现普遍交往和文化交流的社区。在这个社区中,世界各民族的多样化的文化进行交流和融合,形成巨大而宝贵的思想文化宝库。

(三)净化网络空间,营造健康网络生态

信息化时代,网络空间成为亿万民众共同的精神家园。随着网络技术的发展,相关数字技术打通了媒介间的壁垒,使得网络文化呈现出蓬勃发展的态势。随着电子技术的发展,网络文化不仅在数量上迅猛增长,而且在形式上更加多样化。网络游戏、网络直播、网络视频在各类平台的助力下呈现出一片热闹非凡的景象。但网络文化也存在一些亟待解决的问题。网络文化网络社区中不良信息泛滥,网络谣言、网络色情等充斥网络空间,造成了网上的"信息污染"。一些网络文化被资本所追逐,导致"饭圈"乱象愈演愈烈,"饭圈文化"严重危害网民尤其是青少年的身心健康。网络文化杂糅在一起,各种网络娱乐产品越来越模式化、套路化,而且大数据预判推送又使人们获得的信息越来越同质化,容易带来"井底文化"。网络舆论容易滋生极化攻击,非理性言论层出不穷。非理性的网络文化有可能放大社会矛盾,通过网络引发社会群体间的撕裂与对抗。治理网络生态刻不容缓。随着直播行业的兴起,电商直播、网上带货营销、明星直播等愈演愈烈,流量充斥带来的是良莠不齐的商品甚至违法违规的虚假宣传,更有套路圈钱、跑路躲债……针对当前网络视频直播领域存在的突出问题,国家主管部门采取了一系列"组合重拳"规范、整顿网络视频行业,如封网整改、约谈艺人、下架产品、警示违法失德艺人等一系列专项治理行动。"伪基站"、网红套路、网络色情、网络诈骗、网络谣言等网络乱象得到有效整治,网络空间日渐清朗。

自媒体时代,我们既要深刻认识网络文化发展的积极意义和重要作用,又要对网络文化发展中的一些乱象进行治理,从而营造风清气正的网络空间。网络空间天朗气清、生态良好,符合人民利益。网络空间乌烟瘴气、生

态恶化,不符合人民利益。习近平主席在为网络强国"强心固体"的讲话中指出:"数千年中华民族历史长河中,网络信息化发展从外看是机遇,从内看是责任。"①大数据时代,我们必须用好数字力量,推动网络发展。网络空间正日益成为正能量的策源地和亿万民众共同的精神家园:在寻找"最美……"活动中发现生活中的美,在"感动中国"中感动你我,在灾难中守望相助,迈过"数字鸿沟"的远程课堂带领山里娃在知识的海洋里遨游,寻子网"宝贝回家"让曾经被拐的儿童找到回家的起点,数据接力,使亲人团聚……数字、数据正变得越来越有温度。用好数字力量,是促进社会进步、增进人民福祉的基础性工作。治理网络,在保持网络文化创造力的同时使其向上向善发展,为社会和谐发展助力。"互联网+"深入百姓生活,网络助学、"春蕾计划"、"母亲水窖"等网络公益项目惠及百姓民生。"数字红利"加快释放,大数据分析平台助力精准扶贫。"往实里走、往深里走,往心里走"的刷屏效应,中国梦践行者故事的网络传播,弘扬了网上和网下"同心圆"的家国情怀,使网络生态呈现出进一步向良性发展的态势。

(四)培育和践行社会主义核心价值观

大数据时代,数字经济、数字化生存使人类社会跨越到数字文明。这种文明不仅需要技术的规约,更需要价值的引领。在数字文明时代,中国除了做好自己的事情,实现经济社会生态可持续发展,还应在价值观上发挥引领作用,继承和发扬中华优秀传统文化,为构建人类更美好的未来作出贡献。中华优秀传统文化是中国文化软实力的根基,是决定文化性质和方向的最深层次要素。社会主义核心价值观,是中国特色社会主义价值的文化表达。作为中国特色社会主义文化灵魂的社会主义核心价值观,具有凝魂聚气、强基固本的作用。"中华文明绵延数千年,有其独特的价值体系。中华优秀传统文化已经成为中华民族的基因,植根在中国人内心,潜移默化影响着中国人的思想方式和行为方式。"②在新的时代,应正确认识中华优秀传统文化与社会主义核心价值观的关系,大力弘扬中华优秀传统文化,推进社会主义核心价值观的培育和践行。

社会主义核心价值观不仅是人们"心向往之"的追求,更应是接地气的"力所行之"的践行。一种价值观要真正发挥作用,必须融入社会生活,让人们在实践中感悟并践行。社会主义核心价值观融入实际的工作和生活,需

---

① 《习近平为网络强国"强心固体"》,环球网,2018 年 04 月 21 日。
② 《习近平在北京大学师生座谈会上的讲话》,中国政府网,2014 年 05 月 04 日。

要在落细落实上下功夫,让社会主义核心价值观在日常的生活实践活动中呈现。通过各类实践活动,把我们所倡导的价值观与人们日常生活紧密联系起来,让社会主义核心价值观从一种观念变成人们日常生活的状态。创造实践活动新形式,整合平台以践行、融入社会主义核心价值观。找到社会认同度高、群众参与广泛、可复制可推广的实践载体,通过教育引导、舆论宣传、文化熏陶、实践养成、制度保障等,使我们倡导的价值理念真正内化为人们的精神追求,外化为人们的自觉行动。在具体实践中,打通"知"与"行"的契合点,将社会主义核心价值观贯穿、融入人民群众生产生活的方方面面。应在提高传播能力过程中践行社会主义核心价值观;促进文化产业发展中深化社会主义核心价值观;推进文化事业发展中建构社会主义核心价值观;扩大文化对外开放中弘扬社会主义核心价值观。培育社会主义核心价值观,必须融入社会生活,我们所提倡的、把我们内心追求和渴望的社会风气与我们日常生活紧密联系起来,发现生活中的美,在全社会树立崇德向善的力量。

培育和践行社会主义核心价值观,是在世界文化激荡中保持民族精神独立、坚定文化自信的战略支撑。当今世界,各种观念碰撞激荡不断加剧,各种文化交流交融交锋日益频繁。面对国内外复杂局势,应坚定文化自信,加大文化创新,提升文化软实力,弘扬中国文化。培育和践行社会主义核心价值观是一项系统工程,需要全社会的共同努力。社会主义核心价值观重在践行,推动社会主义核心价值观从"理论形态"向"生活形态"转换。从中华优秀传统文化中汲取养分,从革命文化中继承红色基因,从社会主义先进文化中丰富资源,推动社会主义核心价值观落地生根,凝聚中国力量;弘扬民族精神和时代精神,加强爱国主义、集体主义、社会主义教育;以坚定的理想信念筑牢精神之基,持续培育和践行根植于中华文化沃土又具有当代中国特色的社会主义核心价值观,才能使中华民族以更加昂扬的姿态屹立于世界民族之林。

四、大数据时代平衡理性的回归

大数据技术是人类科技发展史上又一次难得的历史性机遇。未来,对数据的占有和控制将成为一种可利用的国家核心资产。整合这些数据资源成为未来国家和社会的关键任务。大数据是一种高度复杂的计算性数据模型,具有分析预测、科学发现与科学决策的功能和价值。然而,"大数据时代也向我们提出挑战,我们需要做好充足的准备迎接大数据技术给我们的机构和自身带来的改变"①。和其他技术一样,人与科技的关系从来都不是单向的,我们往往只注意到人对科技的利用,却忽视了科技对人的改造。大数据能提供"是什么"以及对未来的预测,但不能推导出我们"应当是什么",正如科学方法能提供实现目标的手段,但它不能提供目标本身一样。大数据是表征人类在客观世界活动过程的信息。历史和事实背后的逻辑及其人文价值是难以数据化的。大数据技术是人类制造的工具,这种工具延伸到我们生活的每一个角落,甚至人自身。人类制造的工具,反过来将人变为工具。科技发展的目的是使人成为自由全面发展的人,警惕受工具至上的理念影响而对大数据进行滥用,过分强调技术而忽视人文。因此,发挥大数据时代的人文精神,让科技为人的发展塑造个性空间,彰显人的个性化和社会化进程的统一,也是大数据时代亟需人文精神的关键所在。

(一)重视科技的人文向度

20 世纪以来,在深刻的哲学层面上挑战思想家的问题,是实践的问题,包括生命和死亡的问题,其中三组问题已经引起人们特别关注:核战争、医疗技术和环境的权利要求。不把对人的生命价值的关注,以及我们保护大自然的责任和保护人类的责任放在人类理性的发展视域下,引起重视,任何一个问题都不可能得到有效解决。"思想的变化"是 17 世纪从人文主义到理性主义转变的特征。芬伯格批判了 19 世纪早期有野心勃勃的技术专家,他们自负地认为:"公共领域中一切具有争议的事情从根本上讲只是一个技术性的问题。他们还认为,一切技术性的问题都能够借助于无关情境的、中立的工具理性来解决。这可真的是意识形态的终结,即价值被还原成了事实。"②这是一种技术决定论的观点。"现代性"关注书面的、普遍的、一般的和永恒的事物,它支配了大多数哲学家的工作。也有一些像图尔敏这样的哲学家呼唤从单一普遍的模式回归到包括言语的实际、本土和时间多维度的主体间的交往。

互联网为人本主义观点被广泛关注提供了必要的社会背景。像汽车一样,作为现代性的产物,互联网开启了而非结束了我们的愿景。但不同的是,互联网不仅仅将个体从一个地方运送到另一个地方,它还建立了一个"虚拟世界",在这个世界中,行动逻辑得到技术支持而不抑制个体的主动性

---

① 〔英〕维克托·迈尔-舍恩伯格、肯尼思·库克耶:《大数据时代》,盛杨燕、周涛译,浙江人民出版社 2013 年版,第 22 页。

② 〔加〕安德鲁·芬伯格:《在理性与经验之间》,高海青译,金城出版社 2015 年版,中文版序第 2 页。

参与。这是真正的"信息时代"的"革命",它将互联网变成一种服务于个人通信的媒介。互联网对社会产生的影响是深刻而持久的。尽管"数字鸿沟"令人担忧,但较之于工业革命前一个没有电话、电视和汽车的社会中的城市与农村之间的鸿沟,它将更容易弥合。计算机网络深刻地改变了日常生活的时空坐标,促使个体以超越传统媒体的速度获得信息。因而,人们获得了相对的解放。即使你不能够躲避被后现代工业全面控制的梦魇,但至少增加了联系和接触的数量。这样,联系的交点就变成了丰富多彩的选择点。

存在就是连接。大数据时代的斗争才刚刚开始,为前所未见的多样化活动提供支持的全球通信系统涌现出来。当现代性遭遇大数据,人类在繁多的数据面前变得如此渺小。大数据已经与我们工作和生活的各个领域联系起来。借助计算机信息技术和互联网手段,人类在信息高速公路上越走越快,越走越远。大数据不仅是一场深刻的信息技术革命,更对经济社会和大众生活以及人类行为方式和思维模式产生了广泛而深刻的影响。在这个移动互联的时代,大数据已经和人们的日常行为活动紧密地联系在一起。它从根本上改变了我们认识世界和改变世界的方式。数字技术为人类带来强大的新力量,对另一个问题的回答就显得越来越重要。人类有了这么多数据,手上有了这么强大的力量,究竟该如何使用?技术的人性维度的关切更加迫切。数据的灵魂在于理性运用。个人和机构对数据的理解和评价需要通过缜密的逻辑推断和透过现象探寻本质的理性思维来分析判断,探索隐藏在数据表象里的本质和规律。因此,在如何对待数据的问题上,数据时代同样需要人类理性的回归。

互联网的兴起,不断深化人类的认知。人类的认识进化到甚至认为生物体都是生物算法的数字化认识。在计算机领域,信息科学从图灵机的概念发展为越来越复杂的电子算法。不断演化发展的算法,打破了机器与有机生物之间的隔阂。数据时代,数据、信息、算法成为信息系统的链条。互联网在科技浪潮的推动下不断进化成智力的"脑"。我们将数据转换为信息,信息转化成知识,最后把知识转化为智能。万物互联是由人所创造的,是为了满足人类的需求,也改变了人的生活方式。这种转变不仅仅是一场哲学意义上的革命,而且真真切切地影响了我们的生活。大数据信息流的发展使人类活动交往从物质流动走向以数据为中心的信息流动。"数据主义认为,宇宙由数据流组成,任何现象或实体的价值就在于对数据处理的贡献。"①数据处理系统提供全新的强大力量，经济学家用数据处理系统的概念来诠释经济，医生、工程师等专家系统通过数据分析病情和建筑，企业通过数据进行决策……在这种情况下，数据系统将一切客观存在转换为数字信息，然后对其进行处理。所有主体活动都在为数据增添足迹。

互联网的进化承载人类各种层次的应用，这是人类思维的不断创新和进步。现在对我们日常生活、经济及安全来说，网络都不可或缺。在最近几十年，信息、智能技术革命蓬勃发展，引发思维、生产生活方式全面变革。生物科技和人工智能不断变革着人类社会和经济，甚至变革着人类的身体和心智。科技进步如此迅速，信息高速公路通联"万物互联网"，不断涌现的数据在全球网络里越来越自由地流动。在这种新的价值观下，如何确保人类的自由与权利不受如此狂澜般的信息流的侵犯？大数据对人类社会的发展具有强大的推动力和改造力，但是，大数据同样具有两面性。人类要将大数据运用好，需要适用法律规则，完善在数据信息时代下法律的构建与监管，使大数据既能得到有效的运用，又能受到相应的法律约束。

物联网已经成为我们生活的一部分。我们生活的方方面面都与物联网息息相关。物联网已经成为我们生活中的一件大事，它的链接是万亿级的产业链。我们依赖物联网，生活在物联网世界中，数据已经开始影响我们的生活。但是，物联网带来的自由空间越大，对人们生活的渗透就越深。"互联网＋"进一步突破物联网本身的禁锢，实现更广泛领域的产业跨界。物联网为大数据分析提供充足的数据来源，而大数据则可以对这些数据加以分析后实现对"物"的智能控制，二者紧密联系在一起。在生产、加工、销售等环节，通过物联网技术为大数据提供数据支撑，而数据又为物质生产提供经济价值。物联网的发展将是人类科技进步不可阻挡的趋势。大数据的处理能力会帮助物联网实现智能控制和产品改进。通过对个人数据的深度挖掘，借助各种设备，建立一个精准的用户模型，从而提供更加精准的服务，最终达到的效果，就是网络世界与现实世界深度融合和互动。

21世纪，大数据将把人类带进怎样的新世界？数字技术改变了人类接受世界的方式以及世界接触人的方式。在我们用互联网连接世界时，互联网重塑了我们与世界的接触方式，也改变着我们的认知方式。从这个角度来说，技术不仅仅适应现存的实践，也改变现存实践。数字化正不断建构起个人与世界的联系，使我们遨游在现实与虚拟的世界中，形成了本我与超我

① 〔以色列〕尤瓦尔·赫拉利：《未来简史》，林俊宏译，中信出版社2017年版，第335页。

的对话。每一种表达都存在与其相反的表达,数字世界也不例外,每一种权利都有其相反的权利。毫无疑问,这个世界的未来与我们密不可分。这个世界会越来越好吗? 解决数字时代的问题和危机,从技术的理性视角重新审视物联网技术对社会的影响,这是科技发展对传统社会的冲击在人类思想上的反映。数字社会的成熟化一方面要求填平数字鸿沟,提高网络技术素养,另一方面要求人们不断提高人文素养以应对大数据技术的冲击。

纵观人类社会发展史,考虑到亚里士多德学说在久远及最近的过去所取得的成功,难道现在不正是时候去直面本质上属于柏拉图理念的"内在自我"? 我们人类是自然的一部分,因此以动物界的一员的角色和位置去观察外部世界令我们更易于发现自己的"内在"本质以及认识我们自己。技术改变了人类的生活和生活方式却又无时不在异化人的行为方式,这是科技发展的悖论。沟通系统也只是用来描述现实,但人工智能创造了前所未有的现实,虚拟的世界进一步与现实的世界融合。计算机和互联网诞生后,出现了不同于现实世界的数字空间。互联网编织着我们的生活。互联网在传播方式和人类组织形式方面带来了颠覆性的变化。以数字生命为代表的人工生命悄然兴起,它是以程序为生命个体的人工生命研究,具有自然生命或行为的人工程序系统。人文科学强调互为主体的实体,认为其重要性不亚于激素和神经元,要用历史的方式思考和认识我们存在的现实世界。"毕竟,如果人类没有灵魂,如果所有思想、情感和感觉都只是生化算法,那么为什么生物学无法解释人类社会的变幻莫测?"[1]

大数据时代,人工智能的发展呼唤人类的理性与善良的回归。在 21 世纪,为了政治和经济利益而改变气候,人类用网络空间来取代人类实际生存空间。虚拟空间与现实空间并行,甚至碾压现实空间。人类的种种虚构想象在虚拟空间中被转译成基因和电子代码,互为主体的虚拟现实将吞并客观现实。在信息时代,大数据的洪流中,人工智能越来越多地展示其无处不在的身影。未来,虚构想象有可能成为世界最强大的力量,甚至超越自然选择。因此,"如果我们想了解人类的未来,只是破译基因组、处理各种数据数字还远远不够,我们还必须破解种种赋予世界意义的虚构想象"[2]。在人工智能领域,应通过虚拟人技术让未来科技关怀人性本身,从而创造前所未有的生活方式,回归科技的人文向度。

---

① 〔以色列〕尤瓦尔·赫拉利:《未来简史》,林俊宏译,中信出版社 2017 年版,第 134 页。
② 〔以色列〕尤瓦尔·赫拉利:《未来简史》,林俊宏译,中信出版社 2017 年版,第 135 页。

（二）促进技术与生活世界的有机融合

在 21 世纪，我们生活的世界中不断涌现出比以往更强大的虚构世界，生物科技和计算机算法不断控制着我们分分秒秒的存在，甚至形塑我们的身体、大脑和灵魂，创造出完整的虚拟世界。现代科学和技术每天都在冲击着我们的生活，强有力地塑造着我们的未来。大数据技术使人的交往模式发生颠覆性改变，人们可在现实与虚拟世界之间自由切换。如今，我们和组织我们生活方式的技术紧密联系在一起，更确切地说，我们就生活在技术当中。如今，大数据技术构成了我们生活的一部分，并对我们的生活产生了深远的影响。"人文主义认为'人类发明了上帝'，这件事之所以重要，正是因为有深远的实际影响。同样，数据主义认为'生物是算法'，这同样有深远的实际影响，不容小觑。所有的想法都要先改变我们的行为，接着才会改变我们的世界。"①经验是指日常的生活世界，而在今天它也是技术的世界。从技术理性的规则到日常经验、科学的世界与生活的世界，如何在技术领域内将理性与经验融合沟通起来？技术与生活世界在哲学层面的关系如何和现实世界接轨？这是大数据时代所要回答的现实问题。

生活世界的概念来自现象学，胡塞尔和海德格尔在现象学中对这个概念作了阐释。它描述的是主体在他们日常生活中行动于其中的意义系统。胡塞尔认为生活世界是科学概念的基础和根源；海德格尔用"世界"这个术语，他的世界与规定意义特别具有指引性，它体现在日常应对现实中的意义的实践关联。"技术规则与技术经验可以按照这种世界概念来理解。如胡塞尔所说，技术规则奠定于、来源于生活世界，而海德格尔则称，技术经验反映的是规定意义的实践。因此，生活世界概念对技术研究很有助益。"②在《技术的追问》中，海德格尔指出座架给人类带来了"最高危险"，"技术解蔽把存在者缩减为可计算的物质，剥夺了自然原初的神秘，从而遮蔽了自然之本质与真理。存在者被摆置为表象者、被订造者，完全失去了与存在的联系"③。可见，批判从现代技术给当今世界造成的现实危险中获得了力量。然而，海德格尔拒绝对技术社会的弊病进行纯粹的社会诊断，他认为社会问题的根源至少要回溯至柏拉图，也即是说，现代社会实现了西方形而上学发端的内在目的。海德格尔把现代技术具体化为与社会相分离的某种东西。

---

① 〔以色列〕尤瓦尔·赫拉利：《未来简史》，林俊宏译，中信出版社 2017 年版，第 355 页。

② 〔加〕安德鲁·芬伯格：《在理性与经验之间》，高海青译，金城出版社 2015 年版，第 8 页。

③ 刘大椿、刘永谋：《思想的攻防——另类科学哲学的兴起和演化》，人民出版社 2010 年版，第 50 页。

这种思想至少可追溯至培根和笛卡尔。该思想认为技术注定要控制世界，全然不顾同等重要的人的情境活动的多重嵌入。

作为生活的世界，技术型塑着它的栖居者。技术慢慢地变成了我们生活的背景，正是这个背景创造着我们的世界。它创造了我们的财富，我们的经济，还有我们的存在方式。然而，在现代社会，生活世界并不是整个世界。现代社会在某种意义上发生了分化，各种不同功能都从生活世界分离出来。技术规则就是分化的一个很明显的例证。实证主义致使现代性理论错误地把一种纯粹的理性形式强加给了社会过程。而实际上，正如技术研究所证实的，技术完全是社会的，不能按照一种哲学上纯粹的合理性概念作出解释。通过对社会合理性程序的运用，技术部分实现了相对于生活世界的变动不居的独立性。但是，技术却把准科学与生活世界整合到了形式上连贯一致的整体中。"技术不仅仅是工具，它们还创造了把我们卷入其中并且型塑我们生活的环境。"①我们具有丰富的技术经验，这种经验是人类以生产实践为基础的，而非数学理性主义者所拥有的形式化的知识。它在很多情境中——比如对污染的控诉以及如何改善计算机以满足人们的需要——的有益的建议都得到了体现。这类经验知识使技术规则与生活世界经验之间的互动在社会中成为常态。

经验的生活世界与自然科学的自然世界不仅是并行不悖的共存关系，它们还以多种方式发生交互影响。技术创造涉及理性和经验的相互作用。自然知识被用来制造工作设备，设备要在社会世界发挥作用。经验不是覆盖在自然科学本质上的主观叠加物。技术就像科学实验一样，既处身于生活世界之中，也置身于自然因果秩序之中。因此，"意义不仅是科学理性的先决条件，也是技术在日常生活世界存在的先决条件"②。马尔库塞依照以价值为导向的技术理性概念把艺术与技术整合起来，这种尝试在上述理念中获得支持。马尔库塞研究进路的技术蕴含可独立于他对新科学寄托的希望——使他承认自然的返魅。清新的空气、充沛的水源、适宜人类生活的气候和绿色农业，尊重这些力量仍是我们现代人的迫切需要。

因此，需要一种综合，它必须使我们能够将技术在现代生活中的核心作用理解为是形式上技术合理的，在社会具体内容上是丰富多样的。因此，我们需要在不忽视实际设备和系统在具体社会事物中应用的条件下解释社会

---

① 〔加〕安德鲁·芬伯格：《在理性与经验之间》，高海青译，金城出版社2015年版，中文版序第4页。
② 〔加〕安德鲁·芬伯格：《在理性与经验之间》，高海青译，金城出版社2015年版，第232页。

文化对技术合理性的影响。技术在生活世界中是一种媒介,借此,行动者与计算机建立起关系。技术资源根本不是先在的,它们的意义是通过解释获得的。

技术不动声色地塑造着人类的变迁和时代的主题。我们从一个机器加强天性的时代(提高速率、节省体力)到达了一个机器摹写天性的时代(基因工程、人工智能、人造器官的植入)。技术规则本身仅以高度简约的抽象形式吸收了社会因素从而获得最人性化的价值,比如对病人的同情。在技术层面上,它以医疗方案等客观规范的形式表达出来。

随着人类工具理性的延伸,我们从应用这些技术为人类服务,发展到直接干预自然。我们与技术的牵连成为我们的存在无法超越的地平线。我们以某种几近无差别的"赛博格"的本身形式与技术结合起来,再也没有反对技术的可能。"在真实世界中,技术是高度可重构的,它们是流动的东西,永远不会静止,永远不会完结,永远不会完美。"①要充分理解我们日常生活的本质,就不能再对技术政治置之不理。我们如何生活,很大程度上是由我们如何配置和设计城市、工农业生产、交通系统及传播媒介所决定的。我们需要对健康与知识作出越来越多的选择。所以,这个世界上演的,将是技术发展以及我们如何与之相处的故事。终止顽固抵抗并推动技术进一步良性发展的时刻已经到来。人类发明了这些技术,创造了这个世界,好让它们为人类服务。然而,为什么最后反而是人类因为这些技术、虚构的服务而顾此失彼呢? 网络数据的发展,让我们区分虚构和真实变得更加困难,但这种区分对于人类自己又是如此重要。人类必须从自己内在的生命体验中找到生活世界的意义,而且不仅是自己的意义,更是整个世界的意义,即为充满冰冷机器的世界创造意义——让科技蕴含人文关怀。有温度的科技,让人类生活更美好。

(三)追求技术理性的价值诉求

哲学论题关注源自具体经验的规范与合理化的技术实践之间的关系。文化为事物提供了其在社会世界中呈现的意义。一方面,文化将我们的行为与自然事物区分开来;另一方面,文化与自然有着重要的相似之处。实际上,我们最基本的文化假设就是我们如何理解自然,它通常是我们思维、行动和言谈的毫无争议且不容置疑的前提。前现代的"工艺"与现代的"技术"截然不同。传统工艺服务于前现代的传统文化,并且体现这些文化,而我们

---

① 〔美〕布莱恩·阿瑟:《技术的本质》,曹东溟、王健译,浙江人民出版社 2014 年版,第 41 页。

的技术总是不停地运转，瓦解社会制度，破坏文化生活的稳定。马克斯·韦伯注意到现代社会具有使早前时期技术与文化统一的功能走向分离的趋势，于是引入分化思想，用以描述现代性的特性。自然知识在其他文化领域的分化，促进了以合理的程序与实验为基础、由专家共同体来证实的现代科学的发展。随着科学的发展，自然被祛魅，其拟人的、精神的特质被剥除，并且被简化为毫无意义的机械装置，在这种安排下，科学确实获得了极大的独立性。

技术知识也出现类似情形。它逐渐被形式化为类似于并且受益于科学的技术学科。但实际上，技术远未分化，所有的技术活动都被深深地打上了文化的烙印。现代性曾使人类愿意放弃意义以换取力量。科技进步与经济增长携手并进，进一步推动了现代社会对力量的追求。因此，现代社会的社会合理性中最令人迷惑的方面是纯粹技术规则的存在，尽管它们是纯粹的，但它们仍然与它们得以从中分化的生活世界相互影响。相互影响的双方必须保持平衡，尽管这可能很困难。

在传统社会中，社会身份是稳定的，因为社会世界是稳定的。但是，现代社会按照技术变革的节奏，建设和破坏着社会世界及与其关联的社会身份。生活世界的经验需要与分化世界中抽象的利害攸关的工具理性重新联系起来，但普遍存在对技术科学的痴迷很容易使充满想象力的社会回应遭受严重的扭曲。现代哲学把这种虚构的关系当作理性、客观的模型，而基于这一点，人类也就只能在纯粹的沉思中超越自身了。然而，在现实中，人类通过某个自身所从属的系统发挥作用，这就是自身性的实践意义。我们的一切行动都以某种反馈的形式从我们的对象返回我们自身。这在日常交往中表现得最为明显。当行动者对客体的影响与反馈给行动者的影响不相称时，在更大的情景和更长的时间内，就会有大量的反馈不断呈现出来。情况的确如此，比如环境污染。人们真正意识到环境挑战是因为技术理性向自然扩张，这种扩张也是其控制自然以及入侵甚至控制人类的过程，要走出技术文化的困境，必须以社会先进文化来引领科学技术文化，使科学技术发展和应用为经济社会全面健康发展服务。

纯粹合理性的幻觉伴随着技术而生，工具理性成为唯一的社会标准，现代科学技术成为获取力量的手段。技术理性追求物的意义，有可能遮蔽人的意义。而在现实的世界，技术设备处于两种完全不同但本质上交织在一起的情境中：合理的技术情境和意义的生活世界的情境。因此，对现代社会的批判必须从技术和文化两个层面展开：全社会的技术合理化操作层面和明确规定的特定设计的社会—文化条件层面。合理化描述的是一种包含在技术行为中的世界的返魅。合理化不再反对文化本身,而是表现为一种对文化的创意表达。在实践中,这意味着合理化不是唯一的西方文化合理性;可能存在多条合理化的路径,而每条路径对应不同的文化框架。不管怎样,"合理性都不是一种可以孤立存在的、作为社会秩序原则的文化的替代物。毋宁说,按照这种能够在原则上实现各种价值的方式,合理性以其现代技术的形式介入了文化表达"①。因此,加强科学工作者与人文工作者之间的沟通与对话,防止科学在自然世界、生活世界对人文的僭越所造成的人的"单向度"发展,进一步要求技术在社会其他方面的应用,能够作为解放的杠杆,增进人类精神生活的丰富性和自我发展能力,以及能够在更为具体的社会学框架中,使技术参与自觉建构一种何者为人的概念,在技术世界中实现人的需要。

大数据时代,增强的技术潜能能够产生新的利益情境,从中产出新的价值。技术的进步和生活世界的联系,通过历史的、社会的意识得到调节。正如哈贝马斯论证的那样,理性的辩论不能够单单只关注技术的手段。因为"技术并不能够将人从行动中解放出来。正如以前一样,通过组织与日常语言当中的行动和交流,冲突必须解决,利益必须被实现,阐释必须被构建"②,也不能只关注传统行为规范的应用,因为"历史主义已经打破行动-取向价值系统的自然-传统的有效性"③。现代社会所需要的反思必须将那种由技术知识和能力所构成的社会潜能,与那种决定生活行为的实践取向合理地连接起来。这种类型的反思被技术意识所阻碍,掩盖了客观必然性背后那些实际上决定技术发展的社会利益。伴随着一个以信息技术为基础的新世界的诞生,在现今我们不知不觉生活于其间的这场技术革命中,这些价值将被整合到技术规则与技术代码中。技术规则本身以高度简约的抽象形式吸收了社会因素,技术已经渗透到社会生活的各个方面,力争实现最人性化的价值。社会生活的方方面面都高度技术化了。技术不仅影响了人类社会的生产生活方式,而且还引起了自然界的变迁和气候的变化。环境保护主义不会使我们的社会贫困,我们将继续走向富裕,但我们对繁荣的定义

---

① 〔加〕安德鲁·芬伯格:《在理性与经验之间》,高海青译,金城出版社2015年版,第171页。
② 〔美〕托马斯·麦卡锡:《哈贝马斯的批判理论》,王江涛译,华东师范大学出版社2010年版,第16—17页。
③ 〔美〕托马斯·麦卡锡:《哈贝马斯的批判理论》,王江涛译,华东师范大学出版社2010年版,第17页。

以及对有助于繁荣的技术的定义,未来在我们子孙后代的判断中将会发生改变,将变得更加理性。他们会认为环境保护主义明显是一种进步。我们正处在历史的转折点上。面对工业社会不断涌现的问题,人们会从经济价值转向精神价值与环境价值。当我们综合考虑经济、社会、环境因素时,如何避免这条权衡进路将我们引入两难困境?面对"对环境无害的技术与经济繁荣相对立,工人的满足感和支配权与生产率相对立,等等。除非从保护自然和赢得公众支持两个方面解决现代工业主义的问题,否则,这些问题永远得不到解决"①。

关于技术理性的论战已经成为现代社会政治生活的一个无法规避的特征,它表明:"一个新的拥护社会生活技术背景的公共领域的创建,一个新的使由'自然'承担的未加说明的成本内在化和合理化样式的创建,也就是说,某物和某人在追求利润时都是可利用的。这些对自然界的尊重不是反对技术,而是开辟一条新的发展道路。"②人类站在被技术所笼罩的所有这些事态发展的十字路口。技术既是一种对科技理性的应用,又以经验世界为背景。技术是"主客观的"。一方面,它需要人的理性、创造力以及"逻各斯",在这层意义上它是主观的;另一方面,作为伫立在我们面前的有形的实体,技术又呈现出具体的形式,在这层意义上它又是客观的。尽管技术规则是从生活世界的情境中分离出来的,但是转化为技术规范的次级工具化却产生于生活世界,并且反映了早期的社会情况。此外,次级工具化外在于那些技术规则——作为设计旨在改变当代使用者和参与者的话语表达的规则。这些改变又会变成技术标准。因而历史地看,技术系统不是纯粹的与价值无涉的理性,而是始终贯穿于技术以及与之相互塑造的人类生活其中的生活世界的逻辑。

历史只不过是经由技术创造的"运动"。"作为构形的活动,人的活动乃是历史的。历史的活动乃是技术的。实际上,历史是由技术创造的;因而,历史与技术相分离是不可想象的。"③目前,许多西方的技术与发展理念都已在中国得到广泛应用。价值以一种西方人难以察觉的微妙方式进入技术,西方的技术是由系统所塑造的,但这种方式与东方的生活方式完全不

---

① 〔加〕安德鲁·芬伯格:《民主的合理化:技术、权力和自由》,高海青译,《哲学分析》2014年第1期。

② 〔加〕安德鲁·芬伯格:《民主的合理化:技术、权力和自由》,高海青译,《哲学分析》2014年第1期。

③ 〔加〕安德鲁·芬伯格:《全球化世界中的技术》,王琛、高海青译,《国外理论动态》2014年第4期。

同。时光之梭再度轮回,欧洲人再次转向东方,孜孜求"道",以寻找精神寄托和拯救之途。"为确保我们能够将技术成就的理性内核从可能在不同的政治统治下被消除的糟粕中分离出来,新的理解与批判技术的方式显得尤为必要。"①现代科学和技术每天都在冲击着我们的生活,强有力地塑造着我们的未来。然而,技术也是历史的产物,技术的价值不仅在于可以用它做什么,而且在于它可能进一步导致什么。技术是通过扩展延伸到未来的,这也给了我们一种思考人类历史中的技术的方式。面对正在稳定增长的技术,我们深感矛盾。这种矛盾心理并不直接地源于我们和技术的关系,而是源于我们与自然的关系。"我们是人类,我们需要的不只是经济上的舒适。我们需要挑战,我们需要意义,我们需要目的,我们需要和自然融为一体。如果技术将我们与自然分离,它就带给了我们某种形态的死亡。但是如果技术加强了我们和自然的联系,它就确立了生活,因而也就确立了我们的人性。"②

21世纪必将是人机共舞的时代。未来正以令人难以置信的步伐向我们走来,计算机对世界的掌控指数日益攀升,人工智能进入日常百姓生活中。人工智能对人类社会的影响才刚刚开始。这是一个最好的时代,也是一个竞争更激烈的时代。在柯洁遇上AlphaGo之后,"人机大战"逐渐越演越烈。"人机大战"之后更多会呈现一种多赢的局面。也许在算法、技法方面,机器胜人一筹,然而,人类相比机器,更宝贵的是鲜活的情感、灵动的思想和永不枯竭的创新精神。人机博弈,不论谁赢,最终都是人类的胜利。因为AlphaGo也是人类智能的延伸。柯洁对围棋的热爱和执着,郎朗对乐曲的感情和陶醉,机器人是永远不会有的。人工智能渐入我们的生活,我们也会越来越多地和它们相遇。"我们塑造工具,然后,工具塑造我们。"大数据的发展也孕育着更科学地关注人与人自身的理性、良性发展的人文与社会科学。数据正促使我们重新讨论自维特根斯坦以来关于"什么是有意义的"的哲学问题。一直以来,自然语言被视为人类传达意思、表达思想的主要方式,其他表达意义的方法如形式主义、科学、数学、代码都寄生在自然语言之上。如果一个类似网络的知识结构或者数据能够以正确的方式对其自身进行推论,那么它将能够提供智能得多的服务,以至于在某种意义上,它"能够理解它自己的内容"。人类是理性的计算机,人类共同的一项中心议题是要

---

① 〔加〕安德鲁·芬伯格:《全球化世界中的技术》,王琛、高海青译,《国外理论动态》2014年第4期。

② 〔美〕布莱恩·阿瑟:《技术的本质》,曹东溟、王健译,浙江人民出版社2014年版,第241页。

保护人类和地球不被人类自己的力量所害。如果我们真要远离祸害,就必须在当下作出更好的选择。因此,更大的目标不仅是解决不断出现的个别问题,而且在于围绕新的财富模式即环境相容性好的模式,充分运用人在目前的技术中被压抑和忽视的能力来重建技术。以历史为向导而面向未来,我们同样可以越过意识形态的障碍。通过实现我们在社会技术和经济安排中的人类与环境的价值,我们将创造一个更加美好的未来。

参考文献

一、外文文献

1. S. Toulmin：*An autobiography R. G. Collingwood，with a new introduction Collingwood，R. G.（Robin George）*，1889-1943，Oxford：Clarendon Press 1978.

2. S. Toulmin：*An examination of the place of reason in ethics*，Cambridge：Cambridge University Press 1950.

3. S. Toulmin："Conceptual revolutions in science"，in Robert S. Cohen and Cohen and Marx W. Wartofsky(eds)：*A portrait of twenty-five years*，Dordrecht：D. Reidel 1967.

4. S. Toulmin：*Cosmopolis：the hidden agenda of modernity*，New York：Free Press 1990.

5. S. Toulmin："Does the distinction between the normal and revolutionary science hold water"，in Imre Lakatos and Alan Musgrave(eds)：*Criticism and the growth of knowledge*，Cambridge：Cambridge University Press 1970.

6. S. Toulmin：*Foresight and understanding：an enquiry into the aims of science*，Bloomington：Indiana University Press 1961.

7. S. Toulmin："History，praxis and the 'Third word'"，in R. S. Cohen，P. K. Feyerabend & M. Wartofsky(eds)：*Essays in memory of I. Lakatos*，Dordrecht：D. Reidel 1976.

8. S. Toulmin：*Human understanding，vol. 1：general introduction and part I，the collective use and evolution of concepts*，Princeton，N J：Princeton University Press 1972.

9. S. Toulmin：*Knowing and acting：an invitation to philosophy*，London：Macmillan Press 1976.

10. S. Toulmin: *Return to reason*, Cambridge, Mass: Harvard University Press, 2001.

11. S. Toulmin: *The collective use and evolution of concepts*, Princeton: Princeton University Press 1972.

12. S. Toulmin: *The inner life, the outer mind*, Worcester, Mass: Clark University Press 1985.

13. S. Toulmin: *The philosophy of science: an introduction*, London: Hutchinson University Library 1953.

14. S. Toulmin: *The philosophy of science: an introduction*, New York and Evanston: Harper & Row 1960.

15. S. Toulmin: *The place of reason in ethics*, Chicago: University of Chicago Press 1986.

16. S. Toulmin: *The return to cosmology, postmodern science and the theology of nature*, Berkeley: University of California Press 1982.

17. S. Toulmin: *The uses of argument*, Cambridge: Cambridge University Press 1999.

18. S. Toulmin: *The tyranny of principles*, the Hastings Center Report 1981.

19. S. Toulmin with Douglas Bush, James S. Ackerman: *Seventeenth-century science and the arts*, Princeton, NJ: Princeton University Press 1961.

20. S. Toulmin with June Goodfield: *The architecture of matter*, New York: Harper & Row 1962.

21. S. Toulmin and June Goodfield: *The fabric of the heavens: the development of astronomy and dynamics*, New York: Harper & Row 1961.

22. S. Toulmin with Norwood Russell Hanson: *What I do not believe, and other essays*, Dordrecht: D. Reidel 1971.

23. S. Toulmin with Allan Janik: *Wittgenstein's Vinna*, New York: Simon and Schuster 1973.

24. S. Toulmin with Albert R. Jonsen: *The abuse of casuistry: a history of moral reasoning*, Berkeley, CA: University of California Press 1988.

25. S. Toulmin with Richard Rieke and Allan Janik: *An introduction*

to reasoning, New York: Macmillan Publishing Co, Inc 1979.

26. Hanne Andersen, Dennis Dieks, Wenceslao J. Gonzalez, et, al. (eds): *New challenges to philosophy of science*, Dordrecht: Springer 2013.

27. David Bloor: *A Social Theory of Knowledge*, London: Macmillan 1983.

28. I. M. Bochenski: *A History of formal logic*, Notre Dame, Indiana: University of Notre Dame Press 1961.

29. R. Carnap: *Introduction to semantics and formalization of logic*, Cambridge, Mass: Harvard 1958.

30. Michael Dummett: *Frege philosophy of mathematics*, London: Duckworth 1991.

31. Frans H. van Eemeren, Rob Grootendorst and Francisca Snoeck Henkemans: *Fundamentals of argumentation theory: a handbook of historical backgrounds and contemporary developments*, Mahwah, NJ: Lawrence Erlbaum Associates, Inc 1996.

32. Frans H. van Eemeren: "The state of the art in argumentation theory", in *Crucial concepts in Argumentation theory*, Amsterdam: Amsterdam University Press 2001.

33. Paul Feyerabend: *Farewell to reason*, London: Verso 1987.

34. Paul K. Feyerabend: *Against method: outline of an anarchistic theory of knowledge*, London: New Left Books 1979.

35. J. Freemam: *Dialectics and the macrostructure of arguments*, New York: Foris 1991.

36. Gottlob Frege: *Concept script: a formal language of pure thought modelled upon that of arithmetic*, Cambridge: Cambridge University Press 1967.

37. Trudy Govier: *Problems in argument analysis and evaluation*, Dordrecht: Foris Publications 1987.

38. Susan Haack: *Philosophy of logics*, Cambridge: Cambridge University Press 1978.

39. J. Habermas: *Postmetaphysical thinking*, Cambridge: Polity Press 1995.

40. J. Habermas: *The new conservatism: cultural criticism and the historians' debate*, translated by Shierry Weber Nicholsen, Cambridge, Mass.: The MIT Press 1991.

41. J. Habermas: *The philosophical discourse of modernity*, Cambridge, Mass.: The MIT Press 1987.

42. J. Habermas: *The theory of communicative action*, Vol. 1, Boston: Beacon Press 1984.

43. J. Habermas: "Dogmatism, reason, and decision: on theory and practice in our scientific civilization", in *Theory and practice*, Boston: Beacon Press 1973.

44. J. Habermas: "Technical progress and the social life-world", in *Toward a Rational Society*, London: London Press 1968.

45. Ian Hacking: "Representing and Intervening Introductory Topics", in *The philosophy of natural science*, Cambridge: Cambridge University Press 1983.

46. I. Hacking: *The social construction of what?* Cambridge, Mass.: Harvard University Press 1999.

47. Ralph C. Hancock: *The responsibility of reason*, Lanham, Md: Rowman & Littlefield 2011.

48. David Hitchcock and Bart Verheij: *Arguing on the Toulmin model: new essays in argument analysis and evaluation*, Dordrecht: Springer 2006.

49. I. Jarvie: "Toulmin and the rationality of science", in R. Cohen, P. Feyerabend & M. Wartofsky(eds): *Essay in Memory of Imre Lakatos*, Dordrecht: D. Reidel 1976.

50. T. Kisiel: "Paradigms", in G. Fløistad(ed): *Contemporary philosophy*, Vol. 2, Hague: Martinus Nijhoff 1981.

51. Jürgen Klüver and Christina Klüver: *Social understanding*, Dordrecht: New Springer 2011.

52. Thomas Kuhn: "Afterword", in James Conant and John Haugeland(eds): *The Road Since Structure: Philosophical Eassy*, 1970—1993, *with an Autobiographical Interview*, Chicago and London: University of Chicago Press 2000.

53. Thomas S. Kuhn: *The structure of scientific revolutions*, Chica-

go: University of Chicago Press 1970.

54. Thomas S. Kuhn: *The essential tension*, Chicago: University of Chicago Press 1977.

55. Thomas S. Kuhn: "Reflections on my critics", in I. Lakatos and A. Musgrave(eds): *Criticism and the growth of knowledge*, Cambridge: Cambridge University Press 1970.

56. I. Lakatos: "Falsification and the methodology of scientific research programmes", in Lakatos and Musgrave(eds): *Criticism and the growth of knowledge*, Cambridge: Cambridge University Press 1970.

57. I. Lakatos: *Mathematics, science and epistemology*, Cambridge: Cambridge University Press 1980.

58. Larry Laudan: *Science and relativism*, Chicago: University of Chicago Press 1990.

59. Larry Laudan: "The history of science and the philosophy of science", in R. C. Olby, et al(eds): *Companion to the history of modern science*, London: Routledge 1990.

60. Georg Lukacs: *History and class consciousness*, translated by Rodney Livinstone, Cambridge, MA: MIT Press 1971.

61. Herber Marcuse: "Industrialization and capitalism in the work of Max Weber", in *Negations: essay in critical theory*, London: Penguin 1968.

62. Seymour Mauskopf, Tad Schmaltz: *Integrating history and philosophy of science*, London: Dordrecht 2012.

63. Grover Maxwell: "The ontological status of theoretical entities", in Martin Curd and J. A. Cover(eds): *Philosophy of science, the central issues*, New York: W. W. Norton Company, Inc 1988.

64. E. McMullin: "History and philosophy of science: a marriage of convenience?", in R. Cohen, C. Hooker, A. Michalos and J. van Evr (eds): *PSA 1974*, Dordrecht: Reidel 1976.

65. Louis O. Mink: "Comment on Stephen Toulmin's conceptual revolutions in science", in R. Cohen and M. Wartofsky(eds): *Proceedings of the Boston Colloquium for the philosophy of science 1964/1966: in memory of Norwood Russell Hanson*, Dordrecht: D. Reidel 1967.

66. Micheal Mulkay: *Science and the sociology of knowledge*, London: George Allen and Unwin 1979.

67. T. Nickles: "Scientific discovery and the future of philosophy of science", in *Discovery, logic and rationality*, 1980.

68. G. H. R. Parkinson: *Logic and reality in Leibniz's metaphysics*, Oxford: Clarendon Press 1965.

69. Andrew Pikering: *Mangle of practice*, Chicago: University of Chicago Press 1995.

70. Karl Popper: *Conjecture and refutations*, London: Taylor and Francis 1963.

71. Karl Popper: *Objective knowledge*, Oxford: Oxford University Press 1972.

72. Karl Popper: *The logic of scientific discovery*, London: Hutchinson 1959.

73. Karl Popper: "The rationality of scientific revolutions", in Ian Hacking (eds): *Scientific Revolutions*, Oxford: Oxford University Press 1981.

74. H. Putnam: *Mathematics, matter and method*, Cambridge: Cambridge University Press 1975.

75. Hilary Putnam: "Why reason can't be naturalized?", in Kenneth Baynes, James Bohman and Thomas McCarthy(eds): *After philosophy, end or transformation?* Cambridge, Mass.: The MIT Press 1991.

76. Willard van Orman Quine: *From a Logical point of view*, Cambridge, Mass.: Harvard University Press 1964.

77. G. Radnitzky: "Analytic philosophy as the confrontation between Wittgensteinians and Popper", in Agassi & R. Cohen(eds): *Scientific Philosophy Today*, D. Reidel 1982.

78. M. Ruse: "Darwin and philosophy today", in D. Oldroyd & L. Langham (eds): *The Wider Domain of Evolutionary Thought*, Dordrecht: D. Reidel 1983.

79. Bertrand Russell: *The principles of mathematics*, New York: W. W. Norton & Company 1996.

80. Gilbert Ryle: "Formal and informal logic", in I. M. Copi & J.

A. Gould(eds)：*Contemporary Readings in Logical Theory*，New York：Macmillan，1967.

81. J.-P. Sartre：*Being and nothingness*，translated by Hazel E. Barnes，New York：Washington Square Press 1993.

82. Moritz Schlick：*Philosophical papers*，Vol. *II*，Dordrecht：D. Reidel 1979.

83. S. Seidman and David D. Wagner(eds)：*Postmodernism and social theory*，Cambridge，Mass. ：Basil Blackwell 1992.

84. Dudley Shapere：*Reason and the search for knowledge*，Dordrecht：D. Reidel 1984.

85. C. P. Snow：*Two culture*，Cambridge：Cambridge University Press 1993.

86. Frederick Suppe：*The semantic conception of theories and scientific realism*，Urbana：University of Illinois Press 1989.

87. F. Suppe：*The structure of scientific theories*，Urbana：University of Illinois Press 1974.

88. A. Tarski：*Logic semantics metamathematics*，Oxford：Clarendon Press 1983.

89. Peter Truran：*Practical applications of the philosophy of science*，Cham：Springer 2013.

90. Ludwig Wittgenstein：*Philosophical investigations*，translated by G. E. M. Anscombe，Oxford：Blackwell 1963.

91. Ludwig Wittgenstein：*Philosophical investigation*，translated by G. E. M. Anscombe，Oxford：Blackwell 1974.

92. John Woods：*The death of argument：fallacies in agent-based reasoning*，Dordrecht：Kluwer 2004.

93. Joseph Agassi："The life and time of analytic philosophy"，*Journal of dialectics of nature*，2016(1).

94. David Botting："Toulmin's logical types"，*Argumentation*，2017.

95. Larry Briskman："Comment on Toulmin's evolutionary epistemology"，*Philosophical Quarterly*，Vol. 24，1995.

96. D. G. Cedarbanm："Paradigm"，*Studies in history and philosophy of science*，vol. 14，No. 3，1983.

97. David Hitchcock："Obituary：Stephen Edelston Toulmin"，*Argumentation*，2010(24).

98. Steven Shapin："Here and Everywhere，Sociology of Scientific Knowledge"，*Annual Review of Sociology*，1995 (21).

99. Marx W. Wartofsky："Stephen Toulmin：An Intellectual Odyssey"，*Humanities*，Vol. 18，No. 2，1997.

二、中文文献

1.《习近平谈治国理政》第一卷,外文出版社 2014 年版。

2.《习近平谈治国理政》第二卷,外文出版社 2017 年版。

3.《习近平谈治国理政》第三卷,外文出版社 2020 年版。

4.《马克思恩格斯文集》第 1、6、8 卷,人民出版社 2009 年版。

5.《马克思恩格斯选集》第 1、2、3、4、9 卷,人民出版社 1995 年版。

6.《亚里士多德全集》第一卷,苗力田主编,中国人民大学出版社 1990 年版。

7.〔奥地利〕克拉夫特:《维也纳学派》,李步楼、陈维杭译,商务印书馆 1999 年版。

8.〔澳〕约翰·A.舒斯特:《科学史与科学哲学导论》,安维复主译,上海科技教育出版社 2013 年版。

9.〔波兰〕莱泽克·科拉科夫斯基:《理性的异化——实证主义思想史》,张彤译,黑龙江大学出版社 2011 年版。

10.〔丹麦〕赫尔奇·克拉夫:《科学史学导论》,任定成译,北京大学出版社 2005 年版。

11.〔德〕埃德蒙德·胡塞尔:《欧洲科学危机和超验现象学》,张庆熊译,上海译文出版社 1988 年版。

12.〔德〕恩格斯:《反杜林论》,人民出版社 1970 年版。

13.〔德〕恩格斯:《自然辩证法》,人民出版社 1971 年版。

14.〔德〕伽达默尔:《科学时代的理性》,薛华等译,国际文化出版公司 1988 年版。

15.〔德〕于尔根·哈贝马斯:《后形而上学思想》,曹卫东、付德根译,译林出版社 2001 年版。

16.〔德〕尤尔根·哈贝马斯:《交往行为理论》第一卷,曹卫东译,上海出版社 2004 年版。

17. 〔德〕汉斯·约阿西姆·施杜里希:《世界哲学史》,吕叔君译,山东画报出版社 2006 年版。

18. 〔德〕黑格尔:《小逻辑》,贺麟译,商务印书馆 1980 年版。

19. 〔德〕胡塞尔:《哲学作为严格的科学》,倪梁康译,商务印书馆 1999 年版。

20. 〔德〕卡尔-奥托·阿佩尔:《哲学的改造》,孙周兴、陆兴华译,上海译文出版社 1997 年版。

21. 〔德〕H.赖欣巴哈:《科学哲学的兴起》,伯尼译,商务印书馆 1983 年版。

22. 〔德〕吕迪格尔·萨弗兰斯基:《叔本华及哲学的狂野时代》,钦文译,商务印书馆 2010 年版。

23. 〔德〕石里克:《普通认识论》,李步楼译,商务印书馆 2005 年版。

24. 〔德〕叔本华:《作为意志和表象的世界》,石冲白译,商务印书馆 1997 年版。

25. 〔德〕韦伯:《学术与政治》,冯克利译,生活·读书·新知三联书店 1998 年版。

26. 〔德〕尤尔根·哈贝马斯、米夏埃尔·哈勒:《作为未来的过去——与著名哲学家哈贝马斯对话》,章国锋译,浙江人民出版社 2001 年版。

27. 〔法〕让-弗朗索瓦·马太伊:《被毁灭的人——重建人文精神》,康家越译,长江文艺出版社 2021 年版。

28. 〔芬〕马库·维莱纽斯:《第六次浪潮》,刘怡、李飞译,清华大学出版社 2018 年版。

29. 〔荷〕范爱默伦、斯诺克·汉克曼斯:《论证分析与评价》,熊明辉、赵艺译,中国社会科学出版社 2018 年版。

30. 〔加〕安德鲁·芬伯格:《技术体系:理性的社会生活》,上海社会科学院科学技术创新团队译,上海社会科学院出版社 2017 年版。

31. 〔加〕安德鲁·芬伯格:《在理性与经验之间》,高海青译,金城出版社 2015 年版。

32. 〔加〕马里奥·邦格:《物理学哲学》,颜锋等译,河北科学技术出版社 2003 年版。

33. 〔美〕《科学新闻》杂志社:《数学与科技》,杜国光、任颂华等译,电子工业出版社 2017 年版。

34. 〔美〕M.怀特:《分析的时代——二十世纪的哲学家》,杜任之主译,商务印书馆 1981 年版。

35.〔美〕R. C. 斯普罗:《思想的结果》,胡自信译,北京大学出版社 2006 年版。

36.〔美〕Stuart J. Russell、Peter Norvig:《人工智能:一种现代的方法》,殷建平、祝恩、刘越等译,清华大学出版社 2013 年版。

37.〔美〕阿尔伯特·爱因斯坦:《我的世界观》,方在庆译,中信出版社 2018 年版。

38.〔美〕阿兰·雅尼克、〔英〕斯蒂芬·图尔敏:《维特根斯坦的维也纳》,殷亚迪译,漓江出版社 2016 年版。

39.〔美〕埃德温·阿瑟·伯特:《近代物理科学的形而上学基础》,张卜天译,商务印书馆 2018 年版。

40.〔美〕埃里克·斯坦哈特:《尼采》,朱晖译,清华大学出版社 2019 年版。

41.〔美〕安德鲁·皮克林:《作为实践和文化的科学》,柯文、伊梅译,中国人民大学出版社 2006 年版。

42.〔美〕费耶阿本德:《知识、科学与相对主义》,陈健等译,江苏人民出版社 2006 年版。

43.〔美〕费耶阿本德:《征服丰富性:抽象与存在丰富性之间的斗争故事》,戴建平译,中国人民大学出版社 2007 年版。

44.〔美〕彼得·J. 卡赞斯坦:《中国化与中国崛起:超越东西方的文明进程》,魏玲、韩志立、吴晓萍译,上海人民出版社 2018 年版。

45.〔美〕彼得·卡赞斯坦主编:《世界政治中的文明:多元多维的视角》,秦亚青、魏玲、刘伟华、王振玲译,上海人民出版社 2012 年版。

46.〔美〕布莱恩·阿瑟:《技术的本质》,曹东溟、王健译,浙江人民出版社 2014 年版。

47.〔美〕查尔斯·霍顿·库利:《人类本性和社会秩序》,包凡一、王源译,华夏出版社 1999 年版。

48.〔美〕大卫·格里芬编:《后现代科学——科学魅力的再现》,马季方译,中央编译出版社 1995 年版。

49.〔美〕道格拉斯·洛西科夫:《当下的冲击》,孙浩、赵晖译,中信出版社 2013 年版。

50.〔美〕法伊尔阿本德:《反对方法:无政府主义知识论纲要》,周昌忠译,上海译文出版社 2007 年版。

51.〔美〕费耶阿本德:《告别理性》,陈建等译,江苏人民出版社 2002 年版。

52.〔美〕保罗·法耶尔阿本德:《自由社会中的科学》,兰征译,上海译文出版社 1990 年版。

53.〔美〕汉斯·摩根索:《科学人对抗权力政治》,杨吉平译,上海译文出版社 2017 年版。

54.〔美〕赫伯特·马尔库塞:《现代文明与人的困境——马尔库塞文集》,李小兵等译,生活·读书·新知三联书店 1989 年版。

55.〔美〕加勒特·汤姆森、马歇尔·米斯纳:《亚里士多德》,张晓林译,中华书局 2014 年版。

56.〔美〕加勒特·汤姆森:《笛卡尔》,王军译,中华书局 2014 年版。

57.〔美〕加勒特·汤姆森:《莱布尼茨》,李素霞、杨富斌译,中华书局 2014 年版。

58.〔美〕M.克莱因:《古今数学思想》(第 1 册),张理京、张锦炎译,上海科学技术出版社 1979 年版。

59.〔美〕M.克莱因:《古今数学思想》(第 2 册),北京大学数学系数学史翻译组译,上海科学技术出版社 1979 年版。

60.〔美〕M.克莱因:《数学:确定性的丧失》,李宏魁译,湖南科学技术出版社 1997 年版。

61.〔美〕M.克莱因:《西方文化中的数学》,张祖贵译,复旦大学出版社 2004 年版。

62.〔美〕W.V.O.蒯因:《从逻辑的观点看》,陈启伟、江天骥、张家龙等译,中国人民大学出版社 2007 年版。

63.〔美〕莱斯利·A.豪:《哈贝马斯》,陈志刚译,中华书局 2014 年版。

64.〔美〕李·雷尼、巴里·威尔曼:《超越孤独:移动互联时代的生存之道》,杨伯溆、高崇等译,中国传媒大学出版社 2015 年版。

65.〔美〕理查德·罗蒂:《后哲学文化》,黄勇译,上海译文出版社 2004 年版。

66.〔美〕卢克·多梅尔:《算法时代》,胡小锐、钟毅译,中信出版社 2016 年版。

67.〔美〕理查德·罗蒂:《实用主义哲学》,林南译,上海译文出版社 2009 年版。

68.〔美〕罗素:《逻辑与知识》,苑莉均译,商务印书馆 1996 年版。

69.〔美〕罗素:《西方哲学史》上卷,商务印书馆 1976 年版。

70.〔美〕罗素:《哲学问题》,何兆武译,商务印书馆 1999 年版。

71.〔美〕马克·里斯乔德:《当代社会科学哲学导论》,殷杰、郭亚茹、申晓旭译,科学出版社 2018 年版。

72.〔美〕马西莫·匹格里奇:《两种思维:理性生活必需的哲学推理与科学实证》,许楠、王冠乔译,新华出版社 2017 年版。

73.〔美〕麦克斯韦·约翰·查尔斯沃斯:《哲学的还原》,田晓春译,四川人民出版社 1987 年版。

74.〔美〕佩德罗·多明戈斯:《终极算法:机器学习和人工智能如何重塑世界》,黄芳萍译,中信出版社 2017 年版。

75.〔美〕斯蒂芬·图尔敏:《论证的使用》,谢小庆、王丽译,北京语言大学出版社 2016 年版。

76.〔美〕梯利:《西方哲学史》(增补修订版),伍德增补,葛力译,商务印书馆 2004 年版。

77.〔美〕托马斯·麦卡锡:《哈贝马斯的批判理论》,王江涛译,华东师范大学出版社 2010 年版。

78.〔美〕托马斯·库恩:《科学革命的结构(第四版)》,金吾伦、胡新和译,北京大学出版社 2012 年版。

79.〔美〕托马斯·库恩:《必要的张力》,范岱年、纪树立译,北京大学出版社 2004 年版。

80.〔美〕托马斯·内格尔:《理性的权威》,蔡仲、郑玮译,上海译文出版社 2013 年版。

81.〔美〕M. W. 瓦托夫斯基:《科学思想的概念基础——科学哲学导论》,范岱年等译,求实出版社 1982 年版。

82.〔美〕王浩:《超越分析哲学:尽显我们所知领域的本相》,徐英瑾译,浙江大学出版社 2010 年版。

83.〔美〕西蒙·赖克、理查德·内德·勒博:《告别霸权!——全球体系中的权力与影响力》,陈锴译,上海人民出版社 2017 年版。

84.〔美〕希拉里·普特南:《理性、真理与历史》,童世骏、李光程译,上海译文出版社 1997 年版。

85.〔美〕达德利·夏佩尔:《理由与求知》,褚平、周文彰译,上海译文出版社 2001 年版。

86.〔美〕约翰·洛西:《科学哲学的历史导论》第 4 版,张卜天译,商务印书馆 2017 年版。

87.〔美〕詹姆斯·弗里曼:《论证结构——表达和理论》,王建芳译,中国政法大学出版社 2014 年版。

88.〔日〕板仓圣宣:《科学并不神秘》,何益汉译,科学出版社 1978 年版。

89.〔苏〕什托夫:《科学认识的方法论问题》,柳延延等译,知识出版社 1981 年版。

90.〔以色列〕尤瓦尔·赫拉利:《未来简史》,林俊宏译,中信出版社 2017 年版。

91.〔英〕艾耶尔:《二十世纪哲学》,李步楼、俞宣孟、苑利均等译,上海译文出版社 1987 年版。

92.〔英〕安东尼·吉登斯:《现代性与自我认同:现代晚期的自我与社会》,赵旭东、方文译,生活·读书·新知三联书店 1998 年版。

93.〔英〕奥诺拉·奥尼尔:《理性的建构:康德实践哲学探究》,林晖、吴树博译,复旦大学出版社 2013 年版。

94.〔英〕彼得·沃森:《思想史:从火到弗洛伊德》(上、下),胡翠娥译,译文出版社 2018 年版。

95.〔英〕卡尔·波普尔:《猜想与反驳——科学知识的增长》,傅季重、纪树立等译,上海译文出版社 1986 年版。

96.〔英〕波普尔:《客观知识——一个进化论的研究》,舒炜光、卓如飞等译,上海译文出版社 2015 年版。

97.〔英〕A. F.查默尔斯:《科学究竟是什么?》(最新增补本)译,商务印书馆 2018 年版。

98.〔英〕W. C.丹皮尔:《科学史:及其与哲学和宗教的关系》,李衍译,商务印书馆 1975 年版。

99.〔英〕罗杰·斯克拉顿:《现代哲学简史》,陈四海、王增福译,南京大学出版社 2013 年版。

100.〔英〕牛顿:《自然哲学之数学原理》,王克迪译,北京大学出版社 2018 年版。

101.〔英〕帕金森主编:《文艺复兴和 17 世纪理性主义》,田平、陈喜贵、韩东晖、冯俊、楚艳红等译,中国人民大学出版社 2009 年版。

102.〔英〕培根:《新工具》,陈伟功编译,北京出版社 2008 年版。

103.〔英〕维克托·迈尔-舍恩伯格、肯尼思·库克耶:《大数据时代》,

盛杨燕、周涛译,浙江人民出版社 2013 年版。

104.〔英〕维特根斯坦:《维特根斯坦文集·第 2 卷:逻辑哲学论》,韩林和译,商务印书馆 2018 年版。

105.〔英〕亚·沃尔夫:《十六、十七世纪科学技术和哲学史》上册,周昌忠、苗以顺等译,商务印书馆 1991 年版。

106.〔英〕伊·拉卡托斯:《科学研究纲领方法论》,兰征译,上海译文出版社 1986 年版。

107.〔英〕伊姆雷·拉卡托斯:《证明与反驳——数学发现的逻辑》,康宏逵译,上海译文出版社 1987 年版。

108. 曹志平:《理解与科学解释——解释学视野中的科学解释研究》,社会科学文献出版社 2005 年版。

109. 常春兰:《科学哲学中的相对主义及其超越》,山东大学出版社 2010 年版。

110. 陈波:《理性的执著:对语言、逻辑、意义和真理的追问》,北京师范大学出版社 2014 年版。

111. 陈嘉明等:《科学解释与人文理解》,上海人民出版社 2010 年版。

112. 陈先达:《文化自信中的传统与当代》,北京师范大学出版社 2017 年版。

113. 方维规主编:《思想与方法——全球化时代中西对话的可能》,北京大学出版社 2014 年版。

114. 冯玉珍:《理性—非理性批判——精神和哲学的历史逻辑考察》,人民出版社 2013 年版。

115. 傅永军:《法兰克福学派的现代性理论》,社会科学文献出版社 2007 年版。

116. 顾肃:《科学理性论》,中国社会科学出版社 1992 年版。

117. 郭贵春:《当代科学哲学的发展趋势》,经济科学出版社 2009 年版。

118. 洪谦主编:《西方现代资产阶级哲学论著选辑》,商务印书馆 1964 年版。

119. 洪晓楠:《科学文化哲学研究》,上海文化出版社 2005 年版。

120. 洪晓楠:《科学文化哲学的前沿探索》,人民出版社 2008 年版。

121. 贾向桐:《实践优位视野中的科学形象——超越科学实在论与社会建构论的一种理论尝试》,黑龙江人民出版社 2008 年版。

122. 江天骥主编:《科学哲学和哲学方法论》,华夏出版社 1990 年版。

123. 李建珊主编:《世界科技文化史教程》,科学出版社 2009 年版。

124. 李彦宏:《智能革命——迎接人工智能时代的社会、经济与文化变革》,中信出版社 2017 年版。

125. 刘大椿、刘永谋:《思想的攻防——另类科学哲学的兴起和演化》,中国人民大学出版社 2010 年版。

126. 刘中起编:《理性主义的范式转化及其当代价值——哈贝马斯交往行为理论研究》,上海人民出版社 2013 年版。

127. 楼宇烈:《中国文化的根本精神》,中华书局 2016 年版。

128. 马建波:《科学之死:20 世纪科学哲学思想简史》,上海科技教育出版社 2018 年版。

129. 牟钟鉴:《中国文化的当下精神》,中华书局 2016 年版。

130. 庞学铨、杨大春、黄华新主编:《西方哲学的分化与会通》,浙江大学出版社 2005 年版。

131. 舒炜光、邱仁宗主编:《当代西方科学哲学述评》,人民出版社 1987 年版。

132. 舒炜光、邱仁宗主编:《当代西方科学哲学述评》,中国人民大学出版社 2007 年版。

133. 宋旭光:《理由、推理与合理性:图尔敏的论证理论》,中国政法大学出版社 2015 年版。

134. 王骥:《新未来简史:区块链、人工智能、大数据陷阱与数字化生活》,电子工业出版社 2018 年版。

135. 王路:《弗雷格思想研究》,商务印书馆 2008 年版。

136. 吴彤、蒋劲松、王巍主编:《科学技术的哲学反思》,清华大学出版社 2004 年版。

137. 武宏志、周建武、唐坚:《非形式逻辑导论》(上、下),人民出版社 2009 年版。

138. 物联网智库编著:《物联网:未来已来》,机械工业出版社 2016 年版。

139. 习近平:《在庆祝中国共产党成立 100 周年大会上的讲话》,人民出版社 2021 年版。

140. 夏基松、沈斐凤:《历史主义科学哲学》,高等教育出版社 1995 年版。

141. 夏基松、沈斐凤编著:《西方科学哲学》,南京大学出版社 1987 年版。

142. 夏基松:《现代西方哲学》,上海人民出版社 2006 年版。

143. 谢劲松:《20 世纪的西方哲学》,武汉大学出版社 2009 年版。

144. 徐瑞康:《欧洲近代经验论和唯理论哲学发展史》,武汉大学出版社 1992 年版。

145. 炎冰:《"祛魅"与"返魅":科学现代性的历史建构及后现代转向》,社会科学文献出版社 2009 年版。

146. 杨宁芳:《图尔敏论证逻辑思想研究》,人民出版社 2012 年版。

147. 叶峰:《从数学哲学到物理主义》,华夏出版社 2016 年版。

148. 俞可平、黄卫平主编:《全球化的悖论》,中央编译出版社 1998 年版。

149. 张维为:《中国震撼》,中信出版集团 2016 年版。

150. 章政、皮定均、吴崇宇:《大数据时代的社会治理体制》,中国经济出版社 2016 年版。

151. 中国社会科学院哲学研究所逻辑研究室编:《数理哲学译文集》,商务印书馆 1988 年版。

152. 中国现代外国哲学学会主编:《现代外国哲学论集》(第 2 集),生活·读书·新知三联书店 1982 年版。

153. 周超、朱志方:《逻辑、历史与社会:科学合理性研究》,中国社会科学出版社 2003 年版。

154. 〔加〕安德鲁·芬伯格:《民主的合理化:技术、权力和自由》,高海青译,《哲学分析》2014 年第 1 期。

155. 〔加〕安德鲁·芬伯格:《从技术批判理论到合理性的理性批判》,高海青、李建华译,《哲学分析》,2010 年第 4 期。

156. 〔加〕安德鲁·芬伯格:《全球化世界中的技术》,王琛、高海青译,《国外理论动态》,2014 年第 4 期。

157. 陈波:《分析哲学内部的八次大论战》,《社会科学文摘》,2018 年第 7 期。

158. 陈波:《一个与归纳问题类似的演绎问题——演绎的证成》,《中国社会科学》,2005 年第 2 期。

159. 陈荣祥:《西方科学哲学发展之初探》,《科学教育研究与发展》,1991 年第 9 期。

160. 陈庭翰、王浩：《美国"逆全球化战略"的缘起与中国"一带一路"的应对》，《新疆社会科学》，2019 年第 6 期。

161. 戴维·希契柯克：《基于图尔敏模型的好推理》，武晓蓓、张志敏译，《工业和信息化教育》，2017 年第 5 期。

162. 丁立群：《理性主义与非理性主义：黑格尔哲学的内在矛盾》，《求是学刊》，1990 年第 6 期。

163. 弗朗斯·H.范爱默伦：《语用论辩学：一种论证理论》，熊明辉译，《湖北大学学报》（哲学社会科学版），2017 年第 5 期。

164. 范玉刚：《从坚定文化自信迈向文明自信——新时代中国文化发展的使命担当》，《山东社会科学》，2022 年第 6 期。

165. 傅永军：《理性缺位的总体性批判——论哈贝马斯对〈启蒙辩证法〉的批评》，《山东大学学报》（哲学社会科学版），2006 年第 6 期。

166. 郝苑、孟建伟：《回归平衡的理性——图尔明对科学合理性危机的诊治》，《科学技术与辩证法》，2008 年第 6 期。

167. 胡键：《对"世界转型"论的商榷》，《世界经济与政治》，2011 年第 8 期。

168. 金林：《西方非理性主义发展的内在逻辑初探》，《合肥工业大学学报》（社会科学版），2005 年第 6 期。

169. 晋荣东：《从情境理性看现代逻辑的论证理论及其转型》，《自然辩证法通讯》，2008 年第 2 期。

170. 晋荣东：《论现代逻辑的规范性及其问题》，《华东师范大学学报》（哲学社会科学），2004 年第 6 期。

171. 晋荣东：《现代逻辑的理性观及其知识论根源》，《南京社会科学》，2008 年第 4 期。

172. 李洪强、成素梅：《科学中的实用论证》，《科学技术与辩证法》，2007 年第 4 期。

173. 李为：《概念组织进化：图尔明对科学理性问题的解决》，《自然辩证法研究》，2007 年第 8 期。

174. 李为：《图尔明 20 世纪 50 年代初对逻辑经验主义的批评》，《云南师范大学学报》（哲学社会科学版），2007 年第 1 期。

175. 李先龙、张晓芒：《从历史化的角度推动逻辑学科的发展——以图尔敏的论证思想为例》，《湖北大学学报》（哲学社会科学版），2016 年第 3 期。

176. 刘文海:《论技术的本质特征》,《自然辩证法研究》,1994 年第 6 期。

177. 刘长春:《科学哲学上的"历史主义"与历史主义》,《华中理工大学学报》(社会科学版),1993 年第 2 期。

178. 玛雅:《中国道路的历史合法性——专访张维为》,《红旗文稿》2013 年第 6 期。

179. 任晓明、王左立:《评波普尔的进化认识论思想》,《科学技术与辩证》,2002 年第 6 期。

180. 邵龙宝:《文化自信的内蕴、特征及其传承培育》,《兰州学刊》,2018 年第 1 期。

181. 宋旭光:《法学视角的图尔敏论证理论》,《法制与社会发展》,2014 年第 1 期。

182. 王祥:《论马克思现代性批判与当代中国现代性构建》,《求实》,2014 年第 3 期。

183. 王新力:《科学的合理性辩护问题》,《自然辩证法通讯》,1989 年第 2 期。

184. 王义桅:《以和合共生实现三重超越——中国的新型大国关系理论基石》,《人民论坛·学术前沿》,2013 年第 12 期。

185. 王正:《"人"之视野下的人类文明新形态》,《哲学研究》,2022 年第 1 期。

186. 文军、吴晓凯:《找回失去的传统:"大数据"研究范式的反思与重构》,《新疆师范大学学报》(哲学社会科学版),2018 年第 1 期。

187. 武宏志、张海燕:《论非形式逻辑的特性》,《法律方法》(第八卷),2009 年。

188. 习近平:《同舟共济克时艰,命运与共创未来——在博鳌亚洲论坛2021 年年会开幕式上的视频主旨演讲》,《人民日报》2021 年 4 月 21 日。

189. 谢耘、熊明辉:《图尔敏的逻辑观述略》,《哲学研究》,2013 年第 8 期。

190. 熊明辉:《论证评价的非形式逻辑模型及其理论困境》,《学术研究》,2007 年第 9 期。

191. 徐湘林:《中国的转型危机与国家治理:历史比较的视角》,《复旦政治学评论》,2011 年。

192. 杨博超:《"文明冲突"还是"多元共存":人类文明新形态视野下的人权理念重构》,《理论探讨》,2022 年第 3 期。

193. 杨宁芳、何向东:《图尔敏论证理论探析》,《哲学研究》,2014 年第 10 期。

194. 袁堂卫、张志泉:《逆全球化、再全球化的马克思主义分析》,《马克思主义研究》,2019 年第 9 期。

195. 张斌峰、侯郭垒:《论证型式的特征及其功能》,《湖北大学学报》(哲学社会科学版),2018 年第 6 期。

196. 张平、赵昊杰:《逆全球化潮流下的全球治理困境及其突破——基于资本文明的视角》,《长白学刊》,2020 年第 4 期。

197. 郑祥福:《20 世纪西方科学哲学发展述评》,《国外社会科学》,2002 年第 5 期。

198. 任寰宇:《共同描绘文明交流互鉴的宏伟画卷》,《人民日报》,2019 年 08 月 06 日第 3 版。

199.《中共中央关于繁荣发展社会主义文艺的意见》,《中国文化部报》,2015 年 10 月 20 日第 8 版。

200. 崔立如:《中国和平崛起与国际秩序演变》,《现代国际关系》,2008 年第 1 期。

201. https://en.wikipedia.org/wiki/Stephen_Toulmin。

202.《向网络强国阔步前行——党的十八大以来网信事业发展述评》,https://www.cqn.com.cn/cj/content/2018-04/20/content_5685841.htm.

203.《中国人民大学重阳智库首席专家王文谈“十四五”外部形势与中国崛起》,http://theory.jschina.com.cn/zkzk/zd/ZX/202104/t20210413_7044710.shtml.

204. 复旦大学中国研究院:《如何剖析西方对中国的误解?》,http://www.cifu.fudan.edu.cn/e8/6e/c412a387182/page.htm.

205. 唐任伍:《“中国崛起”内在逻辑与领袖抉择》,人民网人民论坛,http://theory.people.com.cn/n/2014/0627/c112851-25208963.html.